교원임용시험대비

최신판

배지윤 의
아테나
유아교육과정

유아교육 **각론편** I

우리교과서

머리말

이 책은 유아교육 전공자들과 공립유치원 교사의 꿈을 키우는 수많은 수험생 여러분을 위해 만든 교원 임용시험 대비서입니다.

유치원에서 '놀이를 통한 유아의 전인발달'이라는 큰 목표를 달성하기 위해서는 분명하고 민감하며 세심한 교사의 자율적인 놀이지원이 있어야 합니다. 따라서 유치원 교사는 유아들의 다양한 발달 특성뿐 아니라 누리과정의 철학적·심리적·사회적 배경을 알고 이에 맞는 교육 목표와 내용, 교수–학습 방법 및 평가 계획을 수립할 수 있어야 합니다. 그리고 이것은 교원 임용시험의 핵심이자 강조하는 주요 내용이 됩니다.

이 책은 유아교육 전공자들이 전공 내용을 확인할 때, 그리고 임용시험을 준비하는 수험생들이 한정된 기간 동안 최신 임용시험의 전 영역을 확인하고 효율적으로 시험을 준비하는 데 좋은 지침이 되어 줄 것입니다.

개정된 아테나 유아교육과정 각론 편의 개정 방향은 다음과 같습니다.
첫째, 그동안 개정된 대학 이론서에 담겨 있는 이론 내용을 포함시켰습니다.
둘째, 최신 기출 경향에 맞춰 중요 용어에 대한 정의를 간결하게 수록하였습니다.
셋째, 설명을 가능한 한 풍부하게 추가하여 내용을 더욱 쉽게 이해할 수 있도록 도왔습니다.
넷째, 기존 아테나는 총론과 각론 2권으로 나뉘어져 있었지만 2023년부터는 각론을 분권하여 총론, 각론Ⅰ, 각론Ⅱ 총 3권으로 출간하게 되었습니다. 최근 임용시험이 유아·놀이 중심 교육과정으로 바뀐 이후 각론에 대한 출제 분량이 증가됨에 따라 아테나 각론의 내용을 좀 더 풍성하고 세심하게 구성하기 위함입니다.

필자가 강의에서 만나는 수험생들은 겉으로 보기에는 각양각색이지만 유아를 사랑하고 교사라는 직업에서 참된 의의를 찾으려는 희망과 열정을 공통적으로 가지고 있었습니다. 유아교육 전공자들과 임용시험 수험생들이 교육적으로 유능한 교사가 되어 미래 사회의 주인공인 유아를 행복하게 키우는 데 이 책이 작지만 강한 씨앗의 역할을 할 수 있기를 바랍니다.

추운 겨울, 개인 일정으로 바쁜 와중에도 기꺼이 개정 작업을 도움을 주신 오세미, 민지용, 권혜민 선생님과 출판사 관계자 여러분께 진심으로 감사의 인사를 드립니다.

유아교육 연구소 **배지윤** 씀

01 『배지윤의 아테나 유아교육과정』은 유아교육 총론편 과 유아교육 각론편 Ⅰ, Ⅱ 로 구성
하였습니다. 유아교육 총론편 은 유아교육 사상사 및 프로그램, 발달심리학, 부모교육과 상
담, 놀이지도, 유아 평가, 교사론의 내용으로 구성되어 있습니다. 유아교육 각론편 Ⅰ 은 유아
동작 교육, 유아 건강 교육, 유아 언어 교육, 유아 사회 교육, 유아교육 각론편 Ⅱ 는 유아 음
악 교육, 유아 미술 교육, 유아 수학 교육, 유아 과학 교육, 유아교육과정으로 구성되어 있으며
관련된 각 영역의 장학자료를 포함시켰습니다. 유아교육 총론편 과 유아교육 각론편 Ⅰ, Ⅱ
의 내용은 유치원 임용시험의 전체 출제 영역에 해당합니다.

02 유아교육 총론편 은 6개 Part, 유아교육 각론편 Ⅰ 은 4개 Part, 유아교육 각론편 Ⅱ 는
5개 Part로 구성되어 있으며, 각각의 Part가 기출문제에 근거한 최신 이론의 내용을 담고 있
어 별도의 이론서를 확인해야 하는 부담을 줄였습니다.

03 각 Part의 첫 부분에 기출문제로 범위 알기 코너를 두어 중요 기출문제와 정답 및 해
설을 수록했습니다. 각 Part의 내용을 학습하기 전에 기출문제를 확인하면서 중요 학습
목표를 확인하고, 내용 학습 후 다시 기출문제 학습을 하도록 하기 위함입니다. 따라서
기출문제로 범위 알기 의 문제 순서는 연도별이 아니라 영역별 이론 내용 순서로 구성됩
니다.

04 각 Part의 요약 및 해설은 가능한 한 추상적인 설명을 지양하고 구체적으로 설명했습니다.
또 내용 이해를 돕는 차원에서 적절한 예를 많이 수록하여 실제에 적용할 수 있도록 했습니다.

05 주요 내용마다 A Plus 를 제시하여 주요 참고 사항을 요약·제시하였고, 학습 내용을 심화시
킬 수 있도록 하였습니다. 각 페이지 양 옆에는 여백을 두었고, 이 여백에는 참고사항을 수록
했는데, 학습자 스스로 학습하면서 다른 내용을 추가하는 공간으로 활용한다면 시험 전까지
다른 수험생에게는 없는 단권화된 '나만의 종합 이론서'가 될 수 있을 것입니다.

차례

PART 3 유아 언어 교육

PART 1

유아 동작 교육

1 다음은 갤러휴(D. Gallahue)의 운동 발달 단계(phases of motor development)를 나타낸 그림이다. 만 3세 I 수준 유아들의 꽃님반 김 교사는 유아들이 (가)의 ㉠에 해당된다고 보았다. 〈보기〉는 유치원 교육과정 건강생활 영역에 기초하여 김 교사가 지도한 내용이다. 유치원 교육과정의 수준별 내용에 비추어 볼 때, 적절한 지도 내용을 〈보기〉에서 모두 골라 (가)단계의 명칭과 함께 알맞게 나열한 것은? <u>2012기출</u>

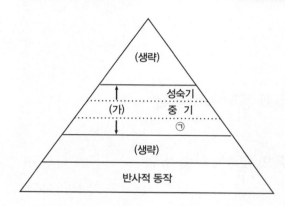

```
          (생략)

                    성숙기
  (가)            중 기
                   ㉠
          (생략)

        반사적 동작
```

보기

ㄱ. 바깥놀이 시간에 유아들이 원하는 대로 걷기, 달리기, 뛰기 등을 해 보게 하였다.

ㄴ. 손바닥끼리 대어 보기, 두 손을 뒤로 맞잡기 등과 같이 자신의 몸을 움직여 보게 하였다.

ㄷ. 걷기, 달리기, 뛰기 등을 하다가 약속된 신호음에 따라 방향과 속도를 변화시켜 보도록 하였다.

ㄹ. 다양한 동작을 지시하는 글자 카드를 보여 주어 제자리에서 신체 균형을 유지하면서 다양한 자세를 취해 보도록 하였다.

ㅁ. 신체의 유연성, 평형성, 근지구력을 길러 주기 위해 자동차 유리창의 와이퍼처럼 움직이도록 조건을 제시하면서 몸을 흔들어 보게 하였다.

	(가)	지도 내용
①	감각운동적 동작 (sensory motor movement)	ㄱ, ㄴ
②	기본적 동작 (fundamental movement)	ㄱ, ㄴ
③	기본적 동작 (fundamental movement)	ㄷ, ㄹ, ㅁ
④	초보적 동작 (rudimentary movement)	ㄴ, ㄷ
⑤	초보적 동작 (rudimentary movement)	ㄷ, ㄹ, ㅁ

정답 ②

2 다음은 5세반 김 교사가 동작활동의 도입으로 유아들에게 들려준 동화이다. 물음에 답하시오.

<u>2013추시 일부</u>

아기 곰돌이와 곰순이는 잠을 자려고 준비하고 있었어요. 곰순이는 금방 잠이 들었지만 곰돌이는 잠이 오지 않았어요. 그래서 곰돌이는 일어나 이런저런 행동을 했어요. ㉠ <u>한 발로 침대에서 문까지 콩콩 빨리 뛰기도 하고 느리게 뛰기도 하였어요.</u> ㉡ <u>침대 사다리를 잡고 1층 침대에서 2층 침대로 갔어요.</u> 그래도 잠이 오지 않아 침대에서 다시 내려왔어요. 곰돌이는 온갖 생각을 하다가 ㉢ <u>서서 몸을 꽈배기처럼 꼬아 보기도 하고 ㉣ 앉아서 다리를 쭉 펴기도 하였어요.</u> 곰돌이가 내는 소리에 곰순이도 잠에서 깼어요. 곰돌이와 곰순이는 ㉤ <u>바닥에 그려진 구불구불한 선을 따라 걷기도 하였어요.</u> 낮에 본 ㉥ <u>조랑말처럼 뛰어다니기도 하였어요.</u>

피곤해진 아기곰들은 어느새 잠이 들었어요.

1) ㉥동작의 명칭은 말뛰기 혹은 갤러핑(galloping)이다. ㉠, ㉡에 해당하는 동작의 명칭 1가지를 각각 쓰시오. [2점]

- ㉠ : _____
- ㉡ : _____

2) ㉠~㉤ 중 비이동 동작에 해당하는 기호를 모두 쓰시오. [1점]

- _____

정답
1) • ㉠ 한 발 뛰기(호핑) • ㉡ 오르기(클라이밍)
2) • ㉢, ㉣

3 (가)는 5세반 박 교사가 작성한 활동 계획안의 일부이고, (나)는 유아 동작 교육 교수 방법의 유형에 대한 설명이다. 물음에 답하시오. `2013추시 일부`

(가)

활동명	그림자 밟기 놀이
목표	(생략)
활동 방법	• 맑은 날 유아들과 함께 실외에서 그림자를 관찰한다. • 그림자 밟기 게임을 한다. - 가위바위보를 해서 진 유아를 술래로 정한다. - ㉠ 이긴 유아들은 잡히지 않으려고 이리저리 몸의 방향을 바꾸며 신속하게 도망간다. - 술래는 재빨리 쫓아가 친구의 그림자를 밟는다. - 그림자를 밟힌 유아는 술래가 된다. • 게임이 끝나면 교실로 들어간다. - 교사는 두 팔을 유아의 어깨 높이로 든다. - 유아는 차례대로 ㉡ 손을 양 허리에 둔 채 상체를 뒤로 젖히며 교사의 팔 아래로 빠져나간다.

(나)

유아 동작 교육의 교수 방법 중 간접적 교수 방법은 교사중심의 직접적 교수 방법과는 상반되는 것으로 수렴적 문제해결을 하도록 돕는 (㉣) 방법과 발산적 문제해결을 하도록 돕는 (㉤) 방법으로 나누어 볼 수 있다.

(㉣) 방법은 교사가 유아 스스로 동작을 만들어내고 그 동작을 직접 시도해 보면서 설정된 목표를 달성할 수 있도록 이끌어 주는 유형이다. 교사는 친구를 관찰할 수 있는 기회를 제공하거나 유아의 사고를 자극하고 격려하는 질문을 할 수 있다.

(㉤) 방법은 교사의 시범 없이 유아 각자가 나타내고 싶은 대로 다양한 반응을 하게 이끌어 주는 유형이다. 교사는 유아 스스로의 실험과 문제해결을 강조하고 창의적 방법으로 자신을 표현해 볼 수 있게 한다.

1) ㉠과 ㉡을 통해 얻을 수 있는 기초체력의 요소 중 가장 적합한 요소 1가지를 각각 쓰시오. [2점]

- ㉠ : _____
- ㉡ : _____

2) (나)는 ㉢을 할 때 사용할 수 있는 유아 동작 교육 교수 방법의 유형에 대한 설명이다. ㉣, ㉤에 들어갈 말을 각각 1가지씩 쓰시오. [2점]

- ㉣ : _____
- ㉤ : _____

정답
1) • ㉠ : 민첩성 • ㉡ : 유연성
2) • ㉣ : 안내·발견적 • ㉤ : 탐색적

4 다음은 ○○유치원 5세반 줄넘기 활동 상황이다. 물음에 답하시오. [5점] 2017기출

민 교사 : 줄넘기를 하나씩 들었니? 오늘은 줄넘기를 들고 활동해 보자. ㉠ 우선 두 팔을 양쪽으로 벌려 옆의 친구와 닿지 않도록 서 보자.

유아들 : 네.

민 교사 : 자, 손잡이를 두 손으로 잡아 보자. 이제 줄넘기 동작을 해 볼까? 다 같이 이렇게 줄을 발 뒤쪽에 놓아 보자.

유아들 : 네.

민 교사 : 선생님을 보자. 이렇게 줄을 뒤에서 앞으로 크게 돌리고 줄이 발밑에 왔을 때 자연스럽게 걷는 것처럼 타고 넘어가는 거야. 한 번 더 보여 줄게. (줄을 넘는다.) 자, 이제 너희들 차례야. 준비되었니?

유아들 : 네.

민 교사 : 하나! 줄을 발 뒤에 놓아 보자.

유아들 : (줄을 발 뒤에 놓는다.)

민 교사 : 둘! 줄을 앞으로 돌려 보자.

유아들 : (줄을 앞으로 돌린다.)

민 교사 : 셋! 줄이 발밑에 왔을 때 이렇게 넘어 보자.

유아들 : (걷는 것처럼 줄을 타고 넘는다.)

[A]

은 지 : 선생님, 저 보세요. (줄을 넘으면서) 이렇게 하는 거지요? 이거 재미있어요. (반복해서 넘는다.)

민 교사 : 와, 은지 잘한다.

은 지 : (어깨를 으쓱거리며) 저 잘하죠?

지 연 : (발이 줄에 계속 걸린다.) 왜 안되지?

은 지 : (지연이를 보며) 너 왜 자꾸만 발이 줄에 걸려? 난 안 그러는데. 이거 쉬운 거야! 나처럼 좀 해 봐.

지 연 : 난 못해. (시무룩한 표정을 지으며) 나 안 할래.

[B]

…(하략)…

---

1) 다음은 ㉠에서 민 교사가 유아에게 경험하게 하려는 공간 영역 중 하나에 대한 설명이다. ⓐ에 들어갈 말을 쓰시오. [1점]

(ⓐ)은/는 몸을 둘러싸고 있는 공간으로, 한 지점에 머무르는 동안 몸이 닿을 수 있는 곳을 의미한다.

• ＿＿＿＿＿＿＿＿＿＿＿＿＿＿＿＿

2) 다음은 민 교사가 [A]에서 적용한 동작 교육의 교수 방법에 관한 설명이다. ⓐ, ⓑ에 들어갈 말을 쓰시오. [1점]

민 교사는 동작 교육의 3가지 교수 방법 중 (ⓐ)을/를 사용하였다. 이 교수 방법은 학습자가 교사의 (ⓑ) 및 설명을 보거나 들은 후 그대로 따라 하게 하는 것이다.

• ⓐ : ＿＿＿＿＿＿＿＿＿＿＿＿＿＿
• ⓑ : ＿＿＿＿＿＿＿＿＿＿＿＿＿＿

3) 2015 개정 유치원 교육과정 '신체운동 · 건강' 영역 신체활동에 참여하기 내용범주의 세부 내용에 근거하여 [B]에서 민 교사가 은지에게 지도해야 할 태도 1가지를 쓰시오. [1점]

• ＿＿＿＿＿＿＿＿＿＿＿＿＿＿＿＿

4) 다음은 동작의 구성요소 중 1가지에 대한 설명이다. ⓐ, ⓑ에 들어갈 말을 각각 쓰시오. [2점]

(ⓐ)은/는 혼자서, 둘이서, 소집단으로, 그리고 대집단으로 움직여 볼 수 있는 기회를 제공한다. 또한, (ⓐ)의 하위 요소 중 (ⓑ)은/는 소도구나 기구가 신체와 어떻게 관련되는가를 나타내는 것이다.

• ⓐ : ＿＿＿＿＿＿＿＿＿＿＿＿＿＿
• ⓑ : ＿＿＿＿＿＿＿＿＿＿＿＿＿＿

정답
1) ・개인공간
2) ・ⓐ : 직접적 교수 방법　　・ⓑ : 시범
3) ・만 5세 세부 내용 '자신과 다른 사람의 운동능력의 차이
　　를 이해한다'에 근거하여 각자 잘하거나 못하는 운동이
　　있음을 이해하고 존중하는 태도를 기르도록 지도한다.
4) ・ⓐ : 관계　　・ⓑ : 신체와 물체와의 관계

5 다음은 5세반 유아들의 비눗방울 놀이 상황이다. 물음
에 답하시오.　　2023기출 일부

지　아 : (긴 틀에서 나온 비눗방울을 보
　　　　 고) 우와! 정말 길다.
준　수 : ㉠ (비눗방울 길이만큼 팔을 벌
　　　　 리고) 여기부터 저~기까지 진짜
　　　　 길다.
은　채 : (올라가는 비눗방울을 보며) 위
　　　　 로 올라가고 있어.
혜　림 : 비눗방울이 도망가지 못하게 잡
　　　　 아야 돼! (재빠르게 비눗방울을
　　　　 잡으려고 손을 뻗으며) 얼른 잡
　　　　 아. 잡아!　　　　　　　　　　　[A]
은　채 : 어! 비눗방울이 떨어지네.
준　수 : (몸을 낮게 구부리고 비눗방울
　　　　 을 손가락으로 찌르며) 터졌다.
김 교사 : 얘들아, 비눗방울이 어떻게 움
　　　　 직이니?
유아들 : 하늘로 높이 도망가요. 멀리멀리 날
　　　　 아가요. 바닥으로 천천히 떨어져요.
김 교사 : 우리~, 비눗방울의 움직임을 표
　　　　 현해 볼까?
은　채 : (팔을 동그랗게 만들고 까치발
　　　　 로 서서 몸을 쭉 뻗으며) 난 높~
　　　　 이 높~이.
지　아 : (두 손으로 원을 만들고 천천히
　　　　 앉으며) 난 바닥에 붙었어.
김 교사 : 팔을 몸에 붙인 채 하늘로 올라
　　　　 가는 비눗방울을 어떻게 표현할
　　　　 수 있을까?

준　수 : (팔을 몸에 붙이고 오른발을 바
　　　　 닥에 붙인 채 옆으로 천천히 밀
　　　　 고, 왼발도 바닥에 붙인 채 따라
　　　　 가듯 끌어당겨 오른발에 붙이기
　　　　 를 반복한다.) 이렇게요.
우　진 : (팔을 몸에 붙이고 다리를 벌리
　　　　 고 서서 허리를 굽혔다 고개를
　　　　 들며) 이렇게 해도 돼요.
혜　빈 : (제자리에서 팔을 몸에 붙이고　　[B]
　　　　 앉았다 좌우로 흔들며 일어서며)
　　　　 이렇게 흔들흔들 움직여요.
김 교사 : 하늘로 날아가던 비눗방울이 어
　　　　 떻게 되었니?
유아들 : 빵! 터져 버렸어요. (터지는 모
　　　　 습을 표현한다.)
김 교사 : 얘들아, (양팔을 머리 위로 펼치며
　　　　 폴짝 뛰면서) 선생님 따라 해 봐.

1) [B]에서 기본동작 유형을 다르게 표현한 유아의 이
름을 쓰고, 그 세부 동작 명칭을 쓰시오. [1점]
　・ _____

2) [B]에서 동작 교육의 탐색적 교수 방법에 근거하
여, ㉠ 교사의 지도 방법으로 적절하지 않은 것
1가지를 찾아 쓰고, ② 그 이유를 쓰시오. [2점]
　・① : _____
　・② : _____

정답
1) ・ : 준수, 미끄러지기
2) ・① : 얘들아, (양팔을 머리 위로 펼치며 폴짝 뛰면서) 선
　　　 생님 따라 해 봐. / 교사가 "선생님 따라 해 봐."라
　　　 며 시범을 보인 것이다.
　 ・② : 탐색적 교수 방법은 주제에 대한 정답이 없는 것으
　　　 로, 교사나 다른 유아의 시범을 따라 하도록 하는 것
　　　 이 아닌 유아가 자유롭게 동작을 탐색하며 표현하도
　　　 록 해야 하기 때문이다.

유아 동작 교육과 동작 능력 발달

1 유아 기초체력의 발달

(1) 기초체력(운동적성)의 개념

① 기초체력 : 신체적성이나 운동능력에 포함되는 어느 정도의 운동에 대한 소질로서 운동능력의 한 측면이다.

② 기초체력은 다면적인 여러 운동요인으로 구성되며, 일반적으로 운동적성은 근력, 지구력, 조정력, 순발력, 유연성의 5가지 운동요인으로 구성된다.

(2) 기초체력의 요소

① 근력[1]

ⓐ 근력이란 근육이 한 번 수축할 때 발휘할 수 있는 최대의 힘을 말하며, 유아에게 근력은 전반적인 신체활동을 자유롭게 할 수 있게 해 주고, 각종 질병에 대한 저항력을 키워 주어 건강하고 활기찬 생활을 할 수 있도록 해 주는 중요한 운동요인이다.

ⓑ 유아의 근육발달 순서 : 머리와 목 근육이 다리 근육보다 먼저 발달하고, 대근육이 소근육보다 먼저 발달하며, 여아의 근육이 남아의 근육보다 일찍 발달하는 경향을 보인다. 유아의 근육은 3~4세부터 지속적으로 발달하기 시작하여 5~6세가 되면 근육을 구성하는 근섬유의 굵기가 굵어져 근력이 강화된다.

② 지구력[2]

ⓐ 근지구력 : 근육이 장시간 수축을 계속할 수 있는 능력을 근지구력이라고 한다. 근지구력은 '오래 매달리기'와 같이 정적인 근육 수축을 오래 계속할 수 있는 능력으로 근육의 부피와도 관계가 있지만 근육에 산소와 영양을 공급해 주는 혈관의 발달과 깊은 관계가 있다.

ⓑ 전신지구력 : 전신운동을 장기간 계속할 수 있는 능력으로 유산소 능력과 관련된다. 유산소 능력은 호흡·순환계의 산소운반 능력과 조직의 산소이용 능력에 따라 좌우되므로 전신지구력은 호흡·순환지구력 또는 심폐지구력이라고도 한다.

③ 조정력

ⓐ 운동을 조정하기 위한 신경계통의 통합작용이다. 일반적으로 운동신경이라고도 부르는 조정력에는 평형성, 교치성, 민첩성이 포함된다.

ⓑ 평형성[3]

ⓐ 움직이는 상태에서 균형을 유지하는 정도를 말하며, 안정을 유지하면서 운동을 할 수 있는 능력이다. 평형성은 신체를 조절하고 통제하는 협응력에 의해 좌우되는데, 협응력은 손과 발, 눈과 손이나 발 또는 손과 손을 움직임과 동시에 조화롭게 협응시키는 능력이다.

1) **근력 향상을 위한 신체활동** : 뛰어넘기, 오르기, 밀기, 당기기 등

2) **지구력 향상을 위한 신체활동** : 달리기, 매달리기, 팔 굽혀 펴기 등

3) **평형성 향상을 위한 신체활동** : 손뼉 치며 걷기, 발끝으로 걷기, 한 발로 서기, 균형 잡기 등

ⓑ 평형성은 신체의 안전과 사고 및 위험 예방에 중요한 역할을 한다. 유아는 평형성을 발달시킴으로써 안정된 동작으로 운동을 수행해낼 수 있게 되는데, 대체적으로 여아가 남아에 비해 평형성이 우수한 편이다.

ⓒ 교치성 : 운동을 잘할 수 있는 능력으로서, 시각, 청각, 촉각 등의 감각정보에 따라 중추신경이 근육에 정확한 명령을 내려 정교하고 치밀한 운동을 할 수 있는 능력을 말한다.

ⓓ 민첩성[4]

ⓐ 민첩성이란 몸 전체의 동작이나 부분적인 동작을 급속히 변경하거나 또는 이동의 방향을 바꾸는 능력이다. 즉 감각기관에서 감각중추, 감각중추에서 연합중추, 연합중추에서 근육으로의 전달이 원활하고 신속하게 이루어지는 능력이다.

ⓑ 민첩성이 발달함에 따라 유아는 자신의 몸을 신속하고 효율적으로 통제할 수 있는 능력이 발달하여 신체활동을 할 때 다치거나 부상당할 위험이 줄어든다.

ⓒ 민첩성은 6세까지는 남아와 여아가 별 차이를 보이지 않지만, 6세 이후에는 남아가 여아에 비해 우수하다고 알려져 있다.

④ 순발력[5]

㉠ 순발력이란 신체 전체의 위치를 이동하고 변화시키는 순간적인 능력으로서, 힘과 속도를 포함한 동적인 역량을 의미한다.

㉡ 순발력은 남아가 여아에 비해 우수하며, 연령이 증가할수록 순발력에서의 성별에 따른 차이가 더 커진다.

⑤ 유연성[6]

㉠ 유연성이란 몸의 균형을 유지하고 바른 자세를 취하게 하며 능률적인 운동을 수행하는 데 크게 작용하는 운동요인으로서, 일반적으로 신체의 부상 없이 몸을 꼬고, 비틀고, 구부리고, 돌리는 능력을 말한다.

㉡ 유연성은 연령이 적을수록 크며, 연령이 많아질수록 점차 약화되고, 대체적으로 여아가 남아에 비해 유연성이 큰 것으로 알려져 있다.

㉢ 일반적으로 유연성을 위한 체육활동은 체조에 가까워 유아가 싫증을 내기 쉬우므로 유아의 특성과 흥미를 고려한 유연성 운동을 제시해야 한다. 또한 유아는 아직 관절부위와 같은 결체조직이 완전히 성숙되지 않아 약하기 때문에 유연성을 위한 체육활동은 유아의 관절부위에 특히 무리가 가지 않도록 유의하여야 한다.

⑥ 협응성 : 협응이란 신체의 움직임을 얼마나 매끄럽고 정확하게 하는가에 대한 신체 각 부분의 조화를 말한다. 따라서 협응성이란 몸 전체를 신속하고 능률적으로 조정하고 통제할 수 있는 능력이다.

---

4) **민첩성 향상을 위한 신체활동** : 가위 · 바위 · 보 뛰기, 방향 바꾸어 달리기 등

5) **순발력 향상을 위한 신체활동** : 개구리 뛰기, 후프 뛰기, 막대 뛰기, 높이뛰기, 멀리뛰기 등

6) **유연성 향상을 위한 신체활동** : 윗몸 앞으로 굽히기, 윗몸 뒤로 젖히기 등

A Plus⁺ 『유아를 위한 체육활동 자료』(2003)

1. 체력 요소의 개념과 활동

체력 요소	개념	활동
근력 · 근지구력	• 근력 : 근육이 무게나 힘 등의 자극에 대해 최대한 힘을 발산할 수 있는 능력이다. • 근지구력 : 무게나 힘 등의 자극에 대해 반복하여 힘을 낼 수 있는 능력이다.	앉아서 등 밀기, 벽 밀기, 오리걸음, 팔씨름, 팔 굽혀 펴기, 줄다리기, 엉덩이 밀기
심폐 지구력	• 심폐지구력은 심장, 폐, 혈관의 기능과 밀접한 관계가 있는 능력이다.	수영, 오래달리기, 자전거 타기, 계단 오르기, 걷다가 달리기
유연성	• 유연성은 관절에 뻣뻣함 없이 부드럽고 자연스럽게 움직일 수 있는 능력이다.	손목 · 발목 수축 이완 운동, 어깨와 귀 닿기, 몸으로 비행기 만들기, 다리 벌리기, 발 들어올리기, 발로 신체부위 대기
평형성	• 평형성은 움직이거나 정지한 상태에서 몸의 균형을 유지시킬 수 있는 능력이다.	줄 따라 걷기, 엉덩이로 서기, 평균대 걷기, 한 발로 서기, 허수아비, 회전하여 중심 잡기
민첩성	• 민첩성은 일정한 방향으로 움직이는 몸을 신속하게 다른 방향으로 바꿀 수 있는 능력이다.	차렷 · 열중쉬어, 왕복 달리기, 얼음놀이, 가위 바위 보, 소리 듣고 움직이기, 방향 바꾸기
순발력	• 순발력은 순간적으로 최대한의 힘을 발산할 수 있는 능력이다.	높이뛰기, 높이 뛰어 회전하기, 개구리 점프, 공 던지기, 가위 점프, 무릎과 가슴 닿기
협응성	• 협응성은 감각기관과 신체부분이 조화를 이루어 행할 수 있는 능력이다.	따라 해 보세요, 그림자놀이, 몸으로 숫자 만들기, 박수치며 걷기

2. 체력 측정

① 근력 : 악력, 배근력
② 근지구력 : 팔 굽혀 펴기, 윗몸 일으키기, 오래 매달리기, 턱걸이
③ 전신지구력 : 의자 오르내리기, 오래달리기
④ 유연성 : 엎드려 윗몸 젖히기, 윗몸 앞으로 굽히기
⑤ 평형성 : 눈 감고 한 발 서기, 앞뒤로 구르기
⑥ 민첩성 : 왕복 달리기, 지그재그 달리기, 사이드 스텝 테스트
⑦ 순발력 : 제자리 높이뛰기, 제자리 멀리뛰기, 공 던지기, 50m 달리기

(3) 신체구조, 기초체력(운동적성) 및 운동능력의 관계

① 신체발달

ㄱ 형태적 측면에서의 신체발달 : 키, 몸무게, 가슴둘레, 앉은키와 같은 체격과 자세

ㄴ 기능적 측면에서의 신체발달 : 체력과 운동능력

ㄷ 일반적으로 체격의 발육이 부진하면 운동능력도 상대적으로 지체를 보인다.

② 신체구조, 기초체력, 운동능력의 상호작용 : 신체구조가 튼튼하면 기초체력(운동적성)이 발달하고, 역으로 기초체력이 발달하면 근육과 근육 사이의 협응적 신체활동이 원활해지면서 튼튼한 신체구조를 갖추게 된다. 마찬가지로 기초체력이 잘 갖추어지면 운동능력이 발달하고, 역으로 다양한 체육활동을 통해 달리기, 뛰기, 던지기 등의 운동능력이 발달하면서 기초체력을 획득할 수 있게 된다.

A Plus⁺ 신체구조, 기초체력(운동적성), 운동능력의 상호작용

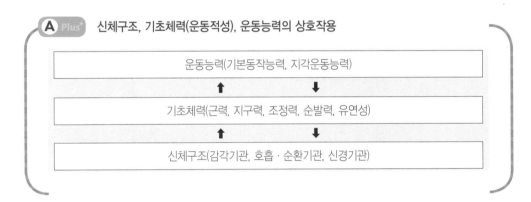

(4) **체력운동의 원리**

① 과부하의 원리 : 일상의 부하보다 큰 운동의 부하를 주어야 한다.

② 점진성의 원리 : 운동의 시간, 강도, 빈도를 점진적으로 늘려가야 한다.

③ 지속성의 원리 : 운동을 꾸준히 실시해야 한다.

④ 반복성의 원리 : 운동을 지속적으로 반복해서 실시해야 한다.

⑤ 균형성의 원리 : 다양한 방법으로 전신에 고르게 실시해야 한다.

7) 운동능력은 기본동작능력과 지
각운동능력의 두 가지 요소로
나누어 개념화할 수 있다. 기본
동작은 비이동동작, 이동동작,
조작동작으로 분류되고, 지각운
동능력은 크게 신체지각, 공간
지각, 시간지각, 무게지각, 관계
지각으로 분류된다.

2 운동능력의 개념과 발달 단계[7]

(1) 기본동작의 유형(비이동동작, 이동동작, 조작동작)

① 비이동동작(non-locomotor movement)

ㄱ 몸을 축으로 하여 장소를 옮기지 않고 움직이는 동작을 말한다.

ㄴ 비이동동작의 하위 요소

ⓐ 구부리기(bending) : 신체를 접는 동작을 통하여 근접한 두 신체부위를 접근시키는 움직임이다.

ⓑ 뻗기(stretching) : 펴기라고도 하며, 신체의 여러 부위를 수직이나 수평으로 펴는 움직임을 말한다. 스트레칭 동작은 구부리기와 반대되는 동작이다.

ⓒ 꼬기(twisting) : 축을 중심으로 신체의 한 부분을 다른 부분으로 회전시키는 움직임이다. 신체의 다른 부분은 고정시킨 상태에서 신체 부분을 반대 방향으로 돌리거나 부분적으로 돌린다. 꼬기는 회전하기(turning)와는 달리 신체의 한 부분은 움직이지 않고 다른 부분을 돌리는 것이다.

ⓓ 회전하기(turning) : '돌기'라고도 한다. 몸 전체를 수직이나 수평축으로 돌리는 것을 말한다. 이때 팔과 머리는 최대의 효율성을 얻기 위해서 돌리는 방향으로 움직여야 한다.

ⓔ 흔들기(swinging) : 신체의 한 부분 끝을 고정하고 다른 부분은 포물선을 그리면서 앞과 뒤로 자유롭게 움직이는 추의 움직임을 말한다.

ⓕ 구르기(rolling) : 신체를 앞으로 뒤로 또는 옆의 방향으로 옮기며 무게를 수평으로 이동하는 동작이다.

ⓖ 피하기(dodging) : 일반적으로 사물이나 사람을 피하기 위하여 재빨리 역동적으로 몸 전체를 사용하는 것을 말한다. 흔히 서 있는 상태에서 피하는 동작이 이루어지는 경우가 많으며, 달리기와 함께 동작을 하면 이동동작 기술이 될 수 있다.

ⓗ 균형 잡기(ballancing) : 신체의 중심인 척추가 몸을 잘 지지하여 주는 것으로 몸이 기울거나 넘어지지 않는 것이다. 넓은 곳에서 균형을 잡는 것은 좁은 곳에서 균형을 잡는 것보다 쉽다.

• 정적 균형(static balance) : 정지된 상태에서 균형을 잡는 것이다. 예 잡고 서 있기, 서 있기, 한 발 들고 서 있기

• 역동적 균형(dynamic balance) : 이동동작 시 무게전이에 따라 신체의 평형과 균형을 유지하는 것이다. 예 평균대 위로 걸어가기

• 물체 균형(object balance) : 신체를 이용하여 사물의 균형을 유지하는 동작이다. 예 콩주머니를 손으로 잡고 던지기, 후프를 손으로 잡고 움직이기

ㄷ 신체활동의 예 : 빨래를 짜요(꼬기), 휘익 잡아라(회전하기)

② 이동동작(locomotor movement)

　㉠ 이동동작은 공간 속에서 신체의 위치를 바꾸면서 하는 동작으로 신체가 한 지점에서 다른 지점까지 수평적·수직적 방향으로 움직이는 것이다.

　㉡ 이동동작의 하위 요소

　　ⓐ 걷기(walking) : 한 다리에서 다른 다리로의 무게이동을 말한다. 가장 발전된 걷기는 팔이 다리와 반대로 움직이고 팔꿈치를 더 구부릴 수 있는 형태이다.

　　ⓑ 달리기(running) : 몸을 순간적으로 공중에 뜨게 하며 몸의 무게를 한 발에서 다른 발로 옮기는 동작이다. 걷기와 같이 두 발이 교대로 지면에 닿으며 이동하지만 어느 순간 두 발 모두가 공중에 떠 있는 구간이 발생하게 되며, 이것이 걷기와 달리기를 구분하는 명확한 기준이 된다.

　　ⓒ 두 발 뛰기(jumping) : 두 발 또는 한 발을 이용해서 날아오르듯 몸을 위로 올려 뛰는 것이다. 수평 두 발 뛰기는 멀리뛰기로 불리며, 수직 두 발 뛰기는 높이뛰기로 일컬어진다.

　　ⓓ 한 발 뛰기(hopping) : 앙감질이라고도 한다. 한 발이 공중에 떠 있고, 뒤따라 같은 발로 착지하는 움직임으로, 한쪽 다리를 들어 올린 채 균형을 유지해야 한다.

　　ⓔ 번갈아 뛰기(skipping) : 같은 발로 한 발 뛰기를 하면서 잇따라 걷기 스텝을 하는 것이다. 성숙된 번갈아 뛰기 형태는 걷기 스텝보다 한 발 뛰기에 더 많은 리드미컬한 패턴을 맞추는 것이다.

　　ⓕ 미끄러지기(sliding) : 걷기 스텝과 달리기 스텝을 옆으로 하는 비규칙적인 리듬 동작이다. 한 발이 먼저 옆으로 나가고 다른 발이 따라잡듯이 먼저 나간 발 옆에 붙이는 동작으로 항상 같은 방향으로 움직이게 된다. 유아에게는 정면을 보고 하는 말뛰기보다 미끄러지기 동작이 더 어렵다.

　　ⓖ 말뛰기(galloping) : 앞 또는 뒤쪽 방향으로 미끄러지기 동작을 하는 것으로, 한쪽 다리를 앞으로 내밀고 다른 쪽 다리를 먼저 내민 다리에 빨리 끌어다 붙이는 것이다. 말뛰기는 유치원에서 달리기를 잘할 수 있게 된 후에도 오랫동안 쉽게 발달하지 않는 것으로 관찰된다.

　　ⓗ 뛰어넘기(leaping) : 달리기보다 다리와 다리 사이의 폭을 넓히고 위쪽으로 뛰어오르는 동작이다. 어떤 장애물을 뛰어넘을 때, 또는 지정된 지점에 도달하고자 할 때 자연적으로 뛰어넘기를 하게 된다.

　㉢ 신체활동의 예 : 러닝머신 달려요(달리기), 한 발로 훌쩍(뛰어넘기), 사과를 따요(두 발 모아 뛰기), 말이 되었어요(말뛰기), 낙하산 미끄러지기(미끄러지기), 소풍(두 발 번갈아 뛰기)

　㉣ 이동동작의 출현 시기와 발달 : 걷기(walking)는 13개월 이후부터, 달리기(running)와 두 발 모아 뛰기(jumping)는 18개월 이후부터, 한 발 뛰기(hopping)는 3세 이후부터, 말뛰기(galloping)와 번갈아 뛰기(skipping)는 가장 나중인 4세 이후부터 발달된다.

③ 조작동작(manipulative movement)

㉠ 조작동작은 물체와의 관계 속에서 이루어지며 사물에 힘을 주거나 사물로부터 힘을 받게 되는 신체동작이다.

㉡ 조작동작은 이동동작과 비이동동작이 결합된 활동으로, 일반적으로 이동동작과 비이동동작보다 후에 발달하는 것으로 알려져 있다. **예** 추진적 동작은 뛰기, 달리기, 흔들기 및 뻗기와 결합되며, 흡수적 동작은 일반적으로 구부리기나 뛰기와 결합된다.

㉢ 조작동작 기술이 성숙한 패턴으로 발달하기 위해서는 연습과 자극, 지도의 기회가 주어져야 하며 자동적으로는 발달하지 않는다.

㉣ 조작동작은 고도의 운동능력을 발달시키기 위한 매개 역할을 하므로 유아기부터 그 기초를 다질 수 있는 동작활동을 제공할 필요가 있다. 또한 조작동작은 눈과 손의 협응, 손과 발의 협응, 대근육과 소근육의 협응 등 신체협응력과 사물을 조작하기 위해 신체의 모든 근육과 감각을 조절하는 활동을 통해 신체의 통제능력을 향상시킨다.

㉤ 조작동작의 하위 요소

ⓐ 추진운동 : 물체를 신체로부터 멀리 떨어뜨리는 활동을 말한다.

• 던지기(throwing) : 팔과 손의 동작을 사용하여 물체를 공중으로 멀리 날려 보내는 동작이다.

• 굴리기(rolling) : 던지기처럼 공중으로 공을 보내는 것이 아니라 볼링이나 발야구와 같이 공을 바닥에 닿게 하여 멀리 굴려 보내는 움직임이다.

• 차기(kicking) : 다리를 사용하여 힘을 물체에 전달하여 물체를 멀리 보내는 동작이다. 차기에는 바닥 위에 정지되어 있는 공을 차는 동작과 공중에 떠 있는 공이 바닥에 닿기 전에 차는 동작이 있다. 이 기술은 눈과 발의 협응, 신체 조절, 힘과 방향의 정확성을 요하며 한 발로 서서 몸의 균형을 유지해야 한다.

• 치기(striking) : 도구(나무 라켓이나 야구 방망이)를 사용해서 사물에 힘을 가해 멀리 보내는 동작이다. 도구의 길이에 따라 치기에 어려움이 따르므로 다양한 도구들로 바꿔 가면서 치기 동작을 경험해 보도록 한다. **예** 야구, 테니스, 배드민턴, 골프 등

• 밀기(pushing) : 물체에 힘을 가해 몸에서부터 멀리 보내는 동작이다.

• 들어올리기(lifting) : 역도와 같이 물체를 두 손으로 잡아 위로 올리는 동작이다.

ⓑ 흡수운동 : 신체나 신체의 일부로 물체를 멈추게 하기 위해서 움직이고 있는 물체를 방해하는 활동을 말한다.

• 받기(catching) : 손을 사용하여 던져진 물체를 멈추게 하는 동작이다. 받기(잡기)는 시각 및 지각의 추적 능력이 필요하기 때문에 대부분의 유아는 잡기 능력보다는 던지기 능력이 더 일찍 발달한다. 유아는 잡기와 던지기의 발달 형태가 다르므로, 동시에 두 동작을 발달시키려는 활동은 오히려 유아들을 좌절시키거나 비생산적 경험을 하게 한다. 던지기는 작은 공으로 시작하며, 받기는 큰 공을 가지고 시작한다.

- 당기기(pulling) : 물체를 잡아 힘을 가해 몸쪽으로 가져오는 동작이다.
ⓒ 추진 · 흡수운동
  - 튕기기(bounding) : 두 손 또는 한 손으로 공과 같은 사물을 아래쪽으로 계속 치는 동작으로, 드리블링으로 발전한다. 튕기기는 대상으로부터 힘을 흡수하고 즉시 추진하는 동작으로 이루어진다. 시 · 공간적 타이밍의 정확성, 적절한 힘, 공을 튕기는 궤적 등의 요소가 필요한 동작이므로 유아는 수행하기 어려운 과제이다.
  - 공 되받아치기(volleying) : 대상으로부터 힘을 흡수하였다가 즉시 수직방향으로 추진하는 전문화된 치기 형태의 기술로, 시지각과 운동과정 간의 복잡한 상호작용으로 이루어진다. 유아들은 풍선이나 비치볼과 같은 가벼운 물체를 사용하여 초기 형태의 치기와 되받아치기를 연습할 수 있다.
  - 튀긴 공 잡기(trapping)
ⓑ 조작동작의 예 : 다양하게 차기, 요술방망이로 공치기, 공 되받아치기
ⓐ 조작동작의 출현 시기와 발달 : 사물이나 목표에 도달하기 위한 뻗기(stretching), 잡기(grasping), 놓기(dropping)는 2~4세 무렵에, 공 따위를 던지기(throwing)는 2~3세 이후에, 받기(catching)는 2세 이후에, 차기(kicking)는 1년 6개월 이후, 공 때리기(striking) 능력은 한참 뒤인 5세 이후에 발달한다.

ⓐ Plus⁺ 기본동작의 유형 정리

동작의 유형	비이동동작	이동동작	조작동작
동작의 명칭	구부리기(bending)	걷기(walking)	던지기(throwing)
	뻗기(stretching)	달리기(running)	받기(catching)
	꼬기(twisting)	두 발 뛰기(jumping)	차기(kicking)
	돌리기(turning)	한 발 뛰기(hopping)	때리기(striking)
	흔들기(swinging)	번갈아 뛰기(skipping)	튕기기(bounding)
	구르기(rolling)	미끄러지기(sliding)	굴리기(rolling)
	앉기(sitting)/서기(standing)	말뛰기(galloping)	튀긴 공 잡기(trapping)
	멈추기(stopping)	오르기(climbing)	밀기(pushing)
	피하기(dodging)	뛰어넘기(leaping)	당기기(pulling)
	균형 잡기(ballancing)	엎드려 기기(crawling)	들어올리기(lifting)

3 동작의 구성요소

(1) 학자별 동작의 구성요소

① 라반(Laban, 1947)[8]

8) 라반은 움직임 구분을 양적 측면과 질적 측면으로 나누 어 제시했다. 양적 측면은 신체(body), 노력(effort), 공간(space), 관계(relationship)이며, 질적 측면은 시간, 공간, 흐름, 무게(힘)이다.

	방향(direction)	왼쪽-오른쪽, 앞-뒤
공간	수준(level)	높게-중간-낮게
	범위(extension)	작은-보통-큰 좁게(가까이)-보통-넓게(멀게)
	경로(way)	똑바른-각진-둥근
시간	속도(speed)	빠른가-느린가
	기간(duration)	긴가-짧은가
무게	강한(strong)-가벼운(light)	
흐름	자유로운(free) : 갑자기 중단 안됨 제한적인(bound) : 갑자기 중단 가능	

② 길리옴(Gilliom, 1970) : 신체인식, 공간, 힘, 시간, 흐름으로 나누고, 이 구성요소들을 대 조법을 통해 언어화할 것을 주장했다.

③ 피카(Pica, 1995) : 동작활동을 문장구조에 비유하면서 동작기술은 동사(verbs)에, 동작요 소는 부사(adverbs)에 해당하며, 동작요소는 공간, 형태, 시간, 힘, 흐름, 리듬으로 구성 된다고 했다.

④ 슬레이터(Slater, 1993) : 동작의 기본요소를 신체를 중심으로 무엇을(신체), 어디로(공간), 누 구와(관계), 어떻게(노력)로 나누었다.

⑤ 퍼셀(Purcell, 1994) : 다양한 연구들을 바탕으로 동작의 구성요소와 하위 요소를 제시했다.

신체인식	공간인식	노력	관계
• 전신의 움직임 • 신체 부분의 움직임 • 신체 모양	• 개인공간 • 일반공간 • 수준　• 방향 • 경로　• 범위	• 시간　• 힘 • 공간　• 흐름	• 신체 부분과 부분 • 사람과 사람 • 신체와 물체 　(기구, 교수자료)

(2) 동작의 구성요소(지각운동능력)와 하위 내용

① 신체인식(body awareness)

㉠ 전신의 움직임 : 이동동작과 비이동동작, 제스처[9], 그리고 이동 · 비이동동작과 제 스처의 결합을 말한다.

㉡ 신체 부분의 움직임

ⓐ 신체의 어떤 한 부분은 움직이고 나머지 부분은 가만히 있는 것이다. 신체를

9) 제스처 : 생각, 감정, 의견을 표 현하거나 강조하기 위해 신체나 혹은 사지를 대략적으로 움직이 는 것

움직이지 않고 가만히 있으면서 단지 한 부분만을 움직이려면 신체의 균형, 체력 및 집중력이 요구되기 때문에 유아들에게는 다소 어려운 동작이다.

    ⓑ 신체의 어느 한 부분이 한 가지 동작을 먼저 한 후 나머지 신체 부분은 같은 동작을 하며 뒤를 따르는 것이다. 예 오른팔을 위로 올리고 뒤이어 왼팔을 올리는 것

    ⓒ 신체 부분이 몸무게를 지탱하며 움직이는 것이다. 예 대부분의 춤에서는 두 발이 몸무게를 지탱한다. 그러나 브레이크 댄스에서는 양손, 머리, 등, 무릎, 어깨 등과 같은 신체의 부분이 몸무게를 지탱하며 움직일 수 있다.

  ⓒ 신체 모양 : 신체의 모양은 조각상과 같이 정적인 상태에서도 이루어지며, 공간을 따라 이동하면서도 만들어질 수 있다. 예 직선의 대칭 모양과 점프가 결합될 수도 있고, 곡선 모양이 스키핑과 결합되어 움직임을 표현할 수도 있다.

    ⓐ 직선 : 전신을 사용해서 혹은 신체의 부분을 사용하여 만들 수 있다. 팔꿈치, 무릎, 손목, 손가락, 등뼈 등을 구부림으로써, 여러 가지 좀 더 작은 직선 모양들로 구성된 각진 형태를 만들 수 있다.

    ⓑ 곡선 : 척추를 구부려서 앞쪽으로, 뒤쪽으로, 옆쪽으로 신체를 둥글게 만드는 것이다. 구불구불한 모양, 아치 모양, 나선형 모양 등도 만들 수 있다.

    ⓒ 꼬임(비틀린 모양) : 신체가 동시에 각각 반대가 되는 방향으로 회전하는 형태를 말한다. 예 상체로부터 팔을 멀리 떨어뜨려서 꼬거나 두 다리를 함께 꼬아서 형태를 만들 수 있다.

    ⓓ 대칭 : 신체의 오른쪽과 왼쪽이 정확하게 같은 모양을 취하는 것을 말한다.

    ⓔ 비대칭 : 신체의 양 측면이 서로 다른 모양을 취하는 것을 말한다.

② 공간인식(space awareness)

  ㉠ 개인공간과 일반공간

    ⓐ 개인공간(personal space) : 유아의 신체와 아주 가까이 있는 영역으로, 다른 사람의 공간을 침범하지 않고 자신에 의해서만 차지되는 자신의 공간을 뜻한다. 훌라후프를 바닥에 놓고 그 안에서만 움직여 보거나, 유아가 서 있는 자리에서 몸을 최대한 낮게 해 보거나 혹은 최대한 높게 해 보는 활동으로 개인공간을 인식시킬 수 있다.

    ⓑ 일반공간(general space) : 이동하면서 집단이 함께 사용하는 공간을 말한다. 일반공간을 탐색하기 위해서는 훌라후프를 두 손으로 잡고 허리 정도 위로 들어올리고 자신이 가고 싶은 곳으로 움직이는 비눗방울이 되어 보는 활동을 할 수 있다.

  ㉡ 범위(넓이, extension) : 하나의 동작이 얼마나 큰지/작은지, 긴지/짧은지, 넓은지/좁은지를 나타내는 것이다.

  ㉢ 수준(높낮이, level) : 동작이 만들어질 때 생기는 높낮이를 뜻하는 것이다. 높게(high), 중간(midium), 낮게(deep)의 세 종류가 있다.

ⓐ **낮은 수준** : 지면에 가깝거나 지면 위와 같이 무릎 아래 공간을 뜻한다. 예 기기, 구르기, 바닥에서 스트레칭하기와 같은 동작

ⓑ **중간 수준** : 높은 수준과 낮은 수준의 사이로, 무릎에서 어깨까지의 공간을 뜻한다. 예 일반적으로 무릎을 꿇고 기거나 똑바로 선 자세로 걷거나 달리는 동작

ⓒ **높은 수준** : 어깨 위쪽의 공간을 말한다. 예 신체를 위로 도약시켜서 바닥으로부터 떨어지게 하는 동작, 즉 호핑, 점프 등이나 팔을 위쪽으로 높게 뻗어 올리는 동작

ⓛ **방향** : 앞, 뒤, 옆(오른쪽, 왼쪽), 위, 아래의 6개의 방향이 있다. 앞으로, 뒤로, 오른쪽으로, 왼쪽으로의 4가지 기본방향은 위, 아래 방향과 조합될 수 있다.

ⓜ **경로** : 경로는 공간에서 몸이 이동하며 발생하는 길의 모양을 뜻한다. 모든 경로는 직선, 곡선, 혹은 직선과 곡선의 조합으로 이루어져 있다.

ⓐ **바닥 경로**(floor pathway) : 원으로 달리기, 혹은 직선 위에서 걷거나 뛰기 등 이동 동작에 의해 만들어지는 것이다.

ⓑ **공중 경로**(air pathway) : 신체의 일부나 리본막대와 같은 소도구를 이용하여 공중에 지그재그를 그릴 때처럼 신체 주위의 공간에서 움직이는 몸짓에 의해 공중에 그려지는 모양이다.

③ **노력**

㉠ **공간**(space) : 노력의 한 요소로서의 공간은 '똑바르게' 혹은 '빙 에둘러서'로 정의된다. 시작부터 끝까지 직선으로 움직이는 차기 혹은 목표물을 향해 행진하기와 같은 동작과 시작부터 끝까지 계속 직선인 경로에서 벗어나면서 빙 에둘러서 움직이는 동작이 있다.

㉡ **시간**(time) : 시간의 요소에는 속도(speed)와 지속성(duration)이 포함되고, 악센트(갑자기)와 가속(점점 빠르게) 및 감속(점점 느리게) 등이 결합됨으로써 더욱 다양한 동작이 만들어질 수 있다.

㉢ **무게 혹은 힘**(weight or force) : 신체의 움직임에 있어서 위치를 이동하거나 균형을 유지할 때 필요한 근육의 수축 정도를 말한다. 강한 힘을 긴장하여 사용하면 단단한 근육과 상당한 양의 에너지가 강력한 동작으로 나타나며, 가벼운 힘을 느슨하게 사용하면 이완된 근육이 부드럽고 온화하고 섬세한 동작으로 나타난다.

㉣ **흐름**(flow) : 탄력있게(bound), 혹은 유연하게(free)와 같이 동작에서 힘이 어떻게 조절되는지를 말한다. 탄력적인 흐름이란 동작이 어느 순간이라도 쉽게 정지할 수 있거나 그 상태를 유지할 수 있는 움직임을 뜻한다.

④ **관계**

㉠ **신체 부분들과의 관계** : 신체 부분들은 서로 만나고-헤어지고, 위쪽-아래쪽, 앞-뒤, 옆, 멀리-가까이 등의 관계를 형성하며 다양한 동작을 만들게 된다.

㉡ **사람과 사람의 관계** : 짝 혹은 그룹과의 관계이다.

ⓐ 다른 유아의 뒤나 옆에 나란히 있는 것처럼 공간 속에서 서로 연결되어 있는 관계이다.

ⓑ 동작이 서로 비슷한가 혹은 다른가와 같이 한 사람의 동작과 다른 사람의 동작의 유사성에 있어서의 관계이다.

ⓒ 파트너나 그룹의 구성원 사이에서 동작이 일어나는 시기에 의해 발생되는 관계이다. (동시에, 이어서 즉시, 시간을 두고 등)

ⓒ 신체와 물체와의 관계

ⓐ 공간 속에서 물체를 조정하는 능력을 의미하는 것이다.

ⓑ 스카프, 리듬막대, 모자, 리본막대, 훌라후프, 풍선, 공 등의 소도구를 움직이거나 기어오르기 구조물, 의자, 타이어, 매트 등 큰 장비의 주위 공간에서 움직일 수 있다.

ⓒ 근처에, 가까이, 멀리, 떨어져서, 위로, 아래로, 통과하여, 앞에, 뒤에, 옆에, 주위에, 사이에, 안에, 밖에 등으로 언어화할 수 있다.

A Plus⁺ 동작의 구성요소와 하위 요소[10]

동작의 구성요소	하위 요소	탐색개념
신체지각	신체명칭	신체 각 부분의 명칭
	신체모양	직선 / 곡선, 꼬임, 대칭 / 비대칭, 균형 등
	신체표면	앞, 뒤, 옆(오른쪽, 왼쪽)
공간지각	장소	개인 공간, 일반 공간
	높이	높게, 낮게, 중간 높이로
	방향	앞, 뒤, 옆, 위, 아래, 비스듬히
	범위(크기)	크게 / 작게, 넓게 / 좁게, 중간으로
	바닥모양	곡선으로 / 직선으로, 지그재그로 등
시간지각	속도	빠르게 / 느리게, 점점 빠르게 / 점점 느리게(가속과 감속) 등
	리듬	박자, 리듬패턴, 동시적으로 / 연속적으로
	흐름	유연하게 / 끊기게
무게지각	무게전이	무겁게 / 가볍게, 점차 사라지게
	힘의 세기	세게 / 약하게, 중간 정도로
관계지각	신체 간의 관계	가까이 / 멀리, 꼬이게 등의 관계
	사람과의 관계	짝, 소집단(만나기 / 헤어지기, 마주 보기 등)
	물체와의 관계	공, 후프, 평균대 등과의 관계(위, 아래 등)

10) 동작 교육자들은 인간 동작을 분석하는 기준으로 라반(Laban)의 동작 교육 이론을 참고하여 동작의 기본요소를 ① 신체(무엇을?) ② 공간(어디로?) ③ 노력(어떻게?) ④ 관계(누구와?)로 나누었다.

4 발달 단계별 운동능력

▪ 유아의 운동능력 발달 단계(Gallahue & Ozmun, 1998) ▪

발달 단계별 운동능력	발달 단계	발달 단계별 연령
반사적 동작기	정보유입 단계	태아~4개월
	정보유출 단계	4개월~1세
초보적 동작기	반사억제 단계	출생~1세
	통제이전 단계	1~2세
기본적 동작기	기초 단계	2~3세
	중기 단계	4~5세
	성숙 단계	6~7세
전문적 동작기	과도기 단계	7~10세
	세부 단계	11~13세
	전문화 단계	14세 이상

평생 여가 선용에 활용   평생 일상생활에 활용   평생 경쟁력 있게 활용

(1) 발달 단계별 운동능력

① 제1단계 : 반사적 동작기

ㄱ 제1단계는 반사적 동작기로서 태아기와 신생아기에 많이 나타나는 운동능력이다.

ㄴ 반사적 동작이란 외부 자극에 따라 신체를 즉각적으로 움직이는 것이다. 예를 들어 신생아의 뺨에 손가락을 대면 그것을 찾아 머리를 돌린다든지, 발바닥에 자극을 주면 발가락을 쫙 펴는 행동 등이다.

ㄷ 이런 움직임은 유아의 자발적 의도 없이 자극에 따라 무의식적으로 일어나는 동작이다.

② 제2단계 : 초보적 동작기

ㄱ 출생부터 2세까지로 신체발달에 커다란 전환점이 되는 시기이다.

ㄴ 직립운동이 이루어지는 시기이고, 자발적이며 의도적인 신체운동이 이루어지기 시작하는 시기이다. 이때 초보적인 비이동동작, 이동동작, 조작동작의 기능이 발달된다.

ㄷ **초보적 비이동동작** : 유아의 근육조직이 안정된 직립 자세를 취할 수 있게 몸의 균형을 잡고, 앉고 서기 위하여 목 · 머리 · 허리 등을 잘 조절하게 되는 것을 의미한다.

ㄹ **초보적 이동동작** : 움직이되 장소를 한 장소에서 다른 장소로 이동하여 움직이는 것이다.

ㅁ **초보적 조작동작** : 어떤 사물과 접촉할 때 필요한 움직임으로 목표물에 손을 뻗친다거나, 물체를 잡았다 놓는 것을 의미한다.

③ 제3단계 : 기본적 동작기
    ㉠ 2~7세까지의 시기로, 유아가 2, 3세가 되면 이전 단계에서 했던 안정된 직립 자세
        로 원하는 장소로 이동할 수 있고, 또 발달된 조작력으로 많은 사물을 탐색하고 실
        험해 볼 수 있다.
    ㉡ 안정감 있게 뛰고, 올라가고, 달릴 수 있으며, 공을 던지고 잡을 수 있다. 그러나 이
        단계에서도 세분화되고 정확한 기술적인 움직임은 발달하지 않는다.
④ 제4단계 : 전문적 동작기
    ㉠ 7세부터 청년기까지로, 좀 더 세분화해서 보면 초등학교 저학년 시기(7~10세)에는 일
        반적인 운동능력이 발달하고, 기본적 동작기 때보다 각종 동작을 정확하게 구사
        한다.
    ㉡ 초등학교 고학년(11~13세)이 되면 더욱 특수하고 세분화된 운동능력이 발달하고, 복
        잡한 동작기술이 나타난다.
    ㉢ 14세부터 청년기까지는 전문화된 운동기술이 발달한다. 지금까지 습득한 모든 운동
        능력을 경쟁적이고 오락적 활동, 즉 각종 스포츠나 레크리에이션에 적용할 수 있다.

(2) 운동능력의 발달 단계

① 운동능력은 머리에서 다리 방향으로 발달이 진행된다.
② 운동능력은 신체의 중심 부분에서 외곽 부분으로 발달한다.
③ 운동능력은 전체적인 운동에서 세부적인 운동으로 발달한다.
④ 일반적 경향에 따라 발달하는 운동능력은 신생아기에서 청년기에 이르기까지 여러 단
   계를 거치는데, 가장 단순한 동작에서부터 시작되어 고도의 복합적인 동작으로 위계적
   변화를 거친다. 그중에서도 동작유형의 발달과 신체적 성장이 가장 급격히 이루어지는
   시기는 영유아기와 유아기이다.

A Plus⁺ **유아체육의 효과**(「튼튼체육」, 2010)

신체 움직임을 주로 하는 유아 체육활동의 효과는 신체적, 정신적인 면, 사회성과 감성, 지능 발달
등 모든 분야에 광범위한데, 주된 효과는 다음과 같다.
- 발육 촉진   ○ 운동 기술의 발달   ○ 심미감 및 창의성의 발달
- 정서 · 사회성의 발달   ○ 언어 및 인지의 발달   ○ 신체기관의 발달

2장 유아 동작 교육의 교수·학습 방법

1 직접적 교수 방법

(1) 직접적 교수 방법의 기본 개념

① 직접적 교수법(direct method)은 같은 동작을 하면서 일치성과 획일성을 배우는 것이다 (모스톤과 애쉬워스, Mosston & Ashworth, 1990). 유아에게 같은 동작을 동시에 학습하도록 하는 가장 쉬운 방법은 시범과 모델링이다.

② 교사는 교육목표와 내용 및 방법을 미리 계획하고 이 계획을 가장 빠르고 효과적으로 수행할 수 있는 교수전략을 고안해 내어 대체로 대집단 위주의 활동으로 진행하도록 한다. 교사는 정보제공자, 평가자, 학급 운영자 역할을 하게 된다.

③ 이를 통해 유아는 즐겁게 동작을 수행하면서 집단의 소속감과 일치감을 느낄 수 있고, 똑같은 움직임을 통해 균일성을 익힐 수 있다.

(2) 직접적 교수 방법의 장점

① 발레나 구조적 리듬활동에서 정확한 동작이나 스텝을 수행하도록 할 경우에는 직접적 교수법이 효과적이다.

② 유아의 동작 수행에 대한 결과를 즉각적으로 알 수 있다. 즉, 교사가 지시하는 동작에 유아가 어떻게 반응하는지를 즉시 확인할 수 있다.

③ 교육활동 시간을 효율적으로 활용할 수 있다. 교사가 동작을 직접적으로 보여 주는 방법은 유아에게 동작을 창의적으로 표현하도록 하는 것보다 시간을 줄일 수 있다.

(3) 직접적 교수 방법의 단점

① 유아의 자기표현과 창의성을 충분히 고려하지 못한다.

② 유아의 발달과 능력에 개인차가 있다는 점을 고려하지 못한다.

③ 지시적 기술을 익히는 것에 목표를 두고 결과를 기대하므로 학습과정 그 자체를 인정하지 않는다.

④ 지시적 방법은 유아보다는 기본적인 동작을 습득하는 과정에 있는 영아에게 적합하며, 가장 최소한으로 활용하여야 한다.

2 안내 · 발견적 교수 방법[11]

(1) 안내 · 발견적 교수 방법의 기본 개념

① 안내 · 발견적 방법(guide-discovery method)을 사용하는 교사는 구체적인 과제(예 호핑이나 평균대 위에서 균형 잡기)를 생각하면서 수업을 하게 된다.

② 교사는 유아들에게 일련의 질문을 하며 교사가 생각하고 있는 과제의 답을 유아들이 발견하도록 안내한다. 이 과정에서 교사는 유아들이 자유롭게 동작을 만들고, 동작을 실험하도록 허용하면서도 궁극적으로 '정답'에 초점이 모아지도록 안내한다.

③ 유아들이 '정답'으로 초점을 모을 수 있도록 안내하는 과정에서 중요한 것은 일련의 질문이다.

④ 안내 · 발견적 교수법의 예

> 호핑을 가르치기 위해 교사는 호핑 방법을 시범이나 설명으로 가르치는 직접적 교수법을 사용할 것인지, 유아들이 스스로 그 동작을 발견하도록 도와주는 방법을 사용할 것인지를 선택해야 한다. 후자를 선택했다면 그 과제에서 제기될 수 있는 문제들을 사용하여 유아들에게 질문을 한다. 유아들이 문제를 해결하는 과정에서 몇몇 유아가 호핑하는 방법을 발견해 낸다면, 그들로 하여금 유아들 앞에서 시범을 보이게 하고, 나머지 유아들에게 같은 방법으로 움직여 보도록 할 수 있다.

(2) 안내 · 발견적 교수 방법의 유의점

① 유아의 모든 반응 수용

　㉠ 교사가 생각하고 있는 동작과 맞지 않는 부정확한 반응이라 할지라도 인정해 주어야 한다.

　㉡ 교사는 여러 가지 방법을 모색할 수 있는 충분한 시간을 제공하며, 원하는 반응을 이끌어 내도록 계속해서 구체적인 질문을 해 준다. 예 교사는 스무고개를 하듯 답에서 가장 먼 질문부터 한다.

② 유아에게 답 제공 삼가기

　㉠ 만약 교사가 답을 미리 제공한다면 유아는 스스로 문제를 해결하고자 하는 의지를 잃게 될 것이다.

　㉡ 교사는 답을 주기보다는 유아 스스로 동작을 탐색하고 발견하며 실험하도록 충분히 허용하면서 답을 찾아내도록 해야 한다.

　㉢ 유아가 해결책을 발견하지 못한다고 해도 전혀 문제될 것이 없으며, 그 과정 자체를 의미있게 생각해야 한다.

---

11) 간접적 교수법에는 안내 · 발견적 교수법과 탐색적 교수법이 있다. 학습자인 유아로 하여금 문제를 해결하도록 하는 교수법을 간접적 교수법이라 하는데, 이는 유아 중심 접근방법이다. 간접적 교수법은 유아 자신의 흥미에 따라 활동하는 데 주안점을 두고 교사는 환경을 적절히 준비해 주고 수용적인 자세를 취한다.

③ 문제해결을 위한 적절한 시범과 언어화
  ㉠ 교사가 직접 시범을 보이기보다 몇몇 유아에게 시범을 보이게 하여 다른 유아의 동작을 관찰할 수 있는 기회를 제공함으로써 문제를 해결하도록 해 준다.
  ㉡ 언어화는 동작의 이름과 요소를 알려 주기 위한 방법으로 방금 행한 동작을 언어적으로 묘사하게 하는 것이다. 이러한 활동은 동작에 대한 이미지를 정신적으로 그려 보는 기회를 제공한다.

(3) 안내 · 발견적 교수 방법의 장점

① 문제해결력과 비판적 사고 기술 증진 : 스스로 참여하고 실험하고 경험해 보며 그들 자신이 문제를 제기하고 찾아가는 과정을 통해 문제해결력과 비판적 사고기술을 갖게 된다.
② 자신감 증진 : 유아가 동작을 스스로 탐색하고 발견하며 결정하는 과정을 통해 자신이 찾은 답에 대한 성취감을 느낄 수 있고, 자신의 능력에 대해 자신감을 갖게 된다.
③ 심리적 안정감 : 문제를 스스로 해결한 경험이 있는 유아는 실패에 대한 두려움보다는 '할 수 있다'는 심리적 안정감을 가지고 새로운 활동에 도전할 수 있다.
④ 동작어휘 확장 : 유아는 동작활동을 하면서 동작 관련 어휘를 듣고 내면화시키면서 동작어휘력을 확장할 수 있다.

3 탐색적 교수 방법

(1) 탐색적 교수 방법의 기본 개념

① 탐색적 교수법(exploratory method)은 유아 스스로의 실험과 문제해결, 자기 발견을 통해 학습이 일어나는 과정을 강조하는 방법으로 간접적-유아 주도적 교수 방법(indirect method) 중 하나이다.
② 안내 · 발견적 방법이 정해진 답을 찾아가는 데 반해, 탐색적 방법은 주어진 주제에 적합한 다양한 방법을 탐색해 가는 과정을 중요시한다.[12]
③ 탐색적 교수법의 절차(할시와 포터 E. Halsey & L. Porter, 1970)
  ㉠ 문제 설정 : '고양이처럼 움직여 보기'라는 과제를 제시한다.
  ㉡ 유아 스스로 실험하기 : 유아들은 고양이가 몸을 쭈욱 뻗는 모습, 조용히 걸어가는 모습, 고양이처럼 세수하는 모습 등의 동작으로 움직여 보는 것이다.
  ㉢ 관찰과 평가 : 유아들은 다른 유아들의 움직임을 관찰하며 어떻게 움직이는 것이 가장 '고양이다운 모습'일지를 평가한다.
  ㉣ 평가를 통해 획득된 내용 재적용 : 평가 과정에서 유아들 스스로 자신의 움직임 중 수정해야 할 부분이 있다면 그 부분을 수정하여 다시 '고양이처럼 움직이는 모습'을 표현한다.

12) **탐색적 교수법의 예** : "내가 낙엽이라면 어떻게 나무에서 떨어질까?"와 같은 주제에 대해 교사는 시범을 보이지 않고 최선의 답을 요구해서도 안 된다. 다만, 교사는 계속적인 탐색이 이루어지도록 표현을 촉진하는 질문을 한다.

(2) 탐색적 교수 방법의 유의점[13]

① **동작요소 사용** : 동작기술(skill)을 다양하게 변화시킬 수 있는 동작의 요소를 사용한다. 동작기술은 '동사'로, 동작의 요소는 '부사'로 간주될 수 있다. **예** 빠르게 뛰어 보자.

② **유아의 표현을 촉진할 수 있는 다양한 질문** : "크기가 큰 낙엽은 어떻게 구를까?", "바람이 세게 부는 날에는 낙엽이 어떻게 떨어질까?"와 같이 동작표현이 확장될 수 있도록 질문을 한다.

③ **활동 실시에 한계(parameter) 설정** : 예를 들어, 평균대를 가로지르는 활동의 경우에 교사는 신체의 두 부분 이상을 평균대에 닿게 하면서 이동해 보도록 하거나 혹은 둥근 모양을 만들고 이동해 보도록 함으로써 가능한 한 반응을 제한할 수 있다.

④ **교사의 반응**

  ㉠ 유아들이 나타낸 반응에 대해 교사가 다시 반응을 해 준다. 교사는 '다른 방법을 찾아보자'라는 간단한 질문을 할 수도 있다.

  ㉡ **중립적인 피드백(neutral feedback)** : 유아들이 계속해서 다양한 반응을 하도록 격려하기 위해 유아의 움직임을 언어화하면서 기술해 준다.

  ㉢ **유아 개개인의 개인차 인정** : 유아의 표현 모두를 수용해 주고 격려해 주어야 한다. 또 교사는 유아의 개인차를 인정하고 동작활동의 모든 가능성을 모색하고 발견하는 방법을 격려해 주며 자유롭게 표현하도록 지지해 주어야 한다.

(3) 탐색적 교수 방법의 장점

① 유아의 개성과 개인차를 인정하기 때문에 유아 스스로 다른 사람과 다른 것에 대해 두려움을 갖지 않게 된다.

② 유아는 모든 반응을 수용하는 분위기를 통해 활동에 적극적으로 참여하게 된다.

③ 유아는 다른 사람의 동작활동을 보면서 자신과 생각이 다를 수 있음을 알게 되어 다른 사람의 생각을 수용할 수 있게 된다.

A Plus⁺　　**동작 교육의 통합적 접근법**(페인과 링크 Payne & Rink)

1. 주제 중심의 통합

① **기술 주제 간의 통합** : 동작기술을 다양하게 수행하도록 하기 위한 것으로, '걷기'라는 이동 동작을 신체, 공간, 노력, 관계로 인식을 하며 통합하는 것이다.

② **단원 중심의 통합** : '우리 동네' 등 유아교육기관에서 진행중인 단원 또는 주제 중 표현이 용이한 내용을 선정하여 동작활동과 통합하는 것이다. **예** 소방관 아저씨 표현하기

2. 교과 영역 간 통합

동작을 통해 다른 영역의 개념을 가르치는 것으로, 예를 들어 숫자를 알려주기 위해 신체를 이용해서 숫자의 모양을 표현해 보도록 하는 것이다.

13) 탐색적 교수 방법의 목표는 유아들의 활동을 확장시키는 것이다.

1 ｜ 유아동작교육

배지윤 전공유아

14) **유아 동작 교육의 내용**
　① 상상과 환상놀이 중심 주제
　　(도깨비 등)
　② 동작의 특성과 흥미 중심 주제
　　(거미 등)
　③ 지적 탐구 중심의 주제(비행
　　기 모양 등)
　④ 생활경험 중심의 주제(바람
　　등)
　⑤ 통합적 표현활동 중심의 주제

4 유아 동작 교육의 교수 · 학습 원리[14]

(1) 놀이학습의 원리(융통성의 원리)

① 놀이학습의 원리는 유아의 흥미를 고려해서 동작경험의 즐거움이 내포되어 있는 동작활동을 선정하여 동작활동을 통해서 즐거움이 확대되고 지속될 수 있도록 놀이중심으로 교수 · 학습하도록 한다.

② 유아 스스로 동작표현을 만들어내도록 교사가 수업을 융통성 있게 운영해야 하기 때문에 '융통성의 원리'라고도 한다.

(2) 개별화의 원리(다양성의 원리)

① 개별화의 원리는 '다양성의 원리'라고도 하는데, 유아의 동작능력과 동작경험의 수준이 다양하다는 점을 고려하여 유아 개개인의 개인차를 인정하고 유아의 동작능력 및 발달 속도에 따라 동작활동을 경험하도록 하는 것이다.

② 다양한 거리의 던지기 활동을 진행하거나 다양한 종류의 공을 준비해서 개별 유아의 흥미와 관심에 따라 활동하도록 한다.

(3) 탐구학습의 원리(경험 중심의 원리)

① 탐구학습의 원리는 유아 개개인이 자발적으로 자신의 신체, 공간, 방향, 시간, 힘, 흐름과 같은 동작의 기본적 개념을 탐색하고 신체활동의 가능성과 한계를 발견하면서 학습하도록 하는 것이다.

② 유아 스스로 경험을 통해서 학습하는 것으로, '경험 중심의 원리'라고도 한다. 예를 들어, 가을 낙엽이 되어 보는 창의적 표현 동작활동을 할 때, 유아에게 가을동산을 돌아보면서 직접 경험하게 하고 나뭇잎을 주워와 날려 보면서 탐구한 다음 동작활동을 하면 다양하고 창의적인 신체표현 활동을 할 수 있다.

(4) 다감각 · 다상징적 표현활동의 원리

① 다감각적 표현활동의 원리란 동작 교육과 유아의 전인발달적 상호관계를 고려한 것으로서, 유아의 다섯 가지 신체감각과 지각운동감각, 언어와 인지적 개념을 다감각적으로 통합한 동작 표현활동을 중요시한다.

② 유아의 각 발달적 특성의 통합적인 측면을 분리하지 않고 교수 · 학습 방법에 적용한다. 따라서 유아의 인지, 정서, 심리운동, 창의성 발달의 연계성을 강조하면서 예술영역의 표현활동을 다감각적으로 통합해서 동작활동을 진행한다.

5 유아 동작 교육에서 교사의 역할

(1) 신체와 동작에 대한 이해[15]

① 신체가 무엇을 할 수 있는지를 알아야 한다.

② 신체가 어떻게 움직이는지, 특히 무게와 시간, 공간, 흐름 등 동작의 질을 결정하는 동작의 요인들과 관련되어 어떻게 움직이는지 이해해야 한다.

③ 신체가 어디로, 그리고 어떤 모양으로 움직이는지 알아야 한다.

④ 신체 각 부분의 관계, 개인과 개인이나 집단과의 관계에 대해 알아야 한다.

⑤ 공 다루기나 균형 잡기 같은 실제적 목적을 가진 기능 동작을 알아야 한다.

15) 교사가 인간의 신체에 대해 얼마나 이해하고 있느냐는 유아의 신체동작의 중요성을 인식하고 유아에게 의미 있는 동작 경험을 할 수 있게 해 주는 것과 직접적 관계가 있다.

(2) 교사의 태도와 언어

① 교사의 융통성 있는 태도 : 융통성 있는 태도란 유아를 제멋대로 하도록 내버려 두는 것이 아니라, 관찰하고 제시하고 지적하면서 유아가 표현한 다양한 아이디어를 수용하고, 적절한 때에 적절히 질문함으로써 유아가 분명한 목표를 향할 수 있도록 자극해 주는 태도를 의미한다.

② 교사의 유아 수준에 맞춘 언어화 : 유아의 동작이나 행동을 추상적인 사고로 상상하게 하거나 창의성을 발휘하도록 하기 위해서는 적절한 언어화가 필요하다.

(3) 다양한 경험과 창의적 표현

① 동작활동의 다양한 경험 제공

　㉠ 실제적인 경험과 활동의 폭을 넓힐 수 있게 다양한 동작활동을 제공하여 도와주어야 한다.

　㉡ 다양한 동작경험의 제시도 중요하지만 유아로 하여금 자기 자신의 능력을 탐색해 보고 성공적인 느낌이나 성취감을 맛보게 해 주는 것도 중요하다.

② 유아의 창의적 표현 장려 : 유아에게 자기표현의 기회를 많이 주어, 창의적인 표현을 장려해야 한다.

③ 동작의 창의성 구성요소 : 동작 교육자 도즈(Dodds)는 길포드(Guilford)의 창의성 구성요소를 동작에 적용하여 동작의 유창성, 동작의 융통성, 동작의 독창성, 동작의 정교성으로 나누는 동작의 창의성 구성요소를 제안했다.

　㉠ 동작의 유창성 : 매 시간 단위당 산출되는 동작의 전체 수

　㉡ 동작의 융통성 : 매 시간 단위당 산출되는 동작 종류의 수

　㉢ 동작의 독창성 : 전적으로 새로운 반응을 산출한 경우

　㉣ 동작의 정교성 : 주로 한 가지 동작반응의 주제에 변화를 주어 산출한 경우

(4) 유아의 동작능력 탐색

① 점진적인 탐색

    ㉠ 신체인식 : 동작을 탐색할 때는 점진적으로 시작할 필요가 있다. 유아가 동작을 하기 전에 각 신체 부분의 명칭을 알아야 하고, 어떻게 움직일 수 있으며, 어떻게 움직여야 하는지를 유아가 먼저 이해하고 있어야 한다.

    ㉡ 다양한 표상의 경험 : 만약 펭귄의 움직임을 흉내낸다면 그전에 펭귄에 관한 그림을 보여 주거나 동물원 견학을 통해 직접적으로 관찰하게 한 후에 펭귄의 움직임을 표현하는 음악을 들려주면서 펭귄처럼 움직여 보기를 한다면 전체 아동이 나름대로의 동작경험을 잘 표현할 수 있게 된다.

② 대조법 : 라반(Laban)이 제시한 동작의 기본요소를 동작의 주제로 선정하여 동작활동을 구성할 때는 높고–낮은 행동, 빠르고–느린 행동 등의 대조법을 이용하여 각각의 동작 요소를 강조하는 것이 매우 유용하다.

Ⓐ Plus⁺ 『유아를 위한 체육활동 자료』(2003)

1. 유아 체육활동의 지도 방법

① 교사는 체육 교육에 필요한 지식을 가지고 장·단기적인 계획을 수립한다. 교사는 체력의 요소, 연령에 따른 신체능력, 안전에 대한 지식 등을 미리 습득하고 있어야 한다.

② 체육활동에 대한 흥미와 성취감을 갖게 하기 위해 유아의 발달에 적합한 활동을 제공해야 하며, 유아의 발달 특성에 맞게 1회의 체육활동은 20~30분간 실시하는 것이 적합하다.

③ 체력요소는 서로 영향을 주기 때문에 다양한 체력요소를 포함한 활동을 제공하고, 반복적으로 지도한다.

④ 체육활동의 내용에 따라 다양한 교수 방법을 활용한다. 특정한 기술을 습득하도록 지도할 경우에는 명확하게 제시하는 직접지도가 적절하며, "몸을 흔들 수 있는 방법을 찾아보자."라는 발문을 하고 유아 스스로 문제해결을 하게 할 수도 있다.

⑤ 다른 영역과 통합적으로 운영한다. 🔲 유연성 활동을 할 때 유아의 신체로 세모, 동그라미, 네모 등을 만들어 보기 등

⑥ 심리적인 지지와 격려를 통해 체육활동에 두려움을 갖는 유아도 자신감을 갖게 해야 하고, 유아에게 충분한 시간을 주고 좀 더 쉬운 단계를 경험하도록 하는 것도 중요하다.

2. 유아 체육활동의 안전 지도 방법

① 교사는 체육활동을 진행하기 전에 안전사고를 유발할 수 있는 요소를 매일 점검한다.

② 유아의 그날의 건강 상태와 복장 등을 고려한다.

③ 유아의 신체리듬을 고려하여 식후 1시간 이내나 수면 후 1시간 이내에 하지 않는다.

④ 체육활동 전 준비운동을 하고, 본 활동 후에는 서서히 동적인 상태에서 정적인 상태로 갈 수 있도록 마무리 운동을 한다.

⑤ 유아가 안전하게 체육활동을 할 수 있도록 필요한 지식과 태도를 갖도록 한다.
    🔲 밀고 당길 때의 주의사항에 대하여 이야기 나누기, 기구 사용에 대한 규칙 알기 등

⑥ 유아들이 안전하게 체육활동을 할 수 있도록 교사가 정확하게 시범을 보인다.

1 갤러휴(Gallahue)의 개념적 동작 접근법[16]

(1) 개념적 동작 접근법의 기본 전제

① 유아의 동작능력은 일정한 단계를 거쳐 발달한다. 예 반사적 행동 → 초보적 동작능력 → 기본적 동작능력 → 일반적 동작능력 → 특수동작, 전문화된 동작기술

② 유아의 동작능력은 체육 교육에 참여하여 성취할 수 있다. 유아의 동작능력은 다양한 '체육 교육내용(체조, 게임과 스포츠, 리듬활동, 수중운동 등)'에 참여함으로써 성취할 수 있다.

③ 유아의 동작능력은 다양한 교수법을 통해 발달한다. 다양한 교수법(비지시적 · 지시적 방법)으로 적절한 '학습경험을 계열화(탐색 → 발견 → 조합 → 선택 → 경쟁적 수행 → 개별화)'해서 동작능력의 적절한 발달을 이룰 수 있다.

16) **신체적 동작 교수법** : 동작 교육의 접근 방법 중에서 라반(Laban)의 영향을 받아 동작의 기본요소를 중심으로 상상력 없이 기본동작과 신체능력을 탐색하고 실험해 보게 하는 교육방법이다.

(2) 갤러휴의 개념적 동작 교수법의 모델

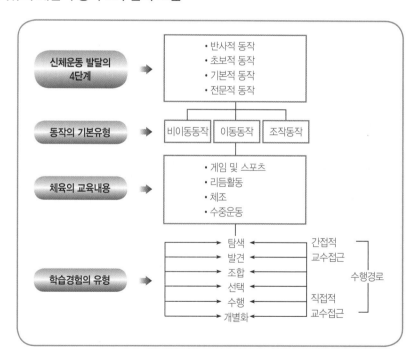

(3) 신체운동 발달의 4단계

① 반사적 동작 : 신생아에게서 나타나는 최초의 운동 발달 특징이다.

② 초보적 동작 : 출생에서 2세까지의 발달로, 목, 머리, 몸의 조절, 기기, 걷기와 같은 이동동작을 할 수 있다.

③ 기본적 동작 : 2세 이후부터 7세까지 지속된다. 비이동동작, 이동동작, 조작동작이 가능하지만 아직 세분화되고 정확한 기술적인 움직임은 발달되어 있지 않다.

④ 전문적 동작 : 7세 이후 초등학교 아동기에서 청년기까지 지속적으로 발달한다. 일반적인 동작 능력이 발달하면서 기본적 동작 단계보다 각종 동작을 정확하게 구사할 수 있다. 이후 계속적으로 세분화되고 복합된 동작 기술이 나타난다.

(4) 학습경험의 유형

① 체육 프로그램의 내용은 다양한 방법으로 실시하되 유아의 발달 수준에 맞추어 순서적으로 계열화해야 한다. 즉 능력의 습득은 단순한 것에서부터 복잡한 것으로, 그리고 발달은 일반적인 것에서부터 특수한 것으로 진행된다는 원리에 기초하여 갤러휴는 동작의 학습을 탐색, 발견, 조합, 선택, 경쟁적 수행, 개별화의 6단계로 계열화시켰다.

② 새로운 안정, 이동적 · 조작적 기능을 학습하는 데 게임, 리듬활동, 체조 또는 수중활동 등과 같은 학습경험은 다음과 같은 계열화된 순서로 이루어진다.

　㉠ 탐색 : 먼저 각 활동에 포함된 동작을 각각 분리해서 탐색한다.

　㉡ 발견 : 다른 사람의 수행이나 그림, 영화, 책 등을 보면서 간접적으로 이 동작들을 더 잘 수행할 수 있는 방법과 수단을 발견한다.

　㉢ 조합 : 분리된 동작들을 다양한 방법으로 조합하여 표현한다.

　㉣ 선택 : 이 조합된 방법들 가운데에서 게임이나 비형식적인 경쟁을 통하여 가장 좋은 방법을 선택한다.

　㉤ 수행 : 선택된 동작을 더욱 고도의 세련된 기술로 다듬어서 형식적인 경쟁이나 발표, 또는 오락시간을 통해서 수행한다.

　㉥ 개별화 : 마지막으로 동작이 완전히 숙달되도록 집중적인 반복연습을 통해 개별화가 이루어진다.

③ 6단계 경험의 순서화는 유아와 청소년, 성인 모두에게 적용되지만, 유아나 저학년 아동은 동작의 발달 수준에 맞추어 탐색, 발견, 조합의 경험을 주로 이용하고 가능한 한 경쟁적 수행을 지양한다.

2 길리옴(Gilliom)의 문제해결식 동작 교수법

(1) 문제해결식 동작 교수법의 기본 개념

① 길리옴은 학습에서 가장 중요한 과정을 '발견'으로 보고, 가장 효과적인 방법으로서 다양한 문제해결 기술을 제시하였다.

② 해결해야 할 문제나 문제 상황을 제시하고 그 문제를 해결하는 기술을 유도하면서 학습활동을 하게 된다.

③ 문제 중에서 가장 자극적인 것은 표준 해결책이 없는 문제나 한 가지의 옳은 해결책만을 요구하지 않는 문제라고 할 수 있다.

④ 동작문제(학습활동) 제시 시 고려할 점

    ㉠ 기본문제는 표준해답이 없는 것이어야 한다.

    ㉡ 보조문제는 유아가 스스로 발견하지 못할 때만 제시해야 한다.

    ㉢ 생산적 사고를 요구하는 문제여야 하며, 문제해결 과정으로서 추리와 상상을 고무 시키는 문제여야 한다.

    ㉣ 상상력을 풍부하게 하기 위하여 문제는 점차적으로 다양하고 복합적인 해결이 나올 수 있도록 진술해야 한다.

    ㉤ 모든 문제는 교육목표에 부합하는 것으로 선택해야 한다.

(2) 기본 동작 교육의 주제로 선정한 단원

① 제1단원(공간) : 어디로 움직일 수 있는가? (Where can you move?)

② 제2단원(신체인식) : 무엇을 움직일 수 있는가? (What can you move?)

③ 제3단원(힘·균형·무게 이동) : 어떻게 움직일 수 있는가? (How can you move?)

④ 제4단원(시간·흐름) : 어떻게 하면 더 잘 움직일 수 있는가? (How can you move better?)

A Plus⁺ **길리옴(Gilliom)이 제시한 기본동작주제와 내용**[17]

기본동작주제	하위주제	내용
공간	공간	자기공간/일반공간
	방향	앞으로/뒤로, 한쪽 옆으로, 위로/아래로
	높이	높게, 보통으로, 낮게
	범위	크게, 보통으로, 작게
	바닥모양	똑바로, 곡선으로, 지그재그로
신체인식	신체부분	머리, 목, 어깨, 허리, 배, 다리 등
	신체표면	앞, 뒤, 옆
	신체형태	둥근 곳, 좁고 곧은 곳, 꼬인 곳
	몸과 몸의 관계	가까이, 멀리, 꼬이게
	몸과 사물과의 관계	벽/바닥/상자, 위/아래/너머, 멀리/가까이
	사람과 사람의 관계	만나기/헤어지기, 옆에 서기, 그림자 되기, 거울 되기, 따라하기/지도하기
힘·무게	세기	세게, 보통으로, 약하게
	힘의 질	갑자기 딱딱하게, 천천히 부드럽게, 계속적으로
	무게	점차적으로 사라지게, 무겁게, 가볍게
시간·흐름	빠르기	느리게, 보통으로, 빠르게, 점점 빠르게/느리게
	리듬	박자에 맞추기, 리듬 패턴 알기
	흐름	유연하게, 끊기게

17) 길리옴(Gilliom)은 각 동작주제의 대조법을 이용하기 편리하게 각 동작주제에 대해서 탐색해야 할 개념을 하위 개념으로 정리하여 제시했다.

(3) 문제해결식 동작 교수법의 교육내용

① **활동의 목적과 각 단계 서술** : 활동을 계획할 때에는 먼저 활동의 목적을 정하고, 그 목적을 달성하기 위한 방법으로 활동의 주제를 정한 후 각 단계를 서술해 보도록 한다. 목적에는 구체적인 목표의 서술이 필요하며, 활동 후 기대되는 효과에 대해 평가하는 일도 필요하다.

② **'공간'요소 이해** : 대조법을 이용하여 상상력보다는 공간의 개념 탐색에 더욱 중점을 두어 교육한다. **예** 그 자리에 선 채로(개인공간), 손을 이용하여(신체의 한 부분), 주어지는 박자에 맞추어(시간), 위치를 변화시켜 보자(공간), 높게, 낮게, 더 높게, 더 낮게…

(4) 교사의 역할

① 목적을 분명히 하되 상황에 따라 조정할 수 있도록 융통성이 있어야 하며, 질문과 관찰, 그리고 토의의 형식으로 지도한다.

② 문제를 해결하거나 발견할 때는 그 개념을 용어로 기억할 수 있도록 용어를 설명하고 언어화시킨다.

③ 쉬운 단계부터 점차적으로 어렵고 복잡한 단계로 탐색하도록 한다.

④ 교사도 유아와 함께 움직여야 한다.

⑤ 유아의 활동을 고루 관찰할 수 있도록 가능하면 원형을 취한다.

⑥ 가끔 정지시킴으로써 서로를 관찰할 수 있게 한다.

3 신체적 접근법의 강조점

① 두 교수법은 신체를 이용하여 스스로 자기 신체와 동작을 탐색하게 하는 방법으로, 라반(Laban)의 이론에 기초한 동작 교육의 신체적 접근 방법이다.

② 동작 교육에서 교사는 될수록 유아들에게 스스로 탐색하고 실험할 수 있는 기회를 제공해야 한다.

③ 교사가 시범을 보이고 따라 움직이도록 유도하기보다, 융통성과 인내심을 가지고 유아에게 충분한 기회와 시간적 여유를 주어 스스로 생각하고 느끼도록 해 주어야 한다.

④ 분명한 목표를 가지고 관찰하고 제시하며 지적해 주는 한편, 유아의 새로운 아이디어를 받아들이면서 적절한 때에 질문하고 개념을 언어화해 봄으로써 초점을 맞추어 가야 한다.

⑤ 어느 한 가지 동작을 끝냈을 때 그 움직임을 말로 표현해 주고 몸의 각 부분에 관해서 분명한 어휘로 언어화시켜서 유아가 실제 행동을 추상화하는 데 도움을 주도록 한다.

유아 체육의 내용(「튼튼체육」, 2010)

유아 체육활동은 크게 기본동작, 신체적성활동, 리듬활동, 그룹게임, 개인활동과 짝활동으로 분류할 수 있는데 활동들 간의 균형성을 고려한 활동의 비중을 나타낸 표는 다음과 같다.

체육활동	활동 항목	비중
기본동작 (basic movement)	준비동작(movement readiness) 이동동작(locomotive movement) 비이동동작(non-locomotive movement) 조작적동작(manipulative movement)	40%
신체적성활동(body conditioning activity)		5%
리듬활동 (rhythmic activity)	창조적 리듬(creative rhythms) 노래와 율동(singing games & dance)	30%
그룹게임 (group game)	이야기 계획과 게임(story plans & games) 술래잡기, 원게임(tag, circle games)	15%
개인활동과 짝활동 (individual & couple activities)	체조(stunts & tumbling) 기구활동(apparatus activities) 평균대(balance beam) 트램폴린(trampouline) 줄넘기(rope jumping)	10%

4장 유아 동작 교육의 극적 접근법

1 리츤(Ritson)의 창작무용 동작 교수법

(1) 유아 동작 교육의 극적 접근법의 개념

① 극적 접근법은 신체적 접근법과 대조적으로 '~하는 척하기'나 '어떤 것이 되어 보기' 등을 이용한 방법이다.

② 라반은 유아가 완전히 자기 신체를 통제할 수 있을 때까지는 상상을 사용하도록 해서는 안 된다고 주장했다. 기본동작 활동을 모르는 상태에서 상상을 사용하게 되면 더 모방적이게 되면서 다양한 표현을 할 줄 모르게 되기 때문이다.

③ 단순히 흉내내기 활동으로 그치지 말고, 대상의 움직임을 보거나 상상하며 자기 몸을 이용하여 실험해 볼 수 있도록 다양한 동작표현을 자극하는 과제를 제시하고 소재를 제공해야 한다.

④ 단순히 "코끼리가 되어 보자."라고 했을 때 모든 유아는 서로의 움직임을 모방하는 데 그친다. 따라서 교사는 "코끼리의 걸음이 어떤지 생각해 보자, 코는 어느 쪽으로 어떻게 말리는지, 눈과 입은 어떤지 상상해 보자."라고 자극을 주면 창의적인 사고와 표현이 장려될 것이다.

⑤ 교사가 유아에게 시범을 보이고 지시하거나 획일적으로 따라 하게 하기보다는 각 유아의 느낌과 신체적 표현을 세심하게 관찰하고 새로운 시도를 하는 유아를 적극적으로 격려해야 한다.

(2) 리츤의 창작무용 동작 교수법의 기본 개념

① 리츤의 창작무용을 위한 동작 교수법은 이론과 실제를 좁히려는 시도로서, 교수과정에서의 학습위계와 인지기능 수준을 토대로 하여 창의적 동작 교육을 위한 구체적 형식을 설계하는 방법이다.

② 창의적 무용의 내용을 규명하기 위하여 동작의 경험과 표현, 이 두 측면을 모두 포함해야 한다고 보았고, 다양한 경험과 표현의 측면을 모두 포함하기 위하여 리츤은 동작주제와 문화주제라는 두 가지 주제를 창작무용 내용의 기본틀로 삼을 것을 제안했다.

(3) 창작무용 동작 교수법의 교수 방법

① 바렛(Barrett)이 정의한 7가지 동작주제[18]

  ㉠ 제1주제 : 신체 부분에 대한 인식

  ㉡ 제2주제 : 무게와 시간에 대한 인식

  ㉢ 제3주제 : 공간에 대한 인식

  ㉣ 제4주제 : 동작의 흐름에 대한 인식

  ㉤ 제5주제 : 짝과 소집단에 대한 인식

  ㉥ 제6주제 : 신체 모양에 대한 인식

  ㉦ 제7주제 : 노력 행위들에 대한 인식

② 리츤의 동작주제를 내용으로 한 5단계 교수·학습 방법

  ㉠ 지시 따르기(taking direction) : 유아들이 지시를 듣고 따르는 능력은 성공적인 참여를 위한 전제조건이 된다. 교사는 지시를 명료하고 간결하게 해야 하며, 유아들은 지시를 빨리, 조용히 따를 수 있어야 한다.

  ㉡ 모방하기(imitating) : 모방하기는 정의를 소개하거나 이전에 배운 기술들을 재검토할 때 효과적인 방법이다. 유아는 다른 사람의 행동을 모방함으로써 학습해 나가며, 점차 자신의 동작에 대한 인식을 기초로 나름대로의 연속적 동작을 발견하기 시작한다. 예 "내가 낮은 자세로 모퉁이 길을 따라 움직일 때, 그 움직임을 따라 해 보세요."

  ㉢ 상황구성하기(situation) : 유아의 사고와 움직이는 방식을 서로 연결하는 것이다. 교사는 유아가 따라서 할 어떤 동작을 제시하는 것이 아니라 언어적 모델이나 설명으로 유아의 머릿속에 상상을 불러일으켜 유아가 그 상상을 나름대로 해석하여 움직이도록 조장해 준다. 예 "여러분이 똑바른 길을 따라서 어떻게 느리게 움직일 수 있는지 보여 주세요.", "이제는 곡선으로 된 길을 따라서 빠르게 움직여 보세요."

  ㉣ 연합하기(association) : 교사는 유아에게 주제와 일치되는 상황이나 문제를 제시한다. 유아는 상황에서 제시한 요구 또는 문제를 해결하기 위하여 그들이 생각해 낸 동작들을 연속적으로 수행한다. 연합하기는 교사가 어떻게 움직여야 할지에 대한 구체적인 이야기를 제시하지 않는다는 점에서 상황구성하기와 다르다. 예 "방향을 바꾸어 움직이면서 걷기와 달리기를 하려면 어떻게 움직여야 하겠니?"

  ㉤ 창조하기(creating) : 유아가 동작들을 시작, 중간, 끝으로 구성된 하나의 연속적인 동작으로 조직했을 때 무용을 창조했다고 할 수 있다. 창조하기 수준에서 교사의 역할은 촉매자로서의 역할이다. 예 "두 명이 참여하는 무용을 만들어 보자.", "후프와 막대기를 이용하여 혼자서 무용을 만들어 보자."

18) 바렛(Barrett)이 개념화한 교육무용의 동작 내용은 7가지 주제로 되어 있는데, 앞에서 제시한 주제에서 획득한 능력을 다음 주제에서 활용하여 통합할 수 있도록 순서화된 주제들이다.

③ 리츤의 문화적 주제를 내용으로 한 5단계 교수 · 학습 방법

　　㉠ 지시 따르기(taking direction) : 지시에 따르는 것은 수업을 제대로 운영하고 자기통제를 하는 데 필요하다. 문화적 주제를 선정할 때는 가상적 요소를 중시해야 하며, 문화적 주제에서는 초점과 강조점이 점차 동작보다는 상상과 표현으로 옮겨가야 한다.

　　㉡ 흉내내기(mimicry) : 문화적 주제를 이용할 때에는 다양한 유형의 경험을 다루며, 그 초점도 동작 자체와 문화적 조건으로 구분한다. 먼저 정신적 심상에 유아의 주의를 모은 다음에 동작을 흉내내게 한다.

예

동작주제(모방하기)	문화주제(흉내내기)
"내가 낮게 바닥으로 길을 따라 기어갈 테니 이 움직임을 따라 해 보세요."	"내가 뱀처럼 기어갈 테니 따라 해 보세요."

　　㉢ 극화하기(dramatizing) : 연속된 극화의 과정을 표현하게 한다.

예

동작주제(상황구성하기)	문화주제(극화하기)
"방에서 깡충깡충 뛰어 보자. 그런 다음 드럼소리에 맞추어 방향을 바꾸며 뛰어 보자."	– 해변에서의 하루 – "뜨거운 모래 위를 걸어가고 있다고 생각해 보자. 모래가 뜨겁다는 것을 어떻게 표현할 수 있겠니? 그렇게 걷다가 갑자기 날카로운 물건을 밟았을 때 동작이 어떻게 변하겠니?"

　　㉣ 즉흥적 극화하기(improvisation) : 문화주제 '정서'는 즉흥적 극화에 적절하다. 기쁨–슬픔–분노–두려움 등의 정서를 창작무용을 통해 즉흥적으로 극화하는 과정이다.

예

동작주제(연합하기)	문화주제(즉흥적 극화하기)
"무겁다가 가벼워지는 것을 우리 몸으로 어떻게 표현하면 좋을까? 시간에 따라 무거워지거나 가벼워지는 것은 어떻게 표현하겠니?"	"다른 사람이 몰래 접근해 올 때 네가 어떻게 느낄지 표현해 보자. 그때 너의 두려움을 표현할 수 있겠니? 몰래 접근해 오는 사람이 빠르게, 느리게 다가오는 것을 보여 줄 수 있겠니?"

　　㉤ 구성하기(composing) : 문화적 주제에서 동작의 질들을 강조했을 때, 유아들에게 그 과정을 구성하게 할 수 있다.

예

동작주제(창조하기)	문화주제(구성하기)
"짝과 함께 무용을 하면서 시작 · 중간 · 끝부분을 구분하여 보여 주렴."	"네가 알고 있는 사람에게 일어난 일들을 무용으로 꾸며서 말해 줄 수 있겠니?"

2 에머슨(Emerson)과 레이(Leigh)의 상상 · 환상 중심 동작 교수법

(1) 상상 · 환상 중심 동작 교수법

① 에머슨(Emerson)과 레이(Leigh)는 상상력을 증진하기 위한 무용 교육 프로그램을 제안했다.

② 인간의 내적 욕구충족과 정서순화 및 함양을 강조하기 위해 동작 교육 프로그램에서 춤을 매개체로 환상과 상상력을 계발해야 한다고 주장했다.

③ 무용 교육에서 다루어야 할 중요한 요소를 표현, 확장, 상상, 그리고 창작의 4가지로 보고 무용 교육의 단계를 제안했다.

(2) 무용 교육의 내용

① 표현

㉠ 유아는 동작을 표현의 도구로 사용해야 한다는 것이다.

㉡ 유아는 동작을 이용해서 표현하지만 통제가 잘 안 되므로 주변 환경 속에 있는 공간들을 탐색하며 활동한다.

㉢ 교사는 다양한 공간을 제공하여 유아들이 안전하게 탐색하고 신체적 · 지적 능력에 도전할 수 있게 해야 한다.

② 확장

㉠ 유아는 동작을 확장의 도구로 사용해야 한다.

㉡ 유아는 어느 정도 자기 신체에 대해 통제가 가능해지고 자기 신체가 타인과 다르다는 것을 배우게 되면 확장으로서의 동작 단계로 이행한다.

㉢ 교사는 유아가 다른 사람의 신체와 다르며, 무엇을 어떻게 움직이는지에 초점을 두고, 새로운 가능성을 소개하면서 개념발달에 도움이 되는 새로운 어휘들을 소개한다.

③ 상상

㉠ 동작을 상상의 도구로 사용하는 단계이다.

㉡ 유아가 단순한 문제해결을 수행할 수 있게 되면, '자신이 누구인가'라는 문제보다 '자기가 무엇이 될 수 있는지'에 대한 상상을 하게 된다. 기쁨과 슬픔, 두려움과 공포감 같은 여러 감정을 자신이 적응할 수 있는 형태로 변화시키면서 감정을 추상화해 나간다.

㉢ 교사는 탐색해야 할 가능성들을 끊임없이 창조해 줌으로써 교사 스스로도 상상력을 발휘해야 한다.

④ 창작

㉠ 동작을 이용한 창작의 단계이다.

㉡ 유아는 자신의 신체와 공간, 그 밖에 여러 가지 환경요소들을 이용해서 동작을 창조하게 된다.

㉢ 교사는 새로운 상상적 상황을 제공하고, 확장을 위한 여러 가지 새로운 가능성을 소개해야 한다.

5장 유아 동작 교육의 다양한 접근법

19) 리듬적 접근법(rhythmic approach) 이란, 리듬이라는 시간적 요소와 동작이라는 공간적 요소를 결합시킨 연계적이거나 유형화된 리듬동작을 위한 교수법을 의미한다.

1 와이카트(Weikart)의 리듬적 동작 교수법[19]

(1) 와이카트의 리듬적 동작 교수법의 기본 개념

① 와이카트는 많은 유아가 규칙적인 박에 맞추어 기본동작조차 잘하지 못한다는 것을 알게 되었다.

② 와이카트는 동작과 춤을 통한 박 표현능력의 발달을 강조하고, 언어(찬트)와 동작을 관련시켜 지도하는 연계적 민속무용 학습을 고안했다.

③ 유아들에게 구조화된 전통무용과 민속음악의 결합으로 다양한 문화에 대한 친밀감을 심어 주는 동시에, 그 문화권의 음악에 대한 이해도 증진시켰다.

(2) 신체동작 지도 방법[20]

20) 여러 가지 결합된 동작을 할 때, 신체동작에 대한 지도는 막연히 어렵게 생각된다. 이때 신체동작을 분리하고 단순화하고 용이하게 각색하여 지도하면 훨씬 효과적이다.

① 분리성

㉠ 예시(시각적 설명) : 특정 동작을 잘 보도록 주의를 주며, 신체동작만 하되 설명은 하지 않는다.

㉡ 설명(청각적 설명) : 언어로만 설명하며, 활동 전 유아들에게 첫 번째, 두 번째 활동을 물어본다.

㉢ 손으로 안내(촉각적 설명) : 유아들에게 양해를 구한 후, 직접 교사의 손으로 유아의 팔을 움직이되 설명 없이 한다.

② 단순성

㉠ 동작을 많은 부분으로 단순하게 나누어 유아들이 각각의 동작을 익숙하게 할 수 있도록 연습할 시간을 준다.

㉡ 악기와 함께 하는 동작에는 먼저 신체동작 후 악기와 함께 하거나, 음악과 함께 하는 동작에는 신체동작 후 음악과 함께 동작하도록 한다.

③ 용이성 : 유아들이 동작을 하기 전에 그들이 할 동작을 회상하게 하는 질문을 함으로써 동작을 쉽게 이해하도록 도울 수 있다.

㉠ '예 / 아니요'나 정확한 답이 있는 질문 : "우리의 손은 어디에 있었어요?"

㉡ 다양한 신체동작 개념 중에서 유아들이 선택하도록 하여 생각이 나오게 하는 질문 : "곧바로, 구부러져, 또는 지그재그의 길을 갔나요?"

㉢ 주어진 해결책 중에서 선택을 필요로 한다든지 정확한 답이 없는 질문 : "어떻게 여러분의 몸을 움직였나요?"

(3) 와이카트의 9가지 신체동작

① 동작제시

　㉠ 첫째, 모방 동작(분리성) : 청각(청각적 설명), 시각(시각적 예시), 촉각(손으로 안내)

　㉡ 둘째, 묘사 동작(용이성) : 묘사, 계획, 회상

② 동작유형(단순성)

　㉠ 셋째, 비이동동작

　　ⓐ 신체 및 언어 인식의 발달을 위한 동작 : 구부리고 뻗기, 비틀고 돌리기, 흔들기, 두드리기, 만지기

　　ⓑ 시간과 공간 인식의 발달을 위한 동작

　　　• 동작의 방향 : 위, 아래

　　　• 동작의 크기 : 크게, 작게

　　　• 동작의 높이 : 높게, 낮게, 중간으로

　　　• 동작의 힘 : 강하게, 약하게

　　　• 동작의 모양 : 곡선과 직선, 지그재그, 대칭 및 비대칭, 좁게 혹은 넓게

　　　• 동작의 흐름 : 평탄하게 또는 울퉁불퉁하게

　㉡ 넷째, 이동동작

　　ⓐ 신체의 위치나 높이에 변화를 주어 작게, 크게, 안으로, 밖으로 이동하게 한다.

　　ⓑ 강도에 변화를 주어 행복하고, 슬프고, 화나고, 피곤한 기분과 모습으로 움직이게 한다.

　　ⓒ 동작의 크기에 변화를 주어 크게 걷기, 작게 걷기 등의 변화를 준다.

　　ⓓ 유아들이 곧바로, 둥글게, 지그재그로 등의 변화를 주어 이동하게 한다.

　　ⓔ 동작의 흐름을 평탄하고 울퉁불퉁하게 변화시킨다.

　　ⓕ 동작의 시간을 같고 다르게 변화를 주어 고른 동작인 걷기, 달리기와 고르지 않은 동작인 말뛰기(갤러핑)와 번갈아 뛰기(스키핑)를 하게 한다.

　㉢ 다섯째, 결합동작 : 신체의 상부는 비이동동작으로, 신체의 하부는 이동동작으로 결합하는 동작이다. ⓔ 리듬체조, 에어로빅, 춤 등

　㉣ 여섯째, 조작동작 : 위에서 익힌 세 가지 동작과 공ㆍ소고ㆍ의자ㆍ리본 등과 같은 물건과 함께 하는 동작이다.

③ 동작확장

　㉠ 일곱째, 리듬지각 동작 : 박 인식, 박의 내재화, 박 표현능력 등으로 기본적인 시간감각을 내재화한다.

ⓛ 여덟째, 리듬조정 동작

    ⓐ 공동 박에 맞추어 모두 함께 박 조정기술, 즉 박에 따른 근육운동 감각을 정확히 실행한다.

    ⓑ 신체동작과 언어 찬트를 이용한 4단계 언어 과정

     • 제1단계 – 말하기(say, 청각적 경험) : 교사가 간단하고 묘사적인 단어를 써서 공동박에 맞춰 찬트를 하는 것을 유아들이 듣는다.

     • 제2단계 – 말하며 행하기(say and do, 외재화된 박과 동작의 조절) : 교사가 찬트를 하면 유아들은 그 찬트에 맞춰 동작을 한다.

     • 제3단계 – 속삭이며 행하기(whisper and do, 내재화된 박과 동작의 조절) : 교사는 2단계의 찬트를 다시 하는데, 이때 유아들은 음악을 들으면서 교사의 속삭이는 찬트와 유아가 지금까지 경험했던 찬트의 박을 머릿속으로 조절하면서 움직인다.

     • 제4단계 – 생각하며 행하기(think and do, 내재화된 박) : 교사는 유아들에게 동작을 계속적으로 생각하게 하면서 그들 자신의 내재화된 박으로 음악에 맞추어 움직이게 한다.

  ⓒ 아홉째, 창의적 동작 : 창의적인 동작은 근육운동 감각을 지닌 정서적 · 독창적인 유아들에게서 만들어진다. 교사의 제안으로 언어적 · 시각적 · 음악적 상상을 통한 개념화와 창의적인 동작에 자극이 되는 준비동작 경험이 유아들을 창의적으로 만든다.

    ⓐ 한 가지 특정 동작 경험 : 교사는 예를 들거나 언어로 설명하여 시작 방향만 설정해준다. 예 "자신의 몸 앞으로 팔을 흔들어 봅시다.", "빠르게 혹은 느리게 흔들어 봅시다."

    ⓑ 두 가지 이상의 해결을 위한 안내된 탐색 : 교사는 약간의 특정 지도만 하고 나머지는 유아들 스스로 해결하는 동작이다. 예 "신체의 어느 부분을 어떻게 구부릴 수 있는지 새로운 방법을 찾아보세요."

    ⓒ 상상 : 유아 자신의 상상을 이용하여 나름대로 자신의 것을 표현한다. 예 "자동차가 굴러가는 모습을 신체로 표현할 때 어느 쪽 발을 사용할까요?", "자동차를 탔을 때, 안전띠 매는 모습을 어떻게 표현해 볼래요?", "자동차가 달리다 급정거하는 것을 어떻게 표현하면 될까요?"

(4) 전통무용 지도 시 음악적 이해 발달을 위한 학습과정

 ① 청취(listen) : 악기의 종류, 리듬, 선율의 특징 및 변화에 주의하여 음악을 듣도록 지도한다.

 ② 반응(respond) : 유아들은 강박마다 무릎을 두드리면서 무용 음악에 반응할 수 있다.

 ③ 찬트와 손 두드리기(chant / pat) : 찬트를 하면서 손으로 박자를 맞추는 단계이다.

 ④ 찬트와 스텝(chant / step) : '걷기', '뛰기', '쉬기', '왼쪽', '오른쪽' 등과 같은 말을 읊조리면서 유아는 쉽게 리듬적인 발동작을 할 수 있다.

 ⑤ 스텝 / 내면화(step / internalization) : 음악은 동작과 함께 지도되며, 이때 유아는 스텝을 생각하고 행하면서 리듬찬트가 내면화되기 시작한다.

② 슬레이터(Slater)의 기초 · 응용 통합 교수법

(1) 슬레이터의 기초 · 응용 통합 교수법의 개념과 영역

① 통합적 교수법은 동작의 기초영역(기본요소와 기본동작)과 응용영역(신체표현 활동, 게임활동, 체조활동)을 통합하여 내용을 구성하고, 교사와 유아 모두 활동의 주도성을 갖는 교수 방법을 적용하여 실시하는 동작 교수법이다.

② 이 교수법에서는 교사와 유아가 상호주도적으로 활동을 전개함으로써 유아들이 기본동작 및 동작의 기본요소를 경험하게 되며, 이를 토대로 하여 창의적 표현동작을 탐색할 수 있는 기회를 갖게 된다.

(2) 동작 교육 내용의 범위

① 동작의 기초영역
   ㉠ 동작의 기본요소에 대한 인식 : 신체(무엇을?), 노력(어떻게?), 공간(어디로?), 관계(누구와? 또는 무엇과?)를 기본요소로 본다.
   ㉡ 기본동작 기술 : 이동기술, 조작기술

② 동작의 응용영역
   ㉠ 신체표현 활동
      ⓐ 창의적 표현 활동 : 유아가 음악과 교사의 창의적 발문을 들으면서 풍부한 상상력과 창의력을 발휘하여 즉흥적으로 표현하는 움직임을 말한다.
         • 동일시 : '무엇'이 되어 보는 것
         • 극화 : 여러 가지 이야기 줄거리가 있는 내용을 극적으로 구성하는 것
      ⓑ 창작 율동
      ⓒ 모방 율동(시범 율동)
   ㉡ 게임활동
   ㉢ 체조활동

21) 슬레이터는 동작의 기초영역과 응용영역을 통합하여 교사–유아 상호주도적 동작 교수 모형을 제안하였다.

(3) 동작 교육의 단계적 절차[21]

① 도입 단계

  ㉠ 기본동작을 중심으로 활동에 대한 흥미를 불러일으킬 수 있는 활동을 하되, 유아들의 상태를 고려하여 활동을 전개한다.

  ㉡ 교사는 유아에게 적극적이고 능동적으로 활동에 참여하게 하고, 유아의 반응을 가능한 한 적극적으로 수용해 주고 격려한다.

② 움직임 익히기 단계

  ㉠ 다양한 동작의 가능성을 탐색하고 실행해 보기 위해 선택한 동작의 기본요소를 중심으로 전개하되, 소요시간은 10~15분 내외로 한다(시범동작).

  ㉡ 교사는 유아의 발견적 태도를 강조하여 유아 스스로 동작 문제를 탐색하고 해결해 볼 수 있는 기회를 단계적으로 갖도록 안내자와 촉진자 역할을 한다.

③ 창의적 표현 단계

  ㉠ 적절한 교재교구(동시, 동화, 다양한 소품)를 활용하여 탐색하고 경험한 다양한 동작을 표현에 적극 활용하는 단계로서, 동작 속에 감정이나 전달 내용을 포함하되, 소요시간은 8~10분 내외로 한다.

  ㉡ 교사는 유아가 동작 표현활동을 적극적으로 일반화하고 표현된 동작을 언어화하도록 적절한 자극을 제공한다.

④ 평가 단계

  ㉠ 창의적 표현을 중심으로 동작주제의 표현과 적용에 대하여 유아 자신이 3~5분 정도의 시간 동안 평가를 내리는 단계이다.

  ㉡ 교사와 유아는 동작의 네 가지 기본요소인 신체·공간·무게·관계를 균형 있게 동작활동에 적용하였는지, 동작활동에 능동적으로 참여하였는지 등을 언어적 상호작용을 통하여 평가한다.

유아 동작 교육의 실제

1. 유아 동작 교육의 목표

동작을 위한 동작 교육의 목표	기초체력, 지각운동능력 및 기본동작능력의 발달을 목표로 하는 것이다.
동작을 통한 동작 교육의 목표	동작을 통해 신체, 사회, 정서, 음악성, 인지 등의 전인발달을 목표로 하는 것으로, 이를 통해 유아들은 긍정적 자아개념을 형성할 수 있다.

2. 유아 동작 교육의 영역

지각운동		신체지각, 공간지각, 방향지각, 시간지각, 무게지각
기본동작		비이동동작(안정동작), 이동동작, 조작동작
리듬동작	리듬놀이(손유희)	주로 좁은 공간에서 많은 유아에게 주의를 집중시키기 위하여 노랫말이 있는 노래에 맞추어 간단한 손 움직임을 하게 하는 구조적 리듬동작이다.
	리듬체조	주로 신체를 활용하거나 공 또는 리본과 같은 다양한 동작매체를 활용하여 기능적인 체조를 함으로써 유아의 체력을 증진시키는 반구조적 리듬동작이다.
	리듬운동(율동)	노랫말이 있는 노래에 적합한 동작을 만들어 노래와 함께 움직이거나 노래의 음악리듬과 의성어 · 의태어에 맞추어 운동적 요소를 강조하는 반구조적 리듬동작이다. 리듬운동(율동)은 교사 중심의 모방율동과 유아 중심의 창작율동으로 나눌 수 있다.
표현동작	창의적 신체표현	유아의 창의적 사고와 생활경험 등을 신체로 표현하는 것이다.
	동극	문학 속의 동작 요소와 극적 요소를 표현하는 것이다.
	무용	음악적 요소와 춤의 요소를 표현하는 것이다. 무용은 전통무용과 창작무용으로 나눠진다.

 **MEMO**

PART 2

유아 건강·안전 교육

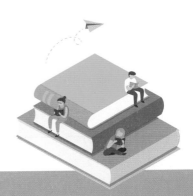

1 다음과 같은 식습관을 가진 유아들에 대한 교사의 지도 내용으로 적절한 것을 〈보기〉에서 모두 고른 것은?

2009기출

> 한수는 음식을 먹을 때 자기가 좋아하는 음식만 골라먹는 버릇이 있습니다. 한수가 가장 좋아하는 음식은 고기입니다. 한수 어머니가 한수에게 몸에 좋은 야채도 먹으라고 타일러도 좋아하는 고기 음식만 고집합니다. 유치원에 와서도 한수는 좋아하는 음식만 많이 먹고, 싫어하는 것은 전혀 먹지 않으려고 합니다. 결국 한수가 남긴 음식은 모두 쓰레기통에 버려집니다.

보기
ㄱ. 교사가 직접 지도하기보다는 유아 스스로 바른 식습관을 형성하도록 인내를 가지고 지켜본다.
ㄴ. 이야기 나누기, 동화, 조형 활동, 음률 활동 등을 통해 통합적으로 바른 식습관을 지도한다.
ㄷ. 바른 식습관 형성을 위해 유아가 야채를 먹을 때까지 당분간 고기 음식을 주지 않는다.
ㄹ. 유아들이 남긴 음식의 양을 일정 기간 동안 비교해 보고, 음식물 쓰레기를 줄이는 방법에 대해 토의해 본다.
ㅁ. 야채에 포함된 영양분이 우리 건강에 어떤 영향을 미치는지에 대해 이야기해 본다.

① ㄱ, ㄴ   ② ㄴ, ㄹ   ③ ㄱ, ㄷ, ㄹ
④ ㄴ, ㄹ, ㅁ   ⑤ ㄱ, ㄴ, ㄹ, ㅁ

정답 ④

2 무궁화 유치원 교사들이 유아들의 정신 건강 증진을 돕기 위해 실천한 〈보기〉의 사례 중 적절한 것을 모두 고른 것은?

2012기출

보기
ㄱ. 김 교사는 컴퓨터 영역에 유아들이 원하는 게임 프로그램을 제공해 주고 사용 시간과 놀이 인원을 제한하지 않았다.
ㄴ. 윤 교사는 슬픔, 두려움, 미움 등과 같은 부정적 감정을 이야기 나누기 시간에 다루지 않도록 하였다.
ㄷ. 이 교사는 유아들이 놀이 기구를 이용하여 신체를 활발히 움직여 보는 시간을 충분히 가질 수 있도록 하였다.
ㄹ. 송 교사는 유아들이 다양한 음악에 맞추어 자유롭게 신체를 움직여 보게 하여 즐거움을 느낄 수 있게 해 주었다.
ㅁ. 황 교사는 유아들이 핑거 페인팅(finger painting)으로 자신의 생각이나 느낌을 마음껏 표현해 보게 하였다.

① ㄱ, ㄴ   ② ㄴ, ㄷ
③ ㄹ, ㅁ   ④ ㄷ, ㄹ, ㅁ
⑤ ㄴ, ㄷ, ㄹ, ㅁ

정답 ④

3 교사들이 유치원에서 유아들에게 화장실 사용법을 지도하기 위한 방법 중 적절하지 않은 것은? `2011기출`

① 만 3세 유아에게는 화장실에 직접 데리고 가서 변기나 세면대 등의 실물을 활용하여 행동의 모델을 제시한다.

② 화장실 사용법에 대한 지도는 연중 지속적으로 실시하기보다는 학기 초에만 다양한 형태로 집중적으로 실시한다.

③ 만 5세 유아에게는 화장실 사용에 대한 약속이 계속 지켜지지 않을 때 토의를 통해 약속을 지킬 수 있도록 지도한다.

④ 용변을 본 후 물을 내리지 않는 유아에게는 "대변을 본 후에는 물을 내리고 나오자."라고 구체적인 말과 행동으로 지도한다.

⑤ 화장실에서 손을 씻는 방법에 대한 이야기를 나눈 후, 손 씻기 순서도를 세면대 앞에 붙여 주어 유아 스스로도 화장실을 바르게 사용할 수 있도록 지도한다.

`정답` ②

4 유치원 김 교사는 담임반 유아 한 명이 인형을 가지고 노는 장면을 관찰하던 중, 유아가 인형의 성기 부분을 계속 만지는 행동을 발견하였다. 그리고 곧바로 유아와 면담하는 과정에서 김 교사는 유아가 성폭력을 당한 사실을 알게 되었다. 이때 김 교사가 아동복지법에 따라 의무적으로 즉시 취해야만 하는 행동은? `2011기출`

① 유치원 원장과 협의한다.
② 해당 유아의 가정을 방문한다.
③ 해당 유아의 부모에게 알린다.
④ 해당 유아를 격리하여 보호한다.
⑤ 아동보호전문기관 또는 수사기관에 신고한다.

`정답` ⑤

5 (다)는 유아 및 아동에 관련된 법이다. 물음에 답하시오. `2013기출 일부`

> (다) 「(㉢)법」
> 제31조(아동의 안전에 대한 교육) ① (㉢)시설의 장, 「영유아보육법」에 따른 어린이집의 원장, 「유아교육법」에 따른 유치원의 원장 및 「초·중등교육법」에 따른 학교의 장은 교육대상 아동의 연령을 고려하여 대통령령으로 정하는 바에 따라 매년 다음 각 호의 사항에 관한 교육계획을 수립하여 교육을 실시하여야 한다.
> ㉣ 1.성폭력 및 아동학대 예방
> ……(하략)……

1) ㉢에 들어갈 말 1가지를 쓰고, ㉣과 관련하여 아래의 ①에 들어갈 숫자를 쓰시오. [2점]

> 「(㉢)법 시행령」 제28조 제1항에 의거하여 유치원 원장은 연간 최소 (①)시간 이상 성폭력 및 아동학대 예방 교육을 실시하여야 한다.

- ㉢ : _____
- ① : _____

`정답` 1) • ㉢ : 아동복지   • ① : 8

6 ㉠에 들어갈 말을 쓰시오. `2022기출 일부`

> 민 교사 : 교사인 우리는 아동학대 신고의무자로서 알아 두어야 할 것이 있죠. 유아가 결석하면 교사가 이를 인지하고 있어야 한다는 것이 중요해요. 유아가 (㉠)일 이상 유치원을 무단으로 결석하여 유아의 안전과 소재가 파악되지 않을 경우에는 112에 신고해야 하죠.

- ㉠ : _____

정답 2

7 〈보기〉에서 유아를 위한 안전 교육 및 안전사고 시 대처 방법에 대한 기술로 적절한 것을 모두 고른 것은?

2009기출

보기

ㄱ. 장 교사 : 오존 경보 시에는 실외 활동을 하지 않는 것이 좋습니다.

ㄴ. 최 교사 : 행동 안전 규칙을 세우고 시설 안전 점검 시에 유아들을 참여시킵니다.

ㄷ. 박 교사 : 소방 대피 훈련을 할 때는 되도록 가정통신문을 통해 대피 훈련이 있음을 알립니다.

ㄹ. 김 교사 : 수인성 전염병 등을 막기 위해 눈으로 보아 깨끗한 물이라도 함부로 마시지 않도록 해야 합니다.

ㅁ. 윤 교사 : 교통사고로 유아의 의식이 없을 때에는 흔들어 깨워 일으키고, 출혈이 심할 때는 지혈 조치를 해야 합니다.

① ㄱ, ㄴ   ② ㄱ, ㅁ   ③ ㄷ, ㅁ
④ ㄱ, ㄷ, ㄹ   ⑤ ㄷ, ㄹ, ㅁ

정답 ④

8 다음은 유치원에서 유아에게 발생할 수 있는 응급 상황과 이에 대한 대처의 예이다. 교사의 응급처치 방법으로 옳지 않은 것은?

2010기출

① 눈이 찔린 경우 이물질을 제거하지 않고 양쪽 눈을 가리고 119에 구급차를 요청한다.

② 코피가 나는 경우 고개를 뒤로 젖히고 코뼈 바로 밑의 코 부분을 두 손가락으로 5~10분간 꼭 누르고 냉찜질한다.

③ 눈에 모래나 먼지 등 이물질이 들어간 경우 눈물을 흘리게 하여 자연적으로 빠지게 하거나 이물질이 들어간 눈을 아래쪽으로 하고 생리 식염수나 깨끗한 물을 눈에 흘려 씻어낸다.

④ 칼이나 가위 등 날카로운 것에 베인 경우 상처가 깊지 않은 때에는 생리 식염수나 흐르는 물에 비누로 상처 부위를 씻어 주고 소독한 거즈로 덮어 지혈한다.

⑤ 이가 부러지거나 빠진 경우 거즈를 둥글게 말아 다친 부분에 넣어 물고 있게 하고 냉찜질한다. 부러지거나 빠진 이는 우유에 담가 상태를 보존하고 24시간 내에 치과 진료를 받도록 해야 한다.

정답 ②

9 (가)는 5세반 이야기 나누기 장면의 일부이고, (나)와 (다)는 실외놀이터에서 일어난 상황의 일부이다. 물음에 답하시오.

2014기출 일부

(가)

교 사 : 오늘은 바깥놀이 시간에 자전거를 탈 거예요. 자전거를 안전하게 타는 방법에 대해 이야기해 볼까요?

유아들 : 네.

교 사 : 선생님이 보여 주는 표지판을 잘 보세요. (파란색 바탕에 흰 선으로 자전거가 표시되어 있는 둥근 표지판을 보여 주며) 이 표지판은 (㉠)(이)라는 뜻이에요.

(나)

교　사 : 얘들아, ⓛ 교실에서 이야기 나눈 내용
　　　　을 기억하고 있지? 자, 이제 규칙을 잘
　　　　지키며 자전거를 타도록 하자.
　　　　(실외놀이터에서 유아들이 자전거를 탄다.)

　　　은수는 자전거를 타기 전에 핸들, 타이어
　　　공기, 브레이크와 체인을 확인한다. 그다음
　　　두르고 있던 긴 머플러를 벗어 놓는다.
ⓒ　헬멧, 팔꿈치와 무릎보호대 등을 착용하고
　　　자전거를 탄다. 그리고 횡단보도 앞에서 잠
　　　깐 멈춘 후, 자전거를 타고 횡단보도를 건
　　　너간다.

(다)

　　경수는 자전거를 타다가 넘어지면서 손가락을
다쳤다. 교사는 경수의 손가락을 살펴보고, ⓔ
골절이 되었다고 판단하였다. 교사는 급히 응급
처치를 한 후, 원장 선생님에게 상황을 보고하
였다. 원장 선생님은 ⓜ 응급처치가 필요할 경
우를 대비해 보호자에게 받은 서류와 비상연락
망을 찾아 후속조치를 취하였다.

1) ㉠에 들어갈 말 1가지를 쓰시오. [1점]

　• ㉠ : ＿＿＿＿＿＿＿＿＿＿＿＿＿＿＿

2) ⓒ에서 자전거 안전규칙에 비추어 적절하지 않은
　은수의 행동 1가지를 찾아 바르게 고쳐 쓰시오.
　　　　　　　　　　　　　　　　　　　　[1점]

　• ＿＿＿＿＿＿＿＿＿＿＿＿＿＿＿＿＿＿

3) ⓔ에 적절한 응급처치 방법 1가지를 쓰고, ⓜ의 서
류명 1가지를 쓰시오. [2점]

　• 응급처치 방법 : ＿＿＿＿＿＿＿＿＿＿＿

　• 서류명 : ＿＿＿＿＿＿＿＿＿＿＿＿＿＿

정답

1) • ㉠ : 자전거 전용도로
2) • 자전거를 타고 횡단보도를 건너지 말고 자전거에서 내려
　　서 자전거를 끌고 횡단보도를 건너가야 한다.
3) • 응급처치 방법 : 부목을 대고 붕대로 감는다.
　• 서류명 : 응급처치 동의서

10 다음은 화재에 대한 유아들의 관심이 높아진 교실상
황이다. 만 5세반 유아들을 대상으로 교사들이 화재가
발생한 다음 날 실행한 지도사례 중 적절하지 <u>않은</u> 것
은? 　　　　　　　　　　　　　　　　2011기출

　　하늘 유치원의 유아들
은 유치원에서 친구들과
함께 유치원 인근의 높은
건물에 큰 불이 나서 연기
가 나는 것을 보았다. 유
아들은 그날 저녁 집에서
뉴스를 통해 화재현장에서 일어난 여러 상황들
을 보았다. 그 다음날 유치원에서 유아들은 전
날의 화재에 대하여 말하느라 이야기 나누기 시
간에 집중하지 않았다.

① 유아들이 가정에서 불이 났을 때의 대처요령을 익힐 수 있도록 가정통신문을 가정으로 보냈다.

② 유치원에 있는 소화기의 위치를 함께 알아보고 교사가 소화기 사용법에 대하여 시범을 보이면서 지도하였다.

③ 유아들이 119구조대 놀이를 할 수 있도록 놀이에 필요한 자료를 역할놀이 영역과 쌓기놀이 영역에 제공하였다.

④ 유아들의 관심이 집중되어 있는 화재에 대해서는 소방대피 훈련을 하는 날에 알아보기로 하고 현재 학급에서 전개되고 있는 주제를 그대로 진행하였다.

⑤ 화재사건이 보도된 신문을 활용하여 불이 난 이유에 대하여 알아보고, 화재가 나서 옷에 불이 붙었을 때 어떻게 대처해야 하는지에 대해서도 알아보았다.

정답 ④

11 (가)와 (나)는 교사 저널이고, (다)는 5세반 교사와 유아 간 대화의 일부이다. 물음에 답하시오.

[5점] 2015기출

(가)

어머니들이 학부모 공개 수업으로 유치원을 방문하였다. 모든 활동이 잘 진행되고 있었다. 그런데 예진이 어머니가 물을 마시려고 자리를 옮기자, 예진이도 따라가 정수기의 뜨거운 물을 따라 주겠다고 고집을 부렸다. 그러다가 예진이가 그만 물을 엎질러 허벅지에 화상을 입었다. 먼저 예진이의 청바지를 벗기고 화상 부위를 찬물로 식혔다. 예진이 어머니는 연고를 발라야 한다고 했지만 섣불리 약을 바르는 것은 부적절

할 수 있다고 설명하였다. 물집이 생겼으나 화상이 심해 보이지는 않아, 화기를 뺀 후 수건으로 예진이의 몸을 느슨하게 가려서 병원으로 데리고 갔다. 다행히 화상이 깊지 않았지만 유아들과 지내는 동안 더욱 조심해야겠다.

(2014년 ○월 ○일)

(나)

현경이는 미열이 나고 발진이 보여 수두가 의심되었다. 바로 원감 선생님에게 상황을 이야기했다. 원감 선생님은 즉시 현경이를 병원에 데려갔고, 수두라는 것을 확인한 후 함께 유치원으로 돌아왔다. 다른 유아들도 수두에 감염될 수 있어 현경이 어머니한테 전화를 했지만 연락이 되지 않았다. 그래서 현경이의 비상연락망에 있는 제2연락처에 전화를 했으나 연락이 되지 않았다.

…(생략)…

(다)

교사 : 얘들아, 횡단보도를 안전하게 건너려면 어떻게 해야 할까?

희선 : 신호등에 초록불이 들어와도 차가 멈췄는지 확인하고 건너가야 해요.

교사 : 그럼 신호등이 없는 길에선 어떻게 하지?

주헌 : 그럴 땐 차가 오나 안 오나 더 잘 보고 가야 돼요.

소연 : 길 건널 때 꼭 손을 들어서 내가 먼저 건너갈 거니까 멈춰 달라고 알려 줘야 돼요.

미진 : 근데 가끔 횡단보도에 차가 멈춰 있어 차 사이로 건너야 할 때도 있어요.

교사 : 그럴 경우에는 어떻게 하면 좋을까?

정호 : 차가 멈춰 있지만 다시 한 번 확인하고 재빨리 건너야 해요.

교사 : 집 근처에서 안전하게 놀이하려면 어떻게 해야 할까?

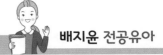

현수 : 우리 동네에는 자동차가 너무 많아서 놀 곳도 별로 없어요.

대건 : 자동차의 바퀴 같은 거 만지면 안 돼요.

승현 : 자동차 밑으로 공이 굴러 들어가면 자동차가 멈춰 있는지 다시 잘 보고 꺼내 와야 해요.

…(생략)…

1) (가)에서 ① 화상에 대한 부적절한 응급처치 1가지를 찾아 쓰고, ② 그 이유 1가지를 쓰시오. [2점]

• ① 부적절한 처치 : _____

• ② 이유 : _____

2) (나) 상황에서 교사가 반드시 취해야 할 행동을 쓰시오. [1점]

• _____

3) (다)에서 안전한 행동에 대해 잘못 이해하고 있는 유아 2명을 찾아, 안전한 행동으로 고쳐 쓰시오. [2점]

• ① 안전한 행동 : _____

• ② 안전한 행동 : _____

정답
1) • ① 부적절한 처치 : 청바지를 벗긴 것이다.

• ② 이유 : 화상의 정도를 알지 못한 채 입고 있는 옷을 벗기면 피부의 손상이 있을 수 있기 때문이다.

2) • 수두가 의심되는 유아를 다른 유아로부터 격리시킨다.

3) • ① 안전한 행동 : 정호, 횡단보도에 차가 멈춰 있어 차 사이로 건널 때에는 혹시 유아를 보지 못하고 움직이는 차가 있을지 모르므로 다음 신호를 기다리거나, 어른과 함께 건너거나, 운전자와 눈을 마주치면서 천천히 건너야 한다.

• ② 안전한 행동 : 승현, 자동차 밑으로 공이 굴러 들어가면 반드시 어른에게 부탁해 꺼내 달라고 한다.

12 유치원의 바깥놀이터에서 유아가 놀다가 그네에서 떨어져 머리를 부딪쳤다. 이러한 상황에서 유치원과 교사가 취할 수 있는 적절한 조치사항을 〈보기〉에서 모두 고른 것은? 2011기출

보기
ㄱ. 유아에게 특별한 외상이 없더라도 교사는 사고보고서를 작성한다.

ㄴ. 유아가 의식이 없고 호흡을 제대로 못할 경우 교사는 해당 유아의 보호자에게 먼저 알린 후 119구조대에 연락한다.

ㄷ. 사고 상황을 목격한 유아들이 불안해할 수 있으므로 사고에 대한 언급을 하지 않고 유아들도 말하지 않도록 주의를 준다.

ㄹ. 유아에게 응급처치가 필요한 상황에 대비하여 병원으로 갈 때에는 동행한 교직원이 부모 동의서, 상해보험 등의 서류를 가지고 간다.

ㅁ. 유아의 머리에 경미한 상처만 있고 정상적으로 잘 놀면 상처난 부위를 소독한 후 반창고나 거즈를 붙이고 해당 유아의 보호자에게 알린다.

① ㄱ, ㄹ, ㅁ   ② ㄴ, ㄷ, ㅁ
③ ㄴ, ㄹ, ㅁ   ④ ㄱ, ㄴ, ㄷ, ㄹ
⑤ ㄴ, ㄷ, ㄹ, ㅁ

정답 ①

영유아 건강 교육의 구성

1 영유아 건강 교육의 계획

(1) 영유아 건강 교육의 개념

① 건강(Health)이란 단순히 '질병이 없는 상태'뿐만 아니라 '자신의 능력을 최대한 발휘할 수 있는 신체와 정신의 상태'를 의미한다(2015년 개정 유치원 교육과정).

② 건강 교육(Health Education)이란 '건강'과 '교육'의 합성어로 '건강을 교육한다'라는 의미이며, 인간의 건강을 유지하도록 방향을 변화시켜 주는 것이다.

③ 유아기에 건강한 생활 습관을 형성하는 것은 이후 아동기나 성인기의 건강을 유지하는 기초가 되므로 매우 중요하다(2015년 개정 유치원 교육과정).

④ 지식으로서만 아는 것은 가치가 없고, 습관이나 태도가 몸에 배어 필요할 때 언제나 행동에 옮길 수 있어야 하므로 건강생활에 대해 지속적으로 반복 지도하는 것이 중요하다.

(2) 영유아 건강 교육의 목표

① 질병이 발생한 후 그에 대한 치료방안을 찾기보다는 유아가 자신의 건강을 위해 필요한 지식이나 기술, 태도 등을 학습하고 실천해야 한다.

② 유아가 병에 걸리지 않도록 주의하고 즐거운 마음으로 생활하며, 신체와 주변을 청결히 유지하고 적절한 수면과 휴식을 취하며 바른 식습관을 가질 수 있도록 지도하는 데 중점을 둔다.

③ 유아는 신체를 조절하거나 환경을 지각하는 능력이 부족하므로 안전사고에 대한 체계적인 교육이 요구된다.

④ 유아가 주변의 위험 상황에 대한 올바른 인식과 이를 예방할 수 있는 교육이 함께 이루어져야 한다.

⑤ 교사는 주변환경의 안전성을 지속적으로 관찰, 점검하고, 유아가 안전하게 놀이하기, 교통안전 규칙 지키기를 실천할 수 있도록 해야 하며 비상시 적절하게 대처할 수 있는 능력과 태도를 기르는 데 중점을 둔다.

(3) 영유아 건강 교육의 내용

① 미국 건강 교육 증진협회(Association for the Advancement for Health Education)에서는 건강 교육에 포함되어야 할 내용을 개인의 건강, 정신건강, 가족생활, 영양, 질병 예방, 안전, 지역사회와 관련된 건강, 학대, 소비자로서의 건강, 환경과 관련된 건강 등 10가지로 제시하고 있다.

② 영유아를 위한 건강 교육 내용

　㉠ 개인의 건강 : 자신의 신체를 인식하고 건강한 생활 습관을 형성한다.

　㉡ 질병 예방 : 건강한 생활 습관을 형성한다. 예 감염성 질병 예방을 위해 놀잇감·기구 소독, 손 씻기 강조, 청결·건강한 물리적 환경을 구성

　㉢ 정신건강 : 스트레스 감소 및 해소하도록 하고, 세심한 관찰 후 문제행동을 조기 발견한다.

　㉣ 영양 : 올바른 식습관 형성 및 적절한 식품 선택에 필요한 지식, 기술, 태도를 습득한다.

　㉤ 안전 교육 : 안전한 생활 실천에 필요한 지식과 위험 요소를 미리 예측하여 예방한다.

　㉥ 학대 예방 및 대처 : 신체적·정서적·성적 학대와 방임을 예방하고 이에 대처한다.

　㉦ 환경 관련 건강 : 환경을 깨끗이 보존하고, 유해한 환경(인터넷 중독 및 납중독, 전자파)으로 인한 피해를 예방한다.

2 영유아 건강 교육의 방법

(1) 영유아 건강 교육의 원리

① 건강 관련 내용을 다양한 직접경험이나 활동을 통해 통합적으로 실시한다.

② 대상 유아의 연령이나 개인적 특성을 고려해야 하며 각 상황에 따라 적절하고 융통성 있게 전개되어야 한다.

③ 건강과 관련되는 특별한 상황이나 사건을 이용하여 건강 교육을 실시한다.

④ 매일의 일과 속에서 지속적으로 실시하여 반복된 경험을 통해 자연스럽게 건강생활 습관을 형성할 수 있도록 돕는다.

(2) 영유아 건강 교육의 방법

① 매체를 활용한 설명 및 시연 : 매체를 활용해 교사가 설명과 시범을 보여 주는 것이며, 어린 유아에게 적합하다. 예 이 모형과 칫솔로 올바른 이 닦기 교육을 하는 것

② 모델링 : 부모나 교사가 지속적으로 일관성 있게 건강생활 습관을 보여 주어 영유아가 모델링할 수 있게 함으로써 건강생활 습관이 자연스럽게 형성되도록 한다. 예 식사 전 손 씻기, 식사 후 이 닦기, 규칙적으로 잠자고 일어나기 등

③ 주제통합적 건강 교육 : 유아들에게 건강에 관련된 지식이나 기술, 태도를 가르칠 때 언어, 과학, 미술 등을 분리된 교과로 가르치는 것이 아니라 일상생활의 다양한 상황을 학습경험으로 활용하는 것이다. 예 실내·외 자유선택활동, 조형활동, 화장실 가기, 동화 듣기, 게임, 실험하기, 견학 등

④ 역할놀이를 통한 건강 교육
　　㉠ 관심이나 흥미가 있는 주제를 중심으로 가상적인 상황에서 역할을 맡아 놀이하는 것이다.
　　㉡ 역할놀이를 통해 가르치고자 하는 정보나 기술, 태도를 반복적으로 학습시킬 수 있으며, 적절한 매체를 활용한다면 가상적 상황에서 보다 극적이고 현실감 있는 경험을 할 수 있다.
　　㉢ 유아기는 역할놀이가 가장 활발하게 일어나는 시기임을 고려할 때 병원놀이, 가게놀이, 소방서놀이, 구급대놀이, 교통놀이 등을 통해 건강 관련 내용을 이해하고 실천하게 한다.

⑤ 상황에 근거한 건강 교육
　　㉠ 유아교육기관에서 일어나는 여러 가지 상황을 건강 교육에 활용하는 방법이다.
　　㉡ 유아교육기관에서 정기 신체검사를 실시하거나 주변 사회에서 유해식품 관련 보도나 식중독 사고 등이 발생했을 때, 유치원에서 사고가 났을 때, 또는 간식이나 점심 시간 등과 같은 실제 상황을 이용하여 건강 교육을 하는 것이다.
　　㉢ 유아들이 실생활에서 직접적으로 경험하거나 간접적으로 들을 수 있는 상황이므로 동기유발이 용이하다.

⑥ 현장학습을 통한 건강 교육
　　㉠ 동네에 있는 병원의 종류를 알아보고, 병원에서 일하는 사람들, 병원에서 하는 일 등에 대해 알아볼 수 있다.
　　㉡ 사전에 현장학습을 나갈 장소와 일정, 그에 대해 유아들이 충분히 인지할 수 있도록 설명하고 동기유발을 시킬 수 있어야 한다.
　　㉢ 현장학습 후에는 현장경험을 연계하여 다양한 활동을 전개함으로써 경험이 내면화될 수 있도록 돕는다.

⑦ 생태학적 접근을 통한 건강 교육 : 영유아의 주변환경과 상호작용을 통해 건강 교육을 실시하는 것으로, 바깥놀이, 산책, 텃밭 가꾸기, 동물 기르기 등을 통해 자신의 신체를 인식하고, 자신과 주변의 건강을 인식하게 된다.

⑧ 부모를 통한 건강 교육 : 건강생활 습관은 지속적 반복이 중요하고, 부모의 생활 습관이 영유아에게 모델링되므로, 가정통신문이나 부모회, 관찰 등의 기회를 통해 부모에게 건강 관련 정보를 제공하고, 부모가 직접 유아의 활동에 참여할 수 있는 기회를 주도록 한다.

⑨ 지역사회 연계를 통한 건강 교육 : 건강 관련 전문가를 유아교육기관으로 초빙하여 건강 관련 직업에 대한 설명을 듣고, 건강관리 방법에 대한 시범을 보면서 토의하는 기회를 갖거나 해당 기관을 견학한다. 예 소방대원, 사육사, 치과의사, 간호사, 영양사 등

2장

영유아의 건강 · 영양 관리

1 영유아의 건강 증진

(1) 유아 보건교육 관련 법률

관련법	내용
국민건강증진법	• 제2조(정의) "보건교육"이라 함은 개인 또는 집단으로 하여금 건강에 유익한 행위를 자발적으로 수행하도록 하는 교육을 말한다. • 제12조(보건교육의 실시 등) ① 국가 및 지방자치단체는 모든 국민이 올바른 보건의료의 이용과 건강한 생활 습관을 실천할 수 있도록 그 대상이 되는 개인 또는 집단의 특성 · 건강 상태 · 건강의식 수준 등에 따라 적절한 보건교육을 실시한다.
국민건강증진법 시행령	• 제17조(보건교육의 내용) 법 제12조의 규정에 의한 보건교육에는 다음 각 호의 사항이 포함되어야 한다. 1. 금연 · 절주 등 건강생활의 실천에 관한 사항 2. 만성퇴행성질환 등 질병의 예방에 관한 사항 3. 영양 및 식생활에 관한 사항 4. 구강건강에 관한 사항 5. 공중위생에 관한 사항 6. 건강증진을 위한 체육활동에 관한 사항 7. 기타 건강증진사업에 관한 사항 〈개정 2018.12.18.〉
학교보건법	• 제2조(정의) "학교"란 「유아교육법」 제2조제2호, 「초 · 중등교육법」 제2조 및 「고등교육법」 제2조에 따른 각 학교를 말한다. 〈개정 2020.10.20.〉 • 제9조(학생의 보건관리) 학교의 장은 학생의 신체발달 및 체력증진, 질병의 치료와 예방, 음주 · 흡연과 마약류를 포함한 약물 오용(誤用) · 남용(濫用)의 예방, 성교육, 이동통신단말장치 등 전자기기의 과의존 예방, 도박 중독의 예방 및 정신건강 증진 등을 위하여 보건교육을 실시하고 필요한 조치를 하여야 한다. 〈개정 2021.12.28.〉 • 제9조의2(보건교육 등) ① 교육부장관은 「유아교육법」 제2조제2호에 따른 유치원 및 「초 · 중등교육법」 제2조에 따른 학교에서 모든 학생들을 대상으로 심폐소생술 등 응급처치에 관한 교육을 포함한 보건교육을 체계적으로 실시하여야 한다. 이 경우 보건교육의 실시 시간, 도서 등 그 운영에 필요한 사항은 교육부장관이 정한다. ② 「유아교육법」 제2조제2호에 따른 유치원의 장 및 「초 · 중등교육법」 제2조에 따른 학교의 장은 교육부령으로 정하는 바에 따라 매년 교직원을 대상으로 심폐소생술 등 응급처치에 관한 교육을 실시하여야 한다. 〈개정 2016.12.20.〉
아동복지법	• 제31조(아동의 안전에 대한 교육) ① 아동복지시설의 장, 「영유아보육법」에 따른 어린이집의 원장, 「유아교육법」에 따른 유치원의 원장 및 「초 · 중등교육법」에 따른 학교의 장은 교육대상 아동의 연령을 고려하여 대통령령으로 정하는 바에 따라 매년 다음 각 호의 사항에 관한 교육계획을 수립하여 교육을 실시하여야 한다. 1. 성폭력 예방 1의2. 아동학대 예방 2. 실종 · 유괴의 예방과 방지 3. 감염병 및 약물의 오남용 예방 등 보건위생관리 4. 재난대비 안전 5. 교통안전 〈개정 2021.12.21.〉

2 | 유아 건강 · 안전 교육

제2장 영유아의 건강 · 영양 관리 ••• 61

| 학교안전사고 예방 및 보상에 관한 법률 | • 제2조(정의)
1. "학교"라 함은 다음 각 목의 어느 하나에 해당하는 기관 또는 시설을 말한다.
　가. 「유아교육법」 제2조제2호의 규정에 따른 유치원(이하 "유치원"이라 한다)
　　…중략…
6. "학교안전사고"라 함은 교육활동 중에 발생한 사고로서 학생·교직원 또는 교육활동참여자의 생명 또는 신체에 피해를 주는 모든 사고 및 학교급식 등 학교장의 관리·감독에 속하는 업무가 직접 원인이 되어 학생·교직원 또는 교육활동참여자에게 발생하는 질병으로서 대통령령이 정하는 것을 말한다. 〈개정 2021.3.23.〉 |

Ⓐ Plus⁺ 유아 건강·안전 관련 법률 및 규정

주요법령	• 유아교육법, 유아교육법 시행령, 시행규칙 • 아동복지법, 아동복지법 시행령, 시행규칙 • 장애아동 복지지원법, 장애아동 복지지원법 시행령, 시행규칙
교통안전	• 학교보건법, 학교보건법 시행령, 시행규칙 • 학교안전사고 예방 및 보상에 관한 법률 • 어린이·노인 및 장애인보호구역의 지정 및 관리에 관한 규칙
시설 및 교구	• 품질경영 및 공산품안전관리법 • 어린이제품 안전 특별법 • 어린이놀이시설 안전관리법
교육 환경	• 환경보건법, 환경보건법 시행령, 시행규칙 • 석면안전관리법
질병 예방	• 감염병의 예방 및 관리에 관한 법률
급식	• 식품위생법 • 어린이급식관리지원센터의 집단급식소 등록 관리 및 절차 등에 관한 규칙 • 식품위생 분야 종사자의 건강진단 규칙 • 먹는물관리법
화재	• 소방시설 설치·유지 및 안전관리에 관한 법률 • 공공기관의 소방안전관리에 관한 규정
학대 및 성폭력	• 아동·청소년의 성보호에 관한 법률 • 성폭력방지 및 피해자보호 등에 관한 법률 • 아동학대범죄의 처벌 등에 관한 특례법 • 실종 아동 등의 보호 및 지원에 관한 법률 • 유치원 어린이집 아동학대 조기 발견 및 관리 대응 매뉴얼

(2) 영유아 건강의 기초 자료

① 건강력(Health history) : 유아 개개인의 발달적 요구, 음식의 제한, 면역에 대한 기록, 특별한 건강이나 영양적 요구들을 포함한 내용이 있어야 하며 취원 전 받아두도록 하고, 내용에 대한 비밀을 보장해야 한다.

② 영유아 건강력 체크리스트

　　㉠ 이름, 주소, 전화번호

　　㉡ 소아과 의사 이름, 주소, 전화번호

　　㉢ 응급 시 전화번호(두 개 이상)

　　㉣ 유아의 건강 상태

　　㉤ 음식의 제한

　　㉥ 투약이 필요한 알레르기와 그 밖의 상태

　　㉦ 특별한 보호가 필요한 상태

　　㉧ 특별한 문제나 두려움

　　㉨ 이전에 앓았던 큰 병이나 부상

　　㉩ 응급 시 부모의 권한 양도 각서

(3) 영유아의 건강 평가

① 건강검진

　　㉠ 「유아교육법 시행규칙」 제2조의6(건강검진) [시행 2023.1.1.]

　　　　ⓐ 유치원의 장은 교육하고 있는 유아에 대하여 1년에 한 번 이상 건강검진을 실시해야 한다.

　　　　ⓑ 건강검진은 「건강검진기본법」에 따라 영유아검진기관으로 지정받은 기관이 실시해야 한다.

　　　　ⓒ 원장은 건강검진 결과 치료·격리 또는 휴학 등의 조치가 필요한 유아에 대해서는 해당 유아의 보호자와 협의하여 필요한 조치를 해야 한다.[1]

　　㉡ 유치원장은 유아 건강검진 결과를 생활기록부에 기록하여 관리하여야 한다.[2]

　　㉢ 유아 건강검진 문진표 : 예방접종 사항, 발달문제 진단사항·치료질환, 시각, 청각, 안전사고 예방교육, 개인위생교육, 영양교육, 구강검진

② 영유아의 건강 관찰과 기록

　　㉠ 건강기록을 할 때 언어는 정확하고 기술적이어야 한다. 예를 들면, '태영이가 콧물을 흘렸다'라고 기술하는 것보다 '태영이가 누렇고 푸르스름한 콧물을 계속 흘렸다'라고 하는 것이 더욱 정확한 기술이다.

1) 유치원 관련 업무에 종사하거나 종사하였던 자는 그 직무상 알게 된 비밀을 다른 사람에게 누설하거나 직무상 목적 외의 용도로 이용하여서는 안 된다. (「개인정보보호법」 제60조 비밀 유지 등)

2) 「유아교육법」 제17조(건강검진 및 급식) [시행 2022.7.21]

ⓛ 건강기록 방법

ⓐ **시간표집법** : 특정 시간에 일어난 건강 상태의 조건이나 행동의 빈도를 기록하는 것이다.

ⓑ **사건표집법** : 미리 선택한 건강 상태나 행동이 일어났을 때 기록하는 것이다.

ⓒ **일화기록법** : 관찰자에게 중요해 보이는 유아의 행동을 간단하게 서술적으로 기록하는 것이다.

ⓓ **연속기록법** : 유아 건강 상태의 조건이나 행동을 일어나는 순서대로 아주 세부적으로 기술하는 것이다.

ⓔ **체크리스트** : 특정한 건강 상태, 전염병, 징후 등의 구체적인 리스트를 월별, 분기별, 연도별로 관찰하여 체크하는 방법이다.

ⓒ 작성된 건강기록을 잘 보관해 두었다가 유아의 파일에 첨부하고, 특정 건강 문제가 발생한 유아의 부모나 주치의에게 평소의 상태를 알릴 수 있는 자료로 사용한다.

③ 평소의 건강 평가

㉠ 유아가 등원할 때 교사는 빠르게 유아의 건강 상태를 체크해서 유아의 상태가 유아교육기관에 있을 수 없는 상태라면 부모에게 연락하여 귀가하도록 조치한다.

㉡ **교사가 살펴봐야 할 내용** : 표정, 머리, 눈, 귀, 코와 목, 안색, 피부와 두피, 이와 입, 심장, 자세와 근육조직, 전체 상태, 식사 상태, 활동 수준, 심한 재채기 또는 기침 등은 주의해서 살펴본다.

④ 신체계측

㉠ 유아의 성장과 발달 상태를 알기 위해 주기적으로 유아의 키, 체중, 머리둘레, 가슴둘레를 측정하여 건강기록 수첩에 표시한다.

㉡ 신체계측은 유아의 건강 상태를 평가하는 기초 자료가 되므로 취학 전 유아의 경우 1년에 2회 이상 신체계측을 하도록 한다.

⑤ 선별검사

㉠ 성장과 발달이 정상 패턴으로 진행되는가를 진단하고, 잠재된 문제나 손상을 알아낼 수 있다.

㉡ 선별검사의 내용

ⓐ 시력검사, 청력검사, 구강검사

ⓑ **투베르쿨린 검사** : 결핵균에 의한 감염 여부를 알기 위해 2~3년에 한 번씩 실시한다.

ⓒ 빈혈검사, 대변검사, 소변검사, 납중독 검사

2 유아 감염병 예방 및 관리[3]

3) 『유아 감염병 예방 · 위기대응 매뉴얼』(2016)

▪ 평상시 유치원 감염병 발생 단계 ▪

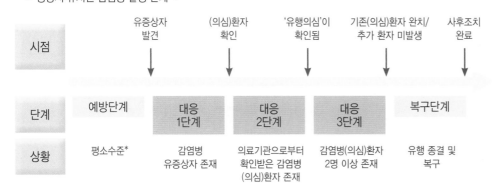

시점		유증상자 발견	(의심)환자 확인	'유행의심'이 확인됨	기존(의심)환자 완치/ 추가 환자 미발생	사후조치 완료
단계	예방단계	대응 1단계	대응 2단계	대응 3단계	복구단계	
상황	평소수준*	감염병 유증상자 존재	의료기관으로부터 확인받은 감염병 (의심)환자 존재	감염병(의심)환자 2명 이상 존재	유행 종결 및 복구	

*유치원 내 감염병이 없거나 감기 혹은 단순한 설사 등 특이사항 없이 일반적인 상황을 유지하는 경우

(1) 예방단계

① 「유치원 감염병 예방 · 관리 계획」 수립 : 감염병예방교육 연간실시계획, 방역물품 비축 계획, 방역 실시계획, 일시적 관찰실 설치 · 운영 계획 등을 매년 3월 말까지 준비한다.

② 「유치원감염병관리조직」 구성

  ㉠ 모든 교직원이 참여하여 기능을 수행하도록 하되, 감염병의 전반적인 관리 및 대응을 위해 구성원 중 감염병 담당자 1인을 지정한다.

  ㉡ 기능

    ⓐ 예방관리 : 보건교육(위생수칙 등), 위생시설 관리 및 방역/소독 활동, (의심)환자/접촉자 관리, 유행 확산 방지, 보건소 등 외부기관에서 역학조사 시 협조, 예산 및 행정 지원 등

    ⓑ 발생감시 : 감염병 (의심)환자의 신속한 파악, 밀접 접촉자 파악

    ⓒ 유아관리 : 휴업/휴원이나 등원 중지 시 유아의 가정학습과 생활관리, 학부모 대상 상황 전파, 등원 중지 유아에 대한 행정처리 · 출결관리, (의심)환자 이동이나 일시적 격리로 인한 교사 공백에 대한 조치 예 교실 내 유아 관리 등

③ 예방접종 관리

  ㉠ 연령별로 완료해야 하는 국가예방접종 12종에 대하여 가정통신문(예방접종증명서 제출)을 배부하고, 예방접종증명서 확인과 미접종 학생 접종 안내를 한다.[4]

4) 미접종 유아에게는 결핵과 인플루엔자를 제외한 10종에 대한 접종을 권고함(「어린이 예방접종 일정표」 질병관리청, 2023).

ⓛ 확인이 필요한 예방접종

구분	종류	입학 시기	
		36개월 기준	만4~6세 기준
필수 (12종)	결핵(BCG)	1회	–
	B형간염(HepB)	3차	–
	디프테리아/파상풍/백일해(DTaP)	4차	5차
	폴리오(IPV)	3차	4차
	B형헤모필루스인플루엔자(Hib)	4차	–
	폐렴구균(PCV)	4차	
	로타바이러스감염증	3차	
	홍역/유행성이하선염/풍진(MMR)	1차	2차
	수두(Var)	1차	–
	A형간염(HepA)	2차	–
	일본뇌염	사백신 3차	사백신 4차
		생백신 2차	–
	인플루엔자	입학 전년도	입학 전년도

④ **감염병 예방 교육** : 유아, 학부모 및 교직원을 대상으로 감염병 일반 예방수칙(손 씻기, 기침 예절 등), 유치원 빈발 감염병의 예방 · 관리방법, 감염병 증상 발생 시 행동요령, 심리적 피해 예방 교육 등을 한다.

⑤ **수동감시체계 운영**

　㉠ 수동감시란 평소에 유아를 관찰하여 감염병 (의심)환자를 발견하는 것을 말하며, 능 동감시란 유행이 의심되는 일정 기간 동안 증상 유무 묻기, 검사 등을 통해 감염병 (의심)환자를 적극적으로 파악하는 것을 말한다.

　㉡ 유치원 빈발 감염병별 주요 증상

　　ⓐ **결핵** : 발열, 전신 피로감, 식은땀, 체중 감소 등

　　ⓑ **수두** : 피부 발진, 수포, 발열, 피로감 등

　　ⓒ **유행성각결막염** : 충혈, 안통, 이물감, 많은 눈물, 눈곱, 눈부심, 결막하출혈 등

　　ⓓ **유행성이하선염** : 이하선 부종, 발열, 두통, 근육통 등

　　ⓔ **인플루엔자** : 발열, 두통, 근육통, 인후통, 기침, 객담 등

　　ⓕ **성홍열** : 미만성 구진, 발열, 두통, 구토, 복통, 오한 및 인후염 등

　　ⓖ **수족구병** : 발열, 손, 발바닥 및 구강 내 수포 및 궤양 등

⑥ **방역** : 유치원의 소독은 정기 소독, 임시 소독, 보건실 소독, 일시적 관찰실 소독으로 나뉜다.

(2) 대응단계 : 유치원 내 감염병 발생 단계

① 대응 1단계 : 유치원 내 감염병 유증상자의 발견 및 확인 단계

　㉠ 상황 및 기간 : 감염병 유증상자가 있는 경우로 감염병 유증상자를 발견한 후부터 의료기관 확인을 통해 감염병 (의심)환자 발생 혹은 감염병이 아닌 것을 확인할 때까지이다.

　㉡ 유치원 안에서 감염병 유증상자를 발견한 경우

　　ⓐ 감염병을 의심할 수 있는 증상인지를 확인하고, 의료기관 진료 여부를 물어본다 (유아가 잘 모를 경우 학부모에게 연락하여 확인함).

　　ⓑ 마스크 착용이 필요한 감염병으로 진단받았거나, 주증상이 기침, 발열 또는 발열을 동반한 두통, 인후통, 침샘비대인 경우 마스크를 착용하도록 한다.

　　ⓒ 일시적 격리
　　　• 감염병 유증상 유아를 의료기관에 진료를 받으러 가기 전까지 별도의 공간(일시적 관찰실)에 격리하여 관찰함으로써 유치원 내 전파를 방지한다.
　　　• 교실에 비치한 마스크를 담임 교사와 유아가 착용하고 적정 거리를 유지한 채 사전에 지정된 일시적 관찰실로 이동한다. 감염병 의심 환자가 원내에서 혼자 이동하는 것은 원칙적으로 금지한다.
　　　• 교사는 부모님이 올 때까지 일시적 관찰실에 같이 있으면서 감염병 유증상 유아를 주기적으로 관찰한다.

　　ⓓ 보호자에게 연락하고 의료기관 진료를 받도록 안내한다. 이때 반드시 보호자에게 「등원 중지 안내서」와 「진료확인서」를 배부해야 한다.

　　ⓔ 교실 환기 및 소독 : 최소한 2~3시간 동안 창문 및 문을 열어 교실 환기를 실시하고 「학교소독지침」에 따라 임시 소독을 실시한다.

　　ⓕ 위생수칙 교육 : 유아에게 위생수칙(손 씻기, 기침예절 등)과 해당 증상 발생 시 담임교사 등에게 알릴 것을 교육한다.

　　ⓖ 의료기관 진료 결과 확인 및 조치
　　　• 등원 중지가 필요한 감염병으로 확진된 경우 격리 기간 동안 등원 중지를 실시함(이때 격리 기간은 원칙적으로 의사의 소견을 따름).
　　　• 등원 중지가 필요한 감염병이 의심되는 경우 확진 여부를 확인 시까지 등원 중지를 실시함.
　　　• 등원 중지가 필요 없는 감염병의 확진 또는 의심인 경우 유치원에 복귀함.
　　　• 정상이거나 비감염성 질환인 경우 유치원에 복귀함.

　㉢ 유치원 밖에서 감염병 유증상자를 발견한 경우(미등원 시) : 보호자에게 의료기관 진료 여부를 확인하고 미진료 시 진료를 받도록 안내하고 유치원 안에서 감염병 유증상자를 발견한 경우와 동일하게 수행한다.

■ 학교보건법 [시행 2022.6.29.] ■

> 제8조(등교 중지) ① 학교의 장은 제7조에 따른 건강검사의 결과나 의사의 진단 결과 감염병에 감염되었거나 감염된 것으로 의심되거나 감염될 우려가 있는 학생 또는 교직원에 대하여 대통령령으로 정하는 바에 따라 등교를 중지시킬 수 있다. 〈개정 2020.10.20.〉

A Plus⁺ 대응 제1단계 : 유치원 내 유증상자 발견 시나리오

> ○○유치원 개나리반 담임교사는 자신의 담당 유아인 민수가 교실에서 평소와 달리 기운이 없고 축 처져 있는 것을 발견하고, 기침과 발열, 목 부위에 발진이 있음을 확인하였다. 적절한 조치는?

1. 유아 관리
   ① 민수에게 기침, 발열과 발진이 있으므로 교실에 비치한 마스크를 본인과 민수가 착용하고 적정 거리를 유지한 채 사전에 지정된 일시적 관찰실로 이동함.
   ② 체온을 측정하고 더불어 환자의 증상과 징후를 관찰한 후 감염병이 의심되는지를 확인함.
   ③ 민수가 의료기관 진료를 받지 않았음을 확인하고 학부모에게 연락하여 의료기관 진료를 받도록 안내할 것을 요청함(등원 중지 안내서 등 관련 서식을 같이 배부함).
   ④ 부모님이 올 때까지 일시적 관찰실에 같이 있으면서 민수를 주기적으로 관찰함.

2. 개나리반 관리
   ① 교실 환기, 기침 예절 및 손 씻기 교육 실시
   ② 민수 관리 교사 이외의 교사로 하여금 다른 유아 관리 및 지도

3. 감염병 진단 확인
   민수 부모님과의 통화를 통해 진료 결과, 수두가 의심되며 자가 격리가 필요함을 확인하고 원장에게 관련 사실을 보고함.

② 대응 2단계 : 유치원 내 감염병 유행 의심 여부를 확인하는 단계
   ㉠ 상황 및 기간 : 의료기관으로부터 확인받은 감염병 (의심)환자가 있는 경우로, 유치원 내 감염병 (의심)환자 발생을 확인한 순간부터 추가 (의심)환자 발생 확인을 통해 유행 의심 기준을 충족하거나, 기존 (의심)환자의 완치 및 추가 (의심)환자가 발생하지 않는 경우이다.
   ㉡ 보고 · 신고 : 감염병 (의심)환자 발생 사실을 원장과 교육(지원)청에 보고하고, 신고가 필요한 법정감염병인 경우 발생 또 유행 시 24시간 이내에 관할 보건소장에게 신고한다.[5] 감염병 (의심)환자의 추가 발생을 파악하여 유행의심 여부를 판단한다.

5) 신고 · 격리가 필요한 제2급 감염병 : 결핵, 수두, 홍역, 콜레라, 장티푸스, 파라티푸스, 세균성이질, 장출혈성대장균감염증, A형간염, 백일해, 유행성이하선염, 풍진, 폴리오, 수막구균 감염증, b형헤모필루스인플루엔자, 폐렴구균 감염증, 한센병, 성홍열

ⓒ 유치원 내 능동감시 실시 : 원장(원감)과 감염병 담당자는 능동감시 대상을 정하고 능동감시 대상 학급은 결석, 조퇴, 지각한 유아의 사유를 확인하고, 학급 유아들의 증상 유무를 관찰하여 추가 의심 환자발생 여부를 파악한다.

ⓔ 감염병 예방 교육 실시 : 유아 및 학부모를 대상으로 감염병 예방 교육을 주기적으로 실시하고 가정통신문을 배부하여 학부모에게 유치원 내 감염병 발생 사실을 알린다. 이때 위생 관리 등 자녀 생활 지도나 감염병 증상 발생 시 유치원에 알리도록 당부한다.

ⓜ 「유행 의심 기준」[6]에 따라 유행 의심 여부를 확인하고 이를 충족하는 경우 대응 3단계로 격상한다.

6) **유행 의심 기준** : 동일 학급에서 특정 감염병의 공통 증상(발열, 설사, 발진 등)을 호소하는 유아가 비슷한 시기에 2명 이상 확인되는 경우(단, 평소에 해당 증상을 가지고 있는 유아는 제외) 등

A Plus⁺   **제2단계 : 감염병 (의심)환자 발견 시나리오**

> 개나리반 민수가 진료 결과 수두로 진단받았음을 확인하였다. 적절한 조치는?

1. 민수 관리

   민수에게 등원 중지를 실시하고 학부모에게 관련된 행정조치를 안내함.

2. 개나리반 관리

   ① 교실의 환기와 소독을 실시함.

   ② 수두에 대한 예방 교육을 실시함.

   ③ 능동감시 실시 : 결석, 조퇴, 지각한 유아의 사유를 확인하고, 수두 의심 증상 발생 여부를 매일 1회 조사함.

3. 유치원 관리

   ① 수두 환자 발생 사실을 원장 및 교육지원청에 보고함.

   ② 능동감시 대상(민수와 같은 층을 사용하는 학급 전체)을 파악하고 증상 발생 여부를 감시함.

   ③ 수두에 대한 예방 교육 자료와 가정통신문을 학부모에게 알림.

> 능동감시 결과 민수의 옆 반 선미에게 발진이 있음을 확인하였다. 적절한 조치는?

1. 선미 관리

   ① 선미를 일시적 관찰실로 이동시킴.

   ② 부모님께 연락, 의료기관 진료요청, 교실 환기 등의 조치를 취함.

   ③ 선미가 의료기관 진료 결과 수두로 진단받았음을 확인함.

2. 유치원 관리

   선미가 의료기관 진료 결과를 통보받고 유행의심 기준에 해당함을 확인하고 대응 제3단계로 격상함.

③ 대응 3단계 : 유치원 내 유행 확산 차단

- ㉠ 상황 및 기간 : 감염병 (의심)환자가 2명 이상 있고 유행 의심을 확인한 후부터 해당 감염병으로 인한 기존 (의심)환자가 모두 완치되고 최대 잠복기까지 추가 (의심)환자 발생이 없을 때까지이다.
- ㉡ 보고 및 신고 : 유행 의심 기준을 충족하는 「유행 의심」 상황임을 원장과 교육(지원)청에 보고하고, 신고가 필요한 감염병의 경우 관할 보건소장에게 신고한다.
- ㉢ 「유치원감염병관리조직」의 활성화 : 원장은 「유치원감염병관리조직」의 기능을 강화할 수 있도록 조치하고 전 교직원은 유행 의심 상황이 종결될 때까지 담당 업무를 수행한다.
- ㉣ 능동감시 강화, 의심 환자 관리, 밀접 접촉자 파악 및 관리, 고위험군의 파악 및 관리를 한다(전체 학생을 대상으로 능동감시를 실시하여 매일 등원 시간에 환자 발생 여부를 확인).
- ㉤ 감염병 예방 교육을 유아 및 학부모에게 실시하고 교실, 일시적 관찰실뿐만 아니라 유치원 전체 시설을 대상으로 방역 활동(환기 및 소독)을 한다.
- ㉥ 교육(지원)청을 통하거나 직접 보건소에 역학조사를 요청하고, 원장은 전파 차단을 위해 단축수업, 자체 휴업 등 학사일정을 조정하고 각종 행사 제한 여부를 검토한다.
- ㉦ 구비 서류를 확인하여 등원 중지 학생에 대한 출석 인정을 처리한다.

(3) 복구단계 : 유치원 내 유행 종결 및 복구

① 상황 및 기간 : 유행 종결 및 복구 단계로, 기존 (의심)환자가 모두 완치되고 최대 잠복기까지 추가 (의심)환자 발생이 없을 때부터 사후조치가 완료될 때까지이다.

② 유행 종료 판단 및 보고 : 발생 현황 및 조치 결과를 교육(지원)청에 보고한다. 유행 종료는 유치원 내 해당 감염병 (의심)환자가 모두 완치되고, 최대 잠복기까지 추가 (의심)환자 발생이 없는 경우이다.

③ 사후조치 : (의심)환자와 주변 유아의 불안감을 해소하고 낙인효과가 발생하지 않도록 필요시 심리지원을 실시한다.

④ 유행 종료 선언 : 원장은 「유치원감염병관리조직」의 유행 시 대응 활동을 중단하고 예방 단계로 복귀를 명령한다. 유치원 내 유행 종료를 SNS, 게시판, 유치원 홈페이지 탑재, 가정통신문 등 유치원 여건에 맞게 다양한 방법으로 알린다.

주요 감염병의 관리 방안

감염병	임상 증상	전염 가능 기간	전파 차단을 위한 등원 중지(격리) 기간[1)2)]	밀접 접촉자 파악	마스크 착용
A형간염	피로감, 발열, 오한, 복부 불쾌감, 오심, 구토	임상 증상 시작되기 2주 전~황달이 완전히 사라진 다음 1주일	황달 증상 이후 7일간 (황달 증상 없으면 입원일로부터 7일간)	○	×
결핵	발열, 전신 피로감, 식은땀, 체중 감소	약물 치료 시작 후 2주까지	약물 치료 시작 후 2주까지	○	○
공수병	공수증, 불안감, 두통, 발열, 중추신경계 증상	이환기간 내내	이환기간 내내	×	×
급성 출혈성 결막염	충혈, 안통, 이물감, 많은 눈물, 눈곱, 눈부심, 결막하출혈	발병 후 4일~1주일	격리없이 개인위생 수칙을 철저히 지킬 것을 권장	○	×
노로바이러스	오심, 구토, 설사, 복통, 권태감, 발열	급성기부터 설사가 멈추고 48시간 후까지	증상 소실 후 48시간까지	○	×
뇌수막염	발열, 두통, 구토, 의식 저하	병원체마다 다양	병원체마다 다양	○	○
디프테리아	발열, 인후와 편도 발적, 인후 부위 위막, 림프절 종대	치료받지 않은 환자는 감염 후 약 14일간, 적절한 치료를 받은 환자는 치료 후 1~2일	14일간의 치료가 끝날 때까지	○	○
백일해	상기도 감염 증상, 발작적 기침, 구토	2주간 전염력이 높으며 증상 발생 4주 후에는 전염성이 소실	항생제 투여 후 5일까지	○	○
성홍열	미만성 구진, 발열, 두통, 구토, 복통, 오한 및 인후염	항생제 치료 시작 후 24시간까지	항생제 치료 시작 후 24시간까지	○	○
세균성이질	발열, 복통, 구토, 설사	발병 후 4주 이내	항생제 치료 종료 48시간 후부터 24시간 간격으로 2회 대변검사가 음성일 때까지	○	×
수두	피부 발진, 수포, 발열, 피로감	수포가 생기기 1~2일 전부터 모든 수포에 가피가 형성될 때까지	모든 수포에 가피가 형성될 때까지	○	○
수족구병	발열, 손, 발바닥 및 구강 내 수포 및 궤양	발병 후 7일간이 가장 전염력 강함, 피부 병변(수포)에 가피가 생성될 때까지	수포 발생 후 6일간 또는 가피가 형성될 때까지	○	○

유행성 각결막염	충혈, 안통, 이물감, 많은 눈물, 눈곱, 눈부심, 결막하출혈	발병 후 14일까지	전염에 대한 관리, 통제가 어려운 유치원은 격리를 권장	○	×
유행성 이하선염	이하선 부종, 발열, 두통, 근육통	증상 발생 3일 전부터 발생 후 5일까지	증상 발생 후 5일까지	○	○
인플루엔자	발열, 두통, 근육통, 인후통, 기침, 객담	증상 발생 1일 전부터 5일까지	유행 차단을 위한 등원 중지는 의미없지만 환자상태에 따라 실시	×	○
장출혈성 대장균 감염증	복통, 수양성 설사, 혈성 설사, 발열, 구토	발병 후 1주(최대 3주)	항생제 치료 종료 48시간 후부터 24시간 간격으로 2회 대변검사가 음성일 때까지	○	×
장티푸스	고열, 복통, 두통, 구토, 설사 → 변비	이환기간 내내(보통 수일에서 수주까지)	항생제 치료 종료 48시간 후부터 24시간 간격으로 3회 대변검사가 음성일 때까지	○	×
중동호흡기 증후군	발열, 기침, 호흡곤란, 두통, 오한, 인후통	이환기간 내내	모든 증상이 소실될 때까지	○	○
콜레라	수양성 설사, 복통, 구토, 팔다리 저림.	대변 검체에서 양성인 기간(보통 회복 후 며칠 정도)	항생제 치료 종료 48시간 후부터 24시간 간격으로 2회 대변검사가 음성일 때까지	○	×
폐렴구균	폐렴(고열, 오한, 객담, 기침), 급성중이염(귀통증, 이명, 두통)	불명확(호흡기 분비물에 균이 존재하는 동안)	모든 증상이 소실될 때까지	×	○
폴리오	발열, 권태감, 인후통, 뇌수막염, 이완성 마비	바이러스 노출 후 3~6주까지	입원 후 매주 채취한 대변 검체에서의 바이러스 분리·배양검사 결과가 2회 연속 음성일 때까지	○	×
풍진	구진성 발진, 림프절 종창, 미열, 등 감기 증상	발진 생기기 7일 전부터 생긴 후 7일까지	발진이 나타난 후 7일까지	○	○

1) 전파 차단을 위한 등원 중지 기간으로 관련 질환에 대한 질병관리본부 매뉴얼의 환자 격리 기간을 바탕으로 작성함.
2) 등원 중지 기간은 휴일을 포함

3 유아 영양 교육[7]

7) 『유치원 급식 운영관리 지침서』
(2012)

(1) 영유아기 영양의 중요성

① 영유아기의 영양은 정상적인 성장과 발달뿐만 아니라 빈혈, 성장 지연 등 영양 관련 건강 문제와 지능 발달, 비만, 충치 및 만성질병을 예방하는 데에도 지대한 영향을 미친다.

② 특히 뇌는 성인의 90% 정도가 영유아기에 발달되므로 균형 잡힌 영양 공급이 중요하다.

③ 영유아기의 저영양은 뇌 발달에 큰 영향을 미치며, 지적, 정서적 발달을 저하시키고 운동능력을 감소시킨다.

(2) 6대 영양소

3대 열량소	3대 조절소
탄수화물	비타민
단백질	무기질
지방	물

(3) 균형 잡힌 식사

① 모든 영양소가 적당한 양으로 포함되어 있는 식사이다.

② 균형 잡힌 식사를 위한 가장 좋은 방법은 매일의 식사에서 다섯 가지 식품군을 골고루 섭취하는 것이다.

③ 아무리 좋은 식품이라도 과잉섭취하면 아주 적게 섭취할 때처럼 해가 된다.

(4) 다섯 가지 기초 식품군

① 탄수화물

  ㉠ 대표 식품 : 밥, 국수, 빵, 떡, 감자, 고구마, 옥수수, 밤 등 곡류와 전분류

  ㉡ 활동하는 데 필요한 에너지를 공급하며 두뇌의 유일한 에너지원이다.

  ㉢ 부족 시 쉽게 지치고, 장기간 섭취하지 않으면 혼수상태에 빠진다.

② 비타민 및 무기질

  ㉠ 대표 식품 : 채소류, 해조류, 과일류

  ㉡ 체내 대사조절 관여, 생리기능 조절 및 유지에 필요하다.

  ㉢ 시력 보호, 면역력 증진, 다른 영양소를 보조한다.

  ㉣ 부족 시 피부가 거칠어지고, 몸의 기능이 저하되며 감기에 잘 걸린다.

③ 단백질

  ㉠ 대표 식품 : 육류, 어패류, 달걀, 콩류

  ㉡ 체조직의 성장과 유지(뼈, 피부, 근육, 혈액, 손톱, 머리카락) 및 효소와 호르몬 합성, 항체와 면역세포 형성 등의 기능을 한다.

  ㉢ 부족 시 성장 장애, 면역력 저하가 일어난다.

④ 칼슘

　　㉠ 대표 식품 : 우유 및 유제품

　　㉡ 골격 형성 및 치아 구성, 신경 자극 전달, 근육 수축 및 이완 등의 기능을 한다.

　　㉢ 부족 시 키가 잘 크지 않으며, 뼈가 약해지고 쉽게 부러진다.

⑤ 지방

　　㉠ 대표 식품 : 유지류(식용유, 버터)

　　㉡ 에너지 공급, 체온유지, 외부 충격으로부터 장기 보호 등의 기능을 한다.

　　㉢ 과다 섭취 시 비만, 당뇨, 고혈압, 고지혈증 등 성인병이 발생한다.

　　㉣ 보통 유지류는 식품 조리 시 사용하며, 육류의 비계도 지방에 속한다.

A Plus⁺ **유아기 필수 영양소 「유치원 교육과정 내실화를 위한 보건교육 프로그램」(2013)**

1. 유아의 성장과 건강에 필요한 영양소의 종류는 성인의 경우와 마찬가지로 탄수화물, 지방, 단백질, 무기질, 비타민, 물로 나눌 수 있다.

영양소		역할	함유 식품	섭취 부족 시 증상
탄수화물		에너지 공급, 중추 신경계의 원활한 작용	곡류, 감자류, 당류	허약, 피로, 탈수현상
지방		에너지원, 체온조절, 장기 보호	기름류, 버터, 치즈, 견과류, 크림	피부건조, 각질화, 탈모, 상처회복 지연, 성장 저하, 생식기능장애
단백질		에너지원, 성장촉진, 효소 / 호르몬 / 항체 형성	육류, 콩류, 두부, 달걀, 생선	체중감소 발육부진 저항력 감소
무기질	칼슘	뼈, 치아 구성, 신경전달, 근육 이완	우유, 유제품, 두유, 브로콜리, 뼈째 먹는 생선, 시금치	근육의 수축, 경련, 구루병, 골연화증/골다공증, 성장 지연, 지혈 지연
	철분	혈액 내 산소 운반	달걀노른자, 육류, 간, 녹색채소	빈혈, 어지러움, 피로감, 학습능력 저하
	인	뼈/치아의 구성성분, 단백질 합성	우유, 유제품, 육류	근육과 혈액 세포 파괴
	아연	효소의 활성 도움, 콜라겐 합성, DNA/RNA 합성	육류, 굴, 간, 달걀	성장 지연, 식욕감퇴, 우울증, 탈모, 설사
비타민	비타민A	시각회로, 상피조직 유지, 골격 성장, 생식	간, 당근, 풋고추, 우유, 버터, 달걀	야맹증, 안구건조증, 저항력 약화
	비타민B2	동맥경화나 고혈압 예방, 식욕증진, 저항력 강화	우유, 유제품, 간, 효모, 내장, 녹황색 채소, 콩, 두부, 생선, 된장	빈혈, 성장 부진, 구내염, 설염, 피부건조
	비타민C	콜라겐 합성, 아미노산 대사, 철분 흡수 증가, 감기 증상 약화	감귤, 감자, 채소류	괴혈병, 저항력 약화, 회복력 저하
	비타민D	칼슘과 인의 흡수 증대, 골격형성	참다랑어, 내장, 난황	구루병, 골연화증, 골다공증

물	혈액을 통해 영양소를 온 몸에 운반, 노폐물 배설, 체온조절	체중의 60%를 차지하는데 2/3 이상을 잃으면 사망에 이름

2. **유아기 부족해지기 쉬운 영양소** : 철분, 칼슘, 비타민A, 비타민B2(리보플라빈)

(5) 식사 구성안

① 유아들에게 간식은 부족한 영양소를 보충할 수 있는 기회이므로 신선한 과일, 채소, 우유 등을 먹도록 한다.

② 1일 권장 칼로리 : 3~5세 유아의 1일 권장 칼로리는 1,400kcal이며, 간식은 1일 에너지 필요량의 10~15%를 섭취하도록 한다. **예** 아침 400kcal, 오전 간식 100±10kcal, 점심 400kcal, 오후 간식 100±10kcal, 저녁 400kcal

③ 칼로리 구성비 : 탄수화물은 55~65%, 단백질은 7~20%, 지방은 15~30%로, 각각의 에너지 구성비가 탄수화물, 지방, 단백질의 순으로 구성되는 것이 바람직하다.

④ 간식은 식사 시간과 2시간~2시간 반 정도 간격을 둔다. 열량 급원 식품, 단백질 및 칼슘 급원 식품, 비타민 급원 식품 등으로 구분하여 간식의 영양균형을 맞춘다.

(6) 유치원 급식의 기본 계획

① 식사 구성은 유아의 영양 필요량을 충족시킬 수 있도록 다양한 식품 배합을 통하여 영양적으로 적합하도록 구성한다.

② 신체발육에 필요한 칼슘과 단백질이 충분히 함유된 식단으로 구성한다.

③ 주기식단(Cycle Menu) : 월별 또는 계절별 등 일정한 기간을 단위로 작성해 놓은 메뉴를 주기적으로 반복하는 형태의 식단이다.

④ 조리는 유아가 소화하기 쉬운 방법으로 하고, 자극성이 강한 조미료 사용은 삼간다.

⑤ 유아 식단에서 바람직하지 않은 음식의 예

자극적인 음식	매운 떡볶이, 장아찌류, 절임류 등 맵고 짠 음식
조리법이 어려운 음식	양념 치킨, 감자크로켓, 탕수육 등 조리 과정이 많은 음식
소화하기 어려운 음식	오징어튀김, 딱딱한 강정, 견과류 등 딱딱하거나 크기가 적당하지 않은 음식

⑥ 유아의 기호를 고려한 식단으로 구성한다.

⑦ 유아들의 흥미를 유도할 수 있도록 즐거움을 주고 음식을 통해 문화와 사회의 중요성을 알 수 있도록 명절, 기념일, 행사 등을 계기로 이벤트 식단을 제공한다.

⑧ 간식은 세끼의 식사에서 부족한 영양소를 보충할 수 있게 구성한다.

⑨ **책정된 급식비용 고려** : 급식비용을 주식의 약 20~30%, 부식의 70~80% 비율로 지출하는 것을 원칙으로 한다.

⑩ **식단 작성 후 평가 사항**

　㉠ 영양섭취의 균형을 위하여 다양한 식품군을 골고루 사용하였는가?

　㉡ 식품의 구입 가능성과 가격을 고려한 계절 식품을 이용하였는가?

　㉢ 각 식단에서 색, 맛, 질감, 형태, 조리법, 온도 등의 대비가 이루어졌는가?

　㉣ 식단이 완성되기까지 인력, 기구 등의 이용 가능성을 고려하였는가?

　㉤ 특정한 식품이나 맛이 너무 자주 반복되지 않는가?

　㉥ 작성자의 기호도가 지나치게 반영된 것은 아닌가?

　㉦ 유아의 기호도가 반영되었는가?

　㉧ 음식을 만들고 배식하는 데는 무리가 없는가?

　㉨ 식사 지도 내용과 교육과정을 고려하였는가?

(7) **식품구성자전거**(Food balance wheels)

① 식사구성안에 제시된 식품의 분류와 각각의 식품군이 식생활에서 차지하는 중요성과 양을 일반인들이 쉽게 이해할 수 있도록 그림으로 표시한 것이다.

② 영양교육 및 식생활 지도 자료로 2005년부터 사용해 왔던 식품구성탑에 물과 운동의 개념을 첨가하여 2010년 새로운 식품구성 자전거를 제시하였고, 2015년 변경되었다.

③ 운동을 권장하기 위해 자전거 이미지를 사용하였고, 자전거 바퀴 모양을 이용하여 6개의 식품군에 권장식사패턴의 섭취횟수와 분량에 비례하도록 면적을 배분하였다. 또한 앞바퀴에 물잔 이미지를 삽입함으로써 수분의 중요성을 첨가하였다.

④ 2015년 변경된 식품구성자전거는 섭취 식품류를 곡류, 고기·생선·달걀·콩류, 채소류, 과일류, 우유·유제품류의 5가지로 구성했고 기존의 유지·당류는 삭제되었다.[8]

8) 유지·당류는 다른 식품군을 조리하는 과정에서 사용되는 식품군이라 의식적으로 섭취하지 않아도 되는 식품군이기 때문이다.

■ 식품구성자전거(2015) ■

식품구성자전거 / 자료출처 : 보건복지부 · 한국영양학회, 2015 한국인 영양소 섭취기준

(8) 식품교환표

① 5가지 식품군(곡류군, 어육류군, 채소군, 우유군, 과일군)으로 실제 식단을 작성하고 평가하는 데 더욱 편리하게 사용할 수 있도록 이를 세분하여 제시한 것이다. 지방군을 추가하여 6 가지 식품군으로 나누는 경우도 있다.

② 각 군의 식품을 어느 정도 먹어야 필요량을 섭취할 수 있는지를 쉽게 파악하기 위해 사용한다.

(9) 주의가 필요한 간식

① 파인애플 : 생파인애플 속의 브로멜린이라는 단백질 분해효소는 혀나 구강의 단백질을 분해하여 구강염을 일으킬 수 있으므로 유아가 빨아먹지 않게 주의해야 하며, 통조림 의 경우 당시럽에 재워져 있으므로 시럽은 되도록 주지 않도록 한다.

② 인절미, 경단 등 : 찹쌀로 만든 떡 종류는 끈적이고 형태가 유동적이므로 삼켰을 때 기도 를 막을 수 있으므로 항상 주의하며, 가급적 피하도록 한다.

③ 고구마, 백설기, 강력분으로 만든 빵, 삶은 달걀 노른자 : 수분이 적은 간식으로 퍽퍽해서 삼 키기 어렵고 목이 메는 경우가 많으므로 반드시 음료와 함께 제공하고, 급하게 먹지 않 도록 교사의 세심한 주의가 필요하다.

④ 젤리, 찹쌀떡, 새알심 등 : 형태가 유동적이어서 기도를 막을 경우 조금의 틈도 생기지 않 게 되므로 항상 주의해야 한다.

⑽ **식사 예절 지도**

① 기본적인 식생활 지도

식생활 지도가 이루어지는 시기	내용
음식을 먹기 전	① 식사 전에 손 씻기 ② 식탁과 의자를 바르게 놓고 주변 정리하기 ③ 식탁에 앉을 때에는 바른 자세로 앉기 ④ 식사를 준비해 준 사람에게 감사하는 마음 갖기
음식을 먹을 때	① 웃어른이 먼저 식사를 시작한 후 식사하기 ② 바른 자세로 먹기 ③ 수저를 바르게 사용하기 ④ 흘리지 않고, 꼭꼭 씹어 먹기 ⑤ 밥과 반찬을 골고루 먹고 편식하지 않기 ⑥ 돌아다니지 않고, 제자리 앉아서 식사하기 ⑦ 음식물을 입 안에 넣고 소리를 내거나 말하지 않기 ⑧ 적당한 시간 안에 즐겁게 대화를 하면서 먹기
음식을 먹은 후	① 입가에 묻은 음식물은 휴지나 수건 등으로 닦기 ② 식사 후에도 감사하는 마음 갖기 ③ 식탁과 주변의 자리를 깨끗이 치우기 ④ 자신이 사용한 식기는 정해진 장소에 갖다 놓기 ⑤ 식사 후에는 반드시 이 닦기

② 편식 지도 방법

  ㉠ 낯설어하는 음식은 처음에 조금씩 먹어 보면서 경험하게 한다.

  ㉡ 싫어하는 반찬은 양을 점차 조금씩 늘려 준다.

  ㉢ 음식을 지나치게 권하지 않으며, 좋아하는 조리법으로 변경한다.

  ㉣ 냄새, 맛, 외관 등으로 인하여 기피하는 경우에는 좋아하는 식품에 섞어 조리한다.

  ㉤ 식사 시간에는 적당한 공복 상태가 되게 한다.

  ㉥ 식사는 정해진 시간에 정해진 장소에서 하도록 한다.

  ㉦ 식사 도중에 책을 읽거나 텔레비전 시청 등의 행동은 하지 않도록 한다.

  ㉧ 편식을 하면 건강이 나빠진다는 것을 설득시키는 교육도 중요하다.

  ㉨ 편식 문제를 다룬 그림책이나 비디오 등을 이용하여 교육한다.

  ㉩ 친구들과 같이 어울려서 식사하게 하고, 즐거운 식사환경을 만들어 준다.

⑾ **비만 유아 지도**

① 유아 비만 판정 : 한국소아 · 청소년 신체발육 표준치(2007)를 근거로 성별 · 신장별 표준
체중을 활용하여 비만도를 평가할 수 있다.

$$비만도(\%) = \frac{현재\ 체중}{신장별\ 표준체중} \times 100$$

② 성별 · 신장별 표준체중을 이용한 비만도 평가 기준

구분	평가 기준
정상	성별 신장별 표준체중의 120% 미만
경도 비만	성별 신장별 표준체중의 120~129%
중등도 비만	성별 신장별 표준체중의 130~149%
고도 비만	성별 신장별 표준체중의 150% 이상

• 대한비만학회, 소아 · 청소년 비만관리지침서(2006)

③ 유아기 비만 고위험군의 특징 : 텔레비전 시청시간이 긴 유아나 수면시간이 짧은 유아, 고열량 음식을 좋아하는 유아는 비만의 위험이 있다.

④ 유아기 비만관리 예방과 관리 원칙

㉠ 소아비만을 예방하기 위해서는 유아의 식사와 간식은 정해진 시간에 식탁에서만 먹게 하며 음식은 천천히 먹게 한다.

㉡ 눈에 쉽게 띄는 곳에 지방과 당 함량이 많은 과자류 등을 두지 않고, 행위에 대한 보상으로 과자나 사탕 등을 먹도록 하는 것은 제한한다.

㉢ 유아가 즐겁게 많이 움직일 수 있도록 유도하는 것도 매우 중요하다.

㉣ 비만아의 식사 관리

ⓐ 경도 비만인 경우 체중감량보다는 체중유지를 목표로 한다.

ⓑ 식사를 심하게 제한하여 체중을 급속히 감량하면 안 된다.

ⓒ 유아는 발육기에 있으므로 당질만 제한하고 단백질이나 지방, 무기질, 비타민 등의 영양소는 부족하지 않도록 한다. 단, 단백질과 지방을 필요 이상으로 많이 섭취하는 경우는 필요량 정도로 줄일 필요가 있다.

ⓓ 현재 체중을 유지하면서 자연적인 키 성장에 따라 현재의 체중이 바람직한 체중이 되도록 한다.

ⓔ 체중조절에는 열량섭취량의 조절과 활동량의 증가가 필수이다.

ⓕ 비만 예방 및 관리에는 어린이 급식시설뿐 아니라 가족의 역할이 중요하므로 부모와 유아에게 식품 선택 등의 교육이 필요하다.

■ 유아기 비만 관리 원칙 ■

구분	관리 원칙
경도 비만	• 비만도를 20% 이하로 낮추는 데 목표를 두지만 신장이 자라므로 감량보다는 체중을 유지하는 것이 목표
중등도 비만	• 식사와 운동 상담 필요
고도 비만	• 합병증 동반 유무를 확인하고, 합병증이 동반되어 있으면 체중감량을 목표로 관리

• 대한비만학회, 소아 · 청소년 비만관리지침서(2006)

⑿ 당 섭취 저감화

① 2015 한국인 영양소 섭취기준에서는 총 당류 섭취량을 총 에너지 섭취량의 10~20%로 제한하고, 특히 식품의 조리 및 가공 시 첨가되는 첨가당은 총 에너지 섭취량의 10% 이내로 섭취하도록 권장하고 있다.

② 첨가당의 주요 급원은 설탕, 액상과당, 물엿, 당밀, 꿀, 시럽, 농축과일주스 등이다.

③ 어린이의 건강증진을 위해 첨가당이 과다 포함된 식품 제공을 지양해야 한다.

⒀ 조리 및 간식 제공 시 나트륨 섭취량을 감소시키는 방법

① 식품은 되도록 자연식품으로 섭취하는 습관을 갖도록 하고, 짠맛 대신 신맛이나 과일 등을 이용한다.

② 음식에 포함된 소금의 양을 확인하기 위해 염도계를 사용한다.

③ 가공식품 구입 또는 사용 전 영양 표시에서 나트륨 함량을 확인한다.

④ 국이나 찌개, 물김치 등의 국물을 남길 경우 다 먹도록 강요하지 않는다.

⑤ 소금양이 많은 외식이나 인스턴트식품의 섭취를 자제한다.

⑥ 식탁 위에는 추가로 간을 할 수 있는 소금이나 간장을 놓지 않는다.

⑦ 라면, 어묵, 햄, 소시지, 감자칩 등의 가공식품을 적게 먹도록 한다.

⑧ 조리 단계부터 소금, 간장 등을 적게 넣는 조리 습관이 필요하다.

⑨ 과일과 채소를 충분히 섭취하면 나트륨의 체내 배설을 촉진시킬 수 있다.

⒁ 지방 저감화

① 트랜스지방 : 식물성 지방에 수소를 첨가하면 고체 상태의 포화지방이 만들어지는데, 경화 과정에서 트랜스지방이 생기게 된다. 마가린이나 쇼트닝이 대표적인 트랜스지방 이다. 식물성 지방이 고체화되면서 독특한 질감뿐 아니라 실온에서 일정한 형태가 유지되어, 특히 제과·제빵 등의 제품을 보기 좋게 하고 더 맛있게 하기 위해 시중에 유통되는 가공식품에 많이 사용되고 있다.

② 트랜스지방산 섭취 저감화 방안

㉠ 튀김용 식용유는 너무 오래, 여러 번 반복해서 사용하지 않는다.

㉡ 바삭하고 고소하거나 촉촉한 빵(과자)은 트랜스지방을 함유할 수 있으므로 영양성분 표시를 반드시 확인한다.

㉢ 가공식품 구입 시 영양성분표의 표시 중 트랜스지방 함량을 확인한다.

③ 조리 및 간식 제공 시 지방 섭취량을 감소시키는 방법

㉠ 튀김, 볶음보다는 찜 또는 삶기 등의 방법으로 조리한다.

㉡ 일반적으로 껍질 부분에는 지방이 많으므로 닭고기, 오리고기 등은 껍질을 벗겨낸다.

㉢ 튀김요리는 접시에 담기 전에 일단 기름 흡수 종이에 건져 기름기를 충분히 제거한다.

㉣ 생선은 기름을 두르고 굽는 대신 포일에 싸서 석쇠나 오븐에서 굽는 것이 좋다.

㉤ 가공식품 구입 시에는 영양성분표에 있는 지방 함량을 확인한다.

⒂ **식품 알레르기**

① 증상

　㉠ 일반인에게는 무해한 식품을 특정인이 섭취하였을 때 해당 식품에 대해 두드러기, 가려움, 호흡곤란 등 과도한 면역 반응이 일어나는 것이다.

　㉡ 아나필락시스 쇼크(anaphylactic shock) : 특정물질에 대해 몸에서 과민반응을 일으키는 것으로 극소량만 접촉해도 전신에 걸쳐 증상이 발생하는 심각한 알레르기 반응이다.

② 원인 : 명확히 밝혀지지는 않았으나 유전적 요인과 환경적 요인 그리고 식습관의 변화 등으로 최근 식품 알레르기가 증가하고 있다.

③ 관리 방법

　㉠ 알레르기의 원인 물질을 정확히 파악하여 섭취를 피하고, 적극적인 약물치료를 통해 염증을 조절하며, 질환에 따라 면역요법을 시도해야 한다.

　㉡ 특정식품에 알레르기 반응이 있는 어린이를 위해 제한식품에 따른 피해야 할 식품과 대체식품을 숙지해 놓는다.[9]

　㉢ 팔찌나 목걸이 등의 부착물에 자신이 약물 알레르기가 있음을 표시하는 것이 좋고 심한 알레르기가 있는 사람은 에피네프린(Epinephrine, 자가주사) 휴대를 통해 응급 시 사용하도록 한다.

⒃ **설사**

① 전염성 질환에 의한 설사 시 손 위생을 깨끗이 하지 않으면 다른 어린이에게 음식 이외에도 장난감 등으로 인한 감염이 일어날 수 있으므로, 심한 설사를 하는 어린이는 격리하고 상태를 지켜보도록 한다.

② 심한 설사의 경우 24~48시간 동안 아무것도 먹이지 말고 병원으로 옮겨 정맥 주사로 전해질과 수분을 공급해 준다.

③ 미약한 설사 시에는 24~48시간 동안만 음식을 제한하고 설사로 인한 탈수증을 예방하기 위하여 손실된 수분과 전해질 보충을 위한 액체를 공급한다.

④ 너무 차거나 뜨거운 음료는 장을 자극해 장운동을 증가시켜 설사를 악화시킬 수 있다. 구토가 심한 경우에는 숟가락으로 떠먹이는 것도 좋은 방법이 된다.

⑤ 설사가 진행되면 초기에는 약간의 당이 포함된 수분을 공급하다가 점차 섭취량을 늘려간다. 초기에는 당질 또는 지방 함량이 높은 음식을 제한해야 할 뿐만 아니라, 소화 및 흡수가 어려운 섬유소 등을 제한하는 저섬유소 식사가 바람직하다.

⑥ 사과에 많이 들어 있는 펙틴은 수분을 흡수하여 점도 있는 변을 만드는 작용을 하므로 설사 시 좋은 식품으로 권장된다. 사과뿐만 아니라 잘 익은 바나나는 손실된 칼륨의 급원으로 제공할 수 있다.

9) 대체식품의 예 :
　① 우유 → 두유
　② 밀 → 떡, 쌀빵, 옥수수, 보리쌀, 오트밀시리얼, 당면
　③ 대두 → 견과류, 우유, 코코넛

A Plus⁺ 「어린이 기호식품 등의 영양성분과 고카페인 함유 식품 표시기준 및 방법에 대한 규정」
[별표2] [시행 2019.12.20.]

식품에 들어 있는 총지방, 포화지방, 당(糖), 나트륨 등 영양성분의 함량에 따라 높음, 보통, 낮음 등의 등급을 정하여 어린이 기호식품이 함유하고 있는 각각의 해당 영양성분이 하루 권장 섭취량에서 차지하는 비율을 명기하도록 하여야 한다.

영양성분의 함량에 따른 모양 표시는 다음의 도안 중 한 개를 선택하여 표시하여야 한다.

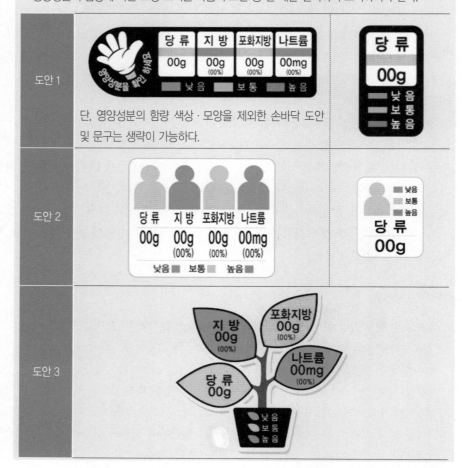

4 위생안전관리(조리 및 조리 후 단계)

(1) 검식

① 검식 : 조리가 완료되면 배식 전에 조리 책임자 및 급식 관리자(영양사가 없는 경우에는 시설
장 또는 주임교사)가 음식의 맛, 온도, 질감, 조리 상태, 이물, 이취 등을 확인하는 작업이다.

② 검식 방법

㉠ 음식을 소독된 용기에 덜어 검식 전용 수저를 사용하여 검식한다.

㉡ 검식을 실시하고 결과를 '검식일지'에 기록한다.

㉢ 필요한 경우 추가 조미 혹은 조리 후 배식하며, 향후 식단 개선의 자료로 활용할 수
있다.

㉣ 배식이 불가능한 음식은 즉시 폐기한다.

(2) 보존식

① 보존식의 의미 : 보존식은 집단급식소에서 식중독 사고가 발생했을 때 원인규명을 위해
급식 시 제공된 모든 음식(간식 포함)을 냉동고에 6일 이상 보관하는 것을 말한다.

② 소독된 스테인리스 재질의 뚜껑이 있는 전용용기(또는 1회용 멸균백 사용 가능)에 음식 종류
별로 100g 이상 보관하며(가공 완제품 중 그대로 제공하는 급식품은 포장을 뜯지 않은 원상태로 보관),
보존식 기록표를 보존식용기에 부착하여 −18℃ 이하의 냉동고에 144시간(6일) 보관
한다.

③ 보존식 기록표 표시 사항 : 채취 일시, 폐기 일시, 채취자, 메뉴명을 기록하여 보존식과
함께 보관한다.

▪ 보존식 관련 규정 ▪

• 식품위생법 제88조(집단급식소)

② 집단급식소를 설치 · 운영하는 자는 집단급식소 시설의 유지 · 관리 등 급식을 위
생적으로 관리하기 위하여 다음 각 호의 사항을 지켜야 한다. 〈개정 2021.8.17.〉

1. 식중독 환자가 발생하지 아니하도록 위생관리를 철저히 할 것

2. 조리 · 제공한 식품의 매회 1인분 분량을 총리령으로 정하는 바에 따라 144시간
이상 보관할 것

• 식품위생법 시행규칙 제95조(집단급식소의 설치 · 운영자 준수사항)

① 법 제88조제2항제2호에 따라 조리 · 제공한 식품(법 제2조제12호에 따른 병원의 경우에
는 일반식만 해당한다)을 보관할 때에는 매회 1인분 분량을 섭씨 영하 18도 이하로 보
관하여야 한다. 이 경우 완제품 형태로 제공한 가공식품은 소비기한 내에서 해당
식품의 제조업자가 정한 보관방법에 따라 보관할 수 있다. 〈개정 2022.6.30.〉

---

(3) 올바른 배식

① 올바른 배식 복장(배식용 앞치마, 위생모, 위생장갑, 마스크 착용)을 갖추고 배식한다.

② 조리 후 1~2시간 이내에 배식한다.

③ 배식대 및 전용도구는 세척 · 소독하여 건조된 것을 사용한다.

④ 배식하던 용기에 새로운 음식을 혼합하지 않는다.

⑤ 1회용 장갑을 착용했을 경우, 찢어지면 바로 교체하도록 한다.

⑥ 배식 후 남은 음식은 전량 폐기한다.

⑦ 배식 시 올바른 개인위생

  ㉠ 배식 직전 반드시 손을 세척하고 소독한다.

  ㉡ 배식 담당자는 위생복, 위생모, 마스크를 착용한다.

  ㉢ 코는 마스크 밖으로, 귀는 모자 밖으로 나오지 않도록 주의한다.

  ㉣ 위생장갑을 착용하더라도 도구(집게)로 배식한다(손으로 배식 금지).

(4) 식중독

① 식중독 : 식품의 섭취로 인하여 인체에 유해한 미생물 또는 유독 물질에 의하여 발생하였거나 발생한 것으로 판단되는 감염성 또는 독소형 질환이다. 식중독은 기온이 높은 여름철에 가장 많이 발생하나 최근에는 계절의 구분 없이 발생하고 있어 각별한 주의가 필요하다.

② 식중독 대처 요령

  ㉠ 유아의 경우 구토물에 의해 기도가 막힐 수 있으므로 옆으로 눕힌 상태로 보살펴야 한다.

  ㉡ 급식을 중단하고 보존식이나 식재료를 역학조사가 완료될 때까지 폐기하거나 급식 현장을 소독 등으로 훼손하여서는 안 되며 그대로 보존한다.

  ㉢ 보건소의 역학 조사에 적극 협조한다.

  ㉣ 조사 후 시설과 기구를 살균 소독한다.

③ 식중독 발생 보고

  ㉠ 식중독 의심환자 2명 이상 동시에 발생 인지 즉시 관할 시 · 군 · 구청 신고 및 교육지원청에 보고한다.

  ㉡ 평소 원내 집단환자 감시체계 구축 · 운영을 통해 신속하게 환자를 파악하고 치료조치를 한다.

3장 영유아 안전 교육

1 유치원 시설 안전[10]

(1) 유치원 실내 공간 안전

① 출입관리

　㉠ 건축물 내부로 들어가는 출입문에 잠금장치가 설치되어 있으며 유치원 외부인 방문 시 출입을 위한 방문 기록 사항을 작성하고 출입할 수 있도록 관리한다.

　㉡ 이동 공간(엘리베이터, 계단, 복도, 출입문 등)을 청결하고 안전하게 관리하고, 이동 공간에 적재 물건이 없다.

　㉢ 성인이 주로 사용하는 공간(조리실, 보일러실, 자료실 등)은 유아 출입이 제한되도록 관리한다.

② 유아 안전 사고 예방

　㉠ 문턱은 발이 걸려 넘어지지 않도록 마감 처리되어야 한다.

　㉡ 유아들이 사용하는 모든 가구는 모서리가 둥글고 표면이 매끄럽게 처리되어 있어야 하며, 뾰족한 모서리가 있는 경우 반드시 모서리 보호덮개를 해야 한다.

　㉢ 문의 고정부 모서리면(경첩부)에 손끼임 방지장치가 되어 있어야 하며 유리문 등 모서리면에 손끼임 방지 완충재가 있어야 한다. 블라인드 줄의 최끝단이 바닥에서 80cm 이상 위치하고 줄 고정장치가 벽에 설치되어 있어야 한다.

　㉣ 창문 주변에 유아가 밟고 올라갈 수 있는 물건을 배치하지 않아야 한다.

　㉤ 벽면에 설치된 설비(선반, 에어컨, 선풍기 등)는 유아의 손에 닿지 않는 높이에 안전하게 부착한다.

　㉥ 2층 이상에 위치한 창문에는 추락사고 예방을 위한 안전망을 갖추어야 하나 방범창과 같이 비상탈출을 막아서는 안 된다.

　㉦ 교실 안 또는 가까운 곳에 세면대를 설치한다. 세면대에는 반드시 온도를 조절할 수 있는 온도조절 장치가 되어 있고 온수의 온도는 너무 높지 않게(40도 이하) 설정해 놓도록 한다.

　㉧ 카세트와 같은 무거운 비품은 아래쪽에 배치해 둔다.

　㉨ 실내 공간에서 사각지대가 발생하지 않도록 관리한다. 유아의 안전을 위한 영상정보처리기기[11]를 설치하며 영상정보처리기기가 설치되지 않은 곳(화장실, 세면대 등)에서 유아가 안전하게 생활할 수 있도록 지도한다.

　㉩ 교사는 가급적 유아만 남겨 두고 활동 공간에서 자리를 비우지 않는다(부득이하게 교사가 자리를 비울 경우 원장이나 다른 교사 등 책임 있는 성인과 교대한 후에 자리를 비운다.).

10) 『5주기 유치원 평가 매뉴얼』 (2022)

11) 교실 내 영상정보처리기기 설치 시, 정보주체(학부모, 교직원 등)의 동의가 필요하다.

2 | 유아 건강·안전 교육

③ 실내에 설치된 어린이놀이기구 및 놀잇감

　　㉠ 실내에 비치된 놀잇감은 모두 안전인증기관으로부터 안전인증(KC마크)을 받은 것이 어야 한다.

　　㉡ 실내의 어린이놀이기구 및 놀잇감의 청결 및 안전을 매일 관리하고 '실내 놀이 시설 물 및 놀잇감 청결 · 안전관리 일일 점검표'에 기록한다. 예 유아가 갇힐 우려가 있 는 기구가 없음, 유아가 사용하기에 적절한 교구장 높이 및 놀잇감 배치, 동선을 방 해하지 않는 위치에 이동식 놀이기구 보관 등

④ 기타 안전 관리

　　㉠ 교실 및 실내 공간에 설치된 커튼과 카펫에는 방염처리가 되어 있다.

　　㉡ 세면대, 정수기 온수 사용, 위험한 물건류(화장실의 세제류, 비상약품류, 교실 내 강력접착제류, 칼, 송곳 등의 도구 등)를 안전하게 관리하고 '자체 위험물 안전점검표'에 기록한다.

　　㉢ 유아용 개별 침구 : 모든 유아가 개별 이불, 요, 베개를 사용하도록 해야 하고 여분의 침구가 마련되어 있어야 하며 침구 보관 장소가 청결하게 관리되어야 한다.

　　㉣ 화장실

　　　• 유아 8~10명당 1개의 유아용 변기를 갖추고 있어야 한다.

　　　• 화장실 문에는 잠금장치를 설치하지 않아 유아 갇힘 사고를 예방해야 한다.

(2) 실외놀이터 안전

① 실외놀이터는 바깥과의 경계를 지을 수 있는 울타리나 담이 설치되어 있어야 하며 차 량이 접근할 수 없어야 한다.

② 놀이터에는 안전수칙과 관리 주체의 연락처 등이 명시되어 있는 표지판이 설치되어야 하고 표지판이 파손되어 내용물이 지워진 곳이 없어야 한다.

③ 실외놀이터, 현장학습 등 안전사고가 우려되는 활동 시에는 반드시 교사가 관리감독을 철저히 해야 한다.

④ 유아의 몸이 빠지거나 낄 만한 틈새가 없어야 한다. 예 손가락 끼임 : 8㎜ 이하 또는 25㎜ 이상, 몸 : 90㎜ 이하 또는 230㎜ 이상, 발 : 30㎜ 이하

⑤ 안전망 : 실외 놀이시설이 옥상에 설치되어 있는 경우에는 추락방지를 위해 1.5m 이상 의 높이(난간과 안전망 높이의 합)로 견고한 안전망이 설치되어야 하며 옥상 난간과 놀이기 구는 최소한 1.5m 이상 거리를 두고 설치되어야 한다.

⑥ 어린이 놀이시설 안전 교육 : 어린이 놀이시설 안전관리교육은 2년마다 4시간씩 어린이 놀이시설 안전관리지원기관에서 받아야 한다.

⑦ 바닥 안전

　　㉠ 아동이 추락할 가능성이 있는 놀이시설물 아래와 주변의 공간(안전지대)은 충격을 흡 수할 수 있도록 하여야 하며(30㎝ 이상의 모래, 우레탄, 고무매트, 나무조각 등), 아동이 걸려 넘 어지거나 부딪칠 수 있는 방해물이 없도록 해야 한다.

ⓛ 놀이터는 장마가 오고 난 후 물이 고이지 않도록 배수가 잘 되는 구조여야 하며, 바닥에는 쓰레기가 없는지 확인해야 한다.

　　ⓒ 모래 관리

　　　　ⓐ 모래는 쉽게 유실될 수 있으므로 유실된 모래는 주기적으로 채워넣어 주고, 최소 3년에 1번은 모래를 교체해 주도록 한다.

　　　　ⓑ 모래 관리 시 정기적으로 아래쪽에 있는 모래가 위쪽으로 올 수 있도록 뒤집어 주거나 세척하도록 한다.

(3) 안전 시설 및 용품 관리

① 비상사태에 대비한 안전시설 및 설비 : 소방안전관리자나 소방시설관리업자에 의한 소방시설 정기점검은 연 1회 이상 실시하고, 시설물 안전에 관한 점검은 분기별로(연 4회) 실시한다.

② 교직원의 안전 관리 시설 및 설비의 사용법 숙지

　　ⓖ 교사는 가장 가까운 위치의 소화기를 파악하고 있다.

　　ⓛ 교사는 소화기의 사용법을 안다.

　　ⓒ 교사는 비상구의 위치를 알고 있으며 열 수 있다.

　　ⓔ 교사는 비상시 유아용 미끄럼대를 사용할 수 있다.

　　ⓜ '비상대응 교직원 업무분장계획'이 있고, 교직원은 자신의 역할을 숙지하고 있다.

(4) 유치원 환경 관리

① 실내공간 안전점검 : 교실 및 실내공간에 대한 시설물 자체 안전점검을 연 2회 실시하고 '시설물 안전점검 결과보고서'에 기록한다.

② 실외공간 안전점검 : 어린이 활동공간의 바닥에 사용된 모래, 고무 등을 포함한 실외 어린이 놀이시설에 대해 외부 전문 업체에 의한 정기 시설검사(2년 1회) 및 자체 안전점검(월 1회)을 실시하고 결과보고서를 보관한다.

③ 환기 : 환기용 창 등을 수시로 개방하거나 기계식 환기설비를 수시로 가동하여 1인당 환기량이 시간당 21.6㎥ 이상이 되도록 한다.

④ 온도 : 실내온도는 섭씨 18도 이상 28도 이하로 하되, 난방온도는 섭씨 18도 이상 20도 이하, 냉방온도는 섭씨 26도 이상 28도 이하로 한다.

⑤ 공기 질[12]

　　ⓖ 매 수업 일마다 일상 점검이 이루어지며, 정기점검은 상·하반기 각각 1회 이상 실시해야 한다.

　　ⓛ 교실 안에서의 공기 질을 측정하는 장비는 매년 2회 이상 정기적으로 점검을 실시하여야 한다.

12) 「학교보건법」 제4조의2(공기 질의 유지·관리 특례)

⑥ 수도시설 공간 관리
　　㉠ 음용수로 지하수를 사용하는 경우에는 먹는 물 수질검사기관에 의뢰하여 정기적으로(연 1회) 먹는 물 수질검사를 실시한다.
　　㉡ 정기적으로(6개월 1회 이상) 냉온수기/정수기를 관리하고 점검표를 작성한다.
　　㉢ 화장실 세면대의 온수를 안전하게 관리한다.
⑦ 화장실 소독 : 악취의 발산과 쥐 및 파리 · 모기 등 해로운 벌레의 발생 · 번식을 방지하도록 화장실의 내부 및 외부를 4월부터 9월까지는 주 3회 이상, 10월부터 다음 해 3월까지는 주 1회 이상 소독을 실시해야 한다.
⑧ 유치원 건물 소독 : 4월부터 9월까지는 2개월에 1회 이상, 10월부터 3월까지는 3개월에 1회 이상 실시하여야 한다.
⑨ 보건실
　　㉠ 유치원의 설립자(경영자)는 보건실을 설치하고 학교보건에 필요한 시설과 기구를 갖추어야 한다.[13]
　　㉡ 학교에 보건교육과 학생들의 건강관리를 담당하는 보건교사를 두어야 한다. 다만, 대통령령으로 정하는 일정 규모 이하의 학교에는 순회 보건교사를 둘 수 있다.[14]

13) 「학교보건법」 제3조(보건시설 등)

14) 「학교보건법」 제15조(학교에 두는 의료인 · 약사 및 보건교사)

(5) 등 · 하원 안전

① 유아의 등 · 하원 계획
　　㉠ 유아 인계 사항 등을 포함한 등 · 하원 계획이 수립되어 있어야 한다.
　　㉡ 유치원장은 교통 안전을 위해 지방자치단체장에게 어린이보호구역(스쿨존) 설치를 요청할 수 있다.
　　㉢ 하원 시 유아를 인계받을 보호자를 지정하여야 한다. 지정된 보호자와 귀가하지 않을 경우 보호자 확인사항과 유아 인계사항을 포함한 '귀가 동의서'에 기록한다.
　　㉣ 유아 단독 귀가가 없음을 확인한다.
② 통학버스
　　㉠ 통학버스 관리
　　　　ⓐ 어린이통학버스는 관할 경찰서장에게 신고하고 신고증명서를 발급받아야 하며, 차량 안에 항상 비치해야 한다.
　　　　ⓑ 운전자 · 운영자는 어린이통학버스 안전교육을 이수한다(신규안전교육, 정기안전교육은 2년마다 1회 3시간 이상).
　　㉡ 통학버스 안전 운행
　　　　ⓐ 어린이통학버스는 운전자 외에 보호자(교직원, 원장 혹은 원장이 지명한 사람)가 동승하고 '어린이통학버스 안전 자체 점검표'를 기록한다.
　　　　ⓑ 차량 내부에 안전수칙을 게시하고 차량용 소화기를 비치한다.
　　　　ⓒ 구급상자를 비치해 놓고 구급상자에는 비상연락망을 부착해 놓는다.
　　　　ⓓ 차량 내 정원을 준수한다.

    ⓔ 통학버스 외부에 유아를 태우고 있다는 표시를 한다.

    ⓕ 유아가 타고 내리는 중일 때는 이를 표시하기 위해 점멸등 등의 장치를 작동해야
       한다.

  ㄹ 승하차

    ⓐ 통학버스 운영위원회 : 부모와 교사로 구성되어 있는 통학버스 운영위원회를 구성
       하여 운행시간, 노선 계획, 차량점검 등과 관련한 표준화된 운영을 할 수 있도록
       지도 · 감독한다.

    ⓑ 통학로 지도 : 통학버스의 안전한 승하차 지점과 대기장소를 지정하여 이를 통학
       로 지도에 표시해야 한다

    ⓒ 통학버스 안전담당자 : 통학버스 안전을 담당할 담당자를 지정하여 체계적인 안전
       관리가 이루어지도록 한다.

    ⓓ 동승 보호자 의무

      • 동승 보호자는 자동차에서 내려서 어린이나 영유아가 안전하게 승하차하는
        것을 확인한다.

      • 좌석안전띠를 매도록 한 후에 버스를 출발시켜야 한다.

      • 유아가 어린이통학버스에서 내린 후 보도 또는 길 가장자리 구역 등 자동차로
        부터 안전한 장소에 도착한 것을 확인한 후에 버스를 출발시켜야 한다.

  ㅁ 운행 종료

    ⓐ 동승한 보호자는 모든 유아의 하차를 확인한 후 마지막에 하차한다.

    ⓑ 어린이통학버스 운행을 마친 후 유아가 모두 하차하였는지를 확인해야 한다. 운
       행 종료 후, 차 안에 유아가 있는지 제일 뒷자리 바닥까지 반드시 확인하고 하차
       확인 장치를 눌러 작동을 종료한다.

(6) 화재예방 및 재난대비훈련

① 유치원장은 월 1회 이상 소방시설등의 유지 및 관리상태를 육안 또는 신체감각을 이용
  해 외관점검을 실시하고 그 결과를 2년간 보관해야 한다.

② 유치원장은 연 1회 이상 소방시설등을 인위적으로 조작하여 정상적으로 작동하는지를
  점검(작동기능 점검)하고(소방시설관리사 및 소방기술사를 통해 할 수 있음) 관할 소방서장 또는 소방
  본부장에게 결과를 제출해야 한다. 관리기록은 2년간 보관한다.

③ 비상구는 매 층마다 2군데 이상 확보되어 있어야 한다.

④ 재난대비훈련

  ㉠ 유치원에서 소방훈련은 연 2회 이상 실시해야 하고, 그중 1회 이상은 소방관서와 합
    동으로 해야 한다(공공기관의 소방안전관리에 관한 규정).

  ㉡ 화재시 대처법을 포함한 재난대비 안전교육은 6개월에 1회 이상 연간 6시간 이상
    실시한다(아동복지법 시행령).

ⓒ 재난안전 교육은 학기당 2회 이상 연간 6시간 이상 실시한다(학교안전교육 실시 기준 등에 관한 고시).

ⓔ 대피훈련 계획은 사전에 문서로 작성하여 준비하고 사전에 가정통신문 등으로 가정에 예고해야 한다.

ⓜ 화재대피훈련 후에는 반드시 대피훈련 일지를 기록하고 결과를 점검하고 수정 사항을 다음 훈련 시 반영하도록 한다.

(7) 비상대응 계획

① 감염병 발생 : 감염병 예방관리 계획, 유아가 자주 걸리는 감염병(예 수두, 볼거리, 홍역, 수족구, 독감, 뇌염 등)의 증상, 등원 불가 전염병의 종류 및 기간, 감염병에 걸린 유아를 위한 대처방안, 감염병에 걸린 교직원을 위한 대처방안, 신고체계 자료를 갖추고 있어야 한다.

② 응급 상황

ⓐ 응급 상황 업무분장표, 응급 상황에 대한 건강 관련 자체점검표, 응급처치 매뉴얼(안전사고 시 유아의 상해 유형 포함) 등이 있어야 한다.

ⓑ 응급 상황 시 보호자와 연락할 비상연락망을 갖추고 이를 운영한다. 또한 유아에 대한 '응급처치 부모 동의서'를 갖추고 있어야 한다.

ⓒ 최소한 한 명 이상의 교사가 응급처치를 할 수 있도록 훈련받아야 한다.

ⓓ 구급상자는 약물사고를 예방하기 위해 유아의 손이 닿지 않는 곳에, 교사가 편리하게 이용할 수 있는 곳에 비치해 두도록 한다.

③ 아동학대

ⓐ 아동학대의 정의, 유형, 범위, 유아 학대 예방, 신고의무를 포함한 '유치원 아동학대 조기발견 및 관리대응 매뉴얼'을 비치해 놓는다.

ⓑ 아동학대 신고의무자를 위한 아동학대 체크리스트는 학대로 의심되는 아동에 대한 상담 시 작성하여 활용한다.

ⓒ 교직원의 아동학대 예방교육과 성폭력 예방교육을 각각 매년 1회 이상, 1시간 이상 실시해야 한다.

ⓓ 교직원은 채용 전 아동학대 등 관련 범죄 전력을 확인한다.

ⓔ 아동학대 예방과 관련하여 '무단결석 시 정보제공 및 가정방문에 대한 동의서'를 사전에 보호자로부터 받아 둔다.

ⓕ 유치원 교직원과 종사자 등이 성범죄의 발생 사실을 알게 된 때에는 즉시 수사기관에 신고해야 하며 신고의무자 위반 시 제재를 받게 된다.

ⓖ 유치원장은 아동학대 신고의무자에게 아동학대 신고의무 교육을 매년 1시간 이상 실시해야 한다.

(8) 응급처치 동의서와 사고보고서

① 응급처치 동의서 : 사고에 대비하여 유아에 대한 응급처치 동의서를 받아 비치해야 한다. 응급처치 동의서에는 보호자의 비상연락처가 기재되어 있어야 한다.

② 사고보고서

　㉠ 안전사고가 발생했을 시에는 크든 작든 간에 사고발생 24시간 이내에 사고보고서를 작성하고, 1부를 부모에게 전달한다.

　㉡ 사고보고서의 내용 : 기관명, 전화번호, 기관주소, 상해 원아 인적사항(원아명, 성별, 연령), 사고일자, 사고시간, 목격자명, 부모에게 연락한 사항, 연락시간, 119신고여부(신고여부, 신고시간), 사고발생 장소, 사고 당시 활동내용, 사고원인, 사고유형, 상해를 입은 시설설비, 사고부위, 응급처치, 진료여부, 원아 보호를 위한 추후 계획, 재발방지에 필요한 교정활동, 교사 서명, 부모 서명 등이 포함되어야 한다.

　㉢ 작성된 사고보고서를 토대로 재발방지를 위한 대책(위험물 제거 및 교정활동 계획)을 수립한다.

　㉣ 연말에는 1년간의 사고보고서를 분석하여 유치원 내에서 자주 발생하는 사고유형 및 원인을 내년도 안전관리 및 안전 교육 계획 수립 시 반영하도록 하고, 신임교사 훈련 시 교육내용에도 포함시키도록 한다.

2 교통안전

(1) 횡단보도 안전

① 보도 경계석 : 차도와 인도를 구분하기 위한 돌로 연석(緣石)이라고도 한다. 차도와 인도를 구분하는 보도 경계석의 중요성을 인식할 수 있는 활동을 통하여 유아의 안전한 횡단 습관을 기를 수 있도록 도울 수 있다.

② 안전하게 횡단보도를 건너는 방법

ⓐ 신호등이 있는 횡단보도

    ⓐ 자동차가 멈추는 곳에서 먼, 화살표가 있는 보도 경계석 앞에 멈추어 선다.

    ⓑ 초록불이 켜지면 차가 완전히 멈추었는지 오른쪽 왼쪽을 살펴본다.

    ⓒ 차의 움직임을 확인하며 빠른 걸음으로 건넌다.

ⓑ 신호등이 없는 횡단보도

    ⓐ 자동차가 멈추는 곳에서 먼, 화살표가 있는 보도 경계석 앞에 멈추어 선다.

    ⓑ 오는 차가 없는지 차가 완전히 멈추었는지 오른쪽 왼쪽을 살펴본다.

    ⓒ 길을 건널 때는 꼭 손을 들어서 '먼저 건너가니 멈추어 달라'는 뜻을 밝힌다.

    ⓓ 차량이 멈춘 것을 확인한 후 건너간다.

ⓒ 멈춰 있는 차량 사이로 횡단보도를 건널 때

    ⓐ 유아가 멈춰 있는 차량 사이에서 뛰어나가면 천천히 걷는 것보다 사고발생률이 18배나 높다.

    ⓑ 반드시 손을 들어 운전자와 눈을 맞춰 '차량 멈춤'을 확인한 후 천천히 걸어야 한다.

> **A Plus⁺ 교통안전 지시표지(도로교통공단)**
>
> | 보행자 전용도로 | 횡단보도 | 어린이 보호 | 노인 보호 | 자전거 횡단 |
> |---|---|---|---|---|
> | 보행자 전용도로 | 횡 단 보 도 | 어린이 보호 | 노 인 보 호 | 자 전 거 횡 단 |

(2) 놀이용 탈것 안전

① 반사기 : 반사체로 쓰이는 물질인 반사재가 사용된 부품으로 일상생활에서 안전모, 안전조끼, 표시판 등 야간 안전을 돕는 도구로 사용되는 것을 흔히 볼 수 있다. 야간이나 흐린 날 자전거 이용자의 안전을 위한 부속품으로 자전거에 부착하거나 자전거 이용자에게 부착할 수 있다.

② 자전거 탈 때의 안전수칙

　㉠ 천천히 운전하며 과속하지 않는다.

　㉡ 자동차의 움직임에 관심을 가지고 자동차 앞으로 끼어들거나 자동차의 바로 앞, 뒤,
　　옆에서 운전하지 않는다.

　㉢ 자동차 운전자의 눈에 띄기 쉬운 밝은 색상의 옷을 입는다.

　㉣ 차도나 사람의 통행이 많은 장소를 피하고 가능한 한 자전거 전용도로를 이용한다.

　㉤ 자전거도로가 따로 설치되지 않은 도로에서 주행 중인 자전거는 지나가는 자동차로
　　부터 일정한 간격을 두고 운행해야 한다.

　㉥ 횡단보도를 건널 때는 자전거에서 내려 걸어서 건넌다.

　㉦ 추돌 방지를 위해 자전거 후면에 반사기를 부착하거나 신체에 반사기를 착용한다.

　㉧ 밤에는 자전거를 타지 않는다.

　㉨ 머리 크기에 맞는 헬멧을 착용한다.

A Plus⁺　교통안전 규제표지 및 지시표지(도로교통공단)

자전거 통행금지	진입금지	자전거 전용도로	자전거 및 보행자 겸용도로	자전거 나란히 통행 허용

③ 킥보드 탈 때의 안전수칙

　㉠ 타기 전에 고장이 없는지, 브레이크는 제대로 작동되는지 확인한다.

　㉡ 보호장구(헬멧, 무릎보호대, 팔꿈치보호대, 손목보호대)를 착용한다.

　㉢ 계단을 오르내리지 않는다.

　㉣ 내리막길은 가속이 되어 위험하므로 내리막길로 달리지 않는다.

　㉤ 차들이 다니지 않는 장소나 포장이 잘 된 평지에서 탄다.

　㉥ 주위 상황 파악이 어려운 시간이나 장소에서는 타지 않는다.

　㉦ 물건을 손에 들고 타지 않는다.

　㉧ 킥보드의 손잡이는 항상 양손으로 잡고 탄다.

　㉨ 횡단보도를 건널 때는 반드시 킥보드에서 내린 후 들고 건넌다.

　㉩ 여럿이 손을 잡고 타거나 앞사람을 잡고 타지 않는다.

　㉪ 트럭이나 자전거 등을 따라가며 타지 않는다.

　㉫ 사람이 많이 모인 곳에서는 킥보드를 타지 않는다.

④ 바퀴 달린 신발을 탈 때의 안전수칙

　　㉠ 반드시 헬멧과 무릎보호대, 팔꿈치보호대를 착용한다.

　　㉡ 타기 전에 바퀴가 고장 나지 않았는지 확인한다.

　　㉢ 차가 다니는 자동차 도로나 골목길 및 주·정차된 자동차 주변에서 타지 않는다.

　　㉣ 인라인스케이트 이용자를 위한 안전시설이 있는 곳에서 탄다.

　　㉤ 인라인스케이트를 신고 계단을 오르내리지 않는다.

　　㉥ 내리막길은 가속이 되어 위험하므로 내리막길로 달리지 않는다.

　　㉦ 손에 물건을 들고 타지 않는다.

　　㉧ 트럭이나 자전거 등을 따라가며 타지 않는다.

　　㉨ 보호자와 함께 탄다.

　　㉩ 주위 상황 파악이 어려운 시간이나 장소에서는 타지 않는다.

　　㉪ 비오는 날에는 타지 않는다.

　　㉫ 모퉁이에서는 속도를 줄인다.

　　㉬ 물웅덩이, 모래가 있는 곳에서는 타지 않는다.

(3) 자동차 이용 안전

① 통학버스 이용 안전

　㉠ 통학버스를 기다리며

　　ⓐ 버스가 도착하기 5분 전에 미리 도착하여 여유 있게 기다린다.

　　ⓑ 도로에서 멀리 떨어진 곳에서 기다린다.

　㉡ 통학버스를 타고 내릴 때

　　ⓐ 통학버스가 완전히 정차한 후, 교사가 타도 좋다는 신호를 보내면 승차한다.

　　ⓑ 옷자락이나 신발 끈이 끼지 않도록 잘 여미고 가방이 문이나 손잡이에 걸리지 않
　　　게 조심한다.

　　ⓒ 계단을 오르내리는 유아에게 재촉하거나 말을 걸지 않는다.

　㉢ 통학버스에서 내린 후

　　ⓐ 통학버스에서 내리면 빨리 안전한 보도 위로 올라서게 한다.

　　ⓑ 통학버스 주변을 뛰어다니거나 버스 안에 있는 친구와 장난치지 않게 한다.

　　ⓒ 통학버스 가까이에 물건을 떨어뜨린 경우 절대로 유아가 줍지 못하게 하고, 반드
　　　시 운전자에게 말을 한 후 보호자가 줍는다.

② 지하철과 기차

　㉠ 승하차 시

　　ⓐ 반드시 성인과 함께 안전선 안에서 기다린다.

　　ⓑ 지하철과 승강장 사이에 발이 빠지지 않도록 잘 살핀 후 안전하게 타고 내린다.

　　ⓒ 승강장에서는 밀고 당기거나 쫓는 등의 장난을 하지 않는다.

　　ⓓ 내릴 때 반드시 아이의 손을 잡고 아이가 승강장에 먼저 발을 디디도록 한다.

　　ⓔ 내린 후 지하철에서 멀리 떨어지도록 이동한다.

ⓛ 객차 안에서

　　ⓐ 문 가까이에 서 있거나 기대지 않도록 한다.

　　ⓑ 문이 열렸을 때 뛰어나갔다 다시 들어오는 장난을 하지 않는다.

　　ⓒ 문이 닫힐 때 손이나 옷, 가방 등이 끼지 않도록 한다.

　　ⓓ 객차와 객차 사이의 연결통로에 서 있거나 돌아다니지 않는다.

(4) 교통사고 시 대처방법

① 유아가 교통사고로 다쳤을 때에는 놀라지 말고 침착하고 냉정하게 대처한다.

② 119로 연락하여 도움을 받도록 한다.

③ 유아의 의식이 있으면 유아를 안심시킬 필요가 있다.

④ 가벼운 부상이라도 반드시 의사의 진단을 받는다.

⑤ 사고를 일으킨 운전자의 주소나 성명을 확인한다.

⑥ 교통사고는 꼭 경찰서에 신고한다.

> **A Plus⁺ 학교안전사고 보상공제 사업**(「학교안전사고 예방 및 보상에 관한 법률」)
>
> 제11조(학교안전사고보상공제 사업의 실시) ① 교육감은 학교안전사고로 인하여 생명·신체에 피해를 입은 학생·교직원 및 교육활동참여자에 대한 보상을 하기 위하여 학교안전사고보상공제(이하 "학교안전공제"라 한다) 사업을 실시한다. 〈개정 2012. 1. 26., 2013. 3. 23.〉

(5) 아동의 안전에 대한 교육

① 「학교안전사고 예방 및 보상에 관한 법률 시행규칙」[시행 2022.11.7.]

　　㉠ 유아 대상 교육내용 및 교육시간(학교안전교육 7대 영역)[15]

　　　ⓐ 학교안전교육 실시 시간의 단위는 교육과정 고시에 따른 단위활동이다.

　　　ⓑ 안전 교육 시간은 연령별 실시해야 할 시간을 말하며, 횟수는 영역별 안전 교육 시간을 학기당 제시된 횟수 이상으로 분산·실시해야 함을 말한다.

　　　ⓒ 유치원 운영 성격 및 지역적 특성에 따라 총 이수시간의 범위 내에서 안전 영역별 이수 시간을 자율적으로 조정·운영(20% 범위 내, 소수점은 올림처리)할 수 있다.

　　　ⓓ 재난안전교육은 재난대비훈련을 포함하여 실시하여야 하며, 각종 재난 유형별 대비 훈련을 달리하여 매 학년도 2종류 이상을 포함하여 운영하여야 한다.

　　　ⓔ 1단위 활동 및 1시간(차시)의 수업 시간은 교육과정을 따르되, 기후 및 계절, 학생의 발달 정도, 학습 내용의 성격, 학교 실정 등을 고려하여 탄력적으로 편성·운영할 수 있다.

15) 「학교안전교육 실시 기준 등에 관한 고시」[시행 2021.7.14.]

교육내용	시간 (횟수)	구분
생활안전교육	13 (학기당 2회 이상)	1. 교실, 가정, 등하굣길에서 안전하게 생활하기 2. 안전한 장소를 알고 안전하게 놀이하기 3. 놀이기구나 놀잇감, 도구의 바른 사용법을 알고 안전하게 사용하기 4. 실종, 유괴, 미아 상황 알고 도움 요청하기 5. 몸에 좋은 음식, 나쁜 음식 알기
교통안전교육	10 (학기당 3회 이상)	1. 표지판 및 신호등의 의미 등 교통안전 규칙 알고 지키기 2. 안전한 도로 횡단법 알기 3. 어른과 손잡고 걷기 4. 교통수단(자전거, 통학버스 등) 안전하게 이용하기
폭력예방 및 신변보호교육	8 (학기당 2회 이상)	1. 내 몸의 소중함과 정확한 명칭 알기 2. 좋은 느낌과 싫은 느낌 알기 3. 성폭력 예방 및 대처방법 알기 4. 나와 내 주변사람(가족, 친구 등)의 소중함을 알고 사이좋게 지내기 5. 아동학대 신고 및 대처방법 알기
약물 및 사이버 중독 예방 교육	10 (학기당 2회 이상)	1. 올바른 약물 사용법 알기 2. 생활주변의 해로운 약물 · 화학제품 만지거나 먹지 않기 3. TV, 인터넷, 통신기기(스마트폰 등) 등의 중독 위해성을 알고 바르게 사용하기
재난안전교육	6 (학기당 2회 이상)	1. 화재의 원인과 예방법 알기 2. 화재 발생 시 유의사항 및 대처법 알기 3. 각종 자연 재난 및 사고 적절하게 대처하는 방법 알기 4. 각종 재난 유형별 대비 훈련 실시
직업안전교육	2 (학기당 1회 이상)	1. 일터 안전의 중요성 및 안전을 위해 지켜야 할 일 알기 2. 일터 안전시설 현장 체험하기
응급처치교육	2 (학기당 1회 이상)	1. 응급상황 알기 및 도움 요청하기 2. 119신고와 주변에 알리기 3. 손 씻기와 소독하기 등 청결 유지하기 4. 상황별 응급처치 방법 알기
교육 방법	1. 학생 발달 수준을 고려한 전문가 또는 교원 설명 2. 학생 참여 수업 방법 연계 적용(예 역할극, 프로젝트 학습, 플립러닝 등) 3. 교내외 체험교육 또는 현장학습 4. 일상생활을 통한 반복 지도 및 부모 교육 연계	

ⓒ 교직원 대상

ⓐ 교직원은 안전 교육을 3년마다 15시간 이상을 이수하여야 한다.[16]

ⓑ 3년 미만의 계약을 체결하여 종사하는 자는 매 학기 2시간 이상을 이수하여야 한다.

---

16) 교직원은 응급처치 교육 이론 교육(응급 상황 대처 요령, 심폐소생술 등 응급처치 주의사항, 응급의료 관련 법령) 2시간, 실습교육(심폐소생술 등 응급처치) 2시간을 이수한다.

ⓒ 교육활동참여자[17]는 매 학년도 1회 이상의 안전 교육을 이수하여야 하며, 학교의 장은 교육활동참여자의 안전 교육을 위한 계획을 수립·실시하여야 한다.

② 「아동복지법 시행령」[별표6][시행 2022.7.1.]

17) **교육활동참여자** : 학교장의 승인 또는 학교장의 요청에 따라 교직원의 교육활동을 보조하거나 학생 또는 교직원과 함께 교육활동을 하는 사람

구분	실시 주기 (총시간)	초등학교 취학 전 교육내용	교육 방법
성폭력 예방 교육	6개월에 1회 이상 (연간 4시간 이상)	1. 내 몸의 소중함 2. 내 몸의 정확한 명칭 3. 좋은 느낌과 싫은 느낌 4. 성폭력 예방법과 대처법 5. 성폭력의 개념 및 성폭력의 주체에 대한 교육	1. 전문가 또는 담당자 강의 2. 장소·상황별 역할극 실시 3. 시청각 교육 4. 사례 분석
아동학대 예방 교육	6개월에 1회 이상 (연간 4시간 이상)	1. 나의 권리 찾기(소중한 나) 2. 아동학대 및 아동학대행위자 개념 3. 자기감정 표현하기 및 도움 요청하기 4. 신고 이후 도움 받는 방법	1. 전문가 또는 담당자 강의 2. 장소·상황별 역할극 실시 3. 시청각 교육 4. 사례 분석
실종·유괴의 예방·방지 교육	3개월에 1회 이상 (연간 10시간 이상)	1. 길을 잃을 수 있는 상황 이해하기 2. 미아 및 유괴 발생 시 대처 방법 3. 유괴범에 대한 개념 4. 유인·유괴 행동에 대한 이해 및 유괴 예방법	1. 전문가 또는 담당자 강의 2. 장소·상황별 역할극 실시 3. 시청각 교육 4. 사례 분석
감염병 및 약물의 오용·남용 예방 등 보건위생관리 교육	3개월에 1회 이상 (연간 10시간 이상)	1. 감염병 예방을 위한 개인위생 실천 습관 2. 예방접종의 이해 3. 몸에 해로운 약물 위험성 알기 4. 생활 주변의 해로운 약물·화학제품 그림으로 구별하기 5. 모르면 먼저 어른에게 물어보기 6. 가정용 화학제품 만지거나 먹지 않기 7. 어린이 약도 함부로 많이 먹지 않기	1. 전문가 또는 담당자 강의 2. 시청각 교육 3. 사례 분석
재난대비 안전 교육	6개월에 1회 이상 (연간 6시간 이상)	1. 화재의 원인과 예방법 2. 뜨거운 물건 이해하기 3. 옷에 불이 붙었을 때 대처법 4. 화재 시 대처법 5. 자연재난의 개념과 안전한 행동 알기	1. 전문가 또는 담당자 강의 2. 시청각 교육 3. 실습교육 또는 현장학습 4. 사례 분석
교통안전 교육	2개월에 1회 이상 (연간 10시간 이상)	1. 차도, 보도 및 신호등의 의미 알기 2. 안전한 도로 횡단법 3. 안전한 통학버스 이용법 4. 바퀴 달린 탈것의 안전한 이용법 5. 날씨와 보행안전 6. 어른과 손잡고 걷기	1. 전문가 또는 담당자 강의 2. 시청각 교육 3. 실습교육 또는 현장학습 4. 일상생활을 통한 반복 지도 및 부모 교육

2 | 유아 건강·안전 교육

배지윤 전공유아

18) 『전문직 전자미디어 교육 활동 자료』(2008)

3 전자미디어 안전[18]

(1) 전자미디어 교육의 목표 및 내용

① 전자미디어의 순기능과 역기능

순기능	역기능
• 다양한 시청각 정보를 수집 • 검색을 통한 일상생활의 문제해결 • 학습의 도구로 활용 • 개인의 정보 축적 • 타인과의 관계 형성	• 지속적으로 접하고자 하는 중독현상 • 현실과 환상의 혼동에 따른 문제 상황 야기 • 사회적 관계의 단절 • 기초체력의 저하와 신체적, 정신적 증상의 발현

② 전자미디어 교육의 내용

   ㉠ 전자미디어의 기능과 역할 인식하기 : 미디어의 종류와 기능과 역할에 대해 탐색하고 경험한다.

   ㉡ 전자미디어의 사용법 익히기 : 일상생활에서 미디어의 필요성 인식을 통한 사용법 학습에 대한 동기를 유발한다.

   ㉢ 전자미디어를 통해 정보를 활용하기 : 다양한 활동을 통한 정보수집, 정보와 경험의 공유, 타인과 관계 맺기 등과 같은 미디어의 긍정적 활용법에 대해 직접 경험한다.

   ㉣ 전자미디어에 대한 자기 조절력 형성하기 : 미디어 관련 문제 상황과 관련된 스스로의 행동(시간, 태도, 사용법 등)에 대한 결과와 원인 분석을 통해 문제 상황에 대한 대처 능력을 형성한다.

   ㉤ 전자미디어와 관련된 윤리의식 기르기 : '나-미디어, 미디어-타인, 나-타인'과의 올바른 관계 맺기를 위한 방법을 모색한다.

(2) 인터넷 및 스마트 미디어

① 인터넷 사이트 평가 준거

   ㉠ 이용 가능성 : 편리하게 이용할 수 있는가?

   ㉡ 교육성 : 내용이 정확하고 시기적으로 최신의 것인가? 고정 관념이나 지나친 광고에서 벗어나 있는가?

   ㉢ 오락성 : 그래픽, 음향은 어린이들에게 의미 있고 흥미로운가?

   ㉣ 안정성 · 책임 : 개인정보보호가 잘 되는가?

② 스마트 미디어

   ㉠ 스마트폰, 태블릿PC 등의 스마트 기기를 사용하는 스마트 미디어는 세상을 탐색하는 도구로서 영유아에게 교육적 활용 가치가 높아 영유아의 놀이와 학습에 긍정적인 영향을 줄 수 있지만 적절한 지도가 수반되지 않을 경우 영유아의 발달에 여러 가지 문제를 일으킬 수도 있다.

   ㉡ 스마트폰 과의존 : 조절 실패, 현저성, 문제적 결과의 3요인으로 구성되어 있다.

ⓐ 영유아 스마트폰 과의존 체크리스트

요인	항목	전혀 그렇지 않다	그렇지 않다	그렇다	매우 그렇다
조절 실패 (역문항)	1) 스마트폰 이용에 대한 부모의 지도를 잘 따른다.	①	②	③	④
	2) 정해진 이용 시간에 맞춰 스마트폰 이용을 잘 마무리한다.	①	②	③	④
	3) 이용 중인 스마트폰을 빼앗지 않아도 스스로 그만둔다.	①	②	③	④
현저성	4) 항상 스마트폰을 가지고 놀고 싶어 한다.	①	②	③	④
	5) 다른 어떤 것보다 스마트폰을 갖고 노는 것을 좋아한다.	①	②	③	④
	6) 하루에도 수시로 스마트폰을 이용하려 한다.	①	②	③	④
문제적 결과	7) 스마트폰 이용 때문에 아이와 자주 싸운다.	①	②	③	④
	8) 스마트폰을 하느라 다른 놀이나 학습에 지장이 있다.	①	②	③	④
	10) 스마트폰 이용으로 인해 시력이나 자세가 안 좋아진다.	①	②	③	④

ⓑ 스마트폰 과의존의 원인
- 매체적 요인 : 스마트폰의 콘텐츠는 기본적으로 재미를 주는 것으로 지루함을 느끼지 않으며, 새로운 콘텐츠를 찾고 개발하는 것이 가능하다.
- 개인적 요인 : 자극추구성향이 높거나 충동성, 우울 및 불안 등의 정서적 어려움이 있는 경우 불편한 정서를 잊게 해 주며 스트레스와 같은 일상의 문제로부터 벗어날 수 있게 해 주기 때문에 스마트폰에 빠져든다.
- 환경적 요인 : 가족 요인으로 부모의 양육태도, 가족의 응집력, 가족 간 의사소통이 단절되어 있는 경우 미디어 안전에 취약할 수 있다.
- 사회문화적 요인 : 건전한 놀이문화의 부재, 핵가족화 및 가정해체, 외적 통제력의 부재, 인터넷 환경에의 접근 용이성 등이 있다.

ⓒ 미디어 안전 교육
ⓐ 미디어 이용환경 관리 : 가정에서 보호자도 영유아와 함께 있을 때는 스마트폰 사용을 최대한 자제해야 하며 영유아의 스마트폰 이용 시간은 1시간 내로 제한하고, 보호자와 상호작용하면서 스마트폰을 이용하도록 해야 한다.
ⓑ 스마트폰 등 미디어 활용을 위한 규칙 일관되게 지키기
- 가정 내 디지털 기기를 사용하지 않는 공간과 시간을 정해 둔다.
- 스마트폰이나 미디어를 사용할 때에는 보호자의 지도와 보호자-영유아 간의 상호작용이 필수이다.

- 유아의 스마트폰 사용 통제감과 조절 능력을 길러 주기 위해 영유아가 직접 스마트폰을 끄도록 지도한다.
ⓒ 올바른 미디어 활용하기
  - 영유아에게 적절한 콘텐츠를 선별해 준다.
  - 스마트폰이나 컴퓨터를 바른 자세로 이용할 수 있도록 지도한다.
ⓓ 사회적 관계망 확장하기
  - 일과 중 스마트폰 이용 시간에 비례해 신체활동과 사회적 놀이시간을 확보한다.
  - 일상적인 대화를 통해 공감능력을 기르는 상호작용을 갖는다.
③ VDT증후군(visual display terminal syndrome) : 컴퓨터 사용과 관련된 건강상의 문제들을 총칭하는 용어로 컴퓨터 작업 때문에 발생하는 목이나 어깨 결림 등과 같은 증상이나, 눈의 피로와 같은 이물감, 피부 증상, 정신 신경계 증상 등을 포함하는 용어이다.

(3) 컴퓨터 영역

① 배치 시 고려할 사항
  ㉠ 컴퓨터 영역은 언어 · 과학 등과 같은 흥미 영역에 포함시키거나 별도의 영역을 마련하여 운영한다.[19]
  ㉡ 컴퓨터는 물리적 충격과 먼지에 민감하므로 되도록 출입구에서 멀리 배치하고, 물을 사용하는 싱크대, 화장실, 미술, 요리 영역과 분리하는 것이 좋다.
② 컴퓨터를 교실에 설치할 때 고려해야 할 사항
  ㉠ 되도록 벽면 쪽으로 설치하고 열과 습기, 물리적 충격, 전자 자기장의 영향이 없는 곳에 설치한다.
  ㉡ 컴퓨터 책상과 의자 높이는 유아에게 적절해야 하고, 책상 위에는 컴퓨터 이외에 필기도구와 책 등을 놓을 수 있는 여유 공간이 있어야 한다.
  ㉢ 컴퓨터 한 대에 2개 이상의 의자를 놓는다. 이는 같은 화면을 보고 있는 유아들끼리 서로 의견이나 생각을 주고받을 수 있도록 하기 위해서이다.
  ㉣ 컴퓨터는 바퀴가 달린 책상 위에 설치한다. 바퀴 달린 책상은 활동에 따라 다른 흥미 영역이나 대집단 활동 영역으로 컴퓨터를 이동하기 쉽게 해 준다.
  ㉤ 유아들의 컴퓨터 사용시간을 조절할 수 있도록 시계(탁상시계나 모래시계)를 준비한다.
③ 컴퓨터를 사용할 때 바른 자세
  ㉠ 허리를 펴서 의자에 붙이고 발을 가지런히 모으고 바른 자세로 앉아, 손을 가지런히 키보드 위에 올려놓는다.
  ㉡ 모니터는 눈과 40~50cm 이상 거리를 두고, 자판을 다룰 때에는 허리를 곧게 펴며, 얼굴이 모니터를 내려다 볼 수 있도록 조절하고 자판 위에 약간 띄워 손을 얹는다.
  ㉢ 컴퓨터를 사용한 후에는 반드시 컴퓨터 건강 체조를 실시한다(목, 손목, 어깨, 팔, 온몸 운동).

19) 대그룹 활동 시 교수 매체로 활용할 수 있으므로 유아들과 대그룹 활동을 위해 모이는 장소 가까운 곳에 배치할 수 있다.

(4) 텔레비전

① 텔레비전 프로그램의 교육적 의미

  ㉠ 뉴스 : 어려서부터 시사적인 내용에 관심을 갖고 가족과 더불어 대화를 나누는 것은 세상을 경험하는 기회를 준다.

  ㉡ 일기예보 : 날씨에 따라서 우리의 행동이나 생활이 달라질 수 있음을 인식할 뿐 아니라 텔레비전의 정보를 유아가 주체적으로 받아들이고 이를 생활에 반영하고 적응하는 데 기초가 될 수 있다.

  ㉢ 광고 : 유아와 함께 광고를 보면서 광고의 대상, 방법, 기법 등에 대해 간략히 이야기를 나눈 뒤 광고 만들기를 할 수 있다.

  ㉣ 자연다큐 프로그램 : 아이와 함께 보면서 동식물의 생태, 특징, 환경과의 관계 등에 대해 이야기를 나누는 것이 좋다.

② 비판적인 능력을 갖고 텔레비전 시청하기

  ㉠ 텔레비전 프로그램 선택 : '선택한 프로그램을 정해진 시간만큼 본다', '싸우는 장면이 많은 프로그램은 보지 않는다'와 같은 약속을 정해 '텔레비전은 그냥 보는 것이 아니라 선택하는 것이다'라는 냉철한 인식을 갖게 한다.

  ㉡ 적극적인 평가와 참여 : '실제로 저렇게 높은 곳에서 뛰어내리면 어떻게 될까?', '저 친구처럼 친구에게 함부로 하는 건 어떻다고 생각해? 넌 어떻게 했을 것 같니?'와 같이 텔레비전 내용에 대해 함께 이야기 나누고 비평하는 것이 필요하다. 또한 텔레비전에서 종이비행기를 보았다면 '우리도 저런 비행기 만들어 볼까?' 하며 직접 만들어 보거나 촬영지나 방송국으로 견학을 가는 등 직접 참여의 경험을 제공한다.

4 아동학대

(1) 아동학대의 정의

① 아동복지법 [시행 2022.7.1.]

> 제3조제7호 "아동학대"란 보호자를 포함한 성인이 아동의 건강 또는 복지를 해치거나 정상적 발달을 저해할 수 있는 신체적 · 정신적 · 성적 폭력이나 가혹행위를 하는 것과 아동의 보호자가 아동을 유기하거나 방임하는 것을 말한다.
>
> 제17조(금지행위) 누구든지 다음 각 호의 어느 하나에 해당하는 행위를 하여서는 아니 된다.
>
> 1. 아동을 매매하는 행위
> 2. 아동에게 음란한 행위를 시키거나 이를 매개하는 행위 또는 아동에게 성적 수치심을 주는 성희롱 등의 성적 학대행위
> 3. 아동의 신체에 손상을 주거나 신체의 건강 및 발달을 해치는 신체적 학대행위
> 4. 삭제 〈2014.1.28.〉

5. 아동의 정신건강 및 발달에 해를 끼치는 정서적 학대행위(「가정폭력범죄의 처벌 등에 관한 특례법」 제2조제1호에 따른 가정폭력에 아동을 노출시키는 행위로 인한 경우를 포함한다)

6. 자신의 보호 · 감독을 받는 아동을 유기하거나 의식주를 포함한 기본적 보호 · 양육 · 치료 및 교육을 소홀히 하는 방임행위

7. 장애를 가진 아동을 공중에 관람시키는 행위

8. 아동에게 구걸을 시키거나 아동을 이용하여 구걸하는 행위

9. 공중의 오락 또는 흥행을 목적으로 아동의 건강 또는 안전에 유해한 곡예를 시키는 행위 또는 이를 위하여 아동을 제3자에게 인도하는 행위

10. 정당한 권한을 가진 알선기관 외의 자가 아동의 양육을 알선하고 금품을 취득하거나 금품을 요구 또는 약속하는 행위

11. 아동을 위하여 증여 또는 급여된 금품을 그 목적 외의 용도로 사용하는 행위

② **아동학대범죄의 처벌 등에 관한 특례법** [시행 2023.6.28.]

제2조(정의) 이 법에서 사용하는 용어의 뜻은 다음과 같다.

1. "아동"이란 「아동복지법」 제3조제1호에 따른 아동을 말한다.

2. "보호자"란 「아동복지법」 제3조제3호에 따른 보호자를 말한다.

3. "아동학대"란 「아동복지법」 제3조제7호에 따른 아동학대를 말한다.

4. "아동학대범죄"란 보호자에 의한 아동학대로서 다음 각 목의 어느 하나에 해당하는 죄를 말한다.

····(중략)····

4의2. "아동학대범죄신고등"이란 아동학대범죄에 관한 신고 · 진정 · 고소 · 고발 등 수사 단서의 제공, 진술 또는 증언이나 그 밖의 자료제출행위 및 범인검거를 위한 제보 또는 검거활동을 말한다.

4의3. "아동학대범죄신고자등"이란 아동학대범죄신고등을 한 자를 말한다.

5. "아동학대행위자"란 아동학대범죄를 범한 사람 및 그 공범을 말한다.

6. "피해아동"이란 아동학대범죄로 인하여 직접적으로 피해를 입은 아동을 말한다.

7. "아동보호사건"이란 아동학대범죄로 인하여 제36조제1항에 따른 보호처분(이하 "보호처분"이라 한다)의 대상이 되는 사건을 말한다.

8. "피해아동보호명령사건"이란 아동학대범죄로 인하여 제47조에 따른 피해아동보호명령의 대상이 되는 사건을 말한다.

9. "아동보호전문기관"이란 「아동복지법」 제45조에 따른 아동보호전문기관을 말한다.

10. "아동복지시설"이란 「아동복지법」 제50조에 따라 설치된 시설을 말한다.

11. "아동복지시설의 종사자"란 아동복지시설에서 아동의 상담 · 지도 · 치료 · 양육, 그 밖에 아동의 복지에 관한 업무를 담당하는 사람을 말한다.

(2) 아동학대의 종류

① 신체적 학대

    ㉠ 정의 : 보호자를 포함한 성인이 아동에게 우발적인 사고가 아닌 상황에서 신체적 손상을 입히거나 또는 신체손상을 입도록 허용한 모든 행위를 말하며, 36개월 이하의 영아에게 가해진 체벌은 어떠한 상황에서도 심각한 신체학대이다.

    ㉡ 유형 : 멍, 화상, 찢김, 골절, 장기파열, 기능 손상의 원인이 되는 모든 행위

② 정서적 학대

    ㉠ 정의 : 언어적 모욕, 정서적 위협, 감금이나 억제, 기타 가학적인 행위를 말하며 언어적, 정신적, 심리적 학대라고도 한다.

    ㉡ 유형

        ⓐ 원망적 · 거부적 · 적대적 또는 경멸적인 언어폭력

        ⓑ 잠을 재우지 않거나 발가벗겨 내쫓는 행위, 삭발, 강제적으로 머리를 자르는 행위

        ⓒ 형제나 친구 등과 비교, 차별, 편애, 가족 내 왕따

        ⓓ 아동이 가정폭력을 목격하도록 하는 행위

        ⓔ 미성년자 출입금지업소에 지속적으로 아동을 데리고 다니는 행위

        ⓕ 돈을 벌어오라고 위협하거나 아동의 나이에 적절하지 않은 과도한 일을 시키는 행위

        ⓖ 종교 행위 강요

        ⓗ 다른 아동을 학대하도록 강요하는 행위

③ 성적 학대 : 아동에게 성적인 접촉을 하거나 아동에게 유해한 성적 영상이나 그림 및 성관계 장면을 볼 수 있는 환경에 노출시키는 것이다.

④ 방임

    ㉠ 물리적 방임 : 기본적인 의식주를 제공하지 않는 행위, 상해의 위험으로부터 아동을 보호하지 않는 행위, 불결한 환경이나 위험한 상태에 아동을 방치하는 행위, 아동을 가정에 두고 보호자가 가출한 경우, 친족에게 연락하지 않고 무작정 아동을 친족 집 근처에 두고 사라진 경우 등이다.

    ㉡ 교육적 방임 : 아동을 학교(의무교육)에 보내지 않거나 아동의 무단결석을 허용하는 행위, 학교 준비물을 챙겨 주지 않는 행위, 특별한 교육적 욕구를 소홀히 하는 행위 등이다.

    ㉢ 의료적 방임 : 아동에게 필요한 의료적 처치를 하지 않는 행위, 예방접종을 실시하지 않는 행위, 아동에 대한 치료적 개입을 거부하는 행위 등이다.

(3) 아동학대 신고의무

① 아동학대범죄 신고의무자[20]

20) 「아동학대범죄의 처벌 등에 관한 특례법」[시행 2023.6.28.]

> **제10조(아동학대범죄 신고의무와 절차)**
> ① 누구든지 아동학대범죄를 알게 된 경우나 그 의심이 있는 경우에는 특별시·광역시·특별자치시·도·특별자치도(이하 "시·도"라 한다), 시·군·구(자치구를 말한다. 이하 같다) 또는 수사기관에 신고할 수 있다. 〈개정 2020.3.24.〉
> ② 다음 각 호의 어느 하나에 해당하는 사람이 직무를 수행하면서 아동학대범죄를 알게 된 경우나 그 의심이 있는 경우에는 시·도, 시·군·구 또는 수사기관에 즉시 신고하여야 한다. 〈개정 2022.12.27.〉
>
> ···(중략)···
>
> 1. 「아동복지법」 제10조의2에 따른 아동권리보장원(이하 "아동권리보장원"이라 한다) 및 가정위탁지원센터의 장과 그 종사자
> 2. 아동복지시설의 장과 그 종사자(아동보호전문기관의 장과 그 종사자는 제외한다)
> 3. 「아동복지법」 제13조에 따른 아동복지전담공무원
>
> ···(중략)···
>
> 12. 「영유아보육법」 제7조에 따른 육아종합지원센터의 장과 그 종사자 및 제10조에 따른 어린이집의 원장 등 보육교직원
> 13. 「유아교육법」 제2조제2호에 따른 유치원의 장과 그 종사자
> 14. 아동보호전문기관의 장과 그 종사자
> 15. 「의료법」 제3조제1항에 따른 의료기관의 장과 그 의료기관에 종사하는 의료인 및 의료기사
>
> ···(중략)···
>
> 22. 「학원의 설립·운영 및 과외교습에 관한 법률」 제6조에 따른 학원의 운영자·강사·직원 및 같은 법 제14조에 따른 교습소의 교습자·직원
> 23. 「아이돌봄 지원법」 제2조제4호에 따른 아이돌보미
>
> ···(중략)···
>
> ③ 누구든지 제1항 및 제2항에 따른 신고인의 인적 사항 또는 신고인임을 미루어 알 수 있는 사실을 다른 사람에게 알려주거나 공개 또는 보도하여서는 아니 된다.
> ④ 제2항에 따른 신고가 있는 경우 시·도, 시·군·구 또는 수사기관은 정당한 사유가 없으면 즉시 조사 또는 수사에 착수하여야 한다. 〈신설 2021.1.26.〉
>
> **제10조의2(불이익조치의 금지)** 누구든지 아동학대범죄신고자등에게 아동학대범죄신고등을 이유로 불이익조치를 하여서는 아니 된다.
> **제10조의3(아동학대범죄신고자등에 대한 보호조치)** 아동학대범죄신고자등에 대하여는 「특정범죄신고자 등 보호법」 제7조부터 제13조까지의 규정을 준용한다.

② 아동학대 신고의무자에 대한 교육[21]

제26조(아동학대 신고의무자에 대한 교육) ① 법 제26조제1항부터 제3항까지의 규정에 따른 아동학대 예방 및 신고의무와 관련한 교육에는 다음 각 호의 사항이 포함되어야 한다.
1. 아동학대 예방 및 신고의무에 관한 법령
2. 아동학대 발견 시 신고 방법
3. 피해아동 보호 절차
② 관계 중앙행정기관의 장은 법 제26조제1항에 따라 아동학대 신고의무자의 자격 취득 과정이나 보수교육 과정에 아동학대 예방 및 신고의무와 관련된 교육을 1시간 이상 포함시켜야 한다.
③ 아동학대 신고의무자가 소속된 기관 · 시설 등의 장은 법 제26조제3항에 따라 소속 신고의무자에게 아동학대 예방 및 신고의무와 관련된 교육을 매년 1시간 이상 실시하여야 한다. 〈개정 2018.4.24.〉
④ 삭제 〈2018.4.24.〉
⑤ 법 제26조제1항부터 제3항까지의 규정에 따른 교육은 집합 교육, 시청각 교육 또는 인터넷 강의 등의 방법으로 할 수 있다. [본조신설 2015.10.6.]

③ 아동학대 신고의무자의 아동 학대 및 미신고 처벌[22]

제7조(아동복지시설의 종사자 등에 대한 가중처벌) 제10조제2항 각 호에 따른 아동학대 신고의무자가 보호하는 아동에 대하여 아동학대범죄를 범한 때에는 그 죄에 정한 형의 2분의 1까지 가중한다.
제63조(과태료) ① 다음 각 호의 어느 하나에 해당하는 사람에게는 1천만 원 이하의 과태료를 부과한다.
1. 정당한 사유 없이 판사의 아동보호사건의 조사 · 심리를 위한 소환에 따르지 아니한 사람
2. 정당한 사유 없이 제10조제2항에 따른 신고를 하지 아니한 사람

④ 피해아동에 대한 비밀엄수[23]

제35조(비밀엄수 등의 의무) …(전략)…
③ 피해아동의 교육 또는 보육을 담당하는 학교의 교직원 또는 보육교직원은 정당한 사유가 없으면 해당 아동의 취학, 진학, 전학 또는 입소(그 변경을 포함한다)의 사실을 아동학대행위자인 친권자를 포함하여 누구에게든지 누설하여서는 아니 된다.

21) 「아동복지법 시행령」 [시행 2022.7.1.]

22) 「아동학대범죄의 처벌 등에 관한 특례법」[시행 2023.6.28.]

23) 「아동학대범죄의 처벌 등에 관한 특례법」[시행 2023.6.28.]

2 유아 건강 · 안전 교육

24) 『아동학대 조기 발견 및 무단
결석 관리 · 대응 매뉴얼』(2016)

(4) 아동학대 조기 발견을 위한 관리 · 대응[24]

① 무단결석 관리 · 대응 흐름도

결석기간	할 일
결석당일 (1일)	• 담임교사는 유선으로 결석 사유와 아동의 안전을 확인하고 다음 출석일을 확인한다. • 유선 연락이 되지 않는 경우 원장 · 원감에게 보고하고, 유선 연락을 지속적으로 실시한다.
2일	• 원장은 유선으로 아동의 안전이 확인되지 않은 경우 가정방문을 실시하여 아동의 안전을 직접 확인한다(가정방문은 교직원, 읍면동 공무원으로 구성된 2인이 함께 실시). • 가정방문 결과 아동학대가 의심되거나 아동의 소재 · 안전이 확인되지 않는 경우 원장은 즉시 수사기관(112)에 신고한다. • 출석하기로 한 기일이 지나도 출석하지 않는 경우에도 이에 따라 관리 · 대응한다.
사후관리	• 교사는 무단결석한 아동이 재등원하였을 경우, 아동의 심리, 정서적 상태를 고려하여 적절히 조치한다. • 원장은 해당 보호자에 대해서 면담 또는 부모교육 등을 실시한다.
반복적 무단결석 관리	• 원장은 반복적으로 무단결석을 하는 보호자에 대해서는 학비지원규정에 의한 수업일수 미달 시 학비지원이 제한됨을 안내한다. • 유치원의 경우, 유치원 규칙에 의해 일정기간 이상 무단결석 시 퇴학처리될 수 있음을 안내한다.

② 평소 관리 : 아동의 보호자를 대상으로 아동학대 신고의무자 제도 안내문을 발송하고 「무단결석 시 정보제공 및 가정방문 동의서」를 학기 초에 받는다.

③ 자퇴아동에 대한 관리 · 대응

유형	학부모가 할 일	유치원에서 할 일
명확한 사유로 자퇴신청 시 (이사, 기관이동, 질병 등)	• 명확한 사유가 포함된 자퇴신청서를 유치원으로 제출	• 자퇴신청서 접수 및 퇴학처리 완료 • e유치원 시스템(유아학비지원 시스템)에 퇴학 등록
명확한 사유없이 자퇴신청 시 (특히, 아동학대가 의심되는 경우)	• 아동을 동반하여 자퇴신청서 작성 및 제출	• 아동 동반을 요청해도 상황이 여의치 않은 경우 유선으로 아동과 통화하여 소재 · 안전 확인 • 아동학대가 의심되는 경우 수사기관에 즉시 신고 • '가정양육'으로 전환 시 양육수당 대상임을 안내하고 퇴학처리

(5) 아동학대 조기 발견을 위한 관리 · 대응

학대발견 및 신고접수	[원칙 1] 조기발견과 신속한 대응	• 조기발견 : 사소한 문제 제기에도 민감 · 적극 대응 • 부모의 문제 제기에 대한 대처 : 관심과 성의 있는 답변
내부조사 및 대응 방안 모색	[원칙 2] 내부 공식적 확인 절차 마련	• 내부 조사위원회(교직원 회의) 소집 • 관련자 면담 및 사실 확인(피해유아와 부모 의견 청취)
부모면담 조사 결과 보고 및 해결방안의 공동 모색	[원칙 3] 부모 참여 및 의견 수렴	• 부모에게 내부조사 결과를 알림 • 문제해결 방안의 공동 모색 : 유아와 부모의 참여 및 의견 수립
심의 · 조정회의 구성 및 구체적 해결방안 모색	[원칙 4] 객관적 판단과 조정을 위한 제3자의 참여	• 학대판단 및 해결방안에 대한 심의 · 조정회의 구성 • 유치원 운영위원회 활용, 또는 지역사회 차원의 위원 회 구성 (아동보호전문 기관의 자문과 조언 고려)
학대행위자 조치 및 피해유아 보호 대책	[원칙 5] 반성 및 관계 회복 노력	• 학대행위자 처벌 및 사과 • 유아 참여 존중 • 피해유아 보호와 관계 회복

(6) 아동학대 신고 시 처리 절차도

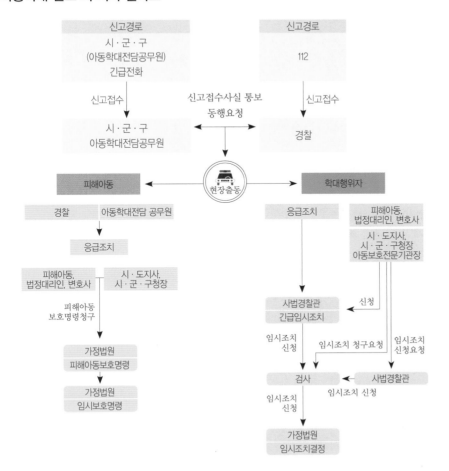

5 실종 · 유괴 예방

(1) 미아 예방

① 외출할 때는 항상 유아의 손을 잡고 다닌다.

② 보호자의 연락처를 미리 알려 준다.

③ 길을 잃었을 때의 대처방법 3단계

ㄱ 1단계 : 멈추기(이리저리 다니지 말고 그 자리에 서서 기다리기)

ㄴ 2단계 : 생각하기(침착하게 부모님 이름, 자기 이름, 전화번호 생각하기)

ㄷ 3단계 : 행동하기(부모님이 오시지 않으면 182 또는 112로 전화하거나 경찰 또는 가까운 가게로 가서 도움 청하기)

(2) 실종 · 유괴 예방

① 이름이 새겨진 옷을 입거나 가방을 휴대하지 않도록 한다. 유아에게 내 이름을 안다고 해서 나를 잘 아는 사람은 아님을 알려 준다.

② 보호자의 허락 없이 다른 사람(낯선 사람이나 얼굴을 아는 사람)으로부터 물건을 받거나 따라가지 않아야 함을 알려 준다.

③ 유아에게 도움을 요청하면서 유아의 선의를 이용하는 경우도 있기 때문에, 도움이 필요한 사람에게는 유아의 도움보다 어른의 도움이 더 유용하다는 것을 알려 주어야 한다.

④ 유아에게 가족이 위험에 빠졌다고 거짓말을 하며 유인하기도 한다. 유아에게 위급한 상황이라 해도 부모들은 모르는 사람에게 자녀를 데려다 달라고 하지 않는다는 것을 알려 준다.

⑤ 유아를 대상으로 하는 범죄자는 대부분 유아에게 상냥하고 친절하게 접근한다. 유괴범이 사용하는 다양한 유인방법과 대처방법을 설명해 준다.

⑥ 비상시에 신고나 도움을 요청하기 위한 전화번호 119를 알고 있는지 확인한다.

⑦ 6개월 이내에 찍은 유아의 사진을 가지고 있도록 하며, 구체적인 신상명세서(나이, 키, 몸무게, 혈액형, 점, 상처 등)를 기록해 둔다.

⑧ 견학이나 소풍 등으로 사람이 많이 모이는 곳에 갈 경우 이름표를 달아 주고, 만약의 경우 비상시에 서로 만날 장소를 미리 정해 두며 또래끼리 짝을 정해 함께 다니도록 한다.

⑨ 실종 예방을 위한 「지문 등 사전 등록제」 : 아동의 지문 및 사진, 보호자 등에 관한 정보를 등록하고 사전 신고증을 발급받는다.

(3) 실종·유괴 발생 시 대처요령

1단계 주변을 샅샅이 찾아보기	• 하원 시 상황을 자세히 알아봄 : 통합버스에서 승·하차는 잘 했는지, 누구와 하원했는지 등 • 유아들은 숨는 것을 좋아하므로 유치원이나 유치원 근처 유아가 있을 만한 곳을 구석구석 찾아봄. • 비상연락망을 통해 유아의 상황을 알아봄. ※ 교사가 하지 말아야 할 말 : 책임회피적인 멘트 "저희는 차 태워 하원시켰는데요."
2단계 경찰청 실종아동찾기센터 신고하기	• 국번 없이 182(경찰청 실종아동찾기센터) 또는 119에 신고함.

(4) 아동보호구역

① 아동보호구역은 유괴 등 범죄의 위험으로부터 아동을 보호하기 위하여 필요하다고 인정되는 경우 시설의 주변구역을 아동보호구역으로 지정하여 범죄의 예방을 위한 순찰 및 아동지도 업무 등 필요한 조치를 할 수 있도록 한 제도이다.

② 유치원장은 유치원을 관할하는 특별자치도지사·시장·군수·구청장에게 보건복지부령으로 정하는 바에 따라 아동보호구역 지정 신청서를 제출해 신청할 수 있다.

③ 아동보호구역의 경우, 특별자치도지사·시장·군수·구청장을 통해 영상정보처리기기 설치가 의무화된다.

6 화재 및 대피훈련

(1) 대피훈련 전

① 사전에 교사회의에서 훈련 일정과 방법을 논의하고, 가정통신문을 통해 영유아의 가정에 화재 대피훈련이 있음을 알리도록 한다.

② 유아들이 익숙해지기 전까지는 예고 하에 훈련을 실시하는 것이 바람직하다. 그리고 점차 예고 없이 유아들과 함께 성인의 수가 가장 적을 때 훈련을 한다.

③ 비상구 표시나 비상 대피로, 소화기 등의 안전 여부를 확인하고, 교사들이 역할을 분담하여 질서있게 실시함으로써 영유아들이 놀라거나 당황하는 일이 없도록 한다.

(2) 대피훈련 시

① 화재경보기 소리가 나면 교사의 지시대로 신속하게 움직인다. 소지품이나 옷 등을 챙기려 하지 않는다.

② 대피 동작

  ⊙ 연기가 날 경우 한 손으로 바닥을 짚고 무릎으로 기어서 이동하며, 다른 손으로 코와 입을 막는다.

  ⓒ 기어가는 동작은 바닥 면에 납작 엎드리지는 않도록 하고, 손으로 코와 입을 동시에 막도록 한다.

  ⓒ 코와 입을 막을 때에는 물에 적신 수건을 이용하는 것이 효과적이며, 급한 상황에서 찾기 힘든 경우 긴팔 소매로 가리거나 반팔인 경우 목 부분을 당겨 코와 입을 막고 대피해야 한다.

  ② 유아가 동작을 익숙하게 할 때까지 세부 동작으로 나누어 정확하게 연습하도록 지도한다.

③ 가능하면 2분 이내에 모두 대피하도록 훈련하고[25], 바깥에 있을 경우 평소에 모이기로 약속해 둔 장소로 가도록 한다.

④ 처음에는 학급별 · 연령별로 실시한 후 단계적으로 전체 영유아를 포함시킬 수 있다.

⑤ 옷에 불이 붙었을 때 : 멈춘다 → 엎드린다 → 얼굴을 감싸고 구른다.

⑥ 머리에 불이 붙었을 때 : 옷이나 수건을 덮어서 끄거나 자신이 입고 있는 옷을 벗어서 끌 수 있음을 알려 준다.

(3) 화재(훈련) 시 교사별 역할 분담

① 교사 1 : 침착한 목소리로 화재가 발생했음을 알리고 유아들이 줄을 서도록 하고 신속하게 대피로를 파악하여 유아들을 인도한다.

② 교사 2 : 작은 불일 때는 물이나 소화기로 불을 끈다. 대피하는 유아들의 줄이 끊어지지 않도록 대열의 중간에서 지도한다.

③ 교사 3 : 실내를 마지막으로 점검하고 뒤처지는 유아가 없도록 맨 뒤에서 대피를 돕는다.

(4) 대피훈련 후

① 훈련 후 대피훈련에 대해 평가할 수 있도록 일지를 준비하여 훈련 내용과 과정을 상세히 기록해 두도록 한다.

---

25) **플래시오버**(flash over) : 「건축물의 실내에서 화재가 발생하였을 때, 발화로부터 화재가 서서히 진행하다가 어느 정도 시간이 경과함에 따라 대류와 복사현상에 의해 일정 공간 안에 열과 가연성가스가 축적되고 발화온도에 이르게 되어, 일순간에 폭발적으로 전체가 화염에 휩싸이는 화재현상을 말한다.」 재질에 따라 3~8분 정도면 플래시오버가 일어나는 것으로 조사되고 있다.

② 화재 및 재난 대피훈련 일지

결재	계	교무	원감	원장

○○유치원

1. 실시 일자	20 년 월 일 요일		
2. 참가자	교사 ( )명, 유아 ( )명, 기타 ( )명, 계 ( )명		
3. 역할 담당	**역할**		**담당자**
	유아대피		
	경보 및 화재·재난 신고		
	다친 유아 치료		
	실내 확인		
	소요시간 측정		
	최종 인원 점검		
4. 대피 경로			
5. 화재 및 재난 발생 신호			
6. 중점사항			
7. 사용된 물품 및 용도			
8. 평가			

7 자연재난 대비[26]

(1) 황사 시 대처방법

① 황사 발생 시에는 유아들의 실외활동을 금지한다. (실외학습, 운동경기, 견학 등을 연기한다)

② 황사가 지나간 후에는 실내외를 청소하여 먼지를 제거한다.

③ 유아들의 건강을 살펴 감기, 안질환, 가려움증이 관찰되는지 확인한다.

26) 『유치원 교육과정 운영 지원을 위한 유아 재난대비·생활 안전 교육 프로그램』(2012)

(2) 폭염 시 대처방법

① 실외활동을 중단하고 실내활동으로 대체한다.
② 창문 등에 커튼을 친다.
③ 유치원을 시원하게 유지하고 편한 복장으로 활동을 무리하게 계획하지 않는다.
④ 활동 중간에 휴식시간을 갖거나 피곤해하는 유아는 쉴 수 있도록 배려한다.
⑤ 유아의 건강 상태를 수시로 확인하여 적절히 조치한다.
⑥ 낮잠시간을 충분히 갖고 교사들도 잠깐 쉴 수 있도록 배려한다.
⑦ 일사병 : 더위가 심한 날은 야외활동을 자제하고, 수분을 충분히 섭취해야 한다. 반드시 바람이 통하는 모자를 착용하고, 밝은색 옷을 입히는 것이 좋다.

(3) 홍수 발생 시 대처방법

① 라디오, TV를 통해 기상상황을 계속 시청하거나 청취한다.
② 긴급사태에 대비할 수 있도록 준비하고, 이웃과 행정기관 연락망을 수시로 확인한다.
③ 노약자나 어린이는 외출하지 않는다.
④ 천둥이나 번개가 칠 때에는 우산을 쓰지 않고 전신주, 큰 나무 밑에 피신하지 않는다. 대신 낮은 곳으로 가거나 큰 건물 안으로 대피한다.
⑤ 물에 잠긴 도로에는 위험한 곳이 숨겨져 있을 수 있으므로 가급적 피하고, 조그만 개울이라도 건너지 말고 안전한 도로를 이용한다.
⑥ 평소에 만일의 경우를 예상하여 비상대피 방법을 생각해 두며, 필요한 도구(라디오, 손전등 등)를 준비해 두어야 한다.

(4) 태풍 발생 시 대처방법

① 라디오, TV, 인터넷을 통해 기상예보를 알아 두고 태풍의 진로를 계속 파악한다.
② 침수나 산사태가 일어날 위험이 있는 지역은 대피장소와 비상연락방법을 미리 알아 둔다.
③ 비상약품, 손전등, 식수, 비상식량 등의 생필품을 미리 준비한다.
④ 전신주, 가로등, 신호등을 손으로 만지거나 가까이 가지 않는다.
⑤ 창문이나 출입문을 잠가 둔다.

(5) 낙뢰 발생 시 대처방법

① TV, 라디오 등을 통하여 낙뢰 정보를 파악한다.
② 화기나 전기제품 등의 플러그를 뽑아 두고, 전등이나 전기제품으로부터 1m 이상의 거리를 유지해야 한다.
③ 창문을 모두 닫고 감전 우려가 있는 샤워, 설거지 등은 금해야 한다.
④ 야외에서 낙뢰가 칠 때에는 몸을 가능한 한 낮게 하고, 물이 없는 움푹 파인 곳으로 대피한다.

⑤ 평지에 있는 나무나 키 큰 나무에는 낙뢰가 칠 가능성이 크므로 피하도록 한다.

⑥ 자동차에 타고 있을 때는 차를 세우고 차 안에 그대로 있는 것이 안전하다.

⑦ 마지막 번개 및 천둥 후 30분 정도까지는 안전한 장소에서 기다리도록 한다.

(6) 지진 발생 시 대처방법

① 평소 대비

㉠ 집과 학교가 안전한지 살펴본다.

㉡ 넘어지거나 떨어질 수 있는 물건은 튼튼하게 고정한다.

㉢ 창문과 액자에 필름을 붙여 깨지지 않도록 한다.

㉣ 꽃병처럼 깨지기 쉬운 물건은 높은 곳에 두지 않는다.

㉤ 그릇장과 수납장에서 물건이 쏟아지지 않도록 문을 닫는다.

㉥ 탁자 아래 등 대피할 수 있는 공간을 알아 둔다.

㉦ 가족회의를 열고 대피장소와 비상연락망 등을 함께 이야기해서 알아 둔다.

② 지진 발생 시 단계별 행동요령

㉠ 튼튼한 탁자 아래로 들어가 몸을 보호한다.

㉡ 가스와 전기를 차단하고 문을 열어 출구를 확보한다.

㉢ 진동이 멈추면 신발을 신고 가방 등으로 머리를 보호하면서 밖으로 대피한다.

㉣ 계단을 이용하고, 건물·담장에서 떨어져 이동한다.

㉤ 운동장·공원 등 넓은 공간으로 대피한다.

③ 상황별 행동요령

㉠ 엘리베이터 : 지진 상황에서는 이용해서는 안 된다. 이미 타고 있는 상태라면 모든 층의 버튼을 눌러 가장 먼저 열리는 층에서 빨리 내려야 한다.

㉡ 다중이용시설 : 여러 사람이 이용하는 공간에서는 소지품으로 머리를 보호하며 기다린 뒤 안내에 따라 움직인다.

㉢ 대중교통 : 지하철, 버스 등 대중교통을 이용하고 있다면 넘어지지 않도록 기둥이나 선반을 붙잡고 기다린 뒤 안내에 따라 움직인다.

㉣ 바닷가 : 해안가에서 지진을 느꼈다면 곧 지진해일이 올 수도 있으니 해안을 벗어나 높은 곳으로 대피하거나 튼튼한 건물의 3층 이상으로 올라간다.

(7) 방사능 누출 시 대처방법

① 옷으로 피부를 완전히 덮고 바람의 방향을 등진 채 반대 방향으로 이동한다.

② 즉시 지정된 대피시설로 대피한다. 지하 대피시설이 없을 경우에는 건물 상층이나 산 정상으로 대피한다.

③ 실내에서 문틈을 막고 창문 반대 방향으로 엎드린 후 눈과 귀를 막는다.

④ 방사능에 노출된 경우, 옷을 갈아입고 피부를 비눗물로 닦는다.

⑤ 방호복 및 방독면을 착용하고 갑상선 방호약품을 복용한다.

27) 『어린이 재난안전훈련 가이드 북』(2022)

(8) 어린이 재난안전훈련 운영 절차 요약표[27]

단계	세부 사항	내용
사전 기획	훈련 준비팀 구성 및 업무분장	• 학교 안전 조직을 활용하여 훈련 준비팀 구성 및 업무분장 • 훈련 준비팀 운영 회의 개최 및 활동 주제 선정
	유관기관 사전 협의	• 소방서, 경찰서, 보건소, 지차체, 교육(지원)청, 안실련(안전생활실천시민연합) 안전 강사 등 유관기관 사전 협의
	훈련프로그램 세부 계획	• 훈련 준비, 현장 훈련, 훈련 평가 등 어린이가 참여하는 훈련 프로그램 과정을 구성, 준비
훈련 준비	현장 훈련 준비 과정	• 재난에 대한 이해, 안전·위험정보 수집 • 대피지도 제작, 어린이 비상대책반 구성, 팀별/개인별 임무 카드 및 시나리오 작성 등 대피 훈련 준비 과정에 어린이 참여
현장 훈련	대피 훈련 사전 점검	• 훈련 시나리오 최종 검토 • 대피동선 확인 및 위험요인 제거 • 사전 배치가 필요한 인원, 장비 등 배치
	대피 훈련 실시	• 시나리오, 대피지도, 임무 카드 등을 바탕으로 훈련 실시 • 대피 훈련 사진 및 영상 기록
	대피 훈련 현장 평가	• 훈련에 대한 현장 평가 실시
훈련 평가	훈련에 대한 토의 및 설문지 작성	• 훈련 전과 비교하여 달라진 점을 토의 • 훈련 평가를 위한 설문지 작성(훈련 참여 어린이)
	대처요령 복습하기	• 대피상황 발생 시 대처요령 복습
평가결과환류	훈련 준비팀 평가회의	• 훈련 준비팀 조직 구성, 업무분장, 프로그램 구성 및 준비, 사전 협의, 훈련 실시 과정, 기타 개선할 점, 유관기관 건의 사항 등 어린이 재난안전훈련 전 과정에 대해 평가
	훈련 개선사항 도출	• 훈련 준비 및 시행과정 분야별 문제점과 개선사항 도출

4장 응급처치

1 응급처치의 정의 및 기본 사항[28]

28) 『유치원 교육과정 운영 지원을 위한 유아 재난대비 · 생활안전교육 프로그램』(2012)

(1) 응급처치의 정의와 필요성

① 응급처치의 정의 : 응급처치는 위급한 상황으로부터 자기 자신을 보호하고 뜻하지 않은 부상자나 환자가 발생했을 때 전문적인 의료서비스를 받기 전까지 적절한 처치와 보호를 해 줌으로써 고통을 덜어 주고 더 나아가 생명을 구할 수 있게 하는 지식과 기능이다.

② 유치원에 근무하는 모든 교사들은 응급 상황에 대처할 수 있는 능력을 가질 수 있도록 응급처치에 대한 정확한 지식과 더불어 실제로 연습이 이루어져야 한다.

③ 응급처치 방법을 잘 이해하고 외워 두는 것도 중요하지만, 더욱 중요한 것은 항상 주변을 주의깊게 잘 살펴보고 위험에 처했을 때 침착하게 대처하는 능력이라는 것을 염두에 두어야 한다.

(2) 응급 상황에 대한 일반적인 준비

① 사고 상황에서의 역할을 분담해 두어야 한다. 사고 상황이 발생하였을 때에 사고 당한 유아를 보살피고 응급처치하는 역할, 부모와 구조대 또는 응급실에 연락하는 역할, 남은 유아를 돌보는 역할, 경우에 따라서는 대피를 주도하는 역할 등으로 교사의 역할이 미리 분담되어 있어야 신속하고 정확하게 대처할 수 있다.

② 응급 상황이나 안전사고 발생 시 도움을 구할 수 있는 곳의 전화번호를 쉽게 찾을 수 있도록 준비해 둔다. 가까운 병원의 응급실이나 구급차를 부를 수 있는 전화번호, 119 구조대 등의 전화번호나 유아와 관련된 부모의 연락처, 유아 주치의 전화번호 등도 손쉽게 찾을 수 있도록 준비해 두어야 하는데, 이런 번호는 전화기에 스티커로 붙여 두는 것이 좋다.

③ 응급 상황이나 안전사고 발생 시 교사가 취할 수 있는 응급처치법을 알아 두고 상황에 따라 참고할 수 있는 응급처치 매뉴얼을 쉽게 꺼낼 수 있는 곳에 비치하도록 한다.

④ 응급 상황이나 안전사고 발생 시 사용할 수 있는 상비의약품과 기구를 준비해 두어야 한다. 상비의약품은 유아의 손이 닿지 않는 시원한 곳에 보관하고 정기적으로 확인하여 보충하여야 한다. 그리고 소풍이나 견학 등 야외활동에 필요한 휴대용 구급상자를 준비해 두면 손쉽게 활용할 수 있다.

⑤ 치료 시 알아 두어야 할 유아에 대한 개인정보를 미리 수집하여 기록 · 보관해 두고 응급 상황의 대처과정에 필요한 부모의 동의도 미리 받아두는 등 필요한 정보를 준비해 둔다. 비상연락처 및 응급처치 동의서는 응급 상황에 필요한 다른 서류들과 함께 손쉽게 볼 수 있는 곳에 보관하고 야외활동 시 휴대용 구급상자와 함께 반드시 가지고 간다.

⑥ 유치원에서는 사고발생 24시간 이내에 사고보고서를 작성하여 1부는 부모에게 전달하고 1부는 유아 개인파일에 보관하며, 작성된 사고보고서를 토대로 위험물 제거 및 교정활동 계획을 수립한다.

⑦ 장기간에 걸친 의료 치료를 받아오거나 특이체질인 경우에는 응급 상황에서 특별한 보호가 필요하다. 교사는 특별한 도움이 필요한 유아마다 어떤 도움이 필요한지 사전에 숙지하고 있어야 하며 이들을 위한 구급상자를 마련하도록 한다.

(3) 응급 상황 및 사고발생 시 대처방법

① 즉시 행동하고 침착한 상태를 유지한다. 다친 유아를 안심시키고, 다른 유아들도 현장에서 벗어나도록 하여 안심시킨다.

② 다친 유아를 함부로 움직이게 하지 말고, 신속하게 상황을 판단하여 움직인다.

③ 응급처치를 할 수 있다면 도움을 받을 수 있을 때까지 사전에 계획한 응급조치 절차 계획에 따라 신속하게 행동한다.

④ 간단하게 처치할 수 없는 경우라면 섣불리 접근하기보다는 119구급상황관리센터에 연락하여 상황을 명확하게 전달하고 도움을 받는다.

⑤ 도움을 요청해야 하는 응급 상황
　㉠ 의식이 없거나 희미한 상황, 경련이나 마비증세, 머리나 척추의 손상으로 구토증세가 나타나거나 의식이 희미한 상황
　㉡ 심정지 또는 호흡곤란, 심장질환으로 인한 급성 흉통, 심장박동 이상
　㉢ 극심한 통증을 호소하는 상황(통증으로 인해 움직일 수조차 없는 상황)
　㉣ 독성물질을 삼킨 상황
　㉤ 갑작스러운 시력 소실
　㉥ 갑자기 배가 아픈 증상
　㉦ 부위가 큰 화상
　㉧ 개방성 골절, 다발성 골절, 다발성 외상
　㉨ 지혈이 안 되는 출혈
　㉩ 교통사고로 상태가 위중한 상황, 알레르기 반응, 전기손상, 익수

⑥ 가능하다면 전화로 도움을 청한다. 전화를 할 때에는 중요한 정보에 대하여 천천히 그리고 명료하게 설명한다. 반드시 필요한 모든 정보가 다 전달되었는지를 확인하고 상대방이 전화를 끊을 때까지 기다린다. 필요시에는 구급차나 기타 긴급차량을 이용하여 환자를 후송할 수 있는 방안을 강구한다.

⑦ 응급처치법을 모른다면, 응급 상황을 다룰 수 있는 사람이 올 때까지 그 자리에 머문다.

⑧ 응급처치할 사람이 오면 상황을 설명하고, 상황을 평가하도록 한다.

⑨ 상해 유아의 부모에게 연락하고 응급처치 절차에 대한 부모의 동의를 받는다. 학기 초에 비상연락처 및 응급처치 동의서를 받아 두어 처리가 신속하게 이루어질 수 있도록 한다.

⑩ 부모가 도착할 때까지 교사는 유아와 함께 있도록 한다.

⑪ 24시간 내에 사고발생 관련 보고서를 작성한다. 유아의 기록철에 해당 보고서를 철하고 가능하다면 사본 1부를 당일 부모에게 준다.

⑫ 119구급상황관리센터 신고 내용

　㉠ 전화통화 시 당황하지 말고 천천히 분명하게 말하는 것이 중요하다.

　㉡ 전화를 할 때는 다음의 내용을 전달한다.

　　ⓐ 사고 내용, 사고 발생장소("유치원에서 아이가 떡을 먹다가 목에 걸렸어요.")

　　ⓑ 부상자의 상태("아이가 숨을 잘 쉬지 못하고 있어요.")

　　ⓒ 부상자 수, 성별, 연령("7세 남자아이 한 명입니다.")

　　ⓓ 신고하는 사람의 이름과 전화번호, 주소를 정확하게 알려 준다.

　　　("제 이름은 ○○○이고, 전화번호는 000-0000번이에요. 위치는 ○○구 ○○동 ○○번지 ○○유치원입니다.")

　　ⓔ 번지를 잘 모르면 주변의 잘 알려진 건물을 알려 준다.

　　ⓕ 구급차가 도착하기 전까지는 119로부터 부상자에 대한 도움을 받을 수도 있으므로 전화를 끊지 않는다.

⑬ 응급조치(「유아교육법」 [시행 2022.7.21.])

> **제17조의3(응급조치)** 원장(제21조제2항에 따라 원장의 직무를 대행하는 사람을 포함한다)은 보호하는 유아에게 질병·사고나 재해 등으로 인하여 위급한 상태가 발생한 경우 즉시 해당 유아를 「응급의료에 관한 법률」 제2조에 따른 응급의료기관에 이송하여야 한다.

2 상황별 응급처치 방법

(1) 머리를 부딪쳤을 때

① 피가 나는 경우

　㉠ 119에 구급차를 요청한다.

　㉡ 소독한 거즈로 상처 부위를 덮는다.

　㉢ 머리와 어깨를 약간 위로 올린 자세로 눕힌다.

　㉣ 상처 주변을 약간 강하게 압박하여 지혈한다.

② 혹이 생긴 경우

　㉠ 유아를 안정시킨다.

　㉡ 차가운 수건이나 냉찜질팩으로 냉찜질을 한다.

　㉢ 병원으로 이송한다.

③ 즉시 병원에 이송해야 하는 경우

　㉠ 의식이 희미하거나 없는 경우

　㉡ 두통과 구토가 반복되는 경우

ⓒ 호흡이 이상하거나 하품이나 딸꾹질을 자주 하는 경우

ⓔ 손발의 동작이 이상하거나 좌우 눈동자의 크기가 다른 경우

ⓜ 귀나 코에서 혈액이나 맑은 액체가 흘러나오는 경우

④ 외부에 손상이 없는 경우

ⓐ 머리를 부딪친 후 평소와 다른 모습을 보이지 않는다면 크게 걱정하지 않아도 된다. 그러나 시간이 지나서 증상이 나타나는 경우가 있으므로 머리를 강하게 부딪쳤을 때에는 가능한 한 안정을 시키고 상태를 관찰하도록 한다.

ⓑ 하원 후에 집에서도 지속적으로 관찰하도록 보호자에게 설명해 준다.

〈주의사항〉
• 귀나 코에서 혈액이나 맑은 액체가 흘러나오면 막지 않는다.
• 꼭 이동을 해야 하는 상황이 아니라면 유아를 함부로 움직이게 하지 않는다.
• 머리에 상처가 난 경우에는 다른 부위보다 피가 많이 나므로 침착하게 행동한다.

(2) 눈을 다쳤을 때

① 눈에 모래나 먼지가 들어간 경우

ⓐ 눈물을 흘리게 하여 자연적으로 빠지게 한다.

ⓑ 이물질이 들어간 눈을 아래쪽으로 한다.

ⓒ 생리식염수나 깨끗한 물을 눈에 부어 씻어 낸다.

② 눈을 부딪친 경우

ⓐ 냉찜질한다.

ⓑ 119에 구급차를 요청한다.

③ 눈을 찔린 경우

ⓐ 이물질을 제거하지 않는다.

ⓑ 종이컵이나 붕대로 도넛 모양을 만들어 찔린 눈을 보호한다.

ⓒ 눈을 보호하면서 이물질이 움직이지 않도록 붕대를 감는다. 양쪽 눈을 가린다.

ⓔ 119에 구급차를 요청한다.

〈주의사항〉
• 눈에 이물질이 들어가거나 아플 때 유아들이 눈을 비비지 않도록 사전에 교육한다.
• 눈에 화학약품이 들어간 경우에는 119에 전화하여 전문가의 지시에 따라 처치한다.

(3) 코나 귀에 이물질이 들어갔을 때

① 코에 이물질이 들어간 경우

ⓐ 입과 이물질이 들어 있지 않은 쪽의 콧구멍을 막아 주며 코를 세게 풀어 보게 한다.

ⓑ 이물질이 빠지지 않으면 무리하게 빼내려 하지 말고 병원에 간다.

② 귀에 작은 벌레가 들어간 경우

　　㉠ 어두운 곳에서 손전등을 비춘다.

　　㉡ 베이비오일을 한두 방울 귓속에 떨어뜨린 후 가볍게 마사지한다.

　　㉢ 귀를 아래쪽으로 향하게 하여 이물질이 밖으로 나오게 한다.

<주의사항>
- 곤충의 종류를 모르는 경우에는 오일을 이용하는 방법을 쓴다.
- 고막에 염증 등으로 구멍이 있는 경우에는 오일을 사용하지 않는다.
- 절대로 면봉이나 귀 후비개 등으로 이물질을 억지로 빼내려 하지 않는다.

(4) 코피가 나거나 치아가 다쳤을 때

① 코피가 나는 경우

　　㉠ 유아를 의자에 앉게 하고 고개를 약간 앞으로 숙이게 한다.

　　㉡ 코뼈 바로 밑의 코 부분을 두 손가락으로 5~10분간 꼭 누른다.

　　㉢ 코피가 나오는 쪽의 콧구멍에 거즈를 둥글게 말아 너무 깊지 않게 막는다. 이런 경우 끝이 조금 밖에 나오게 해 둔다.

　　㉣ 냉찜질한다.

<주의사항>
- 코피가 20분 이상 멈추지 않으면 빨리 병원으로 옮긴다.
- 외상 때문에 코피가 나는 경우라면 지혈을 하지 않는다.
- 코를 풀거나 코피를 삼키지 않도록 한다.

② 치아가 부러지거나 빠진 경우

　　㉠ 거즈를 도톰하고 둥글게 말아 다친 부분에 대고 물게 한다.

　　㉡ 차가운 수건이나 냉찜질팩을 이용하여 냉찜질을 한다.

　　㉢ 빠진 치아나 부러진 치아는 생리식염수나 우유에 담가 상태를 보존한다.

　　㉣ 30분 이내에 병원으로 이송한다.

<주의사항>
- 빠진 치아의 뿌리 부분을 절대로 만지지 않는다.
- 치아가 더럽다고 뿌리 부분을 문질러 닦지 않는다.
- 포크같이 뾰족한 것을 입에 물고 있다가 찔렸을 경우에는 움직이거나 빼지 말아야 한다.

(5) 이물질이 목에 걸렸을 때

① 의식이 있는 경우

    ㉠ 119에 전화하도록 요청한다.

    ㉡ 혼자서도 기침을 할 수 있는 경우에는 스스로 기침을 하도록 유도한다. 이때 처치자는 기침을 세게 하는 모습을 보여 주어 유아가 따라하도록 한다.

    ㉢ 말을 하지 못하거나 숨을 쉬지 못하거나 기침을 하지 못하면 즉시 '복부 밀쳐 올리기(하임리히 요법 Heimlich maneuver)'를 시행한다.

        ⓐ 유아의 등 뒤에 서서 한 손으로 주먹을 쥐고 엄지를 유아의 배꼽 위와 흉골의 바로 아래에 둔다.

        ⓑ 다른 한 손으로 주먹 쥔 손을 감싼다.

        ⓒ 팔꿈치를 구부리면서 주먹으로 5번 복부를 빠르게 위로 밀어 올린다.

    ㉣ 5회 실시 후 유아의 상태를 확인한다. 이물질이 제거되거나 유아가 의식을 잃기 전까지 '복부 밀쳐 올리기'를 계속 실시한다.

② 의식이 없는 경우

    ㉠ 119에 구급차를 요청한다.

    ㉡ 유아를 단단한 바닥에 얼굴이 위로 향하게 눕힌다.

    ㉢ 심폐소생술을 실시한다.

    ㉣ 인공호흡 시마다 환자의 입을 열어 이물질이 나왔는지 확인하고 이물질이 보이면 제거한다.

> 〈주의사항〉
> • 유아가 삼킨 물질을 뱉어내거나 호흡 또는 기침을 힘차게 시작할 때까지 동작을 분명하게 반복한다. 매 5회마다 유아의 상태를 점검한다.
> • 스스로 기침을 하고 있는 동안에는 방해하지 말아야 한다.

(6) 독극물을 마셨을 때

① 의식이 있는 경우

    ㉠ 삼킨 물질을 확인한다.

    ㉡ 119에 전화하여 전문가의 지시를 따른다.

    ㉢ 유아를 옆으로 눕혀 안정을 취하게 한다.

② 의식이 없는 경우

    ㉠ 119에 구급차를 요청한다.

    ㉡ 유아를 옆으로 눕혀 안정을 취하게 한다.

> 〈주의사항〉
> • 병원에 갈 때에는 유아가 삼킨 물질이나 그 용기를 가져간다.
> • 물질을 발견하지 못한 경우에는 구토물을 가져간다.
> • 유아가 삼킨 물질이 무엇인지 모를 때는 함부로 토하게 해서는 안 된다.

(7) 가슴이나 배를 부딪혔을 때

① 외부에 손상이 없는 경우

    ㉠ 큰 소리로 울고 나서 안색도 좋고 기분도 좋고 평소와 다른 모습이 보이지 않는다면 크게 걱정할 것은 없다.

    ㉡ 부딪친 직후에는 전혀 이상이 보이지 않다가 시간이 지나고 증상이 나타나는 경우가 있으므로 가슴이나 배를 강하게 부딪친 후에는 가능한 한 안정시키고 상태를 관찰할 필요가 있다.

② 병원에 가야 하는 경우

    ㉠ 의식이 희미하거나 없는 경우

    ㉡ 심한 통증이 있는 경우

    ㉢ 얼굴이 파랗고 식은땀을 흘리는 경우

    ㉣ 소변에 피가 섞여 나오는 경우

    ㉤ 호흡이 이상하거나 구토, 딸꾹질을 하는 경우

        ⓐ 119에 구급차를 요청한다.

        ⓑ 유아를 옆으로 눕힌다.

        ⓒ 몸을 따뜻하게 해 준다.

> 〈주의사항〉
> • 절대로 음식물을 주지 않는다.

(8) 팔이나 다리를 다쳤을 때

① 피가 나지 않는 경우

    ㉠ 부목을 사용하여 가볍게 붕대를 감는다.

    ㉡ 부목이 없다면 골판지나 잡지를 활용한다.

    ㉢ 부목으로 고정시킨 후 병원에 간다.

② 피가 나는 경우

    ㉠ 일회용 장갑을 낀다.

    ㉡ 상처부위를 생리식염수나 흐르는 물로 씻어 낸다.

    ㉢ 상처부위를 소독한 거즈로 덮고 지혈한 뒤 압박붕대로 감는다.

    ㉣ 부목으로 고정시킨 후 병원에 간다.

③ 염좌인 경우

    ㉠ 다친 곳을 움직이지 않게 한다.

    ㉡ 냉찜질팩을 이용하여 냉찜질을 한다.

    ㉢ 다친 곳을 압박붕대로 감아 준다.

    ㉣ 다친 곳을 올려 준다.

〈주의사항〉
• 골절이나 탈구, 염좌가 의심되는 경우, 상처부위를 주무르거나 자세를 함부로 바꾸지 않는다.
• 목이나 척추에 이상이 의심되는 경우에는 유아를 그대로 둔다.
• 의식이 없는 경우에는 119에 연락하고 가능한 한 빨리 병원으로 이송한다.
• 부목이 없는 경우에는 부목 대용품(쿠션, 담요, 신문지, 잡지 등)을 활용한다.

(9) 손가락이 잘렸을 때

① 손가락의 잘린 부분
　㉠ 손가락의 잘린 부분에 소독한 거즈를 두껍게 댄다.
　㉡ 지혈한 뒤 압박붕대로 감는다.
　㉢ 절단부위를 심장보다 높게 한 상태로 병원으로 이송한다.

② 잘린 손가락(절단부분) 보존하기
　㉠ 잘린 손가락을 생리식염수로 적신 거즈에 싼다.
　㉡ 절단부위를 감싼 거즈를 비닐봉지에 넣어 물이 들어가지 않도록 봉합한다.
　㉢ 얼음물이 든 비닐봉지나 용기에 봉합한 비닐봉지를 넣는다.
　㉣ 얼음물이 든 비닐봉지를 묶는다.

〈주의사항〉
• 절단부위를 세게 만지거나 소독약 등을 바르지 않는다.
• 모든 병원에서 접합수술이 가능한 것은 아니므로 119의 도움을 받도록 한다.

(10) 피부에 상처가 났을 때

① 긁히거나 까진 경우
　㉠ 생리식염수나 흐르는 물에 비누로 상처부위를 씻어 준다.
　㉡ 연고를 바르고 일회용 밴드나 거즈를 붙여 준다.
　㉢ 심할 경우 병원에 가서 치료를 받도록 한다.

② 멍든 경우
　㉠ 차가운 수건이나 냉찜질팩으로 냉찜질한다.
　㉡ 상처부위를 심장보다 높게 해 준다.
　㉢ 24시간 후에는 더운 찜질을 해 준다.
　㉣ 심하게 멍들거나 변형이 보이면 병원에 가서 치료를 받도록 한다.

③ 베인 경우
　㉠ 생리식염수나 흐르는 물에 비누로 상처부위를 씻어 준다.
　㉡ 소독한 거즈로 덮어 지혈한다.
　㉢ 병원에 간다.

〈주의사항〉
• 상처부위를 함부로 소독하지 않는다.
• 포비돈 등은 얼굴에 바르지 않는다.
• 깊게 베인 경우 병원에서 봉합수술을 받아야 하는 경우가 있으므로 연고를 바르지 않는다.

⑾ 뾰족한 것에 찔렸을 때

① 이물질에 찔린 경우

　㉠ 생리식염수나 흐르는 물에 비누로 상처부위를 씻어 준다.

　㉡ 소독한 거즈로 덮어 지혈한 후 병원에 간다.

② 가시에 찔린 경우

　㉠ 소독한 핀셋이나 족집게로 가시를 빼낸다.

　㉡ 상처부위를 살짝 눌러 피를 뺀다.

　㉢ 생리식염수나 흐르는 물에 비누로 상처부위를 씻어 준다.

　㉣ 상처용 외용연고를 발라 준다.

③ 이물질이 박힌 경우

　㉠ 이물질이 압정이나 못 등의 금속성 물질인 경우에는 한두 차례 뽑는 것을 시도한다.

　㉡ 너무 깊게 박힌 경우 뽑아내려고 하지 말고 그대로 둔다.

　㉢ 119에 구급차를 요청한다.

〈주의사항〉
• 나무나 가시 등 부서지기 쉬운 물질은 억지로 뽑아내지 않는다.
• 녹이 슨 못이나 압정에 찔린 경우 반드시 병원에 간다.
• 깊게 박힌 것은 빼지 말고 바로 병원에 간다.

⑿ 피가 날 때

① 상처부위가 작은 경우

　㉠ 일회용 장갑을 낀다.

　㉡ 소독한 거즈나 깨끗한 천으로 상처부위를 완전히 덮고, 거즈에 손가락이나 손바닥을 대고 직접 압박한다.

　㉢ 거즈가 피로 젖으면 거즈를 제거하지 않고 거즈를 덧대어 압박한다.

　㉣ 상처에 댄 거즈 위에 붕대를 세게 감는다.

　㉤ 상처부위를 심장보다 높은 위치에 유지한다.

② 상처가 넓거나 출혈이 심한 경우

　㉠ 출혈부위보다 심장에 가까운 쪽의 동맥을 강하게 압박한다.

　㉡ 피부 위에서 박동이 쉽게 감지되는 동맥을 안에 있는 뼈를 향해 강하고 정확하게 압박한다.

③ 드레싱 방법

　㉠ 처치자는 먼저 손을 씻는다.

　㉡ 상처부위를 모두 덮을 수 있을 만큼 크며 소독된 것, 소독 드레싱이 없다면 깨끗한 천을 사용한다. 예 손수건, 세탁한 천, 수건

　㉢ 드레싱의 한쪽 끝을 잡고 직접 상처에 댄다.

　㉣ 드레싱 위에 피가 배일 때에는 드레싱을 떼어내지 말고 그 위에 붕대를 맨다.

〈주의사항〉
• 유아는 한 컵(100∼200㎖) 이상 출혈하게 되면 생명이 위험해진다.
• 상처나 드레싱 위에서 기침하거나 숨 쉬거나 말하지 않는다.
• 출혈부위를 심장보다 높게 하고 가능한 한 빨리 병원으로 이송한다.
• 상처를 만지지 말고, 상처에 닿는 부분의 드레싱은 손에 닿지 않도록 해야 한다.

⒀ 화상을 입었을 때

① 열에 의한 가벼운 화상의 경우

　㉠ 흐르는 차가운 물로 15분 정도 식혀 준다. 유아가 심하게 떨거나 저체온이 의심될 경우에는 멈추도록 한다.

　㉡ 상처에 항생제 연고나 화상용 연고를 발라 준다.

　㉢ 상처부위를 소독한 거즈로 덮어 준다.

② 화학약품에 의한 화상인 경우

　㉠ 가루 형태인 경우 가루를 털어내고, 액체 형태인 경우 생리식염수나 물로 씻어 낸다.

　㉡ 화학약품이 눈에 들어간 경우에는 응급처치를 받을 때까지 계속 물로 씻는다.

　㉢ 가능한 한 빨리 병원에 간다.

③ 화상부위가 5∼10㎝ 이상인 경우

　㉠ 119에 구급차를 요청한다.

　㉡ 흐르는 차가운 물로 15분 정도 식혀 준다.

　㉢ 상처부위를 소독한 거즈로 덮어 준다.

　㉣ 화상부위를 제외하고 담요를 덮어 체온을 유지한다.

　㉤ 얼음이나 연고를 함부로 사용하지 말고 가능한 한 빨리 병원으로 이송한다.

〈주의사항〉
• 화상부위의 물집을 터뜨리지 않는다.
• 화상부위에 밀착된 의복은 억지로 벗기지 말고 가위로 잘라 낸다.

⒁ 감전되었을 때

① 전류를 차단한다. 단, 전기와 접촉된 사람을 만져서는 안 된다.

② 119에 구급차를 요청한다.

③ 의식이 있는지 확인한다.

④ 의식이 있는 경우 유아의 몸을 담요 등으로 덮어 따뜻하고 편안하게 눕힌다.

> 〈주의사항〉
> • 전원 차단이 어려우면 막대나 고무장갑 등 비전도체를 이용하여 유아를 전기로부터 떼어 놓는다.
> • 의식이 없는 경우 가능한 한 빨리 병원으로 이송한다. 구급차를 기다리면서 기도를 확보하고, 심폐소생술을 실시한다.

⒂ **물에 빠졌을 때**

① 의식이 있는 경우

　㉠ 젖은 옷은 벗긴다.

　㉡ 유아의 몸을 담요 등으로 덮어 체온을 유지한다.

　㉢ 옆으로 눕힌다.

　㉣ 119에 구급차를 요청한다.

② 의식이 없는 경우

　㉠ 119에 구급차를 요청한다.

　㉡ 구급차를 기다리면서 심폐소생술을 실시한다.

　㉢ 기도를 확보하고 담요 등을 이용하여 몸을 따뜻하게 하면서 가능한 한 빨리 병원으로 이송한다.

> 〈주의사항〉
> • 물에 급하게 뛰어들기보다는 튜브나 막대기를 활용하여 유아를 건져 낸다.
> • 배를 누른다거나 억지로 구토를 시키지 않는다.
> • 골절이나 척추손상이 의심되는 경우에는 함부로 옮기지 않는다.

⒃ **물리거나 쏘였을 때**

① 다른 유아에게 물린 경우

　㉠ 깨물고 있는 유아의 코를 잡아 스스로 놓게 만든다.

　㉡ 피가 나면 지혈한다.

　㉢ 생리식염수나 흐르는 물에 비누로 씻는다.

　㉣ 냉찜질한다.

② 개나 고양이에게 물린 경우

　㉠ 119에 구급차를 요청한다.

　㉡ 소독한 거즈로 상처부위를 압박하여 지혈한다.

　㉢ 출혈이 멈추면 흐르는 물에 씻는다.

　㉣ 소독한 거즈를 덮어 준다.

③ 뱀에 물린 경우

    ㉠ 119에 구급차를 요청한다.

    ㉡ 유아를 옆으로 눕히고 진정시킨다.

    ㉢ 상처부위를 생리식염수나 흐르는 물에 비누로 부드럽게 씻어 준다.

    ㉣ 독이 퍼지지 않도록 물린 부위의 위(심장 방향)로 5cm 부분을 손가락 한 개가 드나들 수 있을 정도로 탄력붕대를 감아 준다.

    ㉤ 상처부위를 심장보다 낮게 하고 병원으로 이송한다.

④ 벌에 쏘였을 때

    ㉠ 벌침은 짜지 말고, 얇은 카드로 밀어서 제거한다.

    ㉡ 생리식염수나 흐르는 물에 비누로 씻는다.

    ㉢ 항히스타민 연고를 바른다.

    ㉣ 냉찜질한다.

> 〈주의사항〉
> • 개를 관찰하여 광견병 유무를 확인한다.
> • 뱀에게 물린 경우 절대 음식이나 약물을 주지 않는다.
> • 벌에 쏘인 유아를 관찰하면서 호흡이 이상하거나 식은땀을 흘리거나 창백해지거나 무기력해지거나 주위가 심하게 붓는 경우 신속하게 병원으로 이송한다.

⒄ 추위나 햇볕에 오래 노출되었을 때

① 추위에 노출된 경우

    ㉠ 젖은 옷이나 신발, 양말, 장갑은 벗긴다.

    ㉡ 따뜻한 물이나 담요로 몸을 따뜻하게 해 준다.

    ㉢ 심각한 경우에는 병원에 가서 치료를 받도록 한다.

② 더위에 노출된 경우

    ㉠ 의식이 있는 경우

        ⓐ 통풍이 잘 되며 그늘진 곳으로 옮긴다.

        ⓑ 옷을 벗기고 너무 차갑지 않은 물수건으로 머리, 얼굴, 겨드랑이를 식혀 주고 다리를 올린 자세로 눕힌다.

        ⓒ 의식이 회복되면 차가운 이온음료를 주고 안정을 취하게 한다.

        ⓓ 의식이 희미해지거나 고열이 지속되는 경우에는 응급실로 가서 치료를 받도록 한다.

    ㉡ 의식이 없는 경우

        ⓐ 119에 구급차를 요청한다.

        ⓑ 호흡을 확인하고 심폐소생술을 실시한다.

> 〈주의사항〉
> • 추위에 노출된 경우 피부를 직접 문지르지 않는다.
> • 더위에 노출된 경우 차가운 생수를 주면 근육경련이 일어날 수 있으므로 주의한다.

⒅ 심폐소생술

① 심폐소생술

 ㉠ 의식 확인

  ⓐ 주변이 안전한지 확인하고, 딱딱하고 평평한 바닥에 눕힌다.

  ⓑ 어깨를 두드리면서 "○○야, 괜찮니?"라고 소리치면서 환자의 반응을 살핀다.

 ㉡ 호흡 확인 : 의식이 없고 호흡이 있으면 회복자세[29]를 취하게 해 주고 119의 도움을 요청한다.

 ㉢ 119신고 및 자동심장충격기 요청

 ㉣ 흉부압박 시행

  ⓐ 환자를 딱딱한 바닥에 눕히고 환자 가슴 옆에 무릎 꿇는 자세를 취한다.

  ⓑ 양측 유두를 이은 가상의 선 바로 아래 흉골과 만나는 지점에 한 손(손꿈치)을 이용해 최소 분당 100회의 속도로, 가슴 전후 두께의 최소 1/3 깊이(약 5㎝)로 압박한다.

 ㉤ 자동심장충격기가 오면 연결하여 바로 사용하고 흉부압박을 한다.

 ㉥ 의료종사자가 도착할 때까지 계속해서 흉부압박만 한다.

> 〈주의사항〉
> • 흉부압박 시에 내부 손상 방지를 위해 흉골의 가장 아랫부분에 있는 칼돌기를 압박하지 않도록 주의한다.
> • 환자를 발견한 장소가 위험하지 않다면 그 자리에서 바로 심폐소생술을 시행한다.
> • 전문적인 교육을 받지 않은 일반인은 가슴압박소생술만 실시한다.

② 자동심장충격기(AED, Automated External Defibrillator)[30]

 ㉠ 자동심장충격기는 심정지 발생 시 전기충격을 통해 심장의 기능을 회복시키는 기계이다.

 ㉡ 자동심장충격기가 주변에 있다면 이를 활용하는 것이 효과적이다. 자동심장충격기는 전원이 연결되면 동작을 알려 주므로 그에 따라 처치하면 된다. 자동심장충격기를 연결하기 전까지는 계속 심폐소생술을 실시한다.

29) **회복자세** : 척추에 문제가 없고 의식은 없으나 정상 호흡을 유지하는 경우(혹은 심폐소생술 처치 중 환자의 의식이 돌아왔을 경우) 옆으로 눕히는 자세이다. 회복자세는 입에서 체액이 흐르도록 하여 기도가 폐쇄되는 것을 예방한다.

30) **자동심장충격기 사용법**
① 전원을 켠다.
② 패드(전극)를 부착한다.
③ 커넥터 연결을 확인하고 전원을 켠다.
④ 환자와 접촉하지 않도록 주변에 알린다.
⑤ 환자와 접촉하지 않았는지 다시 확인하고 버튼을 눌러 제세동을 실시한다.
⑥ 의료종사자가 도착할 때까지 계속해서 흉부압박만 한다.

2

유아 건강·안전 교육

A Plus+ 응급처치자 면책권 부여(응급의료에 관한 법률)

응급처치자가 응급처치 중에 일어나는 법적인 문제에 면책권을 부여하게 되는데 생명이 위급한 응급환자에게 응급의료 또는 응급처치를 제공하여 발생한 재산상 손해와 사상(死傷)에 대하여 고의 또는 중대한 과실이 없는 경우 민사 책임과 상해에 대한 형사 책임 및 사망에 대한 형사 책임은 감면해 준다.

- 응급의료종사자, 선박의 응급처치담당자, 구급대 등 법령에 따라 응급처치 제공의무를 가지지 않은 자가 실시한 응급처치
- 응급의료종사자가 업무수행 중이 아닌 때 본인이 받은 면허 또는 자격의 범위 안에서 실시한 응급의료
- 응급처치 제공의무를 가진 자가 업무수행 중이 아닌 때에 실시한 응급처치

■ 심폐소생술 처치 절차 ■

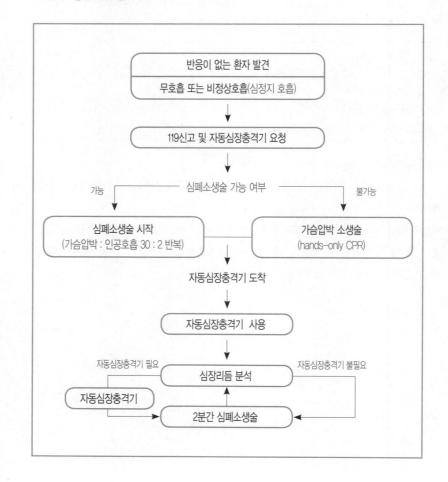

응급 상황 발생 시 대처요령

구분	학생 행동 요령
응급 상황 인식	• 응급환자의 전반적인 모습, 행동, 주변환경을 보고 판단
상태 파악 및 도움 요청	• 먼저 환자의 상태를 판단 • 환자의 상태를 판단하기 어려울 경우, 119에 전화를 걸어 문의 • 환자의 상태가 위급하다고 생각되면 119에 전화를 걸어 구급차를 요청
119도움 요청	• 응급 상황 시 당황하지 않기 • 구급차를 불러야 할 시점을 놓치지 않음. • 구조 요청을 하지 않은 채 일반 차량으로 환자를 병원까지 이송하는 경우 2차 부상 등 환자에게 심각한 위험을 초래할 수 있음을 인지
안전한 환경 지원	• 응급의료요원이 현장에 오기 전에는 가급적 환자를 옮기지 않음. • 현장이 위험하면 2차적인 손상에 주의하면서 환자를 안전한 곳으로 옮김.
응급처치 실시	• 생명을 구하는 응급처치는 가장 가까이에 있던 사람이 취할 경우 효과가 가장 큼.
학급 안정 시키기	• 다른 유아들이 동요하지 않도록 차분히 안내하고 다른 교사에게 학급관리를 인계함.
유아와 함께 있기	• 부모가 도착할 때까지 교사는 유아와 함께 있도록 함.
필요한 의료조치 받기	• 현장에서 응급처치로 의식이 회복되었을 경우에도 전문 의료진에게 인계함.
사고발생 보고서 작성	• 24시간 내에 사고발생 관련 보고서를 작성하고 기록철에 해당 보고서를 철하고 사본 1부를 당일 부모에게 줌.

2 | 유아 건강·안전 교육

비상연락망 및 응급처치 동의서

반명			생년월일	
성별	남　여		성　명	

사고 발생 시 응급처치는 부모의 동의를 얻어야 함을 이해합니다.

따라서, 귀 유치원에서는 사고 시 응급처치에 대한 신속한 동의가 이루어질 수 있도록 다음의 연락처로 연락을 취해 주시고, 귀 유치원에서 다음의 절차에 따라 응급처치를 하는 경우, 그 권한을 귀 유치원에 위임할 것을 동의합니다.

날짜 : 20 　.　　.　　부모이름 :　　　　　(서명 또는 인)

〈 응급처치 절차 〉

1. 사고 발생 시 가장 먼저 부모님께 연락합니다.

　　　　　　　　　　(시간/기간)　　　　　　(전화번호)

　　　어머니와는 _____ 동안에 _____로 연락됩니다.

　　　　　　　　　 _____ 동안에 _____로 연락됩니다.

　　　아버지와는 _____ 동안에 _____로 연락됩니다.

　　　　　　　　　 _____ 동안에 _____로 연락됩니다.

2. 부모님과 신속하게 연락되지 않을 경우, 부모님이 정해주신 다음의 연락처로 연락드립니다.

　　　　　　　　(이름)　　　　　　(전화번호)

　　① _____는 _____로 연락할 수 있습니다.

　　　유아와의 관계 _____

　　② _____는 _____로 연락할 수 있습니다.

　　　유아와의 관계 _____

3. 필요한 경우 119 구조대에 연락할 것이며 (유치원에서 지정하는 의료기관이나, 부모님이 정하신 _____의료기관)으로 응급 수송할 것입니다.

4. 의료기관 수송 후에는 다음의 의료보험 관련 정보를 주어 신속하게 치료받을 수 있도록 합니다.

　　　의료보험 종류 _____

　　　　　　번호 _____

　　　　　　기관 _____

유치원 투약 의뢰 및 약품 보관

1. 아이가 왜 약을 먹는지 알려 주어야 한다.
2. 약을 등원 시 담임선생님께 직접 전해 주는 것이 좋으며 그렇지 못할 경우 인계가 가능하도록 꼭 연락을 해 준다.
3. 올바른 용량 및 용법대로 먹을 수 있도록 투약시간, 복용량, 횟수, 보관법, 주의사항 등의 정보가 담긴 서류(투약 의뢰서)를 함께 보내야 한다.
4. 약을 1회 분량씩 개별 봉투에 담아 보내는 것이 좋다. 약의 효능에 문제가 없다면 가루약과 물약을 미리 섞어 한 병에 담아 보내고, 복용 시 섞어야 한다면 가루약, 물약 각각 1회 분량을 지퍼백에 함께 담아 보낸다.
5. 약통에는 꼭 자녀의 이름을 기록해 약을 먹어야 하는 아이들이 여러 명일 경우에도 혼돈이 생기지 않도록 한다.
6. 의약품은 약품 이름과 유통기한이 표기되어 있는 원래의 용기에 첨부문서와 함께 보관한다.
7. 어린이는 손에 잡히는 것을 입으로 가져가는 습관이 있으므로 어린이 손에 닿지 않는 곳에 보관해야 한다.
8. 약의 보관방법을 확인하고 약 종류에 따라 적절하게 보관해야 한다. 냉장고 안은 습기가 많으므로 약을 보관하기에 적절한 곳이 아니다.
9. 먹고 남은 약은 가까운 약국에 갖다 주어 폐기하도록 한다.

투약 의뢰서 (예시)

반　　명 : ○○반

유 아 명 : 김○○

증　　상 : 감기

약의 종류 및 용량 : 물약 6cc

투약시간 : 점심 식후 30분

보관방법 : 실온보관

특별히 부탁하는 사항 : 없음

○○○○년 ○월 ○일
의뢰자 ○○○

사고보고서

기 관 명		전화번호	
기관 주소			

상해유아명		성별	남 여	생년월일	년 월 일
사고일자				사고시간	am/pm
목격자명		부모에게 연락한 사항			
연락시간	am/pm	119신고여부	□안함 □신고함(am/pm)		

사고발생 장소	□ 수송중 □ 견학중 □ 실외놀이장 □ 실내놀이실 □ 화장실 □ 복도 □ 주방 □ 대근육활동실 □ 교사실 □ 식당 □ 계단 □ 기타( )
사고당시 활동내용	□ 목욕 및 배변시간 □ 교실활동 □ 계단오르내리기 □ 실내자유놀이 □ 점심/간식시간 □ 실외자유놀이 □ 계획된 실외놀이 □ 물놀이 □ 현장학습 □ 기타( )
상해를 입힌 시설 설비	□ 실내고정물 ( ) □ 놀이시설물 (□ 미끄럼틀 □ 회전대 □ 시소 □ 조합놀이대 □ 오르기 시설) □ 실외고정물 ( ) □ 바퀴달린 탈 것 □ 놀잇감 ( ) □ 책상 등 비품( ) □ 기타 ( )
상해의 유형	□ 화상 □ 쇼크/질식 □ 추락/강타 □ 물체에 끼임 □ 찢어짐 □ 뼈가 부러지거나 탈구 □ 압박, 눌림 □ 베임 □ 찰과상(벗겨짐) □ 뼘 □ 중독 □ 호흡곤란 □ 기타( )
상해를 입은 다른 아동이 있는가 ?	□ 예 □ 아니요

사고원인	□ 바닥으로 떨어짐 : 떨어진 높이 약 _____m 바닥의 형태 : □ 뛰거나 발을 헛디뎌 넘어짐　　　□ 다른 유아에게 물림 □ 다른 유아에게 맞거나 밀림　　　□ 바퀴달린 탈것 (인라인 스케이트 등) □ 물체에 의해 다침　　　　　　　□ 음식물에 의한 질식 □ 곤충에 물리거나 쏘임　　　　　□ 동물에게 물림 □ 열, 추위에 노출　　　　　　　　□ 기타 (　　　　　　　　　　)
다친 부위 (좌, 우 표시)	□ 머리　　　□ 눈(L, R)　　□ 귀(L, R)　　□ 코　　　□ 입 □ 목　　　　□ 가슴　　　　□ 등　　　　　□ 엉덩이(L, R) □ 생식기　　□ 팔(L, R)　　□ 손(L, R) □ 다리(L, R)　□ 발(L, R)

유치원에서 행해진 응급처치 (상술 예 : 압박붕대, 세척, 붕대, 위로 등)			
응급처치자		의료기관 진료 여부	□ 안함　　　□ 함
의료기관 진료를 한 경우	□ 외래 진료를 받음(예 : 진료실, 응급실) □ 입원(밤새 혹은 시간)		
유아의 보호(치료)를 위한 추후 계획			
재발방지에 필요한 교정활동			
직원 서명	(인)　날짜 :　　.　.　am/pm		
부모서명	(인)　날짜 :　　.　.　am/pm		

유아를 위한 성교육 프로그램(2006)

1 유아 성폭력 예방교육의 필요성

(1) 유아 성폭력의 개념

영역별 정의	내용
사전적 정의	• 성(性)을 매개로 가해지는 신체적 · 언어적 · 심리적 폭력 • 상대방의 동의 없이 강제적으로 성적 행위(언어 포함)를 하거나 성적행동을 강요, 위압하는 행위
법률적 정의	• 성폭력특별법 제8조2항 어린이 성폭력이란 만 13세 미만 미성년자에 대한 강간, 강제 추행
관계기관 정의	• 교육부 어린이 성폭력이란 13세 미만의 어린이를 대상으로 가슴, 엉덩이, 성기 부위 등을 만지거나 어린이 성기에 자신의 손가락, 성기 등을 삽입하는 행위 • 세계보건기구(WHO : World Health Organization) 어린이 성학대는 어린이가 성행위에 동의를 할 만큼 충분히 발달하지 않은 상태 등에서 성적 활동에 어린이가 노출된 경우임

(2) 유아 성폭력 피해 현황

① 한국성폭력상담소의 2004년 상담 현황을 살펴보면, 총 가해 건수 2,362건 중 13세 이하 어린이 가해 건수가 82건이었고, 이 중 유아 가해 건수가 30건이었다.

② 우리 사회에서 유아 성폭력 피해는 간과할 수 없는 수준이며 성폭력 피해의 특성상 통계로 드러나지 않는 건수 및 사례도 적지 않음을 감안할 때 유아 성폭력에 대한 사회적 차원의 대처가 필요한 실정이다.

③ 유아 성폭력은 주로 유아의 생활 반경 내에서 친숙한 사람에 의해 발생하며, 가해자는 근친 중에서도 유아가 절대적으로 신뢰하고 유아의 안전한 보호에 일차적인 책임이 있는 가족이나 친척에 의한 경우가 많다.

④ 유아 성폭력은 잘 드러나지는 않지만 어디서나 일어날 수 있고 누구나 당할 수 있으며, 특히 가까운 가족 사이에서도 일어난다는 점에 문제의 심각성이 있다.(박은미 등, 2002)

(3) 유아가 성폭력에 노출되기 쉬운 이유

① 유아는 기본적인 욕구를 충족하기 위해서는 성인에게 의존할 수밖에 없다.

② 정보가 없는 유아는 모든 성인을 믿는다.

③ 유아는 성인의 동기를 평가할 수 있는 능력이 부족하다.

④ 유아는 성인에게 복종하는 것이 좋은 것이라고 배운다.

⑤ 유아는 자신의 신체에 대해 호기심이 많으나 성에 관한 지식 및 개념은 부족하다.

⑥ 성 안전에 대해 배우지 못한 유아들은 성폭력이 잘못된 행동이라는 것을 모른다.

⑦ 일반적으로 유아는 외모로 판단한다.

⑧ 유아들은 비밀은 반드시 지켜야 한다고 생각한다.

(4) 유아 성폭력 후유증의 심각성

① 유아 성폭력 피해는 다른 연령의 피해자보다 그 후유증과 상처가 지속될 뿐 아니라 피해 유아의 가족과 사회에까지 부정적인 영향을 준다는 점에서 그 심각성이 크다는 인식이 일반적이다.

② 성폭력을 당한 유아는 공포감과 불안감으로 악몽에 시달리기도 하고 특정 장소에 대해 민감한 반응을 보이는 경향이 있다. 또한 장기적 후유증으로는 성폭력의 의미를 깨닫게 되는 성년이 되었을 때 죄책감과 자신에 대한 실망감으로 인하여 대인기피증이나 남녀 관계 자체를 부정하는 현상 혹은 그 반대의 부정적인 현상을 나타내기도 한다. 이와 같이 유아기 성폭력 피해는 성인기까지 후유증과 상처가 지속되어 존엄성과 인격파괴를 초래하는 결과를 가져오기도 한다.

③ 유아들은 자신이 겪은 일을 정확하게 말로 표현하지 못하거나 가해자의 협박으로 인해 성폭력 사실을 있는 그대로 이야기하지 못하는 경우가 많다.

④ 부모와 교사들이 유아가 보이는 성폭력 후유증을 성폭력으로 인식하지 못하여 장기간 방치되고 적절한 치료시기를 놓치거나 성폭력 이후 적절하지 못한 대처로 피해 상처를 극복하지 못하면 건전한 사회인으로 살아가는 데 어려움을 겪게 된다.

▪ 유아 성폭력 발생 사례 ▪

[사례 1]
소정(가명 11세)이 어머니는 며칠 전 텔레비전에서 초등학생 성추행 살해 사건 보도를 보다 깜짝 놀랐다. 뉴스를 함께 보던 소정이가 갑자기 겁에 질려 울기 시작했기 때문이다. 어머니가 한참을 달래며 우는 이유를 묻자, 소정이는 "쟤도 정말 많이 아팠겠지."라며 자신이 추행당한 사실을 털어놓았다. 소정이 어머니는 아이가 그런 일을 당했다는 것을 받아들이기 힘들었고, 3년 동안이나 전혀 눈치채지 못했다는 사실에 억장이 무너졌다.
(출처 : 관악아동성학대상담센터)

[사례 2]
희진(가명, 7세)이는 유치원에서 성교육을 받다가 자신이 성폭력을 당했다는 걸 알게 됐다. 갑자기 불안해하고 우울해진 희진이는 엄마한테 "엄마, 나 아이 못 낳으면 어떡해?"라고 말했다. 이상하게 여긴 어머니가 희진이를 달래며 들어 보니, 네 살 때부터 1년 반 가량이나 고등학생인 사촌 오빠한테 강제 추행을 당했다는 것이었다.
(출처 : 관악아동성학대상담센터)

2 유아 성폭력 예방교육의 내용

(1) 유아 성폭력 예방교육 자료 개발의 방향과 내용

① 유아들의 성폭력 사고를 효과적으로 예방하기 위해서는 유아들을 대상으로 하는 교육 뿐만 아니라 유아들을 교육하는 유치원 교사들과 유아들의 1차적 보호 책임자인 부모들도 교육할 필요가 있다.

② 교사 및 부모들이 유아 성폭력 피해에 대한 정확한 지식을 습득하여야 유아들에게 정확하고 자연스러운 성폭력 예방교육을 실시하는 것이 가능하다. 또한 성폭력 예방은 피해 예방만이 아니라 가해 예방교육을 포함하여야 한다.

③ 유아 성폭력 예방교육의 지식, 태도, 기술

내용 영역	내용
지식	• 어떤 것이 성폭력인지를 알게 한다. • 위험한 상황에서 자신을 보호하는 방법을 알게 한다. • 위험한 상황에서 자신을 보호해야 할 필요성을 알게 한다. • 기분 좋은 접촉과 나쁜 접촉을 구별하게 한다.
태도	• 자신의 몸이나 타인의 몸을 소중하게 여기도록 한다. • 위험한 상황에 대처하는 바른 태도를 기르게 한다. • 위험한 상황에서 자신을 보호하려는 적극적인 태도를 기르게 한다. • 위험에 처했을 때 침착하게 대처하는 행동을 기르게 한다. • 위험 상황이 있음을 알고, 위험에 처한 사람을 돕는 태도를 기르게 한다. • 위험한 상황을 인식하고 대처하는 태도를 기르게 한다.
기술	• 위험한 상황으로부터 도움을 청하는 방법을 알게 한다. • 성폭력 가능성을 인식하고 올바른 방법으로 대처하도록 한다. • 성폭력을 당했을 때 도움을 구하거나 대처할 수 있는 방법을 알게 한다.

(2) 3단계 대처 기술 익히기

① 1단계 : "안 돼요, 하지 마세요."라고 큰 소리로 말한다.

② 2단계 : 그 자리를 피한다.

③ 3단계 : 일어난 일에 대해 부모님 등 믿을 수 있는 사람에게 말한다.

(3) 유아와 신체 접촉을 하는 교사를 위한 지침

① 신체 접촉 자체는 유아들의 발달에 매우 가치 있는 활동이다. 단, 유아가 받아들일 수 있는 신체 접촉은 어떤 것인지를 파악하여, 적절하게 대응하는 것이 필요하다.

② 유아와 신체적으로 접촉하기 전에 유아에게 직접 허락을 구하는 것이 필요하다. 예를 들어, "내가 너를 안아 줘도 될까?"라고 물었을 때, 유아가 "아니요."라고 하면 안지 않도록 한다.

③ 어깨, 등, 팔, 손과 같이 취약하지 않은 신체부분을 접촉하도록 한다. 가슴, 머리카락, 성기와 같이 민감한 신체부위를 접촉하는 것은 가능한 피하도록 한다.

④ 유아와 신체적으로 접촉할 때 문화적 차이를 고려한다. 어떤 문화에서는 받아들여지는 것이 다른 문화에서는 금기시되는 경우도 있다.

⑤ 유아의 활동 수준을 인식하고, 신체 접촉을 통해 유아의 놀이를 방해하지 않는다.

⑥ 신체 접촉에 대한 유아의 요구는 개인에 따라 다름을 이해하여, 각 유아에게 어떤 종류의 신체 접촉이 적절한지를 결정한다.

⑦ 만약 유아의 민감한 부분을 접촉해야 한다면(예 기저귀 갈 때), 유아에게 신체를 만지는 이유를 설명한다. 유아에게 설명할 때에는 신체부위의 정확한 명칭을 사용하는 것이 좋다.

⑧ 유아들이 배변훈련 중일 때, 자신의 성기를 깨끗이 하도록 한다.

(4) 유아 성폭력 예방교육 내용 체계

구분		신체	감정	상황
나 (피해 예방)	성교육 차원	• 신체부위의 명칭 알기 • 신체부위의 기능 알기 • 신체부위의 중요성 알기	• 일반적인 내 기분 인식하기 • 일반적인 내 기분 표현하기	
	성폭력 예방 차원	• 내 몸의 소중함 인식하기 • 내 몸 보호하기	• 신체 접촉 시 내 기분 인식하기 • 신체 접촉 시 내 기분 표현하기	• 성폭력 상황 인식하기 • 성폭력 상황 대처하기 (즉각 및 사후대처) • 성폭력 유발 요인 이해하기
타인 (가해 예방)	성교육 차원	• 남자와 여자의 신체 특징 이해하기 • 어른과 유아의 신체 특징 이해하기	• 일반적인 타인의 기분 인정하기 • 일반적인 타인의 기분 존중하기	
	성폭력 예방 차원	• 타인의 몸 소중함 인식하기 • 타인의 몸 보호하기	• 신체 접촉 시 타인의 기분 인정하기 • 신체 접촉 시 타인의 기분 존중하기	• 타인에 대한 좋지 않은 성적 행동 인식하기 • 자신의 행동 조절하기 (즉각적 멈춤과 사과)

유치원 유아의 성 행동문제 관리 · 대응 지침(2020)

1 '유아의 성 행동'에 대한 이해

(1) '유아의 성 행동'에 대한 접근

① 유아의 성 관련 행동은 '성 개념의 발달수준'을 반영하며, 성 개념을 획득하는 과정에서 시도하는 탐색적인 행동이 대부분이다.

　㉠ 성에 대한 유아의 관심과 탐색적 행동은 남아와 여아의 차이가 거의 나타나지 않으므로 선입견 없이 대해야 한다.

　㉡ 유아는 자신이 한 성 관련 행동 중 어느 부분이 얼마나 잘못된 것인지 명확히 이해하기 어렵다.

② 유아 성 행동의 대부분은 발달상 나타나는 행동특성과 유사하게 개방적인 공간에서, 호기심에 의해, 일상적으로 자연스럽게 나타날 수 있다. 다만, 유아의 성 행동이 흔히 일어날 수 있는 일상적인 상황을 잘 살펴서 '우려할 또는 위험한 수준'의 특성이 나타나는지에 대해 관찰 · 주의가 필요하다.

③ 일상적인 수준의 유아 성 행동을 강압적인 태도로 제지하여 성적 호기심을 억누르거나 지속적으로 방치하면 은밀하고 반복적인 경향을 띄는 우려할 수준의 성 행동문제가 나타날 수 있다.

④ 우려할 수준의 유아 성 행동문제를 지속적으로 방치하면 은밀하게 반복하는 경향을 넘어 또래에 대한 강요와 폭력성을 띄게 되고, 신체 · 정서적으로 피해를 유발하는 위험한 수준의 성 행동문제가 나타날 수 있다.

⑤ 부모, 교사, 또래, 미디어 등 주변 환경은 유아의 성 관련 행동에 미치는 영향이 강력하다. 최근 가정 및 사회적 환경, 미디어 환경 등에서 성적 노출이 잦아지면서, 유아의 성 행동문제가 발생할 위험이 높아지고 있다.

⑥ 유아의 성 관련 행동은 성인과 다른 관점에서 보아야 하며, 해당 유아를 낙인찍지 않도록 보다 신중한 보호자적 관점의 접근이 요구된다.

(2) '유아의 성 행동'에 대한 용어 사용

유아 성 관련 행동에 대한 접근방법을 기초로 유아 성 관련 행동에 대해서는 성폭력, 성폭행, 학대, 가해 등의 용어 대신 중립적인 용어를 사용한다.

용어	의미
유아의 성 행동	유아가 성장 발달하면서 나타내는 성과 관련된 행동이다.
유아의 성 행동문제	유아가 해당 연령의 자연스러운 발달 특성에서 벗어나 우려하거나 위험한 수준의, 혹은 문제가 될 수 있는 성 행동 또는 행동에 따른 문제이다.
피해 유아	또래의 성 행동문제로 심리적 혹은 신체적 피해를 입은 유아이다.
행위 유아	성 행동문제로 또래에게 피해를 입힌 유아(낙인이 되지 않도록 '가해 유아'라는 용어 사용하지 않음)이다.

(3) 유아 발달과정에서 나타나는 성 행동

성 개념	획득 시기	발달적 특성	일반적으로 나타나는 성 행동 예
신체에 대한 탐색	만 0~1세	우연한 상황 등에서 신체의 감각적 느낌을 탐색	• 기저귀를 갈거나 몸을 씻겨줄 때 감각적인 느낌에 반응하기도 함 • 자신의 성기를 보거나 만짐
성 정체성 인식	만 2~3세	자신을 남자, 또는 여자라고 인식하고, 다른 사람의 성도 구분할 수 있음.	• 벗고 돌아다니기 • 가족이나 또래의 벗은 모습에 호기심을 나타냄 • 자신의 성기를 보거나 만지는 등의 행위가 나타나기도 함
성 안정성	만 4~5세	시간이 지나도 자신의 성이 변하지 않을 것임을 알게 됨. 남자아이는 아빠가, 여자아이는 엄마가 될 것이라고 믿음.	• 엄마아빠 놀이 시 행동 모방 • 아기 태어나는 과정, 의사놀이 시 옷을 벗기려는 행동(성적 행동인지 단순한 모방 행동인지 구분 어려움) • 일시적으로 화장실 엿보기 • 자신의 성기를 보거나 만지는 등의 행위가 나타나기도 함
성 일관성	만 6~7세	외모나 행동, 옷과 같이 외형적인 변화가 있어도 성이 변하지 않음을 인식	• 이성에 대한 호감을 가까이 앉거나 서기, 껴안거나 뽀뽀하기 등으로 표현 • 그림 그릴 때 성기를 묘사하거나, 일상적 대화 소재로 삼음 • 일시적으로 화장실 엿보기 • 자신의 성기를 만지는 등의 행위가 나타나기도 함

(4) 유아 성 행동(문제) 수준

① **수준별 판단 기준** : 연령별 발달 과정에서 나타나는 일반적 행동을 기준으로 '주의 전환 가능 여부', '지속성 및 반복성', '은밀한 행동', '강요 및 폭력성', '심신의 피해 발생' 등

② **유아 성 행동 수준** : 판단기준에 따라 '일상적인 수준', '우려할 수준', '위험한 수준'으로 구분한다.

③ **수준별 행동 특성**

구분	수준	판단기준	행동의 특성
성 행동	일상적인 수준 (= 일반적인 성 관련 행동)	• 다른 관심사로 주의 전환 가능 여부	• 놀이를 제안하면 관심을 보임. **예** 밀가루 반죽 놀이할까?, 친구들은 지금 빵을 만들고 있대. • 교사에 의해 중지하거나 주의를 다른 곳으로 돌릴 수 있음. **예** 소변 볼 때 들여다보면 친구가 불편해하지?, 블록 놀이 하러 갈까?
	+ 지속성, 반복성, 은밀		
	우려할 수준	• 지속성 • 반복성 • 은밀한 행동 여부	• 교사가 다른 놀이로 흥미를 끌어도 성 행동의 중단이 어려움. • 잠시 멈추었다가도 교사가 다른 곳으로 가면 성 행동을 반복하고 지속함. • 교사의 눈을 벗어나는 은밀히 장소에서 이루어지는 경향이 반복하여 나타남.
성 행동 문제	**+ 강요 및 폭력성, 심신의 피해 발생**		
	위험한 수준 (또래 간 성적 괴롭힘 포함)	• 지속성 • 반복성 • 은밀한 행동 여부 • 강요 및 폭력성 • 타인의 심신 피해 발생 여부	• 우려할 수준의 성 행동이 지속적으로 반복되고, 다른 놀이에 대한 관심이 현저히 낮거나 거의 참여하지 않음. • 유아의 주의를 다른 곳으로 돌리려고 할 때 저항하거나 분노 행동을 보임. • 또래에 대한 강요나 폭력적 성향이 나타나며 교사의 눈을 피해 은밀한 장소로 또래를 데리고 가기도 함. • 또래 유아의 성기에 상처가 나거나 불안해하는 등 신체 정서 상 피해가 발생함.

② 유치원 유아의 성 행동 수준별 관리 및 대응

(1) 성 행동 수준별 관리 대응 체계

판단 기준	다른 관심사로 주의전환 가능	일상적인 수준 + 반복, 지속, 은밀	우려할 수준 + 강요, 폭력, 심신 피해
행동 수준	일상적인 수준	우려할 수준	위험한 수준
유치원 대응	• 유아 성교육담당자지정 • 발달 단계에 맞게 교육, 지도, 관찰 • 일상적 행동에 대한 부모 소통·교육 • (필요시) 교육청 자문 요청	• 행동중지, 상황 파악 • 부모 면담 • (필요시) 학부모, 유아 대상 관련 교육 • (필요시) 교육청 자문·지원 요청	• 즉시 중지, 분리 조치, 모든 유아 보호 • 상황 파악 • 보호자 연락, 피해 유아 치료 연계 • 교육청 즉시 보고 및 사례관리 지원 요청
교육청 대응	• (요청시) 유치원 방문 컨설팅 • (필요시) 유치원 자문·대응 지원 • 우려 또는 위험한 수준으로 판단 시 상위 수준에 맞게 대응	• 유치원 자문 • 사례별 대응 지원 • 자문·지원 과정에서 위험한 수준으로 판단 시 사례위원회 회의 요청 (위험한 수준에 준하여 대응)	• 관할청 보고 ※교육지원청 → 교육청 → 교육부 • 초기조사 지원 • 사례위원회 총괄 지원 • 중재안 및 치료·상담 등 사후관리 연계 방안 마련 지원 • 관련 내용 모니터링 지속

(2) 성 행동 수준별 유치원 대응 방법

① '일상적인 수준의 성 행동' 대응(지도) 방법

※ 유치원 별 성교육 담당자 지정, 지도 및 대응 방법에 대한 교사 교육, 사건발생 시 신속 대응

흔히 일어날 수 있는 상황 및 행동	성 행동 지도 방법
• 자신의 신체 탐색 중 우연히 하는 성기 자극 등의 성 행동	• 다양한 흥미 중 하나로 나타난 행동이므로, 흥미를 보일만한 놀이로 관심 전환
• 쉽게 잠들지 못하거나 놀이를 찾지 못 하는 지루한 상황에서 하는 성 행동	• 편안한 분위기에서 잠들 수 있도록 재워주고, 흥미 있는 놀이를 찾아 놀이상대가 되어 줌
• 갑작스런 양육 환경의 변화로 인한 불 안감에 의해 나타난 성 행동	• 불안감 해소를 위해 부모면담으로 안정적인 양육 환경을 마련 • 흥미 있는 놀이에 참여할 수 있도록 지속적인 관 심을 가짐
• 다른 사람의 관심과 주목을 끌기 위해 시도하는 보여 주기, 엿보기 등 성 행동	• 성 행동에 주목할수록 자꾸 하려고 하므로, 남에게 피해를 주지 않으면 무시하는 것이 필요 • 유아의 이야기를 잘 들어주고 관심과 애정을 표현
• 놀이 중 성 역할에 대한 모방행동으로 서 표현하는 성 행동	• 역할에 대한 표현행동 중 하나로 인정하면서 다양 한 역할표현이 함께 이루어지도록 지원해 줌
• 남 · 여의 성적 특징에 대한 호기심에 서 비롯된 또래 엿보기 등 일시적인 성 행동	• 자연스러운 호기심의 표현이므로 일시적 행동으로 반응 • 연령에 적합한 성교육을 통해 남 · 여 신체의 차이 를 알려주는 등 관심을 해소시켜 줌
• 성적 자극이 많은 환경으로 인해 성에 대해 강한 흥미와 관심을 표현하는 성 행동	• 성과 성기에 대한 관심이 높아진 상태이므로, 남 · 여 성기의 차이점에 대해 성교육뿐 아니라 개별적 으로도 알려주며 관심 수용 • 흥미를 가질 만한 놀이를 제공하여 관심을 다른 곳으로도 확산시켜 줌

② '우려할 수준의 성 행동문제' 대응 방법

※ 순서대로 기술하였으나 현장에서 원장의 판단에 따라 순서 및 중간단계 종결 가능

우려할 수준의 행동문제	교사의 대응	원장의 대응

[특성]
• 교사의 지도에도 불구하고 지속하거나 행동에 몰두함
• 또래에게 성 행동을 하여 불편하게 함
• 피해 유아가 피하려 해도 계속하기도 함
• 성인의 눈을 벗어나는 장소에서 시도하려는 경향이 보임
 	
[사례]
• 피해 유아가 싫다고 해도 엿보는 행동을 반복함
• 성적인 행동과 연관된 동작을 흉내 내는 행동(뽀뽀할 때 혀를 내밀어 입에 넣으려하기 등)
• 또래를 한적한 곳으로 데려가 만져보려 하는 행동
	[상황 개입]
	• 문제되는 행동을 중지하도록 함
	• 관련 유아를 떼어 놓고 상황 파악
	
	[원장 보고]
	• 문제된 행동과 상황을 기록하여 원장에게 보고
	
	[부모 면담]
	• 부모에게 상황을 설명하여 가정에서 관심을 가지고 함께 지도하도록 함
	• 전문가 도움을 받도록 권유(필요시)
	
	[환경 점검 등]
	• 교육환경 및 일과 점검(낮잠시간 등 하루일과가 지루하거나 교사관리가 미비한 시간대 확인 등), 개선사항 살핌
	• 개별 상황에 따른 행동지도 계획, 실행
		[상황 파악]
		• 교직원의 보고 및 사실 확인
		  – 해당 반 상황 및 관련 유아의 행동 관찰
		  – 필요시 교사의 부모면담을 지원하고, 원장이 직접 부모면담 실시
		
		[외부 지원 요청(필요시)]
		• 필요시, 교육청(지원청 포함) 전문가 자문 및 사례위원회 지원 요청
		
		[예방을 위한 교육]
		• 교직원 및 유아 대상 : 성 행동문제 개선을 위한 교사 역할 지도 및 유아 성교육 실시
		• 부모 대상 : 가정연계를 통한 예방을 위해 부모 대상 교육 실시(필요시)

③ '위험한 수준의 성 행동문제' 대응 방법

※ 순서대로 기술하였으나 현장에서 원장의 판단에 따라 순서 변경 및 중간단계 종결 가능

위험한 수준의 행동문제	교사의 대응	원장의 대응

[특성]
• 교사가 저지하거나 주의를 돌리려 할 때 저항, 분노함
• 행위 유아와 피해 유아 간 연령 및 힘의 차이가 뚜렷함
• 피해 유아가 거부해도 고의적, 반복적으로 괴롭히는 행동
• 행위 유아는 장난이라도 피해 유아는 고통스러워 함
• 피해 및 행위 유아에게 신체적, 정신적 피해 나타남
 	
[사례]
• 또래에게 성적 놀이에 참여하라고 강요하기
• 상대의 의사에 반하여 강제로 보여주거나 만지기
• 지속적으로 타인의 성기를 만지려고 시도하기
• 성인의 성 행위를 명백하게 흉내 내기
• 피해 유아의 신체에 물체나 성기를 집어넣기
	[상황 개입]
	• 즉각 개입하여 행동을 중지시키고, 유아들이 불안하지 않도록 안정된 태도 유지
	
	[원장 보고]
	• 인지 즉시 원장에게 보고
	
	[분리 조치]
	• 행위 유아, 피해 유아를 서로 다른 공간으로 분리하여 보호 조치
	
	[상황 파악 및 기록]
	• 상황을 파악하고 사건 경위 기록(원장 협조)
	  – 가능한 유아 스스로 말하도록 개방적 질문을 하고,
	  – 초기진술의 오염 방지를 위해 추궁, 반복, 추가질문을 하지 않음
	
	[환경 점검 및 행정사항]
	• 교육환경, 일과 점검, 개선사항 살핌
	• 원장 지도하에 개별 행동지도 계획, 실행
	• 원장, 유아 성교육 담당자 지도하에 유아 성 안전 교육 실행
		[상황 파악 및 안전조치]
		• 교사 보고받은 즉시 신속히 상황 파악, 부모 연락
		• 행위 유아와 피해 유아를 분리·보호조치, 모든 유아의 안전 확인
		
		[외부 지원 요청]
		• 교육지원청에 사안 보고
		• 교육지원청에 초기조사 및 자문 요청
		
		[부모 면담 및 조치 논의]
		• 부모 면담을 통해 상황 설명, 등원여부 협의(행위 유아와 피해유아의 분리를 위해 행위 유아 일시적 가정양육 권고 등)
		• 피해유아 치료방안 논의
		
		[외부 기관 협조]
		• 교육지원청 초기조사 협조
		• 초기 자료가 훼손되지 않도록 사안 관련 사진(발생 장소, 상처 등), 해당 CCTV 자료 보관 및 사건경위 기록, 부모면담 기록 등의 자료 확보
		
		[예방을 위한 교육]
		• 자문에 따라 교사역할 지도 및 유아 성교육 실시
		• 자문에 따라 부모설명회 및 부모대상 예방교육 실시

3 유치원 역할

원장	• 유아 성교육 담당교사 지정 • 유치원 교사 유아 성교육 및 성 행동문제 대응 관련 교육 이수 지원 • 유아 성 행동문제 발생 시 담당교사와 함께 관할청(교육지원청 · 교육청) 지원 요청 및 교육청 보고 등 외부 대응 총괄 • CCTV, 정황 자료 등을 보존하여 관할청(교육지원청 · 교육청) 초기조사 협조
성교육 담당 교사	• 유아 성행동 판단 기준에 따른 주기적인 점검, 단위 유치원별 성교육 계획 수립 · 정비 • 원장으로부터 지정된 유아 성교육 담당교사는 매년 관련 교육*을 이수하고 유치원 내 각 반 교사에게 전달 교육 실시 (*아동학대예방교육 內 성 행동 지도 및 대응방법 교육 내용 포함) • 유치원 유아 성 행동(문제) 지도 · 교육 상시 관리 • 유아 대상 발달단계에 맞는 교육 및 유아 일상적인 행동에 대한 부모 소통 · 교육 기획 • 유아 성 행동문제 발생 시 육아종합지원센터 자문 및 지원 요청 등 대응
학급 담임교사	• 유아 성교육 담당교사로부터 전달 교육 이수(온라인 교육 영상 활용) • 해당 유아의 발달단계에 맞는 교육, 지도 및 관찰 • 유아 성 행동문제 발생 시 행동중지, 상황 파악 후 유아 성교육 담당교사에 즉시보고 (대응 매뉴얼, 대응 요령 숙지) • 유아의 발달단계 및 누리과정 내용과 연계하여 유아 대상 성교육 내실 운영(8시간 이상) − (내부) 병설−유 · 초 연계, 단설−보건 인력 활용 / (외부) 성교육 민간 전문강사 활용 − 「학교안전교육 실시 기준 등에 관한 고시」 등 학교안전교육과 연계 운영

학교안전교육 실시 등에 관한 기준 고시	유치원 성교육 표준안	아동복지법 시행령 제28조제1항 관련 [별표6]
폭력예방 및 신변보호교육 학기당 2회 이상 (연간 8시간 이상)	4개영역/ 9개 주제 누리과정 수업과 연계 편성 · 운영	성폭력 및 아동학대 예방 교육 6개월에 1회 이상 (연간 8시간 이상)
유치원 성교육 구성(예시)		

1. 소중한 나의 몸
2. 나의 출생과 성장과정
  알기
3. 내 몸의 구조와 기능 알기
4. 나의 감정 알고 조절하기
5. 남녀의 생활
6. 가족의 역할 알기
	7. 가족에 대한 예절 지키기
	8. 가족과 화목하게 지내기
	9. 친구의 의미 알기
	10. 친구 간의 예절 지키기
	11. 결혼, 부모와 나의 관계
	12. 내 몸의 청결한 관리와
	  옷차림
		13. 타인의 성적 강요
		  행동과 언어
		14. 성폭력이 일어날 수
		  있는 위험한 상황
		  알아보기
		15. 성역할과 양성평등
		16. 인터넷 등 미디어의
		  특성과 바른 사용

A Plus⁺ 유치원 성교육 표준안(2017)

4개 영역	9개 주제	내용 요소
인간발달 영역	나의 몸과 마음	소중한 나의 몸, 나의 출생과 성장과정 알기, 내 몸의 구조와 기능 알기, 나의 감정 알고 조절하기
	남녀의 성생활에 대한 내용	남녀의 생활
인간관계 영역	소중한 가족	가족의 역할 알기, 가족에 대한 예절 지키기, 가족과 화목하게 지내기
	유치원에서 만난 친구	친구의 의미 알기, 친구 간의 예절 지키기
	결혼의 의미와 나에 대한 내용	결혼, 부모와 나의 관계
성건강 영역	내 몸의 관리	내 몸의 청결한 관리와 옷차림
사회와 문화 영역	성폭력의 예방	타인의 성적 강요 행동과 언어, 성폭력이 일어날 수 있는 위험한 상황
	성역할	성역할과 양성평등
	인터넷 등 미디어 사용	인터넷 등 미디어의 특성과 바른 사용

4 '유아의 성 행동'에 대한 보호자의 역할

(1) 흔히 보이는 '성 행동'에 대한 보호자의 일상적 역할

① 자녀에게 관심을 가지고, 자녀의 행동을 면밀히 관찰한다.

② 자녀의 성관련 질문에 정확한 단어를 사용하고 올바른 성교육 자료(영상, 동화책)를 활용한다.

③ 자녀의 성 행동이 우려가 된다면 성교육 자료와 지도방법 등에 대해 유치원에 도움을 요청한다.

④ 유치원과 협력하여 일관된 방법으로 자녀를 지도한다.

(2) '우려할 수준의 성 행동문제'에 대한 보호자 역할

① 가정에서 자녀에게 관심을 가지고, 자녀의 행동을 관찰하며 성교육 지도를 한다.

② 유치원과의 지속적인 교류 · 협력으로 자녀의 성 행동문제를 지도한다.

③ 성에 대한 부모의 관점을 점검한다.

④ 스마트폰, 미디어 사용 등 가정 및 지역사회(학원 등)에서의 위험요소를 점검한다.

⑤ 필요시, 자녀가 전문가의 심리치료를 받도록 한다.

(3) '위험한 수준의 성 행동문제'에 대한 보호자의 역할

① 우선 자녀를 안심시킨다.

② 자녀의 안전을 확인하고 필요시 병원 진료를 받도록 한다.

③ 교사 및 원장과의 면담으로 정황과 사실 관계를 파악한다.

④ 교육청(또는 교육지원청)에 지원을 요청한다.

⑤ 가정에서 자녀에게 지속적으로 관심을 가지고, 자녀의 행동을 관찰한다.

⑥ 전문기관을 통한 전문가 상담과 상담치료에 참여하도록 한다.

⑦ 행위 유아 부모의 경우, 피해 유아와 부모에 감수성 있는 태도를 가지도록 하며 적극적 사과 및 필요시 피해 보상 등을 논의한다.

⑧ 위험한 수준의 성 행동문제 대응 절차

자녀 안전 확인 및 필요시 병원진료
↓
유치원에 알리고 교사(원장) 면담 실시
↓
교육(지원)청(전문기관)에 조사 및 사후관리 지원 요청
↓
초기조사 협조 및 전문기관 면담 참여
↓
전문기관 추후조치 참여(전문가 상담 · 치료 등)

5 유아의 성 행동문제에 대한 오해와 진실

(1)

오해	성 행동문제를 보이는 유아나 아동은 성적으로 학대받은 경험이 있을 것이다.
진실	성 행동문제를 보이는 유아, 아동, 청소년 중 일부는 성 학대 경험이 있는 아동도 있기는 하지만, 대다수의 유아, 아동, 청소년은 성적으로 학대받은 경험이 없습니다.

(2)

오해	성 행동문제를 보인 유아나 아동은 자라서 성범죄를 저지를 수 있다.
진실	성 행동문제가 있는 유아나 아동이 심리치료를 받게 되면 성인이 되어 성범죄에 연루될 가능성이 극히 낮습니다. 성 행동문제에 대해 심리치료를 받은 아동을 10년간 추적 조사한 연구에 따르면 이 아동 중 98%는 이후 전혀 성적 문제를 일으키지 않은 것으로 나타났습니다.

(3)

오해	성 행동문제는 쉽게 고쳐지지 않을 것이다.
진실	성 행동문제에 대한 전문적인 심리치료를 통해 문제를 극복할 수 있습니다. 아동 개인, 가족, 기관 등에서 개별화된 안전보호 계획을 수립하여 실행하면 아동이 성 행동문제를 극복하는 데 큰 도움이 됩니다.

(4)

오해	성 행동문제를 보이는 유아는 일탈행동을 쉽게 하고, 타인에게 공격적이고, 위험할 것이다.
진실	만약 유아에게 보다 심각한 심리정서적 문제가 있다면, 보다 집중적이고 전문적인 심리치료를 받아야 할 필요가 있습니다. 하지만 성 행동문제를 가진 대부분의 유아, 아동은 전문적인 심리치료에서 개별화계획을 통해 지원을 받고 가족이 협조가 잘 이루어지면 안전, 지도의 측면에서 큰 진전을 보입니다.

(5)

오해	유아와 성에 대해 이야기하면 성에 대해 호기심을 더 많이 가지게 될 것이다.
진실	십대 청소년을 대상으로 한 최근 연구에 따르면, 십대 10명 중 9명은 가정에서 부모와 함께 좀 더 개방적이고 솔직한 대화를 나눈다면 자녀는 성 관계를 더 늦은 나이에 시작하고 원치 않는 임신을 예방할 수 있다고 합니다. 부모가 유아기부터 자녀와 함께 성적인 이슈에 대해 좀 더 솔직하게 대화를 나누면 유아는 성장하면서 자신을 안전하게 지키는 데 필요한 지식과 기술을 더 많이 알 수 있게 되고, 청소년기 이후 이성 관계에서도 더 좋은 결정을 내릴 수 있습니다.

6 성 행동문제 발생시 유아를 대하는 바람직한 태도

(1) 주의깊게 관찰

① 침착하게 대처한다. 평소와 다르게 충격을 받은 표정, 굳은 표정, 긴장된 어투가 드러
나지 않도록 한다.

② 유아 또는 아동의 자발적인 진술(호소)이나 표현이 가장 중요하다는 것을 인지하고 주의
깊게 듣고 관찰한다.

　㉠ 신체적 증상의 호소 : "따가워요", "아파요", "가려워요", (바지나 치마를 가리키며) 느낌이
　　이상해요"

　㉡ 또래와의 관계에 대한 호소 : "○○가 불편하게 해요", "○○가 자꾸 만져요", "○○가 자
　　꾸 봐요"

　㉢ 정서적 표현으로서의 호소 : 우울, 위축, 민감, 불안 등이 비언어적 표현(울음, 짜증, 손톱
　　물어뜯기 등)으로 나타남

(2) 의사소통 방법

① 유아의 초기 진술이 오염되는 것을 방지하기 위한 방법

　㉠ 유아 또는 아동의 이야기를 잘 듣고 있다는 비언어적 메시지 전달 예 자세를 낮추고
　　눈맞춤하기, 끄덕임, 집중하여 듣기

　㉡ 경청 및 아동의 마지막 언급을 반복하기 예 "그랬구나", "~했다는 거구나."

　㉢ 공감적 이해 및 안심 유도 예 "괜찮아, 서두르지 마. 듣고 있을게."

　㉣ 개방형 질문 예 "무슨 일이 있었는지 선생님께 말해줄 수 있겠니?", "어떻게 느꼈는
　　지 말해줄 수 있겠니?"

② 부적절한 질문 : 피해 유아, 행위 유아, 주변의 유아 등 어떤 아이에게도 상황에 대해 추
궁하거나 답을 암시, 유도하는 폐쇄형 질문을 하지 말아야 한다. 또한 예단하거나 편파
적인 질문 역시 피한다. 질문자가 유추, 자의적 해석을 통해 예단하는 질문을 하면 유
아의 진술이 오염될 수 있다.

폐쇄형 질문 예 (예, 아니오 답 가능)	• ○○이/가 너의 소중한 곳을 아프게 했니?
편파적인 질문 예	• 선생님이 보니까 아까 화장실에 가던데 거기서 그런 거야? • ○○이/가 매일 따라 다녔지? 엄마는 ○○이/가 그런 거 같은데.
추가적, 반복적 질문 예	• ○○이/가 그랬지? ***(부위)를 만졌다고 했잖아, 맞지?

③ **경청과 공감 표시** : 아이가 먼저 말할 때는 언제나 주의 깊게 듣고 공감을 표시해 준다. 아이가 이야기하면서 불안, 혼란, 수치심, 죄책감 등의 감정을 나타내면 이를 해결할 수 있도록 어른이 함께 도와줄 거라고 안심시켜 준다.

④ 아이가 보거나 들을 수 있는 데서 다른 성인과 이야기를 나누거나, 통화하거나, 걱정하거나 화내는 언행을 나타내면 안 된다.

⑤ 아이에게서 들은 것, 본 것, 답하고 실행한 것을 자세히 기록해 놓는다.

Ⓐ Plus⁺ 아동학대 유형 및 징후

신체 학대 성인이 아동에게 신체적 손상을 입히거나 이를 허용하는 모든 행위	정서학대 성인이 아동에게 하는 언어적 · 정서적 위협, 감금 · 억제 · 기타 가학적인 행위
□ 사고로 보기에는 미심쩍은 상처(사용된 도구의 모양이 그대로 나타나는 상처, 담뱃불 자국, 뜨거운 물에 잠겨 생긴 화상, 겨드랑이, 팔뚝, 허벅지 안쪽 등 다치기 어려운 부위 상처 등) □ 신체적 상처로 자주 병원을 가는 경우 □ 부모에 대한 두려움, 집으로 돌아가는 것에 대한 거부감 □ 다른 아동이 다가올 때 공포감을 느끼는 행동 □ 공격 또는 위축된 극단적 행동	□ 과도한 수면 부족 증세 □ 스트레스로 인한 원형 탈모 □ 특정 물건을 계속 빨고 있거나 물어뜯음 □ 폭력성향, 히스테리, 강박, 공포, 극단행동, 과잉행동, 자살시도 등 비정상적 반응
성학대 성인의 성적 만족을 위해 아동의 신체에 접촉하는 행위나 아동과의 모든 성적 행동	방임 아동의 양육과 보호를 소홀히 하여 정상적인 발달을 저해하는 모든 행위
□ 걷거나 앉는 데 어려움 □ 입천장의 손상, 성병 감염 및 임신 □ 나이에 맞지 않는 성적 행동 □ 타인, 동물, 장난감을 대상으로 하는 성적 상호 관계 □ 부모에 대한 두려움, 집으로 돌아가는 것에 대한 거부감	□ 기아, 영양실조, 적절하지 못한 영양 상태 □ 계절에 맞지 않는 옷, 청결하지 못한 외모 □ 음식 구걸, 도둑질 □ 지속적 피로 · 불안정 호소 수업 중 과도한 수면

PART 3

유아 언어 교육

1 다음은 언어습득에 대한 촘스키(N. Chomsky)의 이론을 설명한 도식이다. 이 이론에 대한 설명으로 적절하지 않은 것은?　2010기출

```
                    ┌─────────────────────┐
언어적 자료  →      │        LAD          │   → 문법적 능력
                    │ (Language Acquisition│
                    │      Device)        │
                    └─────────────────────┘
   (입력)                   (처리)              (출력)
```

① 모든 언어에는 공통적인 구조와 규칙들이 있다.

② 인간은 선천적으로 언어습득에 적합한 내재적 능력을 갖추고 있다.

③ 투입되는 언어 자료가 완전하지 않아도 모국어의 문법을 습득할 수 있다.

④ 체계적 훈련 없이 단순히 언어를 접하는 것만으로도 언어를 습득할 수 있다.

⑤ 유아는 모국어의 표층 구조(surface structure)를 먼저 습득하고 이것을 다시 심층 구조(deep structure)로 바꾼다.

정답 ⑤

2 다음은 비고츠키(L. S. Vygotsky)학파가 주장한 발화(speech)의 조절(regulation) 기능의 변화 과정을 나타낸 것이다 ㉠~㉣을 바르게 연결한 것은?　2011기출

┌──┐
│ 발달의 초기에 유아의 행동은 (㉠)의 말로 조절된다. │
└──┘
                    ↓
┌──┐
│ 점차 유아는 (㉡)인 말로 자신의 행동을 조절하기 │
│   시작한다.   │
└──┘
                    ↓
┌──┐
│ 유아는 (㉢)의 (㉣)인 말로 자신의 행동을 │
│   조절하게 된다.   │
└──┘

	㉠	㉡	㉢	㉣
①	자신	사적 (private)	타인	외적
②	자신	사회적	자신	내적
③	타인	사적 (private)	타인	외적
④	타인	사적 (private)	자신	내적
⑤	타인	사회적	자신	외적

정답 ④

3 언어 발달에 대한 학자들의 관점이 바르게 드러난 사례를 〈보기〉에서 모두 고른 것은?　2010기출

보기

ㄱ. 반두라(A. Bandura)의 모방학습 이론 : 인수는 들은 적이 없는데도 "삼촌이가 왔어."라고 하였다.

ㄴ. 스키너(B. F. Skinner)의 강화 이론 : 존댓말을 사용하여 엄마의 칭찬을 받은 인철이는 존댓말을 더 자주 사용하게 되었다.

ㄷ. 피아제(J. Piaget)의 인지발달 이론 : 요즘 영희는 엄마에게 "까꿍!" 하는 놀이를 즐겨하면서 '있다', '없다' 등의 어휘도 사용하기 시작하였다.

ㄹ. 비고츠키(L. S. Vygotsky)의 인지발달 이론 : 간식 시간에 가장 좋아하는 딸기를 보고 자기 순서를 벗어나 달려 나가던 화경이는 갑자기 혼잣말로 "순서를 지켜요. 순서를 지켜요." 하더니 자신의 자리로 되돌아와 기다렸다.

① ㄱ, ㄴ　　　② ㄴ, ㄷ　　　③ ㄱ, ㄴ, ㄷ

④ ㄱ, ㄷ, ㄹ　　⑤ ㄴ, ㄷ, ㄹ

정답 ⑤

해설
ㄷ. 까꿍놀이는 대상영속성이 형성되었다는 증거이므로, 인지 발달이 언어 발달에 선행된다는 피아제의 관점을 설명하는 예가 된다.

4 유아의 언어 발달에 대한 설명으로 옳은 것은?

2009기출

① 어휘를 습득할 때 동사가 가장 많이 나타나고, 그 다음으로 명사, 감탄사, 형용사, 부사, 대명사가 나타난다.
② 발달 특성상 표준 철자로 글씨를 쓰기에는 아직 미숙한 단계이며 초기 쓰기, 창안적 쓰기(invented spelling) 등을 한다.
③ 유아의 의사소통 능력 발달과 관련이 있는 차례 지키기(turn taking)는 대화에 요구되는 규칙을 익히는 것으로 만 4세 이후부터 습득된다.
④ 책의 내용을 비슷하게 꾸며 읽는 것과 같은 초기 읽기를 거쳐서 만 5세가 되면 대부분 그림책을 볼 때 능숙하고 정확한 읽기 단계에 도달한다.
⑤ 존댓말을 배울 때 '~요(먹어요).'보다 '~시~(~드세요).'가 더 일찍 나타나고 안정화되는데, 이는 말의 중간 음절이 다른 음절보다 더 명확하기 때문으로 볼 수 있다.

정답 ②

해설
① 유아의 초기 어휘는 자기 주위에서 일어나는 사건이나 중요한 대상물의 이름들이다. 예 엄마, 아빠, 오빠, 물, 우유, 과자, 공, 신발, 강아지, 멍멍 등
③ 초기의 차례 지키기는 옹알이 때부터 나타나지만 차례 지키기가 안정화되는 것은 5~6세가 되어야 가능해진다.

5 푸름반 만 5세 유아들이 텃밭 작물을 수확한 후에 장터를 열기로 하였다. 다음은 이를 안내하는 광고지를 만들기 위한 토의 활동 일부와 유아들이 교사와 함께 만들고 있는 광고지이다. ㉠~㉤에 대한 설명으로 적절하지 않은 것은?

2012기출

김 교사 : 광고지를 만들면서 그 안에 꼭 써야 될 것이 무엇인지 생각해 보자.
윤　희 : 얼마인가 알려 줘요.
김 교사 : (소쿠리에 담겨진 배추, 무, 당근 중에서 당근을 들어 올리며) 이 당근은 얼마에 팔면 좋을까?
성　빈 : 그거 당근 아니에요.
김 교사 : 그런데 성빈이는 왜 이걸 당근이 아니라고 생각하니?
성　빈 : ㉠ 엄마랑 같이 산 당근은 이파리 없어요. 이건 이파리가 달렸잖아요. 그러니까 이건 당근 아니에요.
　　　 ……(중략)……
김 교사 : 그렇다면 이 광고지에서 빠진 것이 무엇일까?
용　준 : 예쁘게…. 색칠해야 해요.
　　　 ……(중략)……
현　우 : 어디에서 파는지…. 장터가…. 어디 있는지…. 써야….
김 교사 : ㉡ 현우는 장터가 어디에서 열리는지 써야 한다고 말했어요. 그런데 현우는 왜 그것을 써 넣어야 한다고 생각했지?
현　우 : 장터 오려면…. 채소 사고 싶을 때 어딜로 가서….
김 교사 : ㉢ 그래, 이 광고지를 보고 사람들이 채소를 사고 싶을 때 장터가 어디에서 열리는지 알아야 찾아올 수 있겠구나. 현우가 아주 중요한 말을 해 주었어요.
　　　 ……(하략)……

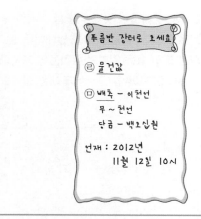

① ㉠은 단어 사용의 과잉축소 현상이다.
② ㉡은 글의 메시지 전달 기능을 의식할 수 있도록 촉발시키는 발문이다.
③ ㉢은 유아의 불완전한 문장 표현을 자연스럽게 수정하여 완성시키는 정교화 기법을 보여 준다.
④ ㉣의 경우에 음절 단위로 카드를 만들어 준다면 물건 , 값 과 같이 2장의 카드에 나누어야 한다.
⑤ ㉤의 첫 음소는 조음 위치상 두 입술을 사용하는 양순음이다.

정답 ④
해설
• 문장의 구조 : 정교화 기법(확장 모방 : 유아가 단편적으로 표현한 문장의 구조를 그대로 사용하면서 성숙한 문형으로 확장하는 방법)

• 한글의 조음 위치와 조음법
① 조음 위치

양순음	치조음	경구개음	연구개음	후음
ㅁ, ㅂ, ㅃ, ㅍ	ㄴ, ㄷ, ㄸ, ㅌ, ㄹ, ㅅ, ㅆ	ㅈ, ㅉ, ㅊ	ㄱ, ㄲ, ㅋ, ㅇ	ㅎ

② 조음법

파열음	마찰음	파찰음	비음	유음
ㄷ, ㄸ, ㅌ, ㄱ, ㄲ, ㅋ, ㅂ, ㅃ, ㅍ	ㅅ, ㅆ, ㅎ	ㅈ, ㅉ, ㅊ	ㄴ, ㅁ, ㅇ	ㄹ

6 〈보기〉는 교사가 다음의 동시를 들려주고 상호작용한 과정의 일부이다. 물음에 답하시오. 2010기출

삐약삐약 ㉠ 병아리야 어디 가니?
엄마 닭 만나러 집으로 가지.
음메음메 ㉠ 송아지야 어디 가니?
엄마 소 만나러 집으로 가지.
뚜닥뚜닥 ㉠ 망아지야 어디 가니?
엄마 말 만나러 집으로 가지.
아장아장 ㉡ 아가야 어디 가니?
나도 엄마 만나러 집으로 가.

보기

(가) …… 그림 자료를 이용하여 동시를 들려주고 난 후,
　　교 사 : 어디에서 일어난 일일까?
　　지 민 : 시골에서요.
　　윤 동 : 동물원요.
　　교 사 : 이 동시의 제목을 만들어 보자. 무슨 제목을 붙여 볼까?
(나) …… 동물의 울음 소리를 바꾸어 다시 지어 보는 활동을 한 후,
　　교 사 : 잘했어. 은진이가 바꾸어 다시 지어 준, '도닥도닥' 소리는 '뚜닥뚜닥' 하고 어떻게 다르지?
　　은 진 : '닥' 할 때는 같아요.
(다) 이 동시를 여러 번 들려준 후에, 교사는 ㉠ 앞에서 멈추어 이 부분을 유아들이 직접 말로 채우도록 하고 끝말이 같은 소리인 것을 찾아보도록 한다.
(라) 교사는 자석 글자(ㅇ, ㄱ, ㅁ, ㅏ, ㅣ……)를 만들어, 유아들에게 '아', '가', '마' 사이에, 그리고 '가'와 '기' 사이에 어떻게 소리가 달라지는지 각각 비교하는 놀이를 하였다.
(마) 병아리, 송아지, 망아지, 아기 그림이 있는 카드와 닭, 소, 말, 엄마 그림이 있는 카드를 섞어 놓은 후, 엄마와 아기를 일대일로 연결하는 놀이를 하였다.

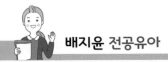

1) 위 동시의 ⓒ을 언어의 기본 단위로 구분한 것 중 형태소를 가장 잘 나타낸 것은?

① ㅏ + ㄱ + ㅏ + ㅑ + ㅓ + ㄷ + ㅣ + ㄱ + ㅏ + ㄴ + ㅣ

② 아 + 가 + 야 + 어 + 디 + 가 + 니

③ 아가 + 야 + 어디 + 가 + 니

④ 아가 + 야 + 어디 + 가니

⑤ 아가야 어디 가니

2) 음운 인식을 높여 주는 활동으로 적절한 것을 〈보기〉에서 모두 고른 것은?

① (가), (나)   ② (가), (다)

③ (라), (마)   ④ (나), (다), (라)

⑤ (다), (라), (마)

1) ③   2) ④

7 다음은 민 교사와 윤 교사가 선호하는 언어 접근법과 지도사례 및 문자언어 지도법을 보여 주는 표이다. 물음에 답하시오. [5점] 2013기출

	민 교사	윤 교사
언어 접근법과 지도 사례	(가) 발음중심 언어 접근법	(나) 의미중심(총체적) 언어 접근법
	읽기지도를 하기 위해서는 ㉠ 어릴 때부터 자·모음 체계, 철자법 등을 반복해서 가르칠 필요가 있어요. 그래서 저는 우리반 유아들에게 매일 꾸준히 '점선따라 쓰기'를 시키고 있어요.	읽기지도는 의사소통 측면에서 접근해야 한다고 봐요. 그렇기 때문에 ㉡ 자·모음보다는 의미를 구성하는 전체적 이야기를 기본 단위로 가르쳐야 하는 거죠. 그래서 저는 교실을 풍부한 문해환경으로 만들어 주는 데 신경을 쓰고 있어요.

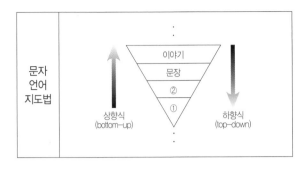

1) ㉠과 같이 지도한 결과로 유아에게 나타날 수 있는 (가)의 문제점과, ㉡과 같이 지도한 결과로 유아에게 나타날 수 있는 (나)의 문제점을 각각 1가지씩 쓰시오. [2점]

• (가)의 문제점 : _____

• (나)의 문제점 : _____

2) 모든 유아에게 적합한 최상의 언어 교육 방법은 없으며, 한 가지 접근법으로는 언어 교육을 하는 데 효과적이지 못하다는 요구에 따라 (가)와 (나)의 장·단점을 보완하여 접목한 접근법이 무엇인지 쓰시오. [1점]

• _____

3) 위 표를 보면 민 교사는 상향식 접근방식으로, 윤 교사는 하향식 접근방식으로 문자언어를 지도하고 있음을 알 수 있다. 그림의 ①, ②에 들어갈 알맞은 말을 쓰시오. [1점]

• ① : _____

• ② : _____

4) 다음은 언어 교육에 대한 (나)의 관점을 나타내고 있다. 괄호 안에 들어갈 알맞은 말을 쓰시오. [1점]

언어 교육은 듣기, 말하기, 읽기, 쓰기의 순서대로 가르치기보다는 ( )적으로 가르쳐야 한다.

• _____

정답
1) • (가)의 문제점 : 지루한 반복 연습으로 인하여 읽기 · 쓰기
   에 대한 흥미가 떨어진다.
   • (나)의 문제점 : 의미의 지나친 강조로 정확함이 떨어져
   유능한 읽기 · 쓰기를 할 수 없게 된다.
2) • 균형적 언어 접근법
3) • ① : 음절(낱자)   • ② : 단어
4) • 통합

8 다음은 5세반에서 '공룡'을 주제로 실시한 자유선택활
동의 한 장면이다. 물음에 답하시오. **2013추시 일부**

언어 영역에 공룡백과사전, 공룡사전, 공룡에
관한 그림책, 유아가 만든 공룡책 등이 비치되어
있다.
이외에도 여러 가지 필기도구와 종이, 카드 등이
제시되어 있다.

(가)

김 교사 : (승우가 쓰고 있는 글자를 가리키
며) 어머, 정말 잘 썼네! 무슨 공룡
을 쓰는 거야?
승   우 : 몰라요. 그냥 공룡카드 보고 베껴
쓰는 거예요.
김 교사 : ㉠ (승우가 'ㅡ'를 쓴 다음 'ㅅ'을 쓰
는 것을 보고) 글자 쓰는 순서가 틀
렸네. (승우가 쓴 'ㅅ'자를 손가락으
로 따라 쓰며) '시옷' 먼저 쓰고 그
다음에 '으'를 써야지.
          ……(중략)……
김 교사 : ㉡ (승우가 쓴 글
자를 한 자 한 자
짚어 가며 소리
내어 읽어 준다.)
세. 이. 스. 모.
사. 우. 루. 스. 그런데 승우야, 네
이름에도 '우'가 있지 않니?

승   우 : 으음……. '우', '우', 내 이름 '우'자
하고 여기 '우'자 하고 똑같아요.
김 교사 : ('우'를 강조하여 읽어 주며) 그래.
세. 이. 스. 모. 사. 우-. 루. 스. 야.
승   우 : (고개를 갸우뚱하며) 싸우르쓴
데……. 공룡은 다 싸우르쓰예요.
          ……(중략)……
준   수 : 선생님, 이거 보세요. 내가 ㉢ 공룡백
과사전 보고 찾아서 쓰고 그린 거예
요. 이거는 스테고, 이거는 아파토. 다
초식공룡이에요.
김 교사 : 준수는 정말 공룡박사네!
준   수 : 여기 공룡카드도 있어요. 다음 견학
갈 때 전시관 아저씨한테 줄 거예요.
김 교사 : 안내해 주신 아저씨께 드릴 거야? 뭐
라고 쓴 건데?
준   수 : ㉣ 공룡그림이 그려진 감사카드의 끼
적인 부분을 읽는 척하며) 아저씨께,
공룡에 대해, 알게 해 주셔서 감사합
니다.
현   우 : (준수가 그린 공룡그림을 보고) 헐, 공
룡 그림 짱이다!
김 교사 : ㉤ ('헐', '짱'이라는 말을 고쳐 주고자)
'현우는 준수가 공룡을 정말 잘 그렸
다.'라고 말하고 싶구나.
현   우 : 네. 정말 똑같이 그렸어요.

1) 다음은 언어 접근법에 대한 설명이다. ⓐ에 들어갈 알맞은 말 1가지를 쓰시오. [1점]

> (ⓐ) 언어 접근법에서는 ㉠과 같이 철자법 등 글자의 형태를 강조하며 글자의 해독(decoding)을 중시한다. 이와는 반대로 의미중심 언어 접근법에서는 ㉣과 같이 끼적거리기, 읽는 척하기 등 글의 기능이나 의미를 강조하며 유아의 의사소통 능력 향상을 중요하게 여긴다.

•ⓐ : _____

2) '말소리가 같으면 글자의 모양도 같다.'라고 승우가 생각하고 있음을 보여 주는 문장 1가지를 (가)에서 찾아 쓰시오. [1점]

• _____

3) ㉡에서 김 교사가 강조하는 우리말 소리의 기본 단위 1가지를 쓰시오. [1점]

• _____

4) ㉢과 같은 백과사전은 그림책의 종류 중 ⓐ에 속한다. ⓐ에 들어갈 용어 1가지를 쓰시오. [1점]

> (ⓐ)은(는) 세상에 대한 유아의 궁금증을 해결해 주며 특별한 지식을 얻기 위해 사용되는 그림책의 종류이다. 따라서 예술적·미학적 측면보다는 내용의 정확성을 우선적으로 고려하여 선정해야 한다.

•ⓐ : _____

정답
1) •ⓐ : 발음중심
2) •'우', '우', 내 이름 '우'자 하고 여기 '우'자 하고 똑같아요.
3) •음절
4) •ⓐ : 정보그림책

9 유치원에서는 전승문학(traditional literature) 작품을 활용하여 다양한 활동을 한다. 다음은 전승문학의 하위 장르 A, B, C의 일반적 특징이다. B가 전설(legend)일 때, (가)~(라)에 들어갈 내용을 적절하게 짝지은 것은? **2012기출**

장르	주인공의 특성	시·공간적 배경	기능 및 미학적 태도	유아를 위한 작품 사례
A	어떤 존재든 가능하며 허구적임	시간과 공간이 구체적으로 한정되어 있지 않음	(다)	(라)
B	주인공에 실제성이 부여됨	(나)	특정 지역의 애향심 고취	(생략)
C	(가)	태초의 시간과 신성한 공간 및 인간의 공간	신앙심 고취와 숭고미	(생략)

	(가)	(나)	(다)	(라)
①	어떤 존재든 가능하며 허구적임	역사적 시간과 지리적 공간	오락성과 해학미	「미운 아기 오리」
②	어떤 존재든 가능하며 허구적임	시간과 공간이 구체적으로 한정되어 있지 않음	신앙심 고취와 숭고미	「단군신화」
③	신적, 초월적 존재	태초의 시간과 신성한 공간	권선징악	「콩쥐 팥쥐」
④	신적, 초월적 존재	역사적 시간과 지리적 공간	권선징악	「강아지 똥」
⑤	신적, 초월적 존재	역사적 시간과 지리적 공간	오락성과 해학미	「혹부리 영감」

정답 ⑤
해설 A : 민담 B : 전설 C : 신화

언어의 이해

1 언어의 특성

1) 오웬스(Owens, 2001)

(1) 언어적 요소와 비언어적 요소[1]

언어적 요소	듣기 · 말하기	음성언어이다.
	읽기 · 쓰기	문자언어이다.
	수화	손의 움직임과 표정, 제스처를 사용하여 표현하는 시각언어이다.
언어 외적 요소	준언어적 요소	태도나 정서를 나타내기 위해 말에 첨가되는 것으로서 억양, 강세, 속도, 일시적인 침묵 등이다.
	비언어적 요소	유아의 언어에서 많이 발견되는 것으로 몸짓, 자세, 표정, 시선, 머리 또는 몸의 동작, 물리적 거리나 근접성 등이다.
	초언어적 요소	언어에 대해 이야기하고, 분석하고, 생각하고, 판단하고, 언어를 내용과 분리해서 하나의 실체로 보는 능력이다.

(2) 언어의 특성과 기능상의 분류

① 언어의 특성에 따른 분류

㉠ 이원성 : 언어는 소리의 체계와 의미의 체계로 분리된다. 따라서 비슷한 소리가 전혀 다른 의미를 가질 수 있고 전혀 다른 소리가 같은 의미를 가질 수 있다.
예 배-배, 책-서적

㉡ 추상성 : 언어와 실제 표상하는 사물과는 유사성이 없다. 예 '기차'의 실제 사물은 길고, '세발자전거'의 실제 사물은 짧다(음절 수와 사물이 연관 없음).

㉢ 임의성 : 언어는 어떤 사물이나 개념에 임의적으로 음성이나 문자를 연결시키기로 한 약속 부호이다. 예 한국어로 '눈'이라고 하는 것을 영어로 '스노우(snow)'라고 한다.

㉣ 규칙성 : 자음과 모음의 결합, 어순, 의미 등은 일정한 체계와 규칙을 가지고 있다.

㉤ 사회성 : 언어는 여러 가지 학습 유형 중 가장 사회적인 것으로 타인과의 상호작용에 주된 목적이 있다.

㉥ 생산성 : 각 언어마다 어휘 수는 한정되어 있으나 제한된 어휘와 문법으로 만들 수 있는 문장의 수는 무수하다.

㉦ 가변성 : 언어는 고정불변된 것이 아니라 사회현상에 따라 끊임없이 변화한다.

② 언어의 기능상의 분류

음성언어

	듣기	말하기	
수용언어	읽기	쓰기	표현언어

문자언어

ㄱ 수용언어 : 듣기와 읽기와 같이 다른 사람의 말이나 글을 이해하는 데 필요한 언어 기능이다.

ㄴ 표현언어 : 말하기와 쓰기와 같이 자신의 생각과 의도를 전달할 때 필요한 언어 기능이다.[2]

💡
2) 대개의 경우 수용 어휘의 양이 표현 어휘의 양보다 많다.

2 언어의 구성요소[3]

(1) 음운론

① 음소 : 의미 변별의 최소 단위이다. 예 '불', '풀', '뿔'은 음소 /p/, /pʰ/, /pʼ/의 차이에 의해 의미가 변별된다.

② 음소 배열에는 언어별 규칙이 있으며, 한국어는 자음과 모음, 모음과 자음의 배열 순서를 갖는다.

③ 자음과 모음 : 자음·모음 체계를 구성하는 음성의 가장 작은 단위이다. 한국어는 자음 14개(ㄱ, ㄴ, ㄷ, ㄹ, ㅁ, ㅂ, ㅅ, ㅇ, ㅈ, ㅊ, ㅋ, ㅌ, ㅍ, ㅎ)와 모음 10개(ㅏ, ㅑ, ㅓ, ㅕ, ㅗ, ㅛ, ㅜ, ㅠ, ㅡ, ㅣ)로 구성되어 있다.[4]

④ 음절

ㄱ 발음할 때 한 번에 낼 수 있는 소리의 단위이다. 예 '깊은 산 맑은 물'을 소리 나는 대로 적으면 [기픈산말근물]이 된다.

ㄴ 우리말의 음절 구조

모음	아, 야, 어, 여, …
자음＋모음	가, 수, 지, 배, …
모음＋자음	안, 약, 윤, 일, …
자음＋모음＋자음	국, 남, 몸, 밥, …

⑤ 음운인식 : 문장이나 낱말은 음절이나 음소(말소리)와 같이 더 작은 단위로 나누어질 수 있다는 것을 지각하며, 말소리를 조작할 수 있는 능력이다.

💡
3) 언어의 구성요소

형태	음운론, 형태론, 구문론
의미	의미론
기능	화용론

💡
4) 낱자 : 음절을 이루는 단위의 하나하나의 글자

3
국어와 언어

배지윤 **전공유아**

(2) 형태론

① 형태소 : 일정한 뜻(의미)을 가진 가장 작은 말의 단위를 말한다. 낱말보다 작은 단위로, 더 이상 작은 단위로 나눌 수 없는 의미상의 최소 단위이다.[5]

> (가) 사람/이/밥/을/천천히/먹/다
> (나) 여자/만/이/쌀/밥/을/먹/었/다

② 자립의 유무
　㉠ 자립 형태소 : 다른 형태소의 도움을 받지 않고 자유롭게 단어 형성에 참여할 수 있는 형태소이다. 예 사람, 밥, 천천히, 여자, 쌀
　㉡ 의존 형태소 : 그 자체로는 자립성이 없고 다른 형태소에 의존해야만 쓰일 수 있는 형태소이다. 예 −이, −을, 먹−, −다, −만, −었−

③ 의미의 허실
　㉠ 실질 형태소 : 구체적인 대상이나 동작, 상태와 같은 어휘적 의미를 표시하는 형태소이다. 예 사람, 밥, 천천히, 먹−, 여자, 쌀
　㉡ 형식 형태소 : 실질 형태소에 붙어, 주로 말과 말 사이의 기능을 형식적으로 표시하는 형태소이다. 예 −이, −을, −다, −만, −었−

(3) 구문론

① 구문론(통사론) : 문장의 형식(form)에 관한 연구로서, 단어를 체계적으로 배열하여 의미 있는 하나의 문장으로 만들어 내는 법칙을 연구하는 학문이다.
　㉠ 구 : 둘 이상의 단어가 모여 절이나 문장의 일부분을 이루는 것을 말한다.
　㉡ 절 : 주어와 술어를 갖추었으나 독립하지 않고 문장의 일부를 이루는 단위이다.
　㉢ 문장 : 문법상의 뜻과 기능을 가진 언어의 최소 단위로 단어가 일정한 규칙에 따라 연결되고 조직된 것이다.
　㉣ 문단 : 하나의 요지를 설명하기 위해 전개한 문장들의 모임이다.
② 어순 : 영어의 어순은 '주어−동사−목적어'(I love you)인 반면, 한국어의 어순은 '주어−목적어−동사'(나는 너를 사랑한다)이다.
③ 평균발화길이(MLU : Mean Length of Utterances) : 평균발화길이란 한 번의 말(발화)이 몇 개의 형태소로 구성되어 있는지를 의미하는 것이다. 평균발화길이는 영유아의 구문론 발달을 측정하는 유용한 지표가 될 수 있다.

(4) 의미론

① 의미론 : 언어의 의미에 관하여 연구하는 학문으로 그 기원, 변화, 발전 등을 연구하거나 단어와 단어의 의미 체계를 연구한다.[6]

5) • **음소** : 의미 변별의 최소 단위
　• **음절** : 발음의 최소 단위
　• **형태소** : 의미상의 최소 단위
　• **낱말** : 문법상의 일정한 뜻을 가지는 말의 최소 단위로 한 개 이상의 형태소로 이루어진다.

6) '우리 이모가 장가 갔어요.'라는 문장은 구문론적으로는 올바르지만 의미론적으로는 올바르지 않다.

② 상위어와 하위어 : 한 어휘의 의미가 다른 어휘의 의미를 포함하는 상하 관계의 어휘들을 말한다. 더 일반적이고 포괄적 의미로 다른 단어를 포함하는 단어를 상위어, 반대로 보다 특수한 어휘를 하위어라고 한다. 예 생물 〉 식물 〉 소나무

③ 유의어와 반의어 : 비슷한 뜻을 가진 다른 낱말을 유의어, 서로 반대되는 의미를 가진 낱말을 반의어라고 한다. 예 어린이-아이-아동(유의어), 아이-어른(반의어)

④ 동음이의어와 다의어
　㉠ 동음이의어 : 발음은 같으나 뜻이 다른 낱말이다. 예 다리-다리, 배-배, 차다-차다
　㉡ 다의어 : 두 가지 이상의 뜻을 가진 낱말이다. 예 음식을 먹다-마음을 먹다-나이를 먹다

⑤ 의성어와 의태어 : 의성어는 사람, 동물, 사물 등의 소리를 흉내 낸 말이며, 의태어는 모양이나 움직임을 흉내 낸 말이다. 예 의성어(야옹, 철썩철썩, 휑휑 등), 의태어(살금살금, 번쩍번쩍, 폴짝폴짝 등)

⑥ 고유어와 한자어 : 고유어는 우리말에 본디부터 있던 낱말, 즉 순우리말이며, 한자어는 한자를 바탕으로 하여 만들어진 낱말이다. 예 고유어(시내, 달걀, 오누이 등), 한자어(강, 계란, 남매 등))

Ⓐ Plus⁺　수사법

수사법이란 문장을 효과적으로 표현하기 위하여 문장을 꾸미는 방법이다.

		표현을 좀 더 효과적으로 하거나 이해를 깊게 하기 위하여 그와 비슷한 다른 현상이나 사물을 끌어 내어 나타내는 표현법
비유법	직유법	• 보통 '~처럼, ~듯이, ~같이' 등의 어구를 사용하여 하나의 대상을 다른 대상에 직접 빗대어 표현하는 비유법 예 솜사탕 같은 구름
	은유법	• 나타내려는 원관념은 숨기고 빗대어 표현하는 보조 관념만을 드러내어 표현하는 비유법 예 내 마음은 호수
	의인법	• 사람이 아닌 대상을 마치 사람인 것처럼 대하여 표현하는 방법 예 나무가 춤을 춘다. • 「토끼전」· 「장끼전」· 「이솝우화」 등에서처럼 동물이 등장인물이 되어 사람처럼 표현하는 것
		특별히 강하게 주장하거나 두드러지게 표현하는 수사법
강조법	과장법	• 어떤 사물을 실제보다 훨씬 더하게, 또는 훨씬 덜하게 나타내는 방법 예 눈물의 홍수, 산더미 만한 파도, 쥐꼬리 만한 월급
	반복법	• 같거나 비슷한 어구를 되풀이하여 문장의 의미를 강조하는 표현법 예 산에는 꽃 피네, 꽃이 피네
	대조법	• 사물의 종류나 정도를 대조시켜 의미를 선명하게 드러내는 표현법 예 인생은 짧고 예술은 길다.
		문장에 변화를 주고 주의를 환기시켜 표현의 효과를 넓히려는 수사법
변화법	도치법	• 문장의 순서를 바꾸어 강조하는 표현법 예 나는 안다. 보물이 있는 곳을.
	반어법	• 표면적인 말의 뜻과 반대되는 뜻으로 진술하는 표현법 예 (실패한 사람에게) 잘했다, 잘했어.
	생략법	• 문장의 일부를 생략하는 표현법이다. 예 놀잇감이 모였어요. 자동차, 보자기, 구슬…

(5) 화용론

① 의사소통적 맥락 내에서 언어를 사용할 때 적용되는 사회언어학적 규칙과 관련된다.

② 공손한 말씨를 쓰는 것이나 상대방의 연령이나 위치를 고려해서 말하는 것, 상대방이 이해할 수 있도록 반복 등 언어를 조절하는 것, 그리고 차례를 지켜 말하는 것 등이 화용론에 해당된다. **예** 유아가 교사에게 "밥 먹어라."라고 말한다면 음운론, 의미론, 통사론의 측면에서는 문제가 없지만 화용론의 이해는 부족하다고 할 수 있다.

③ 화용론의 구분 및 예시

구분	예시
말하는 이와 듣는 이의 관계에 따른 언어 사용	(할아버지께) 진지 드셨어요? (직장 동료에게) 식사 하셨어요? (친구에게) 밥 먹었니?
시간, 장소의 특성에 따른 언어 사용	(가게의 손님에게) 어서 오세요.
맥락에 따른 의미 변화	학교 붕괴, 잘했다, 지금 좀 덥지 않니?

④ **의사소통 능력**(커네일과 스웨인 Canale and Swain)[7]

ㄱ. **문법적 능력**(grammatical competence) : 어휘와 문법 등 언어 그 자체에 대한 지식이다.

ㄴ. **사회언어적 능력**(sociolinguistic competence) : 사회적 맥락에 맞게 의사소통을 진행할 수 있는 능력이다.

ㄷ. **담화 능력**(discourse competence) : 담화 속에 나타난 여러 문장들을 연결해 전체 의미 맥락을 파악할 수 있는 능력이다.

ㄹ. **전략적 능력**(strategic competence) : 실질적 대화를 지속적으로 수행하고 다른 사람의 말을 더 잘 이해하거나 설득시킬 때 필요한 능력이다.

7) **의사소통 능력**
(Communicative competence)
: 촘스키(1965)는 '언어 능력'
(language competence)과 '언어
수행(language performance)'을
구분하였고, 이에 대한 비판으로
하임즈(Hymes)는 1966년 '의사
소통 능력'이라는 표현을 사용했
다.

A Plus⁺ 언어의 구성요소

언어의 구성요소는 크게 언어의 형식(form), 언어의 내용(content), 언어의 사용(use)이라는 세 가지 차원에서 생각할 수 있다. 먼저 언어의 형식이라는 차원은 각 언어가 가지고 있는 소리와 소리 패턴(음운론), 단어의 구조(형태론), 그리고 문장을 구성하는 문법체계(구문론)을 의미한다. 다음으로 언어의 내용적 차원은 언어가 의미를 나타내는 방식에 관련된 것이며(의미론), 언어의 사용적 차원은 의사소통을 위하여 언어가 쓰이는 상황에 적절하게 상용되는 기능에 관한 것(화용론)이다.

3 언어의 기능

(1) 스타브(Stabb, 1992)의 언어 기능 분류

① 사회적 욕구의 주장(asserting and maintaining social needs)

ㄱ 개인적 권리, 욕구 주장 : "주스 마시고 싶어."

ㄴ 부정적 표현 : "너 너무 늦게 하고 있어.", "형은 바보 같아."

ㄷ 긍정적 표현 : "예, 저도 맛있다고 생각해요."

ㄹ 의견 요청 : "이거 좋아해요?"

ㅁ 우발적 표현 : "우와, 그래서?", "저런, 그랬구나."

② 통제(controlling)

ㄱ 자신과 타인의 행동을 통제 : (자신에게) "여기를 파란색으로 칠해야지.", (타인에게) "과자 좀 주세요(과자가 참 맛있어 보이네요)."

ㄴ 지시 요청 : "이것은 어디에 놓을까요?"

ㄷ 타인의 주목 요청 : "이것 좀 보세요."

③ 정보(informing)

ㄱ 과거나 현재의 사건 언급 : "이건 불자동차야.", "책 보기 전에 그랬어."

ㄴ 비교 : "기차가 버스보다 더 길어."

ㄷ 특정 사건과 세부사항에 따라 일반화 : "형은 오늘 아파."

ㄹ 정보 요청 : "이 색깔 이름이 뭐야?"

④ 예측 및 추론(forecasting and reasoning)

ㄱ 인과관계 추측, 진술 : "다리가 너무 아파서 여기 앉았어."

ㄴ 사건에 대해 추측 : "내일 비가 올 것 같아."

ㄷ 결론에 따라 사건 추측, 진술 : "너는 키가 너무 커서 구부려야 할 거야."

⑤ 투사(projecting)

ㄱ 자신을 타인의 감정에 투사 : "엄마가 많이 화났을 거야."

ㄴ 자신을 타인의 경험에 투사 : "나라면 동물원에서 사자와 살고 싶지 않을 텐데."

(2) 할리데이(Halliday, 1973)의 언어 기능 분류

① 도구적 기능(instrumental function) : '~하고 싶어요.'와 같이 자신의 욕구를 충족하기 위해 언어를 사용하는 것이다. 예 사탕 먹고 싶어요.

② 통제적 기능(regulatory function) : 다른 사람의 행동을 규제하거나 통제하는 기능이다. 예 일어나서 손뼉을 쳐라. 만지지 마.

③ 상호작용적 기능(interactional function) : 사회적 관계를 형성하고 유지하기 위해 사용하는 언어이다. 예 같이 놀지 않을래?(상호작용), 식사 하셨어요?(의례적 인사)

④ 개인적 기능(personal function) : 자신의 의견이나 감정을 표현함으로써 자신의 개성을 나타내는 것이다. 예 나는 바지보다 치마가 더 좋아.

⑤ **상상적 기능**(imaginative function) : 가상과 상상의 세계를 만들어 내는 기능이다.
　　예 우리가 지금 날고 있다고 하자.
⑥ **발견적 기능**(heuristic function) : 주변 환경을 탐색하고 정보를 추구하기 위해 언어를 사용하는 것이다. 예 장수풍뎅이는 무엇을 먹지?
⑦ **정보적 기능**(informative function) : 아이디어나 정보를 교환하기 위해 언어를 사용하는 것이다. 예 우리 식구는 7명이에요.

A Plus⁺ 그 밖의 언어의 기능 분류

1. 리치(Leech, 1974)

정보적 기능	새로운 정보 제공 예 수업은 1시 시작이다.
표현적 기능	느낌과 태도 등을 표현 예 나는 행복하다.
지시적 기능	명령과 요청 등 다른 사람의 행동 통제 예 물 좀 주세요. - 목 말라요.
심미적 기능	시적 기능 등 예술적 표현 예 나 보기가 역겨워 가실 때에는 말 없이 고이 보내 드리오리다.
교감적 기능	일상적 대화에서 사용하는 기능 예 안녕하세요? 식사 하셨어요?

2. 제이콥슨(Jakobson)

정보적 기능	사람이나 사물을 명명하거나 정보를 전달하는 기능
표현적 기능	자신의 감정과 욕구 표현
지시적 기능	다른 사람의 행동 통제
심미적 기능	언어를 예술적으로 아름답게 표현
친교적 기능	다른 사람에게 친밀감을 표현
교감적 기능	일상적 대화에서 사용하는 기능 예 안녕하세요? 요즘 바쁘시죠?

2장 언어 발달 이론

1 언어 발달 이론

(1) 행동주의 이론 : 스키너(Skinner)

① 언어와 사고는 환경과의 상호작용을 통해 시작된다.

② 자극, 모방, 강화가 중요한 요소로 작용한다.

③ 언어학습의 방법(스키너 Skinner)

ㄱ) 요구(mand) 반응 : 요구, 요청, 명령 등의 상황에서 영유아가 어떤 발음을 하게 되고 성인이 요구, 요청, 명령 등을 들어주면서 그 말을 반복해서 들려주면 언어가 습득된다는 것이다. 예 '물'과 비슷한 발음을 듣고 물을 주면서 "물!"이라고 말해 줌.

ㄴ) 접촉(tact) 반응 : 어떤 대상을 접한 영유아가 자신의 말로 중얼거리게 되는데, 이때 성인이 강화를 해 주면 연습을 통해 그 언어를 익히게 된다는 것이다. 예 물을 먹다가 '물'과 비슷한 발음이 날 때 "그래, 물이야."라고 강화해 주는 과정이 반복되면서 '물'이라는 명칭을 익히게 됨.

ㄷ) 반향적(echoic) 반응 : 우연히 어른을 말을 모방했을 때 칭찬의 보상, 즉 강화를 받으면서 언어가 습득된다는 것이다.

ㄹ) 문장적(textual) 반응 : 글로 쓰인 단어를 보고 그것을 소리 내어 읽는 반응이다.

ㅁ) 언어내적(interverbal) 반응 : 특정 언어 자극이 다른 언어 반응을 연상시켜서 표현하게 하는 것을 말한다. 예 (엄마) 목욕하자. (영아) 물!

ㅂ) 자동적(autoclitic) 반응 : 주어-목적어-동사의 어순과 같은 문장 틀을 학습하면 자동적으로 문법 규칙을 적용하여 새로운 문장을 계속적으로 재구성하는 것이다.

예 '엄마가 우유를 먹다'라는 문장을 말할 수 있게 되면, '엄마가 과자를 먹다' 혹은 '아빠가 사과를 먹다' 등의 문장을 생산할 수 있음.

④ 행동주의 비판

ㄱ) 영유아의 창조적 언어 사용, 급속한 언어량의 증가는 모방과 강화만으로 이룩될 수 있는 것이 아니다.

ㄴ) 상황, 즉 때와 장소, 대상에 따라 달라지는 언어 표현은 주입식 반복학습에 의해 형성되지 않는다.

(2) 사회학습 이론 : 반두라(Bandura)

① 스키너 이론은 단순한 단어 학습에 대해서는 설명할 수 있지만, 취학 전 수천 개의 단어나 복잡한 구문과 문법을 습득한다는 사실을 설명할 수는 없다고 주장했다.

② 발화에 대해 하나하나 강화를 받는 것보다는 다른 사람의 말을 모방하는 것이 영유아의 언어습득에 주된 역할을 한다고 주장했다.

③ 영유아의 언어 발달에서 가장 중요한 모델을 부모로 보았다.

(3) 성숙주의 이론 : 게젤(Gesell)

① 인간의 발달은 유전적 요인이 가장 결정적이고, 인간 발달은 예정된 순서대로 진행된다.

② 준비도 : 어떤 단계의 목표를 달성하기 위해 학습자가 현재 가지고 있는 지적·정의적·사회적·신체적 측면의 능력이나 특성의 준비된 상태를 의미한다.

③ 읽기 준비도 검사 : 읽기 준비가 되어 있는지를 측정하는 검사를 읽기 준비도 검사라고 한다. 성숙주의 이론가들은 읽기 준비가 되기 전에 읽기 지도를 해서는 안 된다고 주장했다.

④ 모펫과 워시번(Morphett & Washburne)은 읽기 학습의 적정 연령이 5~6세경이라고 주장하면서 그동안 읽기에 필요한 인지적·사회적·신체적 준비를 시키며 성숙할 때까지 기다리는 것이 옳다고 믿었다.

(4) 생득주의 이론 : 촘스키, 레넨버그

① 촘스키(Chomsky)

　㉠ 언어습득 장치(Language Acquisition Device : LAD)

　　ⓐ 인간이 언어를 습득할 수 있게 해 주는 가상의 생물학적 언어습득기제를 말한다.

　　ⓑ 인간은 양적·질적인 면에서 불완전한 언어자료가 투입되어도 문법적으로 완전한 문장을 구사할 수 있다.

　　ⓒ 지능에 관계없이 기본적인 모국어는 습득할 수 있다.

　　ⓓ 유아는 인위적인 언어 훈련을 받지 않아도 모국어를 습득하고 출생 후 4~5년 안에 언어 능력이 놀라운 속도로 발달한다.

　㉡ 보편문법(Universal Grammar : UG)

　　ⓐ 모든 언어에 보편적으로 내재하는 문법이다. 이는 일종의 생물학적인 기제로, 생득적이고 모든 인간에게 공통적으로 존재한다.

　　ⓑ 인간은 모두 보편문법을 선천적으로 가지고 태어나서 언어경험(매개변인)을 통해 보편문법에서 개별문법을 도출한다. 언어습득이란 보편문법에서 개별문법에 이르는 과정이다.

ⓒ 표층구조와 심층구조
　　ⓐ 표층구조란 구문 규칙에 의한 문장의 외형적 구조를 말하며, 심층구조란 의미와 관련된 문장의 구조를 말한다.
　　ⓑ 표층구조가 바뀌더라도 심층구조가 같으면 문장의 의미는 달라지지 않는다.
　　　예 고양이가 쥐를 잡았다. – 쥐가 고양이에게 잡혔다.

② 레넨버그(Lennenberg) : 언어습득은 유아들의 내부에서 유발되고, 언어를 학습하는 것은 자연적 능력이라고 주장했다.[8]
　　⊙ 언어습득의 결정적 시기 : 인간 언어 발달의 결정적 시기는 6~7세로, 이 시기에 언어 자극이 충분히 주어지지 않으면 정상적인 언어 발달이 불가능해진다.
　　ⓒ 언어습득 능력과 그 발달 과정은 선천적 능력의 발현이므로 걷기나 보기처럼 개인차가 없다.

③ 성숙 및 생득주의 비판
　　⊙ 언어 발달을 설명하는 데 있어서 인지적, 사회적, 환경적 기여를 고려하지 않은 한계가 있다.
　　ⓒ 모방과 강화에 의존도가 높은 초기 언어습득에 대한 설명에 한계가 있다.

(5) 인지적 상호작용주의 이론 : 피아제(Piaget)

① 언어와 사고 : 사고가 언어를 결정[9]
　　⊙ 언어는 인지적 성숙의 결과로 획득되므로 인지발달이 언어 발달을 결정짓는다.
　　ⓒ 언어 사용 이전에 대상 영속성에 대한 개념 형성이 필수적이다.
　　ⓒ 전조작기 단계의 인지적 특성인 자아중심적 사고는 유아의 언어에도 그대로 반영된다. 2~7세의 전조작기 유아는 인지적으로 미숙하여 타인의 생각이나 지각, 감정 등을 자신의 것과 구별하지 못하므로 의사소통을 위한 대화가 제대로 이루어지지 않는다.
　　ⓔ 피아제는 사고의 발달을 깊이 뿌리박힌 개인적이고 자폐적인 심리 상태로부터의 점진적인 사회화 과정으로 보았다.

■ 피아제의 사고와 언어 발달 과정 ■

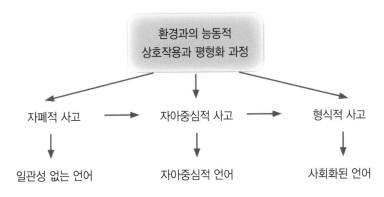

8) **민감기**(sensative period) : 결정적 시기는 어떤 특별한 심리적 특성이나 행동의 획득이 이루어지는 특정한 시기라는 의미로, 그 시기를 지나면 특정 능력을 절대로 학습할 수 없다는 기본 가정에 근거한다. 반면 민감기는 특정 능력이 발달하는 데 민감하게 반응하는 최적의 시기가 있다는 가정에서 출발한다.

9) 독일의 언어학자 훔볼트(Humbolt)는 언어와 사고는 하나이며, 서로 분리될 수 없다고 보았다.

② 아동의 언어 발달

　　㉠ 자아중심적 언어(egocentric speech), 비의사소통적 말 : 자기중심적 사고에서 비롯되는 언어표현 형태로서 다른 사람과 의사소통할 목적이나 의도가 없이 하는 언어행위이다. 이는 인지능력이 발달해 감에 따라 점차적으로 줄어들게 되고 사회화된 언어로 나아가게 된다.

　　　ⓐ 반복 : 유아가 좋아하는 단어나 구절을 반복하거나 흥얼대기도 하고 행동에 따라 리듬에 맞추어 말한다. 예 랄, 랄, 랄, 밀고, 랄, 랄, 랄

　　　ⓑ 독백 : 혼자 무엇인가를 하면서 중얼거리는 것이다. 예 땅을 파고, 씨앗을 놓고, 흙을 덮고, 이제 물이 필요해.

　　　ⓒ 집단적 독백 : 다른 유아에게 말하는 것 같지만 상호작용이 전혀 없는 것이다.
　　　　예 A : 이제 물이 필요해. 이 물을 뿌리자.
　　　　　　B : 트럭에 사람을 태워야지. 조심하세요~
　　　　　　A : 흙을 더 덮어야겠어. 씨앗이 춥대.

　　㉡ 사회적 언어(socialized speech), 의사소통적 언어 : 유아가 듣는 사람의 관점을 고려해서 표현하는 언어 형태이다.

　　　ⓐ 순응적 정보 교환 : 상대와 정보를 교환하기 위해 말을 하는 경우이다.
　　　　예 해는 둥글게 생겼어.

　　　ⓑ 비판과 조롱 : 상대방의 일이나 행동에 대해 비판하거나 자신을 자랑하면서 우월성을 주장하는 것이다. 예 너는 이거 없지? 나는 있다~

　　　ⓒ 명령, 요구, 위협 : '하자' 또는 '해라' 등의 요구를 표현하는 말이다. 예 너는 표가 없어서 못 들어와.

　　　ⓓ 질문과 대답 : 유아 상호 간에 이루어지는 모든 질문과 대답에 해당하는 언어 유형이다. 점차 청자를 의식하며 의사소통 방법을 조절하고 정보 공유, 질문, 감정 나누기 등을 한다. 예 이건 뭐야? 왜 그런 거야?

(6) 사회적 상호작용주의 이론 : 비고츠키(Vygotsky)

① 언어와 사고
　　㉠ 사고와 언어는 다른 뿌리를 가지며, 언어는 인간의 정신 발달에 중추적 역할을 한다.[10]
　　㉡ 사고 발달에서는 언어 이전의 단계가 나타나고(실용적 지능), 언어 발달에서는 지능 이전의 단계(울음, 옹알이)가 나타난다.
　　㉢ 유아는 발달의 시작부터 사회적 존재로서, 아동 초기의 말은 근본적으로 사회적이고, 그 후 자아중심적이 되며, 나중에 내적 언어로 발달한다.
　　㉣ 4단계 언어습득 과정
　　　ⓐ 초보적 언어 단계 : 2세경까지의 시기로, 사고 이전의 언어와 언어 이전의 사고 단계이다. 사고와 언어가 독립된 영역에서 발달하는 특성을 보인다. 예 울음, 옹알이 등은 사고와는 직접적 관련이 없다.

10) 비고츠키는 언어를 사고 발달에 필수 불가결한 것으로 파악하고 있다. 이는 인지발달이 언어 발달을 결정짓는다고 주장한 피아제의 주장과 다르다.

ⓑ 상징적 언어 단계(외적 언어 단계) : 언어가 사고와 연관되기 시작하지만 문법적으로
나 어휘적으로 모두 맞는 언어를 사용하지 못한다. 외적 언어가 나타난다.
예 인과관계, 조건관계, 시간관계를 이해하기 전에 '왜냐하면', '만약', '언제' 등의
단어를 사용한다.

ⓒ 자아중심적 언어 단계(혼잣말 단계) : 언어와 사고가 본격적으로 결합하면서 문제해결
이나 자기조절 및 자기통제를 위한 보조 수단으로 혼잣말이 출현한다. 마치 유아
가 덧셈을 할 때 손가락을 사용하는 것과 같은 모습이다.

ⓓ 내적 언어 단계 : 언어가 사고로 내면화하는 단계이다. 언어는 내적 언어가 되어 문제
해결이나 행동의 계획 등을 돕고 사고를 이끄는 역할을 한다.

■ 비고츠키의 사고와 언어 발달 과정 ■

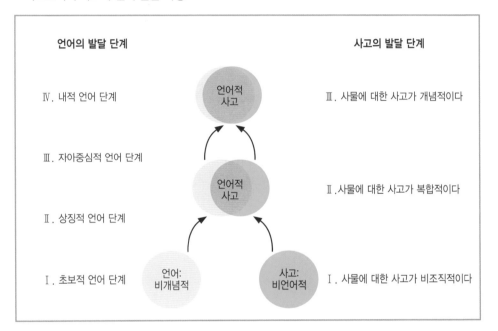

② 비고츠키 이론에서 발견할 수 있는 언어학습의 기본 원리
ⓐ 유아는 지식을 구성한다.
ⓑ 발달은 사회적 맥락[11]과 분리하여 생각할 수 없다.
ⓒ 학습은 발달을 이끌어 낸다.
ⓓ 근접발달영역(Zone of Proximal Development : ZPD) : 유아 혼자 할 수 있는 실제적 발달
수준과 더 능력이 있는 또래나 성인의 지원에 의해 해낼 수 있는 잠재적 발달 수준
과의 간격이다.
ⓔ 비계설정 : 성인이나 또래가 제공하는 격려와 지원을 말한다. 교사는 유아의 근접발
달영역을 파악하여 유아의 수행능력에 따라 비계설정을 조절해 나감으로써 교육적
효과를 얻을 수 있다.

11) **사회적 맥락** : 유아가 상호작용
하는 사람들, 가정과 학교와 같
은 영향력 있는 사회적 구조,
문화나 사회적 수준과 그 속에
포함된 언어, 수 체계, 과학, 기
술 등을 포함한다.

③ 아동의 언어 발달

　㉠ 사회적 언어 : 말의 사회적 기능은 생후 첫해 동안, 즉 언어 발달의 지능 이전 단계 동안 나타난다.[12] 영아의 웃음과 울음 등은 사회적 상호작용의 도구가 된다.

　㉡ 자아중심적 언어(egocentric speech), 혼잣말(private speech)

　　ⓐ 피아제 : 자아중심적 언어는 자아중심적 사고로 인한 인지적 능력의 미성숙으로 인해 나타난다.

　　ⓑ 비고츠키

　　　• 독백이나 외적 언어와 같은 비사회적 언어는 자아중심적 언어(egocentric speech)가 아니라 목표를 달성하기 위해 전략을 짜고 자신의 행동을 결정하는 데 도움을 주는 혼잣말(private speech)이다.

　　　• 혼잣말은 자기통제 및 문제해결과 사고의 수단이다.

　　　• 혼잣말은 목표를 달성하기 위해 전략을 짜고 자신의 행동을 결정하는 데 도움을 주는 것이기 때문에 중요한 목표를 달성하려고 할 때 또는 장애물이 있을 때 급증한다.

　㉢ 내적 언어(inner speech)

　　ⓐ 다른 사람에게 들리도록 말하는 외적 언어(external speech)와 구별되는 것으로, 구체적 발성을 동반하지 않으며 내적으로 진행하는 언어 활동을 말한다.

　　ⓑ 어떤 목표를 달성하기 위해 자신의 행동을 제어하거나 문제해결 과정에서 일어나는 내적인 언어 활동을 지칭한다.

12) 웃음, 분절되지 않은 소리, 신체 동작 등이 생후 첫 달부터 사회적 접촉의 수단으로 작용하며, 타인의 말에 대한 명확한 반응이 생후 3주에 관찰되었다.

3장 유아 음성언어의 발달

1 유아의 음성언어 능력

(1) 듣기

① 수용언어 능력 중 하나인 듣기는 출생 직후의 언어지각으로부터 비롯된다.

② 음성언어 능력 중 듣기는 말하기의 기본 능력으로서도 중요하다.

③ 듣기의 단계 : 듣기는 음성·단어·문장을 듣는 단계, 듣는 자가 그 의미를 이해하는 단계, 의미를 수용, 또는 거부하기 위해 평가하는 단계, 평가한 후에 들은 것에 대해서 사고·동작·표현 또는 청각적으로 반응하는 단계로 진행된다.

(2) 말하기

① 표현언어 능력 중 하나인 말하기의 지도 목적은 일상생활의 의사소통 능력을 향상시키는 것이다.

② 발음 : 발음기관(성대, 목젖, 혀, 이, 입술)을 사용하여 조음하는 것이다. 유아기는 말의 조음이 완성되어 가는 시기이다.

③ 어휘 : 어떤 일정함 범위 안에서 쓰이는 단어의 총체이다. 만 3세 때는 어휘가 약 1,000 개 정도이다가, 만 5세가 되면 약 2,200개 정도로 2배 이상 급증한다.

④ 문법 : 문장을 구성하는 규칙으로, 유아는 성장하면서 언어를 사용하는 규칙을 내면화하게 된다.

⑤ 문장 : 한 단어가 문장이 되는 일어문에서 이어문, 다어문으로 더욱 복잡해지고 정교해진다. 만 3세 때는 3~4개 낱말로 된 단문의 문장을 만들지만 만 5세는 점차 복잡한 문장을 만들 수 있고, 이를 이해할 수 있게 된다.

⑥ 의사소통 능력 : 문법 규칙에 대한 지식뿐 아니라 특정한 상황에 맞는 말을 하기 위해 적절한 화용적 규칙을 아는 지식을 아는 능력으로, 수용언어와 표현언어 능력의 통합적 발달이 요구된다.

> **A Plus⁺   표의문자와 표음문자**
>
> 1. **표의문자(表意文字)** : 의미 단위인 형태소와 단어를 각 글자의 단위로 하는 문자를 말한다.
>   예 한자 木은 1글자가 1형태소이다.
> 2. **표음문자(表音文字)** : 음소문자와 음절문자를 묶어 부르는 용어이다.
>   예 한글은 한 글자(ㄱ, ㄴ, ㄷ, ㅏ, ㅑ …)가 음소를 대표한다는 점에서 음소문자의 범주에 속한다.
> 3. **자질문자(資質文字)** : 자질문자는 하나의 문자 기호가 하나의 음성적 특징, 즉 '자질'을 나타내는 문자 체계이다. 'ㄷ' 위의 획은 'ㄴ'과 구별되는 폐쇄음적 자질을 나타내며 'ㅌ'의 또 하나의 획은 격음(激音)이라는 자질을 나타낸다.

② 유아 음성언어의 발달 단계[13]

13) 고든과 윌리엄-브라운(Gordon & Williams-Brown, 2000)

(1) 언어 이전의 의사소통

① 영아들은 태어나면서부터 말소리, 소리의 변화, 억양 등에 주의를 기울인다.

② 울음과 쿠잉

  ㉠ 울음 : 생후 1개월이 지나면 점차 분화된 울음이 나타나며, 어머니들은 아기 울음의 원인을 구별할 수 있게 된다.

  ㉡ 쿠잉 : 생후 6주 이후에는 기분이 좋을 때 목으로 발성하여 미분화된 소리를 내기 시작한다.

③ 옹알이

  ㉠ 3, 4개월이 되면 옹알이를 시작하고, 6개월경에는 옹알이가 좀 더 정교해진다.

  ㉡ '으, 이' 등 모음(홀소리)으로부터 시작하여 6개월쯤부터 자음(닿소리)을 말하게 된다.

  ㉢ 신체적 성숙과 관련 : 청각 장애가 있는 영아는 쿠잉과 옹알이의 빈도가 적거나 출현이 늦다.

  ㉣ 사회적 상호작용과 관련 : 옹알이는 언어권에 따라 그 언어의 억양과 비슷한 옹알이로 변해 간다.

(2) 언어적 의사소통

① 일어문

  ㉠ 하나의 단어가 하나의 문장 역할을 하는 것이다. 10~15개월 사이의 영아들은 한 단어로 일상생활에서 가장 친숙하고 의미있는 것의 이름이나 사건에 관해 말하게 된다. 예 엄마, 아빠, 맘마 등

  ㉡ 단어의 의미는 상황의 맥락 속에서 정확하게 파악된다.
    예 '과자'라고 말할 때 '과자 주세요.'일 수도 있고 '과자가 없어요.'일 수도 있다.

② 이어문

  ㉠ 유아의 말에서 두 단어의 결합이 나타나는 것이다. 이와 같은 단어의 연속은 유아가 문법을 사용하기 시작하는 신호이다.

  ㉡ 다른 사람의 말을 듣거나 상호작용함으로써 말의 의미를 명확히 하고, 순서 규칙을 발견하고 내면화하게 된다.

  ㉢ 전보식 문장(telegraphic sentence) : 핵심적인 명사와 동사, 형용사, 부사 등의 내용어만 사용하고 조사, 접속사, 조동사 등의 기능어는 생략하는 것이다. 예 "나는 딸기를 좋아해."를 "딸기 좋아."라고 표현한다.

  ㉣ 주축문법(pivot grammar)[14]

    ⓐ 주축어(pivot word) : 앞이나 뒤의 고정된 위치에서 반복적으로 나타나 축의 역할을 하는 단어이다.

14) **주축문법** : 이어문에서 나타나는 단어 배열의 규칙으로, 문장마다 공통으로 나타나는 단어(주축어)를 중심으로 다른 하나의 단어(개방어)를 배열하는 것이다.

ⓑ 개방어(open word) : 주축어에 비해 출현 빈도가 낮은 단어이며, 항상 주축어와 함께 나타난다. **예** 주축어가 '엄마'가 된 예 : 엄마 쉬, 엄마 우유, 엄마 이뻐

ⓜ 의미론적 관계 분석

의미 관계	예
행위자-목적	엄마 밥
장소-행위	여기 앉아
소유자-소유물	엄마 책

③ 다어문 : 점차 어휘가 급증하고 문장을 구성하면서 좀 더 정확하게 자신의 의도를 낱말과 문장을 사용하여 전달하는 능력이 발달해 가고, 기본적인 복문도 나타나게 된다.

3 유아 음성언어 발달의 특징

(1) 발음

① 한국어의 조음 위치와 조음법

조음법＼조음 위치	양순음	치조음	경구개음	연구개음	후음
파열음	ㅂ, ㅃ, ㅍ	ㄷ, ㄸ, ㅌ		ㄱ, ㄲ, ㅋ	
파찰음			ㅈ, ㅉ, ㅊ		
마찰음		ㅅ, ㅆ			ㅎ
비음	ㅁ	ㄴ		ㅇ	
유음		ㄹ			

② 유아의 발음 현상

㉠ 반복 현상 : 동음이 반복하여 나타난다. **예** 멍멍, 까까, 빵빵

㉡ 생략 현상 : 음절이나 단어에서 일부 음을 제외하고 발음하는 것이다.

  예 빨강 ⇒ 알강, -했습니다 ⇒ -했니다

㉢ 첨가 현상 : 새로운 음을 추가하는 것이다. **예** 어머니 ⇒ 어어머니, 형 ⇒ 형아

㉣ 대치 현상 : 일반적으로 사용되고 있는 음을 다른 음으로 대신하는 것이다.

  예 사랑 ⇒ 사당, 개나리 ⇒ 개다리, 선생님 ⇒ 쩐쨍님, 사과 ⇒ 하과

㉤ 경음 현상 : 음을 발음할 때 경음이나 격음화하는 현상이다.

  예 고기 ⇒ 꼬기

㉥ 유사 현상 : 유사한 음으로 발음하는 현상이다. **예** 귀 ⇒ 기, 김치 ⇒ 긴치

㉦ 왜곡 현상 : 다른 음으로 대치되는 것은 아니지만 음질이 변하여 우리말로 표현하기 힘들게 발음하는 것이다. **예** 어머니 ⇒ 어먀니, 아버지 ⇒ 아뵈지

A Plus⁺ 유아의 음운 인식을 돕기 위한 음운 조작 유형

유형		예
음절	분리	'눈물'을 한 글자씩 나누면 → 눈 + 물
	합성	'물장난'의 '물' + 개구리의 '개'를 합하면 → 물개
	대치	'보슬보슬'에서 '보'를 '까'로 바꾸면 → 까슬까슬
	생략	'안내자'에서 '자'를 빼면 → 안내
	첨가	'안내'에 '자'를 더하면 → 안내자
음소	분리	'사'를 자음 · 모음으로 나누면 → ㅅ + ㅏ
	합성	새의 /ㅅ/ + 차의 /ㅏ/를 합하면 → 사
	대치	'보슬보슬'에서 /ㅂ/을 /ㄱ/으로 바꾸면 → 고슬고슬
	생략	'닥'에서 /ㄱ/을 빼면 → 다
	첨가	'타'에 /ㄹ/을 더하면 → 탈

(2) 어휘

① **의미의 과잉확장과 과잉축소** : 영유아가 아직 유목포함의 개념을 확실하게 형성하지 못했기 때문에 일어나는 일시적인 현상으로, 인지가 발달하고 어휘 수가 증가함에 따라 자연스럽게 사라진다.

　㉠ **과잉확장** : 단어의 의미를 일반적으로 사용되는 의미보다 확대해서 사용하는 것이다.
　　예 고양이, 염소, 양을 모두 '멍멍이'라고 부른다.

　㉡ **과잉축소** : 단어의 의미를 일반적으로 사용되는 의미보다 축소해서 사용하는 것이다.
　　예 기르는 강아지만 '멍멍이'라고 부르고 옆집 강아지는 멍멍이가 아니라고 한다.

② **의미의 수평적 발달과 수직적 발달**

　㉠ **수평적 발달** : 자신이 알고 있는 단어의 의미에 새로운 속성을 추가해 그 단어의 의미를 더 풍부하게 이해하는 것이다. 예 '호랑이'라는 단어에는 동물을 뜻하는 의미만이 아니라 무서운 사람을 뜻하는 의미가 있다는 사실을 깨닫는다.

　㉡ **수직적 발달** : 어떤 개념을 습득하고 나서 그와 유사한 개념의 어휘들을 계속해서 습득한 후에 유사성을 갖는 어휘들을 군집화하여 범주화된 개념을 획득하게 되는 것이다. 예 '동물'이라는 속성을 습득하고 범주화할 수 있는 유아는 새로 접하는 '기린'을 그 범주에 쉽게 추가시킬 수 있다.

(3) 문법 형태소 습득의 발달

① 문장어미(친구야), 공존격 조사(랑, 하고, 도, 같이), 처소격 조사(에, 로, 한테), 주격 조사(이, 가), 동사어미(사전형, 과거형, 미래형, 진행형)의 순으로 나타난다.

② **시제 사용** : 2세~2세 반의 유아는 과거형과 미래형을 산출하지만 '오늘', '내일'과 같은 시간에 관계된 어휘와의 올바른 사용은 유아기 후기에 와서야 비로소 가능하다.

  예 "내일 먹었어.", "어제 갈 거야."

③ **부정문**

  ㉠ 부재(없다), 거부(싫어, 몰라. 안 탈래), 부정(아니, 아니야), 금지(하지 마, 먹지 마, 타지 마), 무능(못) 등의 표현이 있다.

  ㉡ 영유아는 부정문의 형태 중 '안'을 가장 많이 쓰며, '못' 형태의 부정문은 늦게 습득한다.

  ㉢ "나, 안 밥 먹어.", "안 이빨 썩어."처럼 부정 요소의 위치를 잘못 두는 오류를 범하기도 한다.

④ **의문문**

  ㉠ **의문형 어미** : "가지?", "갈까?", "가니?", "가냐?" 등의 의문형 어미를 사용한다.

  ㉡ **의문사**

    ⓐ '무엇', '어디', '네 / 아니요' 대답의 형식이 제일 먼저 나타나고, 그다음이 '누구', '누구의'이며, '왜', '어떻게', '언제'가 포함된 질문이 나타난다.

    ⓑ 유아가 성인과 어느 정도 의사소통이 되면 성인의 말을 계속 듣기 위한 책략으로 "왜?"라는 질문을 계속하는 경향이 보이지만 이때는 인과관계의 논리성에 대한 물음이라고는 볼 수 없다.

⑤ **피동문과 사동문**

  ㉠ 피동문(passive)은 능동과 반대되는 개념으로 영어의 수동문에 해당하며, 영어의 사역문에 해당하는 사동문(causative)은 남에게 어떤 행동을 하도록 시키는 것을 의미한다.

  ㉡ **능동문, 피동문, 사동문의 예**[15]

능동문		피동문		사동문
무시하다	⇒	무시 당하다	⇒	무시하게 시키다
기차를 보다	⇒	기차가 보이다	⇒	기차를 보게 하다 기차를 보여 주다
먹다	⇒	먹게 되다 먹히다	⇒	먹게 시키다
개가 사냥감을 물다	⇒	사냥감이 개에게 물리다	⇒	개에게 사냥감을 물게 하다
아기를 안다	⇒	아기가 안기다	⇒	아기를 안게 하다

15) 피동 접미사에는 '-이-, -하-, -리-, -기-'가 있다.

⑥ 접속문

    ㉠ 접속문의 형식

        ⓐ 대등구성 형식 : 두 개의 명제를 병렬한다. 예 우유도 먹고, 빵도 먹었어.

        ⓑ 연합구성 형식 : 주절과 종속절을 병렬한다. 예 아빠는 회사에 가서 일해(시간적 순서), 많이 먹어서 배 아파(원인) 등

    ㉡ 접속문의 출현 초기에는 접속사가 빠진 접속문을 산출한다. 예 "아빠 아파 아빠 약."

⑦ 문법 형태소 획득 시기가 다른 이유

    ㉠ 사회적 의사소통에 필요한 것일수록 먼저 획득된다. 예 타인 의존도가 높은 유아는 공존격 조사를 먼저 습득한다.

    ㉡ 인지발달이 먼저 일어나는 개념이 언어에서도 먼저 획득된다.

        ⓐ 처소격 조사는 공간 개념과 관련이 있다.

        ⓑ 의문어에서 구체적 개념을 묻는 '무엇', '어디'는 먼저 나타나지만 추상적 개념을 묻는 '언제', '왜', '어떻게'는 늦게 나타난다.

⑧ 유아기 문법 사용의 오류

    ㉠ 과잉 일반화 : 습득한 언어적 규칙을 적용하기 시작하면서 규칙에 예외가 있다는 것을 알지 못하고 오류를 범하는 것이다. 예 "밥이가 없어.", "나도 간다요."

    ㉡ 부정어 '안'의 오류 : 문장 앞에 '안'을 사용하여 전체 문장을 부정하는 현상이다. 예 "안 밥 먹어요."

⑨ 이야기 꾸미기(story telling) : 4~5세경 문법이 세련되어지면서 문장이 길어지고 시간 순서에 따라 논리적으로 이야기를 만들 수 있다. 복잡한 인과관계가 포함되지 않지만 '부분 묘사, 도입 혹은 결말'의 이야기가 만들어진다.

(4) 의사소통 능력

① 의사소통 능력은 언어를 산출하는 문법적 규칙에 대한 지식뿐 아니라 특정한 상황에 맞는 말을 하기 위해 적절한 화용적 규칙을 아는 지식까지도 포함한다.

② 의사소통 기술 : 상대방의 말을 주의 깊게 듣고 이해하는 능력, 그리고 상대방의 연령, 성, 사회적 지위 또는 상황에 맞게 자신의 언어적 표현을 조정하는 능력이다.

③ 유아의 의사소통 능력의 발달

    ㉠ 의사소통 능력이 발달하기 위해서는 자아중심적 사고에서 벗어나 타인의 입장을 이해할 수 있어야 한다.

    ㉡ 3세의 특징 : 대화의 사회적인 양상을 조금씩 인식하여 언제쯤 상대방에게 말할 기회를 주어야 할 것인지를 깨달을 수 있고, 상대방이 '그런데~'와 같은 말을 하고 있을 때에는 잠시 기다릴 줄도 안다. 그러나 여전히 자신에게 직접적으로 관계된 일이나 현재 일어나는 일 또는 짧은 대화를 더 잘 이해한다.

    ㉢ 4세의 특징 : 유아는 간접적인 지시문이나 우회적인 방식으로 이야기할 수 있다. 예 "어머니 계시니?"라는 전화에 3세의 유아는 "네."라고 대답하고 전화를 끊어 버

리는 경향이 있지만 4세 유아는 어머니를 바꿔 달라는 말인 줄 이해하고 "엄마, 전화 왔어요."라고 어머니께 전화 내용을 전달할 수 있다.

ㄹ 5세의 특징 : 5~6세경이 되면 대화의 차례를 지키고, 다른 사람의 말을 가로채는 경우가 줄어들며, 상대방과 대화를 통해 경험을 공유할 수 있게 된다.

④ 대화 맥락의 발달

ㄱ 대화를 주고받는 기술(차례 지키기) : 유아는 자기가 말할 차례를 받거나 다른 사람이 말을 이어받도록 놓아 주는 기술은 배우기가 힘들다. 만 5세 정도 유아의 절반 정도가 주고받는 대화를 계속할 수 있다.

ㄴ 대화를 계속하기 위해 하는 말 : "뭐라고?", "그래?" 등의 말을 할 수 있다.

ㄷ 이야기 주제 : 의사소통을 하기 위해서는 말하는 사람끼리 공통된 주제가 있어야 한다. 3세 반 정도의 유아들 중에서 3/4 정도가 일정하게 만들어진 주제를 가지고 이야기한다.

ㄹ 전제된 정보를 고려하기와 듣는 이에게 맞추어 말하기 : 전제된 정보란 말하는 사람이 자기가 하는 말을 상대방이 알고 있으리라고 가정하는 지식을 바탕으로 대화하는 데 가정되는 지식을 말한다.

예 "아까 그 아줌마 수영이 엄마야."라는 말은 전제 정보가 필요한 표현이며, 전제된 정보가 없을 때는 "왜 있잖아. 무궁화 반에서 제일 키가 큰 여자 아이."라는 말을 함으로써 부가적인 정보를 줄 때만이 대화가 계속된다.

ㅁ 명령과 요청들, 간접적인 요구 표현의 방식 : 말을 하기 시작한 유아는 "줘.", "또."라는 말을 하며, 3세가 되면 의문형으로 간접적인 요청도 할 줄 안다("~해 줄래요?"). 4세 반 정도면 간접적으로 요청하는 방식이 급격히 늘어나 "하고 싶어요." 대신에 "할 수 있어요.", "먹고 싶으니까 주세요." 대신에 "먹을 수 있어요."라고 표현한다.

ㅂ 농담, 유머 발달 : 학령기 전후의 유아는 단어의 의미를 확장해서 분명하게 깨달아 간다. 예를 들어 '못난이'의 뜻이 외모의 미운 모습만을 의미하는 것이 아니라 분명하지 못한 행동을 보일 때도 적용한다는 것을 알게 된다. 이렇게 유아는 이미 알고 있는 단어의 의미를 재조직화하면서 수수께끼나 농담, 유머를 이해하기 시작한다.

⑤ 이야기하기의 발달

ㄱ 2세 반~3세 반 정도의 유아는 자신이 겪었던 사건에 대해서 무언가를 이야기할 수 있으며, 4세에는 모든 이야기를 시간적인 순서로 말하려고 시도한다.

ㄴ 자신이 겪었던 이야기를 하는 유아들의 이야기 수준은 개인마다 많이 다르다.

예 조리있게 사건과 사건을 논리적으로 정리하여 이야기하는 어린이, "있잖아요, …그래서, …있잖아요."의 사이사이에 간신히 몇 개의 단어만 넣을 수 있는 어린이, 이야기의 핵심 구조보다는 시간의 연속성에 집중해서 "그것 하고요, 그러고 나서 바깥에 나갔고요. 또 들어와서요…." 등처럼 세부적인 시간의 흐름에 연연하여 이야기를 질질 끌어가는 어린이 등 유아의 이야기하기 양상은 각 유아의 인지적 발달에 따라 다양하다.

© 지도 시 유의점
ⓐ 이야기의 핵심 구조에 집중하여 이야기가 전체 줄거리에서 벗어나지 않도록 한다.
ⓑ 시간이나 위치에 대해서도 분명하게 이야기하도록 한다.
ⓒ 점차 발달함에 따라 이야기의 배경이나 인물들의 성격에 대해 더 많은 설명을 하도록 유도한다.
⑥ 유아기에는 자아중심적 사고의 한계 때문에 주로 자아중심적 대화가 이루어진다고 생각해 왔으나 최근에는 유아들도 청자의 욕구와 수준을 고려하여 말할 수 있다는 사실이 발견되고 있다.
예 나이 어린 동생에게 말할 때와 성인에게 말할 때 다른 언어표현을 사용한다.

4 유아 언어 발달에 영향을 미치는 요인

(1) 유아의 감각운동 기능
① 보고, 듣고, 만지는 감각 경험을 뇌에 전달하여 의미를 이해한 후 음성언어나 문자언어로 표현하게 된다.
② 시각, 청각, 촉각, 발음기관, 신경 근육 조직에 문제가 있다면 언어 발달이 제대로 이루어질 수 없다.

(2) 유아의 지적 능력
① 언어 발달에는 적절한 기억력, 사고능력, 모방력, 문장 구성력 등이 요구된다.
② 언어 발달과 지적 능력은 정적인 상관관계가 있다.

(3) 가정환경
① 부모가 어떤 언어 모델을 제공하는가 등 유아의 언어 발달을 자극할 수 있는 상호작용의 횟수와 질이 중요하다.
② 가정의 사회 · 경제적 계층에 따라 유아의 언어 발달에 차이를 보인다.[16]
③ 아기식 말투(CDS : child-directed speech, motherese) : 성인들이 어린 아동들과 언어적으로 상호작용할 때 사용하는 아동을 의식한 언어 형태를 말한다.
예 고음, 과장된 표현, 분명한 발음, 느린 속도, 짧은 문장 등

16) 중류계층 유아의 언어 능력이 하류계층 유아보다 더 발달되는 경향이 있다.

(4) 교사의 언어

① 유아교육기관에서 많은 시간을 보내는 현대의 유아에게 교사는 중요한 언어 모델이다.

② 교사는 가능한 한 정확한 발음과 다양한 어휘 및 문장을 사용해서 말해야 한다.

③ 교사는 다른 사람의 말을 효과적으로 경청하고 반응하는 모습, 혹은 이야기 나누기 시간에 적극적이고 자발적인 의사표현을 격려하는 모습 등 의사소통의 모델을 보여 주어야 한다.

(5) 사회문화적 요인

① 유아가 생활하는 사회의 문화적 배경이나 수준이 언어 발달에 영향을 미친다.
   예 가정에서 식사할 때 대화를 격려하는 가정과 조용히 식사하는 것을 선호하는 가정에서의 유아의 언어적 경험은 차이가 있다.

② 우리 주변의 사회적 환경 : 학교교육, 쇼핑, 보육시설, 레스토랑, 종교, 의료보호, 스포츠와 레크리에이션, 텔레비전 시청 등의 사회적 환경은 유아 언어 발달에 영향을 준다.

문식성의 발달

1 유아의 문식성 발달에 대한 연구

(1) 문식성(literacy)

① 지식과 정보를 획득하고 활용하기 위해 글을 읽고, 쓰고, 생각할 수 있는 능력이다.

② 단순히 글을 읽고 쓰는 능력을 넘어 글을 사용하여 효율적으로 의사소통할 수 있는 능력을 의미한다.

17) 페스탈로치, 프뢰벨은 낭만주의 교육학자로, 언어 교육 측면에서도 책 읽어 주기, 놀이와 탐색, 이야기 나누기 시간의 토의와 노래부르기 등 아동 중심적, 간학문적 교육방법을 지향했다.

(2) 읽기 준비도 개념(1920~1960)[17]

① 성숙주의

㉠ 게젤(Gesell, 1925), 모펫과 워시번(Morphett & Washburne, 1931)은 읽기 준비가 되기 전에는 읽기 지도를 해서는 안 되고 성숙이 이루어질 때까지 미루어야 한다고 주장했다.

㉡ 준비도 검사(readiness test)를 통해 유아가 준비가 되어 있는지 아닌지를 판별하고자 했다.

② 행동주의

㉠ 1950~1960년대 행동주의 이론이 대두되면서 읽기 준비도 개념은 유아가 성숙하기를 기다리기보다 성숙을 가속화시키기 위해 읽기에 필요한 기술을 익힐 수 있도록 가르치는 데 초점을 두게 되었다.

㉡ 유아교육기관에서 어릴 때부터 읽기 기초 교육을 할 수 있는 교육 자료를 만들어 읽기 기술을 가르쳤다.

(3) 연구에 의한 문식성 관점 변화기(1960~1980년대)

① 구어 발달 연구 : 언어적 환경이 풍부하고 사회적 맥락에서 어른과 언어를 많이 사용하는 유아들은 이러한 기회가 부족한 유아들보다 구어 기능이 더 발달하게 된다.

② 가정의 문식 발달에 대한 연구 : 책 등 읽을 자료가 풍부한 문식 환경 속에서 가족 구성원이 문식 활동을 함께 한 가정의 유아들은 보다 일찍 읽기를 습득한다.

③ 읽기 발달에 대한 연구(굿맨 Goodman)

㉠ 문식성이 풍부한 환경은 구어 습득만큼 자연스럽게 읽기를 배우게 한다.

㉡ 유아들은 직접 교수를 받지 않고도 일상생활에서 읽기를 배울 수 있다.

㉢ 언어 발달을 증진시키는 활동과 문제해결, 이야기 듣기, 이야기 쓰기 등의 경험은 유아의 문식성 발달에 도움이 된다.

④ 쓰기 발달에 대한 연구

  ㉠ 과거에 쓰기는 읽는 능력 후에 발달하는 것으로 인식되었으나 현재에는 읽기와 쓰기를 분리되지 않은 하나의 과정으로 본다.

  ㉡ 클레이(Clay)는 쓰는 것에 흥미를 느끼고 어른들의 쓰는 행위를 본받기도 하며, 끼적거리고, 그림을 그리고, 스스로 고안해 낸 철자들을 쓰는 것은 초기 쓰기의 유형을 나타내는 것이라고 주장했다.

  ㉢ 도로 표지판, 음식물 포장, 가게 간판과 같은 주변 환경 인쇄물이나 텔레비전과 컴퓨터 프로그램은 조기 문식적 지식의 근원이 된다.

2 발생적 문식성 관점(1980년대~현대)

(1) 발생적 문식성 관점의 개념

① 발생적 문식성(emergent literacy) 관점 : 생애 초기부터 문식성이 발달되어 간다고 보는 것으로, 유아가 읽기 · 쓰기에 대한 형식적 지도를 받기 전에 실생활에서 자연스럽게 읽기와 쓰기를 배울 수 있다는 관점이다(클레이 Clay, 1966).

② 유아가 책에 대해 관심을 보이거나, 책이나 잡지 등을 들고 읽는 척하기, 끼적거리기로 쓰기와 같은 행동들도 읽기, 쓰기라고 간주했다.

③ 아직 관습적으로 사용하는 수준의 읽기와 쓰기는 아니지만 그런 방향으로 발달하는 기초를 형성하고 있다는 의미에서 '문식성의 뿌리'라고도 한다.

(2) 발생적 문식성의 기본 가정

① 문자언어 학습은 음성언어 학습과 함께 생애 초기부터 시작하여 계속 진행된다.[18]

② 음성언어와 문식성은 분리되어 진행되는 것이 아니라 서로 영향을 주면서 동시에 발달한다.

③ 유아가 친숙한 그림책을 읽고 감상을 표현할 때 이러한 행동은 아직 표준적 수준의 읽기가 아니더라도 문식성으로 인정한다.

④ 관례적 읽기를 할 수 있기 전에 나타나는 행동, 예컨대 책을 잡고 보면서 읽는 척하는 행동이나 끼적거리기, 심지어 그림 그리기도 문식성에 포함된다.

⑤ 끼적거리기와 그리기의 차이를 아는 유아는 글과 그림의 차이를 안다고 본다.

⑥ 발달은 일상의 자연스러운 상황에서 다른 사람과 의사소통을 하는 의미 있고 기능적인 경험을 통해 일어난다.

18) 굿맨(Goodman)은 유아들이 매우 어린 시절부터 이미 책에서 글자와 그림의 차이를 알고, 어떻게 책을 다루고 책장을 넘기는지 알고 있으며, 책이란 인쇄된 글자를 통해 의미를 전달하는 것으로 알고 있다고 말했다.

⑦ 유아들은 상품의 상표, 거리의 표지판, 제품의 로고 등에 대한 인식을 가지고 있다. 즉 유아들은 읽기의 형식(form)보다는 기능(function)에 대한 개념을 먼저 발달시키며, 친숙한 환경적 맥락 안에 있는 문자 읽기에서 출발하여 점차 환경적 맥락의 단서보다 언어적 맥락에 의존하는 문자 읽기를 발달시킨다.

A Plus⁺ 문식성 발달에 대한 읽기 준비도와 발생적 문식성의 관점

	읽기 준비도	발생적 문식성
이론적 관점	• 문식성을 위해서는 기본적인 기술을 먼저 습득해야 한다. • 읽기는 학교에서 배울 수 있다. • 쉬운 수준에서 어려운 수준으로 나아가는 읽기 기술을 차례차례 습득함으로써 성인과 같이 읽을 수 있다.	• 생애 초기부터 문식성이 발달한다. • 학교에 입학하기 전에 읽기를 체험할 수 있다. • 일상생활 속 실제 상황에서 유목적으로 문자를 활용함으로써 읽기, 쓰기를 배운다.
교수·학습 방법	• 교사의 형식적인 지도와 정기적인 평가를 통해 읽고 쓸 수 있게 된다.	• 성인과의 비형식적인 상호작용과 관찰을 통해 읽고 쓸 수 있게 된다.
듣기, 말하기, 읽기, 쓰기의 관계	• 음성언어 발달과 문자언어 발달은 독립적으로 일어난다. • 읽을 수 있게 된 이후에 쓸 수 있으므로 읽기 기술을 먼저 가르친 다음 쓰기 기술을 가르쳐야 한다.	• 듣기, 말하기, 읽기, 쓰기는 서로 연관되어 있으며 동시적으로 발달한다. • 음성언어 발달은 문자언어 발달과 연관되어 있으며 서로를 지원하는 과정을 통해 발달이 촉진된다.
문식성 발달	• 문식성 발달 과정과 발달 속도는 일정한 단계를 따라 순서를 거침으로써 이루어진다.	• 문식성 발달 과정과 발달 속도에는 개인차가 있다.

(3) 문식성 발달의 일반적 양상

① 말과 글의 관계를 알면서 문자가 어떠한 의미와 기능성을 갖는다는 것을 안다.
② 글의 형태에 관심을 갖는다.
③ 글의 표준성을 배운다. **예** 읽고 쓸 때 왼쪽에서 오른쪽으로 진행한다는 것, 구두점은 읽고 쓰는 데 목적이 있다는 것, 띄어쓰기가 단어와 글자를 구분한다는 것 등
④ 문식성이 풍부한 환경에서 유아는 문자와 지속적인 상호작용을 하고 이를 통해 문자에 대한 의미를 형성해 간다.
⑤ 읽기 발달과 쓰기 발달의 원리(마차도 Machado, 2013)
　　㉠ 자연적 발달의 원리
　　　　ⓐ 구두언어처럼 일상생활에서 문자언어 사용을 경험하면서 자연스럽게 발달한다.
　　　　ⓑ 일상생활 속에서 다른 사람이 책 읽는 것을 보기, 부모와 책 읽기, 주변 글자 읽기, 놀이 등을 통해 읽기가 발달한다.

ⓒ 가정에서 부모나 형제가 메모를 하거나 쪽지를 쓰거나 시장 목록을 작성하거나 과제하는 것을 보면서 쓰기를 배운다.

ⓛ 상호작용적 발달의 원리 : 주변의 사람, 사물, 사건들을 경험하면서 자연스럽게 음성 언어를 배우는 것처럼 읽기와 쓰기도 주변의 환경과 상호작용을 하면서 이루어진다.

ⓒ 기능적 발달의 원리

　　ⓐ 읽기를 통해 정보를 얻어야 한다는 사실을 경험함으로써 읽기의 기능을 이해한다.

　　ⓑ 쓰기가 필요한 실제적인 이유가 있을 때 의미 있는 활동을 통해서 발달된다.
　　　　예 블록을 쌓아 둔 것을 건드리지 말도록 요구하는 메시지, 생일 초대장 만들기 등

ⓓ 구성적 발달의 원리

　　ⓐ 글과 일상생활의 관계를 이해함으로써 읽기의 의미를 구성한다.

　　ⓑ 쓰기는 단지 모방, 반복이 아니라 개인의 생각과 감정의 의미를 나타내기 위해 연관성과 일관성이 있어야 하고, 메시지를 중심으로 초점을 맞추어 응집성 있게 구성하는 경험 속에서 발달한다.

ⓜ 통합적 발달의 원리

　　ⓐ 발음, 어휘, 문법, 낱자의 이름, 낱자의 소리, 단어 재인 기능들을 동시적으로 습득해야 한다.

　　ⓑ 듣기, 말하기, 읽기, 쓰기를 통합적으로 경험하면서 이루어진다.

ⓗ 점진적 발달의 원리 : 글쓰기는 갑자기 출현하는 것이 아니라 생활 속에서 환경 인쇄물 등과 다양한 상호작용을 통해 글자에 관심을 갖게 되고, 글자의 기능과 형태를 알고 말과 글의 관계를 연결 짓게 되면서 점진적으로 표준적 글쓰기로 발달되어 간다.

(4) NAEYC(National Association for the Education of Young Children)[19]의 문식성에 대한 입장

① 문식성 학습은 영아기 때 시작되며, 유아교육기관에 오기 전 문식성에 대한 지식은 개인차가 있다.

② 가정과 유아교육기관에서 문식성이 풍부한 환경을 지속적으로 제공해야 할 필요가 있다.

③ 문식성은 자신에 대해 긍정적 느낌을 형성할 수 있는 지지적 환경과 문식성 활동을 통해 학습된다.

④ 성인은 학습될 전략을 시범 보이고 책과 인쇄물에 관심을 보임으로써 문식적 행동의 모범을 보여야 한다.

⑤ 문식성 발달은 유아 개개인에게 다르게 나타나고 개인적 요구가 충족되어야 한다.
　　예 글을 읽으려는 유아에게는 조기 개입 프로그램이 제공되어야 한다.

19) NAEYC : 미국유아교육협회

5장

문식성 발달 과정

1 읽기 발달

(1) 클레이(Clay, 1972)의 읽기 발달 단계

① 1단계 : 글자가 이야기로 전환될 수 있음을 이해하는 단계이다. 그림책을 거꾸로 들고 웅얼웅얼 소리를 낸다.

② 2단계 : 문어체와 구어체가 다르다는 것을 아는 단계이다. 책을 들고 문어체로 말을 한다.

③ 3단계 : 그림을 단서로 책의 내용을 생각하면서 읽는 단계이다. 글자가 아닌 그림을 보면서 이야기를 꾸며 가면서 책을 읽고, 그림을 조합한 내용으로 이야기를 만들어 주어도 수긍한다.

④ 4단계 : 반복해서 읽은 책의 문장을 기억하는 단계이다. 자신이 기억한 책의 내용과 다르게 읽어 주면 아니라고 한다.

⑤ 5단계 : 단어의 시각적 단서를 사용하여 문장을 읽는 단계이다. 글자를 하나씩 가리키며 소리 내어 책을 읽는다.

(2) 이영자와 이종숙(1985)의 읽기 발달 단계

① 1단계 : 읽기 이해 전 단계

② 2단계 : 이야기 구성 능력이 없어 '나는 못 읽어요'와 같은 의사 표현을 하는 단계

③ 3단계 : 그림을 보고 마음대로 이야기 만들기 단계

④ 4단계 : 그림을 보고 의미를 비슷하게 꾸며 말하기 단계

⑤ 5단계 : 단어나 구절을 암기하여 이야기하는 단계

⑥ 6단계 : 글자를 읽어야 한다는 것을 이해하거나 실제 글자를 읽는 단계

(3) 셜츠비(Sulzby, 1985)의 읽기 행동 범주[20]

범주1	이야기가 형성되지 않은 그림 읽기 시도 그림을 보면서 이름을 붙이거나 음성 효과를 내고 그림을 흉내내며 행동한다.
범주2	이야기가 형성된 그림 읽기 시도 그림으로 그려진 특징들을 대화체로 표현하지만 아직 이야기가 연결되지 않는다. 이후 대화체보다는 이야기할 때의 억양으로 이야기를 전달한다.
범주3	문어적 읽기 시도 초기에는 구어체 억양이나 어법과 함께 문어체 어법이 나타난다. 그 후 탈상황화된 언어를 사용하고 유사읽기 억양이 나타나지만 구어적 읽기 형태가 남아 있다. 마지막으로 문자를 인식하고 부분적으로 이야기의 내용을 기억하며 성인에게 도움을 요청해서 원본을 그대로 읽으려고 한다.

20) 셜츠비(Sulzby)는 유아에게 이야기책을 읽어 달라고 요청하여 나타난 반응을 분석하여 유아의 읽기 행동을 분류했다.

범주4	문자 읽기 시도 어떤 유아는 사람들이 읽는 것이 그림이 아니라 글자라는 것을 알면서 "나는 읽을 줄 몰라요."라며 읽기를 거부한다. 또 어떤 유아는 몇 개의 아는 단어나 문자 또는 기억하고 있는 내용에 초점을 두어 읽는다. 모르는 단어를 빠뜨리고 읽는 경향이 있으며, 때로는 자신이 아는 단어로 대치시킨다. 그러다가 단어들을 한 번에 정확하게 읽고 만약 잘못 읽었을 경우 스스로 수정한다.

(4) 잘롱고(Jalongo, 2000)의 읽기 발달 수준

1수준	책이 무엇인지 이해한다.	책과 장난감을 구별한다.
2수준	(2세반~3세) 책의 기능을 이해한다.	책을 똑바로 든 채 책장을 넘기고 다른 물건들과 다르게 다룬다.
3수준	(3세) 청취자와 참여자가 된다.	그림 하나하나에 대해 이야기를 하고, 기억나는 단어 몇 개를 연결해서 읽는다.
4수준	(3~4세) 그림에 맞추어 이야기를 꾸민다.	그림에 맞추어 이야기를 한다. 익숙한 책을 읽을 때 새로운 내용을 첨가하거나 책에 나와 있는 언어와 같은 소리를 내면서 문어적으로 이야기할 수 있다.
5수준	(5세) 글자, 의미, 이야기 지식에 초점을 둔다.	책의 내용이 똑같아 읽을 때마다 동일하다는 것을 안다. 그림뿐만 아니라 글자를 볼 필요가 있으며 단어와 연결시켜야 함을 안다. 단어지식은 점점 발달하지만 모르는 단어가 나오면 책의 맥락에 맞게 스스로 고쳐 읽는다.
6수준	(6세) 단어의 형태와 소리-글자 관계에 초점을 둔다.	자신이 아는 철자, 단어, 소리를 사용하여 책 속의 글을 정확한 단어로 읽으려고 노력한다.
7수준	(초등1~2 이상) 이야기와 글자에 대한 지식을 연결한다.	읽기와 관련된 정보원(음운론, 통사론, 의미론, 화용론)을 적절히 사용한다.

A Plus⁺ 단어 지식 단계(잘롱고 Jalongo, 2000)

표의체계	취학 전 유아들은 단어를 통 단위로 학습한다. 환경 인쇄물에 관심을 갖게 해야 한다.
자모체계	만 5세~초등 1학년 아동들은 단어를 인식하기 위해 철자를 사용한다. ㄱㄴㄷ과 같은 낱자에 초점을 두게 해야 한다.
철자체계	초등학교 아동들은 단어 속의 패턴을 보기 시작한다. 단어군에 초점을 두게 한다. 예 물 → 불 → 굴 → 술

A Plus⁺ 한글해독책략(이차숙, 2003)

단서책략	단어를 전체로 기억하고 암기하여 발음하는 방법이다. 단어의 주변에 있는 단서를 주로 이용하여 추리하여 읽기 때문에 실제로는 전혀 해독이 일어나지 않는다. 예 '팔각정' 글자 옆의 그림을 보고 '휴게소'라고 읽음.
글자 수와 음절 수 대응 책략	'글자'라는 단위가 존재하는 한글을 해독할 때에만 나타나는 독특한 책략이다. 즉, 글자 한 개는 음절 한 개에 해당한다는 사실을 알고, 추리하여 읽는 방법이다. 예 가족에 대한 글자들 중에서 '할아버지'라는 단어가 있다면, 입으로는 '할아버지'라는 단어를 소리 내어 읽고, 손가락으로는 글자 하나하나를 짚어가다가 그것이 글자 수와 음절 수가 맞아떨어지면 만족해하며 '할아버지'라고 크게 읽는다.
아는 글자 이용 책략	읽어야 하는 글자들 속에 유아가 아는 글자가 있으면 그 글자를 중심으로 추리하여 해독하는 방법이다. 예 '자동차'라는 세 글자를 해독해야 하는데 마지막 글자인 '차'자를 안다면, '기차', '마차', '자동차', '소방차' 등을 소리 내어 보고 마침내 음절 수와 기타 여러 가지 맥락을 고려하여 앞의 두 글자는 모르지만 자신이 알고 있는 '차'자를 중심으로 '자동차'라고 해독한다.
자소·음소 대응책략	아는 글자와 유사하게 생긴 글자들은 자소·음소의 대응 규칙을 적용하여 비슷하게 소리 내어 읽어 본다. 자연히 자·모음자에 주의를 기울이게 되고, 자·모음자의 차이에 따른 소리의 차이도 구분하려고 애를 쓰게 된다.
철자 책략	의식적으로 글자의 구성요소를 분석하려고 애쓰지 않아도 글자를 구성하고 있는 철자가 저절로 눈에 들어오고 글자가 저절로 해독되는 과정이다. 말하자면, 자소·음소의 대응을 자유자재로 할 수 있다는 뜻이다. '강'과 '공'의 차이는 구태여 구분하려고 애쓰지 않아도 그 차이가 저절로 구분된다. 앞 단계에서 사용한 책략들과 다른 점은 의식적으로 자·모음자의 소리에 주의를 기울이지 않아도 정확한 소리와 대응시킬 수 있다는 점과, 글자의 유형이 아닌 글자의 조합은 쉽게 구별하여 글자가 될 수 없다는 것을 안다는 점이다. 그리고 소리 내어 읽지 않아도 의미를 이해할 수 있다.

(5) 맥기와 리치겔스(McGee & Richgels, 1996)의 읽기 발달 과정

① 문식성 발달의 시작(출생~3세) : 일상생활에서 어떤 목적으로 문자가 활용될 수 있는지 관심을 갖는다.

② 초보적 읽기(3~5세) : 과자 이름, 음식점 표시, 도로표지판 등에 붙어 있는 글자를 알고 글자의 명칭, 형태, 특징 등을 배우려고 하며 글을 읽을 때 맥락에 의존하여 읽기를 한다.

③ 실험적 읽기(5~7세)

    ㉠ 표준적 읽기 수준에는 이르지 못하지만, 이전보다 훨씬 표준적이다.

    ㉡ 철자와 소리는 서로 연관되어 있음을 인식하고 자기가 읽는 것과 성인이 읽는 것이 다르다는 것을 알게 되면서 "나는 읽고 싶지 않아요"라는 말을 하기도 한다.

    ㉢ 문어식으로 읽기를 하며 정확하게 읽기 위해 손가락으로 짚으면서 읽는다.

(6) 쿠퍼와 카이거(Cooper & Kiger, 2003)의 읽기 발달 과정

① 발생적 문식성(출생~유치원 입학 전)

    ㉠ 음성언어가 발달하고 그림을 그리거나 끼적거리면서 쓰고, 인쇄물에 호기심을 갖게 된다.

    ㉡ 낱자의 이름들을 알기 시작하고 어떤 낱자는 상응하는 말소리와 연결시켜 본다.

    ㉢ 맥락이 함께 제시되면 상품에 있는 글자들이나 자주 보는 간판 글자들을 읽을 수 있다. 예 서울우유 팩에 쓰여 있는 '서울우유'를 읽는 유아는 반 이상이었지만 우유팩 없이 정자로 쓴 '서울우유'를 읽는 경우는 반이 채 못 되었다.

② 초기 문식성(유치원 입학~초등 1학년 초)

    ㉠ 이전보다 좀 더 표준적인 구어 패턴과 형식을 사용하고 철자들의 이름을 알며, 인쇄물에 대한 개념을 갖게 된다.

    ㉡ 글의 기능을 알며, 가능하다면 자소와 음소를 대응시켜 가며 읽으려고 노력한다.

    ㉢ 구두점의 기능에 대해 이해하기 시작한다.

③ 독자적 문식성(초등 1학년 후반~3학년)

    ㉠ 구어가 더 확장되고 실제로 표준적인 방식으로 읽고 쓰기 시작한다.

    ㉡ 단어의 의미를 더 잘 알게 되며, 단어를 어떻게 발음하는지 알고 더욱 유창하게 읽는다.

    ㉢ 맥락에 의존하지 않고도 많은 단어들을 읽을 수 있다.

    ㉣ 자신이 읽는 글이 이해가 되는지 점검해 보고, 틀린 부분을 찾아내어 고쳐 읽기도 한다.

(7) **쉬케단츠(Schickedanz)의 읽기 발달 7단계**

① 1단계 : 그림을 보고 말을 옹알거리며 읽는다. 책의 그림을 보고 읽어 달라고 한다.

② 2단계 : 그림을 보고 실제 이야기와 비슷하게 읽는다.

③ 3단계 : 글자가 이야기를 나타냄을 알고 실제 단어나 구절을 많이 포함하여 읽는다.

④ 4단계 : 책의 내용을 암기하여 그대로 이야기하고 읽어 주는 사람이 다르게 읽으면 정 정해 주려고 한다.

⑤ 5단계 : 시각적 변별의 시작으로, 글자와 말이 서로 관련이 있음을 알고 글자와 말을 짝 지으려고 한다.

⑥ 6단계 : 어휘를 인식하면서 단어의 의미를 묻고 손가락으로 지적하면서 단어를 읽으려 고 한다.

⑦ 7단계 : 문맥, 언어, 글자와 발음의 관계에 대해 아는 것을 통합하여 유창하게 읽는다.

2 쓰기 발달

(1) 발생적 문식성 관점

① 과거에 쓰기는 언어의 기능 중 가장 늦게 발달한다는 믿음에 따라 쓰기 지도는 베껴쓰 기, 변별훈련, 반복훈련 등 기능적인 측면이 강조되는 경향으로 이루어졌다.

② 1980년대의 발생적 문식성 관점은 유아의 쓰기 발달은 말하기나 듣기와 마찬가지로 어 려서부터 자연스럽게 이루어진다고 주장하였다.

③ 쓰기의 핵심은 의미를 생성하고 조직하여 전달하는 것이므로, 유아의 쓰기는 비록 관 례적이고 표준적인 쓰기가 아니고 불완전한 표기이지만 의미를 표상하여 전달한다는 의미에서는 분명히 쓰기에 해당된다.

④ 유아들은 말을 배울 때처럼 쓰기를 배울 때 철자의 정확성보다는 전달할 의미에 집 중한다.

⑤ 무언가를 표현하고자 하는 낙서나 그리기, 유사글자 쓰기, 창의적인 글자 쓰기 행동을 쓰기의 원형(proto writing)이라고 하며, 이에 대한 인정과 격려는 쓰기 발달에 중요한 필 수적 과정이다.

⑥ 유아의 쓰기 발달은 '사물 그리기 → 말을 그리기 → 글로 쓰기'로 발달한다.

⑦ 그리기는 구어를 문어로 전환하는 하나의 상징적 행동이며, 문어로서의 그림 도식은 3세 이후에 문자 형태의 부호 혹은 자형으로 발달한다.

⑧ 쓰기 발달의 시작점을 끼적거리기와 글자가 다르다는 것은 인식하면서부터라고 보는 견해가 있다. 2~3세경이 되면 끼적거리면서 그린 것과 끼적거리면서 쓴 것을 구별할 수 있으며 책을 보면서 어떤 것이 그림인지 어떤 것이 글인지 구별할 수 있다.

(2) 클레이(Clay, 1983, 1991)의 유아들의 쓰기 학습 원리

① 반복의 원리 : 글자가 그림을 그린 것처럼 동그라미나 선 모양이 반복적으로 쓰인다.

② 생성의 원리 : 알고 있는 글자나 쓸 수 있는 몇 개의 낱자들을 여러 가지로 조합하여 반복적으로 쓴다.

③ 기호 개념의 원리 : 그림, 디자인, 기호의 차이를 인식하고 종이 위에 아이디어나 정보들을 나타내려고 애를 쓴다. 그림을 그려 놓고 그 밑에 정확하지는 않지만 글자 모양을 그리고 구두로 설명을 붙이기도 한다.

④ 융통성의 원리 : 글자의 기본 모양으로 한 번도 본 적 없는 새로운 글자를 만들어 내며 글과 말소리의 관계를 지으려고 애를 쓴다. 이때부터 창안적 글자 쓰기(invented spelling)가 나타난다.

⑤ 줄 맞추기와 쪽 배열의 원리 : 글을 쓸 때 줄을 맞추려고 하고 왼쪽에서 오른쪽으로 쓰며, 그 줄을 다 쓰면 다시 내려와서 왼쪽에서 오른쪽으로 쓰기 시작한다.

⑥ 띄어쓰기의 원리 : 단어와 단어 사이를 띄는 것을 안다.

(3) 램(Lamme, 1985)의 쓰기 발달 단계

① 전–문자적 쓰기(pre-alphabetic writing) : 무질서한 끼적거리기, 조절된 끼적거리기, 끼적거리기에 명명하기 등의 순서로 발달한다.

② 문자적 쓰기(alphabetic writing) : 유사글자 및 글자 쓰기, 부분적으로 관례적 글자 쓰기, 관례적 쓰기로 발달한다.

(4) 셜츠비(Sulzby, 1986)의 발달적 경향을 보여 주는 유아의 쓰기 행동

① 그리기
② 끼적거리기(수직선 산출 → 수평선 산출)
③ 글자 비슷한 모양으로 선 긋기
④ 잘 알고 있는 연결된 글자 쓰기
⑤ 창안적 글자 쓰기
⑥ 표준적 글자 쓰기

(5) 맥기와 리치겔스(McGee & Richgels, 2000)의 쓰기 발달 과정

① 문식성 발달의 시작(출생~3세) : 끼적거리기, 끼적거리고 이름 붙이기 등을 하며 그림이 사물과 비슷한 상징이며 그림을 통해 원하는 것을 표현할 수 있음을 배운다.

② 초보적 쓰기(3~5세)
　㉠ 놀이 시 자신이 개발한 문자(선, 동그라미 등)를 쓴다.
　㉡ 자신의 이름, 가족의 이름을 쓰면서 여러 가지 자모음 철자의 이름과 형태를 알게 된다.

ⓒ 글자를 구성하기 위해 일정한 규칙이 있다는 것을 인식한다.

         예 '김'과 '힘'의 네모가 같은 것인지 묻는다.

  ③ **실험적 쓰기**(5~7세)

     ㉠ 성인의 쓰기와는 다르다는 것을 알고 "나는 쓸 줄 몰라요."라는 말을 한다.

     ⓛ 단어를 발명해 내어 창안적 글자로 쓰거나 성인의 도움을 받아서 쓰려고 한다.

(6) 쿠퍼와 카이거(Cooper & Kiger, 2003)의 쓰기 발달 단계

  ① **발생적 문식성**(출생~유치원 입학 전) : 끼적거리기를 하거나 글자와 비슷한 모양을 나열해 놓고 의미를 부여해 가면서 읽기도 한다.

  ② **초기 문식성**(유치원 입학~초등 1학년 초)

     ㉠ 읽고 쓸 줄 아는 단어들이 있다.

     ⓛ 자신이 써 놓은 글을 되풀이하여 읽기도 한다.

     ⓒ 앞 단계와 마찬가지로 글자를 역방향으로 쓰기도 한다.

  ③ **독자적 문식성**(초등 1학년 후반~3학년) : 구두점을 사용하거나 표준적 쓰기에 가까운 쓰기를 한다.

A Plus⁺ 비고츠키(Vygotsky, 1978)의 쓰기 발달 과정

1단계 상징 (First Order Symbolism)	긁적거리기와 그리기. 물체를 상징하고는 있으나 그 의미가 계속 변화하는 매우 상징적이며 임의적인 단계를 의미한다.
2단계 상징 (Second Order Symbolism)	음성언어를 쓰기라는 상징으로 관습화해 가는 과정이며 아직 음성언어에 의존하는 단계이다. 즉, 상징은 음성언어가 기호화되어 나타나며, 유아의 구두 설명이 있을 때 비로소 상징이 무엇을 의미하는지 알 수 있다. 아직 관습적인 쓰기가 이루어지지 않으며 고안된 철자와 같은 유아 나름대로의 쓰기가 나타나는 단계이다.
직접적 상징 (Direct Symbolism)	관습적 쓰기. 더 이상 유아의 구두 설명이 필요 없으며, 쓰기가 개념, 동작, 관계 등을 직접 표상하는 문자언어로 의사소통이 가능한 단계이다.

(7) 쉬케단츠(Schickedanz, 2002)의 쓰기 발달 단계

① **물리적 관계 전략** : 자국(marking)의 수와 외형을 물체 또는 사람의 특성과 연결시킨다.
   예 유아가 자신의 이름을 쓰기 위해 자국(marking) 3개를 긋고, 아빠의 이름을 쓰기 위해 3개 이상의 자국을 그으면서 "아빠는 나보다 크잖아."라고 말하는 것은 물리적 관계 전략을 사용한 것이다.

② **시각적 디자인 전략** : 단어의 위치적 특성을 받아들인다. 글자는 참조물과 외형적으로 닮지 않았다는 것을 안다. 흔히 자신의 이름 쓰기를 시도하며 다른 사람이 써 준 이름을 베껴 쓴다. 그러나 특별히 정해진 자음, 모음 글자로 여러 단어들을 쓸 수 있다는 것을 인식하지 못한다.

③ **음절적 전략** : 유아는 구어와 쓰여진 글자가 관계있다는 것을 인식한다. 구어를 음절로 나누어 각 음절을 자국 하나로 기호화한다. 같은 글자가 다른 단어에도 재현된다.

④ **시각적 규칙 전략** : 단어처럼 보이게 하기 위해서 자음과 모음을 연결하여 단어를 만든다.

⑤ **권위에 기초한 전략** : 시각적 규칙 전략 말기에 나타나는 것으로, 자음과 모음을 연결하여 만든 대부분의 단어가 실제 단어가 아니라는 것을 알게 되면서 유아는 성인에게 철자를 물어 가며 주변의 인쇄물이나 익숙한 책의 잘 아는 단어를 베껴 쓴다.

⑥ **초기 음운적 전략** : 단어의 각 글자 소리를 내어 가며 철자를 생성하기 시작하며 그 결과 발명적 철자가 나타난다.

⑦ **후기 음운적 전략** : 유아가 소리에 기초한 철자법이 실제 단어와 똑같지 않다는 것을 인식하기 시작한다. 그리하여 다시 주변 사람들에게 철자를 묻기 시작한다. 이 전략은 2~4세 유아들에게서 일반적으로 볼 수 있는 전략은 아니다.

6장 유아 언어 교육 방법

1 발음중심 언어 교육 접근법(phonics instruction approach)

(1) 발음중심 언어 교육 접근법의 개념

① 1920년대 성숙주의자인 게젤의 '읽기 준비도'에 대응한 1960년대 행동주의자들의 '준비도의 가속화'와 맥을 같이 한다.

② 학습자에게 효과적으로 읽기를 지도하기 위해 고안된 방법으로서, 기초적인 지식과 기술을 습득하게 하여 정확한 발음을 듣고, 읽고, 쓰는 원리를 터득할 수 있도록 고안된 교수법이다.

③ 부호중심 접근법(code emphasis approach)이라고도 하며, 자ㆍ모 체계, 자소ㆍ음소(글자와 말소리)의 대응 관계, 철자법, 읽기 과정에서 자ㆍ모 체계에 대한 지식의 적용 방법을 배운다.

(2) 발음중심 언어 교육 접근법의 특징

① 행동주의 접근에 기초

㉠ 글자와 말소리의 관계를 미리 정해진 순서대로 체계적이며 직접적이고 명시적인 방법으로 가르치도록 강조한다.

㉡ 모르는 글자의 학습 : 모방과 반복 연습이 최선의 방법이며, 자극과 강화를 통해 지도해야 한다.

㉢ 구두언어는 가르치지 않아도 자연스럽게 배울 수 있으나 읽기와 쓰기는 형식적인 교수법을 통해 지도해야 한다는 것을 전제로 한다.

② 상향식 언어 교육

㉠ 상향식 접근(bottom-up-approach) : 언어 교육이 낱자에서부터 시작하여 단어로, 단어에서 문장으로, 문장에서 문단으로, 문단에서 이야기 전체로의 위계적인 순서에 따라 진행되는 것을 말한다.

㉡ 음소 인식에 대한 체계적인 지도를 위해 시작점의 수준을 결정한다. 예 'ㄱ, ㄴ, ㄷ'에서부터 가르칠 것인가(음소 중심), '가, 나, 다'에서부터 가르칠 것인가(음절 중심)

㉢ 유아의 경우 음소에서 시작하기보다 친숙한 글자(음절)나 단어 등을 인식하고 변별하는 과제에서부터 시작하여 음소 단위로 접근하는 것이 좋다.[21]

21) 한글은 한 글자가 한 음절이라는 특징이 있기 때문에 유아들은 생소한 단어를 읽을 때 글자 수와 음절 수를 대응시키는 책략을 먼저 사용한다.

③ 문자 해독(decoding)과 부호화(encoding)

  ㉠ 읽기, 쓰기에 대한 동기나 태도보다는 얼마나 정확하게 읽고 쓰는가에 초점을 둔다.

  ㉡ 정확한 읽기, 쓰기를 위해 글자–말소리 대응원리를 강조하여 자음과 모음의 결합
   원리, 낱자와 소리의 대응, 낱자 이름 알기, 음소 인식하기, 음소의 대치, 탈락 등과
   같은 내용에 중점을 둔다.

④ 위계적이고 체계적인 훈련을 통한 숙달 : 음성언어가 문자언어보다 먼저 발달하므로, 교사
  는 읽기 다음에 쓰기라는 위계적인 순서에 따라 읽기, 쓰기 기초기술을 연습시켜야 한다.

⑤ 구조화된 교수 자료 : 유아가 정확하게 읽고 쓸 수 있도록 철자법의 원리와 음소 구성의
  원리를 배울 수 있는 구조화된 교수 자료를 사용한다. 따라서 언어 교육에 대한 구체적
  인 지식이 없는 교사도 가르치기 용이하다.

⑥ 교사중심의 획일적 지도 및 형식적 평가

  ㉠ 단계적인 교수 계획을 수립하고, 모델링과 긍정적인 강화와 같은 직접적인 교수방
   법을 사용한다.

  ㉡ 개별 유아의 학습 동기나 적성에 관심을 두지 않기 때문에 대집단 교수활동을 통해
   지도할 수 있다.

  ㉢ 읽기, 쓰기의 과정보다는 표준적인 읽기, 쓰기 도달 정도가 평가의 주된 목적이므로
   읽기, 쓰기의 결과물을 중심으로 표준적인(관례적인) 수준에 도달하였는지 여부를 평
   가한다.

(3) 발음중심 언어 교육 접근법의 장단점

① 장점

  ㉠ 한글의 구조 및 자소와 음소의 대응규칙을 체계적으로 지도할 수 있으며, 학습한 원
   리를 새로운 낱말에도 쉽게 적용할 수 있기 때문에 읽기와 쓰기 기술이 향상된다.

  ㉡ 글을 처음 배우는 유아, 언어경험이 풍부하지 못한 학습자, 읽기 발달이 늦은 유아
   를 대상으로 유용하다.

② 단점

  ㉠ 학습자의 특성이 고려되지 않은 획일적인 방법을 사용하고 무의미한 철자 연습을
   지루하게 하기 때문에 글자에 대한 흥미와 동기가 감소된다.

  ㉡ 의미보다는 문자 자체에 중점을 두게 되므로 단어는 잘 읽지만 글 전체의 의미나 맥
   락 파악에 어려움을 가질 수 있다.

22) 굿맨(Goodman)

2 총체적 언어 교육 접근법(whole language approach)[22]

(1) 총체적 언어 교육 접근법의 개념

① 의미중심 접근법 : 발음중심 언어 교육 접근법은 무의미한 자료를 가지고 반복 연습시킴으로써 글에 대한 흥미를 잃게 한다는 단점이 있었는데 이에 대한 대안으로 만들어진 것이 의미중심 접근법(meaning centered language approach)이다. 의미를 중요하게 다루는 접근법으로는 총체적 언어 교육 접근법, 언어경험 접근법, 문학적 언어 교육 접근법이 있다.

② 철학적 근거 : 페스탈로치, 프뢰벨, 듀이, 피아제와 비고츠키 등의 감각 경험과 능동성, 아동 중심, 일상생활을 통한 교육, 환경과의 상호작용을 강조하는 교육사상과 관련 있다.

③ 유아중심적 접근법 : 유아가 흥미를 갖고 있는 것이나 유아에게 의미 있고 기능적인 것을 주제로 학습할 수 있다. 예 유치원 친구가 미국으로 이민을 가게 되었다면 정해진 교육 과정에 계획되어 있지 않더라도 교사는 즉흥적인 흥미에 따라 이민이나 비행기, 미국 등에 대해 토의하기, 읽기, 쓰기에 관심을 갖게 할 수 있다.

④ '총체적'의 의미
  ㉠ 언어의 기본 단위는 '의미'이다.
  ㉡ 교과 내 통합 : 언어의 네 가지 영역(듣기, 말하기, 읽기, 쓰기)을 구분하여 가르치는 것이 아니라 통합하여 가르친다.
  ㉢ 교과 간 통합 : 언어를 과학, 수학, 음악, 미술 동작 등 다른 영역이나 교과들과 통합하여 가르친다.

(2) 총체적 언어 교육 접근법의 특징

① 하향식 접근(top-down approach) : 의미를 이루는 전체를 이해하고자 하는 것에서 출발하여 글의 의미를 예측하고 수정하면서 이해하고 점차 문단, 문장, 단어, 낱자의 순서로 진행되는 것이다. 즉, 언어 교육이 전체에서 부분으로 진행되는 것을 말한다(굿맨 Goodman, 1986).

② 유아의 흥미와 경험이 중요 : 학습의 주도권이 유아에게 있으므로 유아가 자신의 흥미와 경험에 따라 스스로 선택한 읽기와 쓰기 활동을 통해 즐거움을 느끼게 한다. 표준적인 문법 사용을 강조하기보다 유아의 창의적이고 도전적인 언어 표현을 인정한다.

③ 의미의 강조 : 언어 학습은 의미를 전달하고 파악하는 실제적이고 자연스러운 언어 활동에서 시작되어야 한다. 즉, 언어의 형태를 강조하기보다 의미를 전달하고 파악하는 실제적이고 자연스러운 언어 활동이 일어나도록 해야 한다.[23]

④ 통합적 접근
  ㉠ 어문의 통합 : 일상생활에서 말과 글이 함께 사용되듯이 듣기, 말하기, 읽기, 쓰기를 자연스럽게 함께 지도한다.

 23) 언어를 의미의 덩어리로서 전체(whole)로 가르치고 유의미한 맥락 속에서 학습될 수 있도록 접근한다.

  ⓛ 내용 영역의 통합(실제적이고 의미 있는 학습 활동) : 유아교육기관에서 이루어지는 모든 교과와 다양한 활동 및 놀이와 통합하여 언어 교육이 이루어진다. 예 블록 영역의 끝내지 못한 구조물 앞에 '치우지 마세요'라는 메시지를 유아들 스스로 남길 수 있도록 한다.

  ⓒ 다상징적 문식 활동 : 말한 것을 그림으로 그리거나 글로 쓰고 읽는 다상징적 문식 활동으로 연계해야 한다.

⑤ 언어적 상호작용 격려 : 성인이나 또래들 간의 언어적 상호작용이 많이 일어날 수 있도록 교사는 중재자 역할을 한다.

  ㉠ 이야기 나누기 시간에 일방적인 설명 전달이 아니라 서로의 생각과 느낌을 표현하고 공유할 수 있도록 한다.

  ⓛ 언어적 상호작용이 많이 일어나는 극놀이 영역이나 블록 영역에서 유아들의 말을 경청하고 아이디어와 느낌을 공유함으로써 심리적 · 사회적 지지를 한다.

⑥ 허용적 분위기 조성 : 창안적 쓰기, 이야기를 지어 내어 읽기 등을 격려하여 실수에 대한 두려움을 갖지 않는 분위기를 형성한다.

⑦ 풍부한 문식 환경 제공

  ㉠ 유아가 자발적으로 언어 학습에 참여할 수 있도록 질적으로 풍부한 언어 환경을 조성해야 한다.

  ⓛ 실생활 속 읽기 : 풍부한 언어 학습 환경에서 유아들은 언어의 음소, 의미, 문법을 알아 나간다.

  ⓒ 실제적 자료 제시 : 신문, 잡지, 달력, 요리책, 카탈로그, 교통 표지판, 포스터, 음식점 메뉴, 쇼핑백 등 실생활의 맥락을 담고 있는 환경 인쇄물을 활용한다.

  ⓔ 각 영역별 문식 환경 : 극놀이 영역에서 대본을 만들거나 등장인물의 이름표를 만들어 보는 것, 언어 영역에 그림책 비치하기, 녹음 시스템, 다양한 필기도구 준비하기 등 다양한 활동을 한다.

⑧ 그림책 읽어 주기 : 다양하고 좋은 그림책을 선정하여 읽어 주고, 내용 영역을 통합한 연계 활동을 통해 그림책에 관심을 갖도록 유도하며 총체적 언어경험을 할 수 있게 한다.

(3) 총체적 언어 교육 접근법의 장단점

① 장점

  ㉠ 유아의 경험과 흥미에 기초하므로 언어 활동에 적극적으로 참여한다.

  ⓛ 단어나 문장으로 읽어나가기 때문에 발음중심 접근보다 의미를 파악하기 쉽다.

② 단점

  ㉠ 의미를 파악하는 활동에 중점을 두었기 때문에 글자의 정확한 해독을 습득하기 어렵다.

  ⓛ 통합적인 활동 방법이 강조되고 또래와의 상호작용이 중요하기 때문에 교사의 지도 방법에 따라 학습 결과가 큰 차이를 보인다.

24) **균형적 언어 교육 접근법** : 총체적 언어 교육 접근법과 발음중심 언어 지도법을 혼합한 언어 교육 방법이며 문식성 과정의 형식(발음중심, 기술 등)과 기능(이해, 목적, 의미) 모두의 중요성을 알고 학습자의 특성에 따라 균형을 잡아 가며 언어 교육을 실천하는 접근법

3 균형적 언어 교육 접근법(balanced language approach)[24]

(1) 균형적 언어 교육 접근법의 개념

① 균형적 언어 교육 접근법의 출현 배경

㉠ 총체적 언어 교육의 한계 : 총체적 언어 교수법으로 교육받던 유아들의 읽기 능력이 부호중심 교수법으로 교육받던 유아들에 비해서 떨어진다는 결과가 발견되었다.

㉡ 읽기 기초 기술에 대한 필요성 인식 : 읽기나 단어 재인을 위해서는 음운인식 능력이나 자·모음 체계, 글자와 소리의 관계에 관한 지식이 필요하며 이러한 능력을 좀 더 체계적이고 직접적으로 가르칠 필요성이 대두되었다.

② 균형적 언어 교육 접근법

㉠ 유아들이 흥미와 관심을 갖는 의미 있는 문해자료를 가지고 문해지도를 함으로써 글에 대한 흥미를 갖게 한다는 총체적 언어 교육 접근법의 장점을 살리면서 글을 해독하는 데 필요한 기초적인 읽기 기술을 체계적으로 지도하는 발음중심 언어 교육 접근법의 방법을 균형적으로 사용하는 접근법이다.

㉡ 문해교육의 궁극적인 목표는 유아들이 단어를 빠르게 재인하고 유창하게 읽을 수 있을 뿐 아니라 읽기와 쓰기에 대한 긍정적인 태도와 자신감을 가지고 읽기와 쓰기를 할 수 있도록 하는 데 있다.

③ 균형적 언어 교육 접근법에서 고려해야 할 균형의 요소

㉠ 문식적 과정의 형식(발음중심, 기술 등)과 의미(이해, 목적, 기능)의 균형

㉡ 교사 주도적 명시적 교수와 유아중심적 발견 학습 간의 균형

㉢ 계획된 활동과 계획되지 않은 활동의 균형

㉣ 비형식적 평가와 형식적 평가의 균형

(2) 균형적 언어 교육 접근법의 특징

① 총체적 언어 교육 접근법의 철학을 바탕으로 발음중심 언어 교육 병행 : 언어 활동의 종류에 따라 대집단, 소집단 및 일대일의 상호교류가 일어나게 하여 균형 잡힌 문식 활동이 일어나도록 유도한다. **예** 또래 간 상호작용을 유도하면서 개념 설명이 필요한 경우에는 교사 주도의 설명을 한다.

② '전체-부분-전체'

㉠ 전체 : 읽기 기술이 포함된 글들을 제시하되, 글보다는 의미에 초점을 두고 제시한다.

㉡ 부분 : 의미에 대한 흥미를 유지하면서 음운인식 활동이나 글자의 정확한 발음, 읽기의 기초 기능을 명시적으로 지도한다.

㉢ 전체 : 의미의 이해나 구성에 초점을 둔 활동을 한다. 편지쓰기, 이야기 짓기, 그림 그리기, 신체 표현하기 등 다감각 다상징적 표현 활동을 격려한다.

㉣ 전체-부분-전체 맥락에서 단어 지도나 음운인식 활동을 할 때에도 총체적 언어 교육 접근법의 범위 내에서 의미 있는 내용과 통합성을 가지고 이루어져야 한다.

③ 음절중심에서 시작하여 점차 음운중심으로

　㉠ 단어–글자–음절 인식 : 이미 알고 있거나 쉽게 짐작할 수 있는 단어들을 중심으로 글
자와 음절을 대응시키는 음절중심의 해독지도를 한다.

　㉡ 아는 글자가 많아지고, 모르는 글자에 대한 질문이 많아지면 드디어 자소와 음소의
대응규칙과 자모체계의 원리를 적용시키면서 글자를 정확하게 해독하는 훈련을 직
접적으로 지도해 나가도록 한다.

④ 풍부한 문식성 환경 제공

　㉠ 좋은 문학작품을 통한 문식성 활동을 제공함으로써 영유아가 해독 활동에 흥미와
관심을 갖도록 한다.

　㉡ 영유아의 경험이나 환경 인쇄물을 활용하여 읽기, 쓰기 자료를 제공하여 친숙한 단
어를 찾아 읽어 보거나 알고 있는 단어를 쓰는 활동을 하도록 한다.

⑤ 다양한 교수전략을 통한 개별화 교육

　㉠ 학습자 특성 고려

　　ⓐ 적절한 문해환경을 제공받지 못한 유아나 더 어린 유아, 글자를 전혀 모르는 유
아에게는 좀 더 명시적인 발음중심 접근법을 더 많이 사용할 수 있다.

　　ⓑ 학습목표와 내용에 따라, 그리고 학습자의 특성에 따라 발음중심 접근법에 기
초한 명시적 교수법을 더 많이 사용하거나 총체적인 방법을 더 많이 사용할 수
있다.

　　ⓒ 어떤 유아가 읽기와 쓰기에 필요한 기술들은 잘 알고 있으나 읽기나 쓰기를 좋아
하지 않는다면 분석적이고 지시적인 방법보다는 총체적인 방법으로 교육을 해
나가야 할 것이며, 반대로 문해 활동을 즐기고 많이 활용하나 부정확하거나 익숙
한 단어 이외에는 재인 능력이 떨어진다면 체계적이고 구조적인 방법의 지도가
이루어져야 한다.

　㉡ 학습 내용 수준이나 학습자의 수준에 따라 유아에게(to), 유아와 함께(with), 유아 스
스로(by) 읽고 써 보게 하는 세 가지 차원이 골고루 이루어지도록 한다.

(3) 균형잡힌 읽기, 쓰기 교육(루첼 Reutzel, 1996)

① 유아에게 읽어 주기, 함께 읽기, 혼자서 읽기

　㉠ 유아에게 읽어 주기 : 소그룹이나 일대일로 소리 내어 읽어 준다.

　㉡ 유아와 함께 읽기 : 책을 함께 읽는 경험 나누기와 노래와 시를 활용한 활동하기를 해
볼 수 있다.

　　ⓐ 함께 읽는 경험 나누기 : 책을 유아에게 소개하기, 교사가 읽기 전략의 시범을 보이
고 유아들을 차츰 동참시키기(운율, 리듬, 반복되는 구절이나 예측 가능한 부분 읽기 등)

　　ⓑ 안내적 읽기 : 교사와 상호작용하며 읽기

　　ⓒ 언어적 경험 나누기 : 유아의 경험을 차트 형식으로 만들어 읽고 써 보기, 주요 어
휘나 궁금한 낱말 설명해 주기

ⓒ 유아 혼자서 읽기 : 개별 유아가 책의 그림을 단서로 내용을 추측하거나 읽는 것이다.

② 유아에게 써 주기, 함께 쓰기, 혼자서 쓰기

     ㉠ 유아에게 써 주기 : 교사가 소리 내며 쓰는 시범을 통해 유아가 음성언어와 문자언어 간 관계 인식을 할 수 있도록 돕는다. 환경 인쇄물을 이용한 쓰기 지원을 병행한다.

     ㉡ 함께 쓰기

          ⓐ 함께 쓰는 경험 나누기 : 유아가 생각을 말로 하면 교사가 받아 써 주기, 유아와 함께 이야기를 짓거나 함께 읽은 책에 대해 토론하며 큰 책 만들기

          ⓑ 안내적 쓰기 : 유아가 직접 쓰되 모르거나 어려운 글자는 교사에게 안내 받기

          ⓒ 함께 텍스트 창작하기 : 교사와 유아와 함께 글짓기하기

     ㉢ 유아 혼자서 쓰기 : 표준적 글쓰기가 아닌 의미가 불분명한 그림이나 끼적거리기라도 자신의 생각과 아이디어의 표현이라면 관심있게 봐 주고 격려하는 것이 중요하다.

A Plus⁺ **언어 접근법 모형의 비교**

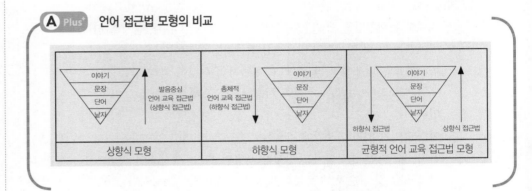

4 언어경험 접근법(language experience approach)[25]

(1) 언어경험 접근법의 특징

① 의미중심 언어 교육 접근법의 하나로, 유아가 경험한 것을 말하고 말한 것을 기록하며, 만든 읽기자료를 유아들이 읽으면서 문자언어를 발달시키는 방법이다.

② 언어경험 접근법의 지도 순서

ㄱ 계획 : 유아들과 어떤 경험을 할 것이며, 경험 이후에 어떤 경험을 기록할 것인지 등을 계획한다. 예 현장체험학습을 가기 전 현장체험의 예상되는 경험과 다녀와서의 활동을 계획한다.

ㄴ 경험 : 유아들에게 의미 있는 경험을 하도록 한다. 공통된 관심사를 충분히 경험하거나 유아마다 다른 흥미와 관심에 따른 경험도 하도록 한다.

ㄷ 대화

ⓐ 유아들이 직접 경험한 것을 주제로 이야기를 시작한다.

ⓑ 유아가 경험을 이야기할 때 생각, 느낌을 표현하고 상황을 묘사할 수 있는 질문을 한다.

ⓒ 유아가 말하는 것은 비표준적인 것도 일단은 수용하고 유아가 말한 것을 교사가 표준말로 다시 말하면서 리모델링한다.

ㄹ 경험의 기록

ⓐ 대화가 어느 정도 진행된 후 큰 종이에 유아의 생각을 적는다.

ⓑ 대화 내용을 적을 때 교사는 유아들이 사용한 표현을 되도록 그대로 사용하여 적으며 손으로 글을 쓰는 좋은 모델이 되도록 노력해야 한다.

ⓒ 2~3세 유아의 경험은 단어 몇 개이므로 적을 때 단어 옆에 그림을 함께 그려 단어를 읽기 쉽게 한다.

ⓓ 교사가 단어를 쓸 때에는 소리 내어 말하면서 한 자 한 자 적어 준다.

ㅁ 읽기

ⓐ 유아들이 쓴 것을 다양한 방법으로 읽도록 한다.

ⓑ 포켓 차트(pocket chart) : 경험을 적은 단어, 문장, 동시 혹은 짧은 이야기를 차트에 순서대로 배열하는 활동을 할 수 있다.

(2) 언어경험 접근법의 의의

① 유아는 말이 어떻게 글로 연결되는지 배울 수 있다.

② 유아들은 자신이 경험하고 말한 것이 글로 써지는 과정을 좋아하며 그 과정에서 읽기, 쓰기에 흥미를 느낀다.

③ 유아의 흥미와 경험에 맞게 글자의 모양, 글자가 모여 단어가 되는 것, 형태소와 음소의 연결 등을 배울 수 있다.

25) 언어경험 접근법의 전제 : ① 내가 생각하는 것은 중요하다. ② 내가 생각하는 것을 말할 수 있다. ③ 내가 말한 것은 나 혹은 다른 사람이 글로 적을 수 있다. ④ 글로 적힌 것은 나 혹은 다른 사람이 읽을 수 있다.

5 문학적 언어 교육 접근법(literature based instruction approach)[26]

26) **문학적 언어 교육 접근법** : 의미중심 언어 교육 접근법의 하나로, 문학작품에 등장하는 이야기나 구성요소들을 이용하여 다양한 학습활동을 전개함으로써 유아의 언어 능력을 길러 주는 교수법이다.

(1) 그림책 경험이 유아 언어 발달에 미치는 영향

① 듣기 · 말하기 능력을 발달시키고 어휘와 복잡한 문장의 습득을 통해 이야기의 이해력을 높인다.

② 읽기 욕구를 증가시키고 문해 기술을 발달시키며 읽기에 대한 기초 지식을 갖게 한다.

③ 구어와 문어 간의 관계를 이해하고, 말소리와 글이 1:1 대응한다는 것을 알게 되며, 책을 위에서 아래로, 왼쪽에서 오른쪽으로 읽어 나간다는 것 등 책 읽기의 규칙을 알게 된다.

④ 탈맥락적 언어에 익숙해진다.

⑤ 책을 다루는 경험을 풍부히 갖게 됨으로써 책에 있는 시각적 단서에 주의한다.

⑥ 이야기 문법(story grammar)[27]을 습득하여 글에 줄거리가 있음을 알고 다음 이야기를 추측하기도 한다.

⑦ 주의력과 기억력이 강화되며 사물에 대한 개념이 발달한다.

27) **이야기 문법의 구성요소** : 주인공, 배경, 행동 또는 사건, 목표, 시도(문제해결을 위한 행동), 해결, 반응(결과에 대한 주인공의 감정)

(2) 반응중심 문학 교육

① **독자반응 이론**(reader-response theory) : 문학작품의 의미는 고정불변의 것이 아니라 독자의 사고 속에서 가변적임을 전제로 한다. 지금까지의 작가 위주, 텍스트 위주의 의미 해석에 얽매이지 않고 독자가 타당성 있는 범위 안에서 작가의 의도를 찾아내고 이를 재해석할 수 있다는 관점이다.

② **교류이론**(transaction theory) : 로젠블렛(Rosenblatt, 1978)은 독자반응 이론가들이 텍스트와 독자와의 관계에서 텍스트나 독자 중 어느 한쪽을 지나치게 강조하는 경향이 있다고 비판하면서 독자와 텍스트 양자의 능동적 역할을 수립하는 '교류이론'을 제안했다.

　㉠ **교류** : 독자(사전 경험, 인지능력, 흥미, 개인적 · 사회문화적 맥락)와 텍스트(난이도, 복잡성, 장르) 각각에 관여되는 요소들이 전체적으로 서로 연계되는 상황에서 상호 영향을 미치는 것을 의미한다.

　㉡ **환기** : 독자가 텍스트를 읽을 때 독자 자신의 경험과 배경 지식을 바탕으로 자신의 생각, 느낌, 감각, 이미지들을 선택하고 종합하는 과정으로, 텍스트에 의해 구조화된 경험이다. 환기는 반응에 선행하는 것으로, 환기는 텍스트와의 심미적 교류 과정에서 생성되지만 반응은 읽는 과정뿐 아니라 읽은 후에도 가능하다.

ⓒ 반응 : 텍스트와의 교류를 통해 독자 개개인의 머릿속에 환기된 의미 또는 작품에 대한 반응이다.[28]

28) 독서에서 정보추출식 반응과 심미적 반응은 서로 상반되는 것이 아니라 상호 보완적인 관계에 있다.

정보 추출식 반응 (efferent response)	독자가 텍스트로부터 특정한 정보를 얻을 때 일어나는 반응이다. 예 이 기차 이름이 뭐지? 아, 여기 증기 기관차라고 쓰여 있다.
심미적 반응 (aesthetic response)	독자가 이야기를 감정적으로나 지적으로 깊이 맛봄으로써 등장인물과 교류하고 갈등해결과정을 직접 경험하면서 일어나는 반응이다. 심미적 반응은 상상하고, 그림을 그리고, 연상하고, 확장시키고, 가설을 세우고, 회고하는 것 등이 있다. 예 코끼리가 정말 불쌍해 보여. 기차에서 내리라니 너무해. 나라면 기차에 태워 줄 거야.

ⓓ 교류 유형 : 텍스트와의 교류 및 다른 독자와의 교류를 중요하게 여겼다.
  ⓐ 독자와 텍스트의 교류 : 반응 형성 단계로, 작품을 읽으면서 작품을 이해하고 심미적 교류를 한다.
  ⓑ 독자와 독자 사이의 교류 : 반응을 명료화하는 단계로, 앞 단계에서의 반응을 기록하여 또래, 교사와 반응을 교환하고 토의를 거쳐 반응을 명료화한다. 자신의 반응에 대해 저널 쓰기나 발표 등을 할 수도 있다.
  ⓒ 텍스트와 텍스트의 상호 관련 : 반응의 심화 단계로, 다른 텍스트와 연결 짓는다.

(3) 유아 그림책 읽기 접근 방법

① 유아 문학 교육의 내용 및 활동
  ㉠ 이해 및 감상 : 문학작품을 읽고 자기의 생각이나 느낌, 경험을 표현하는 것이다.
  ㉡ 비평 : 작품이나 작가에 대해 평가하는 것이다. 이야기에 대한 느낌 표현하기(말하기, 쓰기, 그리기, 움직이기 등)의 경우 이해 및 감상 활동은 유아가 그림책을 읽은 후 느낀 것들을 언어나 미술을 통해 표현하는 것이고, 비평 활동은 유아가 그림책의 장단점에 기초하여 그것을 평가, 비교, 분류하는 것이다.
  ㉢ 창작 : 이야기의 전 및 뒷이야기 짓기, 다른 장르로 재구성하기(동화를 동시로 짓기), 창작 그림책 만들기, 관련된 미술활동하기 등이 있다.

② 그림책 소개 및 읽어 주기
  ㉠ 그림책의 제목이나 주제와 관련하여 유아의 경험과 관련된 질문을 한다.
  ㉡ 그림책 표지의 제목, 저자, 삽화가, 출판사 등을 알아보고 이야기 나눈다.
  ㉢ 표지의 그림을 보고 이야기를 예측하는 대화를 통해 그림책 읽기 준비를 한다.
  ㉣ 그림책은 유아가 문어를 경험하는 좋은 기회이므로 책 내용은 각색하지 않고 그대로 읽어 준다.

③ 경험적 접근법과 분석적 접근법(매니와 와이즈만 Many & Wiseman, 1992)

    ⊙ 경험적 접근법

        ⓐ 읽기 전에는 자신의 경험에 근거하여 그림책의 내용을 예측해 보고, 읽는 중에는 그림책과의 상호작용을 위해 텍스트에 대한 이미지나 느낌을 말하게 하는 등 자신의 경험과 등장인물을 동일시하도록 하여 공감대를 형성하도록 하는 것이다.

        ⓑ 장점 : 작품의 내용과 유아의 경험을 관련지음으로써 작품을 더 깊게 의미화할 수 있고 흥미를 더할 수 있다.

        ⓒ 경험적 접근법의 질문 예 : 너희들도 배를 타 본 경험이 있니?, 이 그림책에서 가장 재미있었던 것이 무엇이니?, 내가 검피 아저씨였다면 어땠을까?

    ⓛ 분석적 접근법

        ⓐ 읽기 전에는 작가나 출판사 등을 소개하여 그림책에 관심을 갖도록 하고, 읽는 중에는 동화 내용, 동화 속 이야기의 배경, 등장인물, 주제, 플롯, 결말에 대한 분석 등 구성요소를 확인하거나 분석하도록 하는 것이다.

        ⓑ 장점 : 이야기의 내용과 구조를 더욱 잘 이해하게 되고, 극놀이에도 도움을 줄 수 있다.

        ⓒ 분석적 접근법의 질문 예 : 이 그림 이야기 속에 어떤 동물들이 있었지?, 동물들이 배를 타기 위해 뭐라고 했니?, 동물들은 어떻게 되었니?

④ 몰입활동(모엔 Moen, 1991)

    ⊙ 작가적 전략(짓기 활용) : 직접 작가가 될 수 있는 기회를 제공하여 흥미와 관심을 증진시키고 비판적 사고를 길러 주는 전략이다. 예 저널, 등장인물 일기, 내 단어 책, 편지 쓰기, 이야기 지어 책으로 묶기, 등장인물 단평, 동시 짓기 등

    ⓛ 협동적 학습 전략 : 유아-유아 간 상호작용하면서 학습하도록 하는 것이다. 예 소집단 회의하기, 소집단 협동하기 등

    ⓒ 게임 전략 : 주로 단어를 사용하여 게임을 진행하는 전략이다. 예 단어 입양하기(사람-모자 → 사자), 부분 가리고 읽기, 문장 재배열하기, 재미있는 단어 찾기 등이다.

    ⓔ 이해를 위한 전략 : 내용을 더 잘 이해하고 의미를 창조할 수 있도록 도와주는 전략이다. 예 주 · 원 · 문 · 해, 큰 책 만들기, 소리 내어 읽기, 벤 다이어그램, 단어가지 만들기, 동화구연 등

    ⓜ 이야기 내용(구조) 인식을 위한 전략 : 이야기의 구조를 인식하여 다른 확장 활동을 할 수 있도록 하는 전략이다. 예 사건의 연속, 반복, 비교와 대조, 질문과 대답, 운율과 반복, 진술과 정교화, 문제해결, 원인과 결과가 있는 이야기 등을 읽고 연계활동 계획하기

    ⓗ 듣기 전략 : 책을 보며 테이프 등을 함께 듣거나, 책을 읽으면서 그 의미를 생각하는 가운데 자신이 낸 소리를 들어보는 전략이다.

ⓢ **연출 전략** : 그림책을 읽고 다양한 반응활동을 하는 전략이다. 📑 읽기 합창, 극화활동, 인형극 등

◎ **시각 예술 전략** : 그림책의 내용과 관련하여 그림을 그리고, 그림에 글을 꾸며 넣기도 하여 내용을 표현하는 전략이다. 📑 포스터 · 표지판, 다양한 기법의 삽화 관찰 및 감상하기, 프로젝트를 통한 다양한 예술작품 만들기, 실제 물체로 꾸미기 등 다양한 표상활동

(4) 유아의 문학에 대한 반응(사이프 Sipe, 2011)

① **분석적 반응** : 글과 그림으로부터 책의 의미를 풍부하게 구성하는 반응으로, 주변 텍스트의 분석, 이야기의 구조에 대한 해석, 그림의 순서 이해, 글텍스트와 그림텍스트의 관련성 이해, 이야기에 대해 가설 세우기, 등장인물, 배경, 플롯, 주제 같은 문학 요소에 관한 분석, 특정 언어에 대한 분석 등이 포함된다.

② **상호 텍스트적 반응** : 읽어 주는 텍스트를 다른 책, 다른 예술가의 작품, 영화, 텔레비전 프로그램, 친구가 쓴 글이나 그림과 같이 다른 문화적 성격의 텍스트나 물건들과 관련지어 유사점, 차이점, 연상되는 것을 떠올리는 반응이다.

③ **개인적 반응** : 텍스트를 유아 자신의 삶과 관련지어 나타내는 반응으로, 이야기의 일부 사항과 자신의 생활 중 일부를 관련짓기, 개인 경험을 근거로 이야기에 의문 갖기와 같은 반응이다. 📑 "나도 이 토끼 인형 집에 있는데." "우리 엄마도 밤에 꼭 책 읽어 주는데." "나도 경찰 돼야지." "나라면 이렇게 안 할 거예요." "이런 이야기는 싫어요." "나는 트럭 이야기가 좋아요."

④ **동화된 반응** : 이야기의 세계로 들어가서 그것과 하나가 되었음을 암시하는 반응이다. 등장인물에게 직접 말을 걸거나 이야기 속 등장인물이 되어 그 역할을 하는 듯한 반응이다. 📑 (등장인물에게) "위험해! 빨리 헤엄쳐!" (등장인물이 되어) "오, 참 맛있겠군! 군침이 도는걸."

⑤ **연행적 반응** : 그림책의 내용이나 그림, 언어를 재료로 자신의 상상력이나 창의성을 발휘하여 유머, 말놀이, 상황극을 하듯 새로운 대사를 꾸미는 반응이다. 동화된 반응은 부지불식간에 나오는 반응이지만, 연행적 반응은 자신의 이야기를 듣는 청중이 있음을 전제한 의도된 반응이다. 📑 (화려한 물속 그림을 보며) "용왕님! 저에게 보물을 주면 제가 그리로 갈게요."

A Plus⁺ **퍼브스와 몬슨(Purves & Monson, 1984)의 문학에 대한 반응**

1. **정서적 반응** : 이야기를 읽거나 들을 때 유아의 몸동작이나 얼굴 표정에 나타나는 개인적인 반응이다.
2. **해석적 반응** : 문학의 형식이나 이야기의 전 · 후를 추론하거나 인물의 특성과 배경이나 동기 등을 추론하는 것이다.
3. **문학적 판단과 비판적 반응** : 문학적 질이나 등장인물 · 언어 · 스타일 등에 반응하는 것이다.
4. **평가적 반응 및 규정적 판단** : 절대적 기준에 근거해서 등장인물이 행동해야 할 방향에 대해 반응하는 것으로, 유아에게는 잘 나타나지 않는다.

(5) 그림책 중심의 문자언어 교육

① 그림책 중심과 학습지 중심의 문자언어 교육

	그림책 중심	학습지 중심
전제	읽기를 배우는 것은 자연스러우며 즐거운 것이다.	읽기 학습은 어렵고 기계적이며 많은 연습과 기억을 요한다.
아동관	아동은 적극적으로 책으로부터 의미를 구성한다.	아동은 형식적인 읽기 교수를 받음으로써 소극적으로 읽기를 학습한다.
접근법	처음부터 전체 이야기를 제시한다.	문자언어의 가장 작은 구성요소부터 가르치기 시작한다. 즉, 낱말, 단어, 짧은 문장, 긴 문장의 순으로 진행된다.
자료 선택	성인과 아동이 자료를 선택한다.	이미 출판된 상업적 자료를 순서대로 사용한다.
교육과정에 대한 함축	그림책은 교수의 중심 교육자료이다. 그림책은 듣기 · 말하기 · 읽기 · 쓰기 활동의 기초가 된다.	그림책을 그다지 사용하지 않는다. 학습지(같은 것끼리 짝 맞추기, 빠진 글자 메우기, 점선 따라 글씨 쓰기, 글자 베껴 쓰기 등)를 푸는 것으로 읽기 · 쓰기 학습을 진행한다.

② 그림책 선정 조건 : 그림, 글, 그림과 글의 조화의 세 가지 요소를 살펴보아야 한다.
  ㉠ 마쓰이 다다시
    ⓐ 내용 전달이 잘 되는 그림책을 선택한다.
    ⓑ 그림책의 문장은 '언제, 어디서, 누가, 무엇을, 어떻게 되었는가'가 순서있게 명확하고 알기 쉽게 쓰여 있어 어린이의 머릿속에 또렷이 그려져야 한다. 문장을 눈으로 읽지 말고 귀로 들어 보아 차근차근 이미지가 떠오르는가를 본다.
    ⓒ 그림책의 문장과 그림의 관계가 확실한 것을 선택해야 한다. 작가가 말하고자 하는 내용이 유아에게 잘 전달될 수 있도록 문장과 그림이 일치해야 한다.
  ㉡ 러셀(Russell, 1991) : 그림책의 구성요소를 이야기와 그림으로 나누었다.
    ⓐ **이야기 요소** : 주제, 구성, 인물, 상황 설정과 문체를 살펴본다.
    ⓑ **그림 요소** : 예술적 요소, 예술적 양식, 예술적 매개체를 고려해야 된다.

③ 그림책 선정 시 고려할 점(잘롱고Jalongo, 1988)

　　㉠ 일반적 평가 항목

　　　　ⓐ 다른 그림책과 비교하여 양질의 것이며 전문가의 추천을 받았는가?

　　　　ⓑ 그림이 이야기를 보완하는가?

　　　　ⓒ 그림책이 아동에게 발달적으로 적절한가?

　　　　ⓓ 이야기가 인종과 성역할 고정관념을 보이지 않는가?

　　　　ⓔ 유아와 부모, 교사의 흥미를 끄는가?

　　㉡ 그림에 대한 부가적 평가 항목

　　　　ⓐ 어린이가 그림을 봄으로써 기본적인 개념이나 이야기 줄거리를 알게 되는가?

　　　　ⓑ 그림이나 사진에서 아름다움을 느낄 수 있는가?

　　　　ⓒ 인쇄(명확성, 형태, 선, 사진)가 양질의 것인가?

　　　　ⓓ 어린이가 그림을 보면 볼수록 더 많은 것을 느끼고 알게 되는가?

　　　　ⓔ 그림의 스타일과 복잡성이 어린이의 연령 수준에 맞는가?

7장 영역별 유아 언어 교육

1 듣기 지도 방법

(1) 듣기의 특성

① 듣기는 청각의 예민도, 청각적 이해와 기억력, 청각–음성 간의 연결 능력, 청각적 순서 배열 능력이 필요하다.

② 듣기는 말하기 · 읽기 · 쓰기의 기능과 함께 사고의 발달을 유도한다.

③ 듣기는 인지적 기능과 정의적 태도를 포함한다.

④ 듣기는 비언어적이고 비문법적인 쉼, 반복, 태도, 표정, 눈빛 등 언어 외적인 요소에 의해 영향을 받는다.

⑤ 듣기의 단계(페티와 젠슨 Petty & Jensen) : 들리기 → 이해하기 → 평가하기 → 반응하기[29]

⑥ 듣기의 과정 : 듣기를 잘하기 위해서는 사전 지식이 있어야 하며 말소리에 주의 집중하고, 사전 지식이나 언어학적 능력 등으로 들려오는 말의 의미를 예측하고, 그 예측한 것과 들려오는 정보들을 비교해야 한다.

(2) 듣기의 구분(타일러 Tyler, 1973)

① 들리기(hearing) : 말소리의 음파를 감각적으로 받아들이는 단계로 말소리와 말소리가 아닌 것을 구분할 수 있으며 소리에 초점을 두고 말소리를 받아들인다.

② 듣기(listening) : 말소리와 다른 소리를 구분하여 언어로 지각하고 저장된 지식이나 경험과 연결 짓는다.

③ 이해하기(auding) : 듣기의 결과를 바탕으로 종합적으로 언어의 의미를 이해하고 해석하며 자신의 정서적 반응과 연결시킨다.

(3) 듣기의 유형(스콧 Scott)

① 변별적 듣기 : 유아는 음의 고저와 강도 등을 구분하면서 듣는다. 이는 여러 가지 소리 중에 말소리를 구분할 수 있게 한다.

② 목적적 듣기 : 유아는 목적을 가지고 들으면서 지시에 따르고 반응한다.

③ 감상적 듣기 : 유아는 음악, 동시, 이야기를 들을 때 즐거움을 느낀다.

④ 창의적 듣기 : 상상력과 감정을 자극하면서 듣는 것이다. 유아는 어떤 소리나 동시, 노래, 동화를 들으며 상상을 하고 말과 행동을 통해 창의적 생각들을 자유롭게 표출한다.

⑤ 비판적 듣기 : 유아는 듣기를 통해 이해하고 평가하며, 판단하고, 의견을 형성한다.

예 "모두가 역할 영역에서 한꺼번에 놀고 싶다면 어떻게 될까?"에 대한 교사의 질문을 듣고 의견을 말하기

29) ・듣기의 단계
1단계 : 음성 · 단어 · 문장을 듣는 단계
2단계 : 듣는 자가 그 의미를 이해하는 단계
3단계 : 의미를 수용, 또는 거부하기 위하여 평가하는 단계
4단계 : 평가한 후에 들은 것에 대해서 더 발전된 사고 · 동작 · 표정 또는 청각적으로 반응하는 단계

배지윤 전공유아

(4) 듣기 지도의 종류(우드 Wood, 1994)

반동적 듣기 지도	교사가 들려준 그대로 따라 말하게 하는 방법이다. 듣는 사람의 역할은 단순히 그대로 따라 하면 되는 것으로 말소리, 단어, 세부 내용을 기억하는 능력을 길러 줄 수 있다.
반응적 듣기 지도	유아가 교사가 하는 말을 듣고 즉각적으로 적절하게 대답하게 하는 방법이다. 圓 간단하게 질문하기(오늘 아침에는 무엇을 했나요?), 간단하게 요구하기(그림책을 가져오세요.), 명료화하기(네가 한 말이 무슨 뜻이야?), 이해를 점검하기(교실에 갔을 때 몇 명이나 있었니?) 등의 방법을 사용할 수 있다.
집중적 듣기 지도	음소, 단어, 억양 등 발화의 여러 가지 요소에 초점을 맞추면서 듣게 하는 방법이다.
선택적 듣기 지도	집중적 듣기와 다르게 길어진 말의 정보를 선택적으로 처리하면서 듣게 하는 것이다. 圓 다음 동시에 '토끼'가 몇 번 나오는지 들어 보자.
상호작용적 듣기 지도	토의, 토론, 대화, 역할놀이, 그 밖의 집단놀이 등을 통해서 유아가 능동적으로 듣고 말하게 하는 것이다.

(5) 듣기 지도 시 유의사항

① 듣기 지도는 소리를 잘 듣도록 하는 것이 아니라 화자가 전달하고자 하는 바를 정확히 이해하고 적절히 수용하고 반응하는 전체적인 의사소통의 측면으로 접근해야 한다.

② 언어의 4기능 중 듣기는 가장 기본적인 기능이다. 제대로 듣지 못하면 적절히 말할 수 없고, 이는 결국 의사소통에 문제를 초래하여 학령기에 학업성취도가 낮아지고 사회적 관계 형성에도 부정적 영향을 미친다.

③ 교사는 듣기가 자연스럽게 발달하는 영역이 아니라 신중하게 안내되고 교육되어야 하는 영역임을 인식해야 한다.

④ 유아기의 좋은 듣기 습관은 평생의 듣기 습관과 능력으로 자리잡을 수 있으며 듣기 능력의 향상은 언어 능력 전반을 향상시켜 주고, 좋은 의사소통자로서의 사회적 관계 맺기에도 긍정적인 영향을 미친다.

(6) 듣기 지도의 일반적 원리

① 교사가 경청하는 모델 보이기

㉠ 유아와 상호작용 시 눈을 맞추고 반응해 주고 유아의 말에 주의를 기울여 열심히 들어 준다.

㉡ 유아의 말에 희·노·애·락 등의 감정을 드러내어 충분히 공감해 준다.

㉢ 유아들이 자유롭게 자신의 생각이나 감정을 표출할 수 있도록 허용적 분위기를 조성해 준다.

② 흥미로운 듣기 자료 제공

    ㉠ 소리 변별하기 : 녹음된 친구 목소리 듣고 이름 맞히기, 물건 소리 듣고 알아맞히기, 마라카스 소리 듣고 재료 맞히기 등을 통해 소리를 변별해 볼 수 있다.

    ㉡ 교사의 공동 주목하기 전략 : "어! 이게 무슨 소리지? 얘들아, 무슨 소리가 들리는 것 같은데?"라고 말함으로써 일상의 소리에 유아들이 주의를 기울이고 반응할 수 있게 한다.

    ㉢ 운율감 있는 동요, 동시 감상하기 : 재미있는 의성어 · 의태어가 포함된 동요, 동시를 들려준다.

    ㉣ 그림책 활용하기 : 좋은 그림책을 잘 읽어 주는 것만으로도 유아들은 잘 들으려는 동기가 유발되고 좋은 듣기 태도를 가지게 되며 이야기를 파악하며 듣는 듣기 능력이 높아진다.

    ㉤ 음악 감상하기

        ⓐ 음악을 듣고 제목이 무엇인지, 어떤 장면이 떠오르는지 이야기 나누거나 음악 소리를 손이나 몸, 리본과 같은 도구로 표현해 볼 수도 있다.

        ⓑ 음악을 감상하는 별도의 활동 시간이 아니라도 아침 등원시간이나 점심식사 시간 같은 특정 시간에 적절한 음악을 틀어 놓으면 자연스럽게 음악에 귀를 기울이고 음악이 주는 느낌에 따라 행동을 조절할 수 있다.

③ 통합적 놀이경험 제공하기 : 말 전달하기 놀이, 끝말잇기, 언어 지시 따르기(가라사대 게임), 수수께끼 맞히기 등의 놀이를 제공한다.

④ 실생활과 관련 있는 듣기 경험 제공

    ㉠ 듣기 수업이 하나의 단위활동 형태로서 정해져 있는 시간 안에만 이루어기보다는 유아와 교사가 만나는 순간부터 헤어지는 순간까지의 모든 상황 속에서 이루어져야 한다.

    ㉡ 일상생활 속에서 행동을 말로 표현해 준다.

    ㉢ 일기예보와 같이 영유아와 들어 볼 만한 뉴스를 녹음하여 함께 듣고 이야기 나눈다.

    ㉣ 토론 및 토의하기

        ⓐ 자신의 입장을 주장하여 상대방을 설득하는 토론이나, 어떠한 문제를 해결하기 위해 다양한 견해를 모아 협의를 하는 토의는 듣기와 말하기를 집중적으로 촉진시켜 주는 활동이다.

        ⓑ 교실에서 어떠한 문제가 발생했을 때 이 문제를 유아들과 함께 토의하는 것은 유아의 듣기 능력을 높여 준다.

듣기 지도의 일반적 원리와 전략

소리에 대한 인식 높이기	주변의 다양한 소리, 음악 소리, 말소리 등을 직접 듣거나 녹음하여 듣고 무슨 소리인지, 들었을 때 느낌은 어떤지 말해 본다.
듣기의 중요성 알기	일상생활에서 듣기의 중요성을 말해 보게 하거나 이야기를 들려주고 어떤 이야기인지 말해 보도록 한다.
유아가 듣기 목적 설정하기	목적을 갖고 들으면 중요한 내용을 놓치지 않음을 인식시킨다. 이야기하기 전에 어느 부분에 주의를 기울여야 하는지 알려주고 이야기를 들려준다. 특정 어휘가 나왔을 때 손뼉을 치는 활동은 목적한 것을 듣는 활동이 된다.
듣기에서의 예의를 지키기	남의 말을 들을 때 갖추어야 할 예의에 대하여 토의하고 차례 지키기 등 예의를 지키며 듣게 한다.
세부 내용에 관심 갖기	등장인물, 배경뿐 아니라 세부적인 내용을 듣도록 한다. 이야기를 듣고 세부적인 내용을 문제로 만들어 묻고 답하는 활동을 함으로써 유아들이 더욱 세부적인 내용을 들어야 함을 인식시킨다.
지시대로 따르기	지시를 주고 따르는 활동을 한다.
줄거리 듣기	이야기 내용을 순서대로 회상해 보도록 한다.
중심 내용 알기	단락의 중심 내용이나 이야기 전체의 중심 내용을 정리하여 본다.
내용의 적합성 판단 및 비판하기	내용을 듣고 그 내용의 적합성과 부적합성에 대해 이야기 나눈다. 왜 적합한지 혹은 부적합한지에 대해 논의한다.
결과 예측하기	이야기(동화)를 들려주다가 특정 사건이 전개되는 부분에서 이야기(동화)를 멈추고 그다음의 내용을 예측해 보도록 하면서 예측의 근거를 말해 보도록 한다.
듣고 추측하기	몇 가지 소리를 녹음하여 들려주고 이 소리를 근거로 무슨 일이 일어났는지 추측하게 한다.
듣고 분위기 이해하기	문체, 등장인물의 성격, 행동, 배경 묘사 등에서 나타나는 분위기에 대해 이야기 나눈다.

2 말하기 지도 방법

(1) 말하기의 개념

① 말하기란 단순히 단어, 문장을 말할 수 있는 언어 능력에 국한되는 것이 아니라 화자가 때와 장소, 상황에 맞게 말하고자 하는 바를 청자의 입장을 고려하여 전달하는 의사소통 능력이다.

② 말하기 능력이 부족하면 실제 개인의 사고 수준이나 인지 수준보다 더 낮게 평가될 수 있으며, 세상을 원활하게 살아가는 데 어려움을 겪을 수 있으므로 말하기란 삶의 질을 결정하는 매우 중요한 요소가 된다.

(2) 말하기 지도의 내용

① 발음

㉠ 반향적 지도 : 유아의 발음에서 문제점이 발견되었을 때 직접 교정이나 충고, 지적 및 연습보다는 비형식적인 지도방안으로 그 발음을 올바르게 산출해서 들려주는 방법이다. 예 "(유아) 가이가 어디 있어요?", "(교사) 가위가 여기 있네."

㉡ 음운인식 : 음운인식이란 언어의 일반적인 소리 구조에 대한 인식으로, 연속되는 말이 음소, 음절로 구성되어 있음을 이해하고 조작할 수 있는 능력이다.

예 '사자'와 '사과' 단어를 들려주었을 때 이 두 단어가 음절 2개로 구성되어 있고 동일한 음절 '사'가 있음을 지각하고 '사'는 'ㅅ'과 'ㅏ'의 음소로 구성되어 있다는 것을 인식하는 것이다.

② 문장의 구조 : 정교화 기법[30]

㉠ 확장 모방(확장) : 유아가 단편적으로 표현한 문장의 구조를 그대로 사용하면서 성숙한 문형으로 확장해 주는 방법을 말한다. 예 유아 : 가위… 여기…. 교사 : 가위로 여기를 잘라야 하는구나.

㉡ 의미 부연(확대) : 유아가 표현한 문장에 대하여 문법적 확대가 아니고 의미를 확대해서 부연하는 방법을 말한다. 예 유아 : 사자를 봤어요. 교사 : 큰 소리를 내는 사자를 보았구나.

㉢ 촉진 : 유아의 말이 완전한 문장이 되기까지 질문을 하면서 언어 자극을 주는 방법이다. 예 이 자동차가 어떻게 되었다고? 어디에 부딪혔는데?

---

30) **언어 발달에 기여하는 구성주의 사회적 상호작용의 특성** (스노우 Snow)

1. **의미적 연결** : 유아가 어떤 말을 했을 때 성인이 그 말의 주제를 계속 이어나가는 것
   ① 확장 모방
   ② 의미 부연
   ③ 촉진
2. **비계설정**
3. **책무 요구** : 문식활동 관련 과업을 유아가 해 주기를 성인이 요구하는 것

유아 말하기를 촉진하는 교사의 언어(빌레이와 프랏 Bealy & Pratt)

확장	유아가 말하는 성숙되지 못한 말을 정확하고 완전한 문장으로 완성해서 들려주는 것이다. 예 유아 : 고양이. 먹어. 　 교사 : 그래, 고양이가 먹고 있구나.
연장	유아의 말에 반응해서 새로운 정보를 추가하여 다시 말해 주는 것이다. 예 유아 : 고양이. 먹어. 　 교사 : 고양이가 밥을 먹고 있구나.
반복	유아의 말의 전체 혹은 부분을 반복해 주는 것이다. 예 유아 : 고양이가 밥을 먹어요. 　 교사 : 응, 고양이가 밥을 먹는다고? 그래, 고양이가 밥을 먹는구나.
평행	유아의 행동을 말로 묘사해 주는 것이다. 유아가 새로운 어휘나 문법구조를 접하여 모방하게 하는 데 효과적이다. 예 유아 : (거울을 보며) 예뻐. 　 교사 : 세미가 거울을 보고 있구나.
자기언어 (self-talk)	성인이 자신의 행동을 기술함으로써 유아에게 새로운 어휘나 문법 구조의 모형을 제공해 주는 것이다. 예 선생님은 접시에 세 점씩 고기를 담고 있어.
수직구조 (vertical structuring)	유아가 한 말에 질문을 함으로써 보다 길고 복잡한 문장을 말할 수 있도록 하는 것이다. 예 유아 : 쏘세요. 쏘세요. 　 교사 : 물총을 어디로 쏘면 좋을까?
채워 넣기 어법 (fill-in)	성인의 말에 유아가 적절한 단어를 채워 넣도록 하는 것이다. 예 교사 : 공을 누구에게 던질까? 　 유아 : 지용이에게 던져요. 예 교사 : 손을 내밀어요, 그리고 친구와…. 　 유아 : 악수해요!

③ 어휘

　㉠ 어휘 지식의 수준(벡, 맥퀸, 오만슨 Beck, McKeown & Omanson, 1987)

1수준	특정 어휘에 대해 알고 있는 바가 없는 수준이다.
2수준	특정 어휘에 대하여 일반적인 느낌으로 어휘가 부정적 의미인지 긍정적 의미인지 아는 수준이다. 예 당신도 초보였다.
3수준	제한된 맥락에서만 특정 어휘의 의미를 아는 수준이다. 예 '초보'의 의미를 운전에 한정해서 아는 수준이다.
4수준	특정 어휘의 의미를 알고 있지만 적절한 상황에서 어려움 없이 사용할 만큼 회상하지 못하는 수준이다. 예 '초보'의 의미가 다른 상황에서도 쓰일 수 있다는 것을 알지만 적절한 상황에서 사용하지 못하는 수준이다.
5수준	탈맥락적 상황에서도 어휘의 정확한 의미를 알고 사용할 수 있는 수준이다.

ⓛ 간접적 어휘지도와 명시적 어휘지도

ⓐ 간접적 어휘지도

- 실제로 어휘가 사용되는 맥락에서 다양한 단서를 이용해서 어휘의 의미를 추론하는 과정을 통해서 자연스럽게 어휘를 습득하게 하는 것이다.
- 유아들은 다양한 맥락에서 동일한 단어를 지속적으로 접하게 되는데, 처음에는 그 단어의 의미에 대해 얕은 수준에서 이해하지만 반복적으로 그 단어를 경험하면서 점점 그 의미와 활용되는 맥락에 대하여 깊이 이해하는 수준으로 발달해 간다.

ⓑ 명시적 어휘지도

- 단어가 지칭하는 대상을 가리키면서 명명하거나, 단어의 사전적 의미를 설명하는 것을 말한다. 예 자동차를 가리키면서 '자동차'라고 말하거나 자동차란 '네 개의 바퀴를 가지고 땅 위를 움직이도록 만든 차'라고 설명하는 것.
- 장점 : 탈맥락적 상황에서도 어휘의 의미를 이해할 수 있도록 도울 수 있다.
- 단점 : 이 방법으로 습득하는 어휘의 수는 매우 제한적이다.

(3) 말하기 지도의 원리

① 허용적이고 역동적인 교실 분위기 조성 : 유아들이 서로의 말에 귀를 기울이는 질서가 있는 가운데 '실수해도 괜찮아', '틀려도 괜찮아'라는 허용적이고 자유로운 분위기가 있으며 상호작용이 활발한 역동적인 교실 분위기가 중요하다.

② 교사의 모델링 : 교사는 정확한 발음으로 적절한 어휘를 선택해야 하며 좋은 내용을 담은 말하기를 해야 한다.

③ 말하기 경험을 충분히 제공

ⓛ 경험 이야기하기 : 보여 주며 이야기하기, 나의 생일 이야기, 주말 지낸 이야기

ⓛ 기자 놀이 : 뉴스 말하기, 인터뷰하기

ⓒ 창의적 말놀이 : 그림책 속 등장인물 되기, 글 없는 그림책 녹화하기, 동시 짓기/개사하기(개사 후 후속 이야기 짓기)

ⓡ 창의적 극놀이 : 동극과는 달리 즉석에서 만들어 내는 창의적 말과 제스처를 통한 극놀이

ⓜ 다양한 말하기 형태 : 손을 들고 자신의 자리에서 말하기, 자유롭게 말하기, 앞에 나와 친구들 앞에서 말하기, 차례대로 말하기 등 다양한 말하기 형태를 경험하게 할 필요가 있다.

ⓗ 다양한 사회적 말하기 : 동생들과 함께 어울려 말하기, 형이나 오빠와 함께 어울려 말하기, 어른들 앞에서 말하기 등의 활동을 제안하여 다양한 사회적 말하기가 일어날 수 있도록 한다.

ⓢ 기타 : 모둠별 토의/발표하기, 이야기 다시 말하기, 인형을 이용한 활동하기, 친구에게 하고 싶은 말 녹음하기

④ 말하기는 능동적인 의미 구성의 과정임을 인식
    ㉠ 언어와 관련된 규칙을 암기하거나 반복적으로 연습하는 것보다는 자신의 경험을 논리적으로 연결하고, 자신의 말을 전달하기 위한 여러 가지 전략을 사용하고 구성하며, 정확히 전달되었는지를 평가하는 사고가 더욱 중요하다.
    ㉡ 반복적인 암기식으로 하는 것이 아니라 충분히 사고할 수 있도록 시간을 주고, 준비가 되지 않았을 때는 기다려 줌으로써 사고할 수 있는 자유를 주어야 한다.
    ㉢ 말을 잘하는 것보다 생각을 잘 표현하려고 시도하는 것을 격려하며, 생각하면서 말을 할 수 있도록 지원하고, 창의적인 반응이나 상상을 사용한 표현을 유도할 필요가 있다.

(4) 내러티브 지도

① 내러티브(narrative)
    ㉠ 지금 여기에서 벌어지는 상황에서 벗어나(탈맥락적) 설명하기, 가장하기 등 기억이나 상상에 기초한 탈맥락적 언어를 사용하여 말하는 것이다.[31]
    ㉡ 개인의 경험을 제시하거나 가상적인 사건을 꾸며 이야기할 때는 자신의 생각을 응집된 형태로 조직하는 것이 요구되며, 이야기 안의 사건이나 상황을 공유하지 않는 청자에게 이해시킬 수 있도록 명확한 어휘를 사용해야 한다.

② 내러티브의 세 가지 유형
    ㉠ 스크립트 : 현재 시제, 혹은 '사람들'과 같은 대명사를 사용하여 생일파티, 슈퍼마켓, 식당에서 일어나는 일 등을 묘사하는 것이다. 예 사람들은 동그랗게 앉아요. 케이크 위에 촛불이 있고 사람들은 노래를 부르고 촛불을 꺼요.
    ㉡ 개인적 내러티브
        ⓐ 특정 사건과 관련된 것으로 주로 개인적인 경험과 관련한 단일 에피소드에 대해 자신의 생각과 느낌을 이야기하는 것이다. 예 주말 지낸 이야기, 추석 등 특정 주제에 대한 유아 자신의 경험을 이야기하는 것 등
        ⓑ 개인적 내러티브의 발달 : 처음에는 스크립트와 유사한 형태로 시작되지만 2세에서 3세경이 되면 단일 사건 내러티브에서 두 가지 사건 내러티브로 발전하며, 4세경에는 두세 가지 사건을 뛰어넘거나 뒤섞어 말하는 '뛰어넘기 내러티브'로 발전한다. 5세경에는 순서나 이야기의 정점은 나타나나 해결이나 종결이 없이 이야기가 끝나는 '종결강조 내러티브'가 나타나고, 6세경에는 사건과 해결 내용을 설명하는 '전형적 내러티브'가 나타난다.
    ㉢ 가상적 내러티브
        ⓐ 유아 자신이 실제의 경험이 아닌 가상적인 사건을 꾸며 말하는 것이다. 예 동화 만들기, 이야기 꾸며 말하기, 동화나 이야기 변형하기 등

31) 유아가 일상생활에서 사용하는 언어는 대체로 구체적이고 '지금 여기'에서 벌어지는 상황에 국한된 말이다. 예 밥을 먹으면서 "이거 맛있다", 놀이하면서 "우리 또 하자" 등

ⓑ 가상적 내러티브의 발달
- 1수준 : 이야기 구조가 형성되지 않은 내러티브
  이야기를 꾸미어 말하나 단어를 나열하는 수준으로 이야기로서의 구성이 되지 않는다.
- 2수준 : 사건의 병렬적 나열 수준 / 설명 수준
  등장인물의 성격이나 신체적 특징을 제시하는 수준으로, 등장인물의 관계나 사건의 원인 및 결과는 제시되지 않는다.
- 3수준 : 행동의 순서적 제시 수준
  등장인물의 행동을 순서적으로 나열하는 수준으로, 사건의 원인, 결말이나 연결은 나타나지 않는다.
- 4수준 : 반응의 순서적 제시 수준(인물, 시간, 인과관계 포함)
  사건 또는 행동의 원인과 결말은 제시하나 목적 있는 행위는 나타나지 않는다.

인물, 시간, 인과관계	엄마가 빨간 모자에게 할머니 댁에 다녀오라는 심부름을 시켰는데 가는 도중에 늑대가 나타났어요.
장애	빨간 모자가 한눈을 판 사이 늑대가 할머니 집에 가서 할머니를 꿀꺽 삼켰어요. 잠시 후 빨간 모자가 할머니네 집에 가자 기다렸던 늑대가 빨간 모자도 꿀꺽 삼켰어요.
결말	지나가던 사냥꾼 아저씨가 집에 들어와서 늑대를 보더니 늑대 배를 가르고 빨간 모자와 할머니를 구해 줬어요. 빨간 모자와 할머니, 사냥꾼 아저씨는 기뻐서 춤을 췄어요.

- 5수준 : 장애물과 결말이 없는 목표지향적 에피소드
- 6수준 : 장애물은 없지만 결말이 포함되는 목표지향적 에피소드
- 7수준 : 장애물이 포함되지만 결말이 없는 목표지향적 에피소드
- 8수준 : 장애물과 결말이 모두 포함되는 목표지향적 에피소드

③ 내러티브 지도 방법
  ㉠ 가정이나 기관에서 경험한 이야기를 다른 사람들에게 발표할 수 있는 기회를 자주, 정기적으로 제공한다.
  ㉡ 다양한 종류의 가상적 이야기를 접하거나 스스로 가상적 이야기를 꾸밀 수 있는 기회를 제공한다.
  ㉢ 단순히 특정 상황을 언급하거나 나열하는 것에서 그치지 않고 정점이나 문제가 되는 핵심적 요소를 말하고 그것의 결과가 어떻게 나타났는지까지도 제시하도록 지도한다.

3 읽기 지도 방법

(1) 문자언어(문해) 발달과정(스키바라 Scarborough, 2002)[32]

① 단어 재인 : 어떤 단어를 듣거나 보았을 때 그 단어가 의미하는 것이 무엇인지를 아는 것이다.

　㉠ 음운인식 : 음절과 음소를 구별하는 것과 같이 말소리의 여러 단위를 지각하고 인식하는 것이다.

　㉡ 해독 : 자소음소 대응을 통해 글자를 해독하는 것이다.

　㉢ 시각적 재인 : 해독된 단어를 심상 어휘집에서 찾아 부합하는 의미정보를 순간적으로 파악해 내는 것이다.

② 언어 이해 : 언어를 사용하면서 의미를 이해하고 사고, 분석하는 능력을 의미한다.

　㉠ 배경 지식 : 문해 자료를 잘 이해할 수 있는 사전 지식이다.

　㉡ 어휘 : 문해 활동에 자주 참여할수록 어휘가 풍부해지고, 어휘가 풍부할수록 언어 이해가 수월해진다.

　㉢ 구문 지식 : 문장 단위의 언어를 이해하는 것이다.

　㉣ 언어적 추론 : 저자의 표현이 무엇을 의미하는지 배경 지식을 끌어와 가능한 의미를 추론하는 것이다.

　㉤ 문해 지식 : 인쇄물에 대한 개념 등을 알고 탈맥락적인 문자언어를 이해하는 것이다.

(2) 초기 읽기 지도 모형

■ 초기 읽기 지도 모형(브루노 Bruneau, 1997) ■

32) **숙련된 읽기를 위한 기술과 과정**
: 스키바라는 '단어 재인'과 '언어 이해'가 상호 관련되고 합쳐지면서 점차 전략화되고 자동화되는 것을 '잘 짜여진 굵은 밧줄'에 비유했다.

3 | 유아 언어 교육

(3) 읽기 지도의 원리

① 그림책 읽어 주기 : 글자의 기능과 문자언어가 음성언어로 변하는 과정을 경험하게 된다.

② 동시 활용하기 : 운율이 있는 동시는 유아들에게 문자언어에 대한 흥미를 준다.

③ 교실 내 문해 환경을 풍부하게 하기

　㉠ 유아들의 이름, 놀잇감의 이름, 자료들의 이름들을 모두 정확한 문자로 표기하여 붙여 놓아 자연스럽게 문자를 인식할 수 있도록 한다.

　㉡ 유아들 사이의 약속이나 교실 내 약속 등을 글로 표기하여 교실에 제시하고 다시 한 번 안내해 준다.

　㉢ 유아들과 함께 활동한 활동의 결과물 역시 교실에 게시하여 자연스럽게 글을 읽고 싶은 마음이 들도록 한다.

　㉣ 환경 인쇄물(environmental print) : 실생활의 기능을 포함한 특정한 맥락을 담고 있는 간판, 교통표지판, 전단지, 과자 상자와 같은 자료를 말한다. 이와 같은 환경 인쇄물은 유아에게 친숙하여 읽기에 대한 흥미와 동기를 가지게 해 준다.

④ 유아가 적극적으로 읽기에 참여하도록 하기 : 자연스럽고 비지시적인 방법[33]으로 유아들이 읽기에 참여하도록 권한다.

---

33) 비지시적인 읽기 지도 방법
유아들이 한 말을 칠판에 써 주고 이를 다시 읽어 보게 하거나 유아가 완성한 작품의 내용을 교사가 받아 적은 다음에 "선생님이 제대로 썼는지 네가 다시 읽어 보겠니?"라고 제안한다.

---

4 쓰기 지도 방법

(1) 쓰기의 개념

① 넓은 의미에서 쓰기는 그림 그리기나 낙서와 같은 비공식적이고 사회적으로 합의되지 않은 표기까지 포함하므로 유아의 낙서, 그림, 의미 없는 글자 모양도 쓰기의 형태로 볼 수 있다.

② 쓰기는 단순히 글자를 성공적으로 표기하는 것을 의미한다기보다는, 필자의 사상과 감정, 경험을 전달하고자 하는 것이 쓰기의 핵심이다.

③ 쓰기의 핵심은 잘 쓰는 기술이 아니라 무엇을 쓰는가 하는 의미의 생성과 내용의 구성에 있다.

④ 유아의 쓰기는 결과가 아닌 과정에 중점을 두어야 한다.

(2) 쓰기 지도의 원리

① 자유로운 쓰기 지도 : 유아의 쓰기 지도에는 틀려도 괜찮은 자유와 쓸 수 있는 충분한 시간적 여유, 무엇이든 써도 되는 내용의 자유가 있어야 지속적으로 쓰기에 흥미를 가지고 적극적으로 참여할 수 있다.

② 개별화된 쓰기 지도

　㉠ 일치성의 쓰기 지도 원리 : 글자와 문법에 맞는 문장을 사용할 수 있도록 문자언어에 대한 기초적인 규칙을 지도하는 원리이다.

ⓛ 개별성의 쓰기 지도 원리 : 자기만의 독특한 안목으로 바라본 사물과 현상을 개성적인 문장 구성이나 문체의 사용을 통해 창의적으로 표현할 수 있도록 도와주는 지도 원리이다.

③ 협동적 쓰기 지도
  ㉠ 교사는 유아들에게 쓰는 모습을 많이 보여 주어 자연스럽게 따라할 수 있게 하거나 필요한 경우에는 직접 시범을 보여 주고 그대로 따라 해 보게 한다.
    ⓐ 대집단 활동 : 유아들이 말한 내용을 칠판에 써 주거나 유아들의 작품에 대한 설명을 직접 쓰는 모습을 보여 준다.
    ⓑ 간단한 쓰기 활동 : 유아의 요청에 따라 다른 종이에 글을 써 주어 이를 보고 따라 쓰도록 할 수도 있다.
  ㉡ 유아들이 자유롭게 쓰기 어려워할 때는 교사가 이를 받아 적어 줄 필요가 있는데, 이때 유아들은 더욱 자유롭게 자신의 생각을 표현할 수 있고 쓰기에 대해 쉽게 느낄 수 있다.

④ 비지시적 쓰기 지도 : 유아의 생활 속에서 쓰기가 자연스럽게 많이 일어날 수 있도록 풍부한 문식적 환경을 제공하는 일이 매우 중요하다.

⑤ 통합적 쓰기 지도
  ㉠ 통합
    ⓐ 영역 간 통합 : 듣기, 말하기, 읽기, 쓰기의 언어 영역들을 통합하는 것이다.
    ⓑ 교과 간 통합 : 유치원에서 배우는 예술, 요리, 사회, 과학, 수학을 통합하는 것이다.
    ⓒ 공간적 통합 : 교실 내와 교실 외의 생활을 통합하는 것이다.
  ㉡ 유아들의 생활에서 일어나는 그 무엇에 관해서든 듣고, 말하고, 읽고, 쓸 수 있는 실제적이고 의미 있는 활동으로 연결될 때 가장 효과적이다.

⑥ 기능적 쓰기 지도
  ㉠ 유아 스스로가 쓰기 위한 동기와 흥미를 가지고 즐겁게 글을 쓸 수 있도록 지도해야 한다.
  ㉡ 글을 써야 할 분명한 대상과 이유와 상황을 만들어 주어 유아가 적극적으로 쓰기에 참여할 수 있도록 한다. 예 친구에게 편지 쓰기, 감사 카드를 써서 부모님에게 전달하기, 질문 목록 작성하기

⑦ 사고력을 강조하는 쓰기 지도 : 언어와 사고는 총체적 정신과정 속에서 통합되어 나타나므로 사고력을 강조하는 쓰기 지도를 해야 한다.

34) 『유아 언어 교육 활동자료』(1996)를 참고하여 재구성했다. 각론서에 따라 언어 교육의 통합적 접근을 '주제에 따른 언어와 다른 교과 간의 통합 활동', '문학적 접근에 따른 언어 영역 간 통합', '프로젝트 통합 활동'으로 구분하고 있다.

5 언어 교육의 통합적 접근[34]

(1) 주제에 따른 교육내용의 통합적 접근

① 거미줄 모형(webbing) : 한 주제를 중심으로 하여 여러 교과 영역을 연결시키고 나아가 영유아 발달의 여러 영역을 포괄하는 통합적 접근이다(이기숙, 2001).

② 교사는 주제와 활동 선정에 있어 영유아의 발달 수준을 고려하여 필요한 모든 영역을 중심으로 거미줄 모형을 만들고 주제와 연관된 활동을 고르게 분포시킨다.

③ 주제 중심 통합적 접근의 예

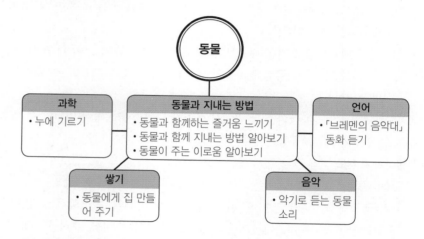

(2) 언어 영역 간(영역 내) 통합

① 언어는 기능적으로 듣기, 말하기, 읽기, 쓰기로 나눈다. 그러나 이 네 가지 영역은 순서적으로 학습되는 것이 아니고 서로 유기적으로 상호영향을 주며 연관되어 있기 때문에 통합적으로 지도해야 한다.

② 유아에게 의미가 있는 내용을 제시하여 활동하는 가운데 어휘력 향상, 올바른 문법 사용, 다양한 문장 형태 획득, 표준적 글자 쓰기, 향상된 글짓기 등의 언어 발달이 이루어진다.

③ 언어 영역 간(영역 내) 통합적 접근의 예

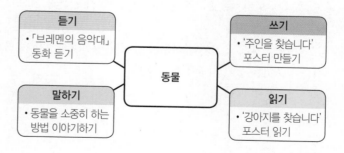

④ 문학을 이용한 통합적 접근

  ㉠ 그림책을 보고 내용에 따라 동화 듣고 이야기하기, 동화의 후속 이야기 만들기, 등
    장인물 글자카드 놀이, 동극, 주인공에게 편지쓰기 등의 듣기, 말하기, 읽기, 쓰기의
    언어 활동으로 확장하고 통합할 수 있다.

  ㉡ 교사는 그림책의 의미와 맥락을 같이 하는 언어 교육 내용의 다양한 활동으로 확장
    할 수 있도록 계획한다.

  ㉢ 문학 중심 통합적 접근의 예

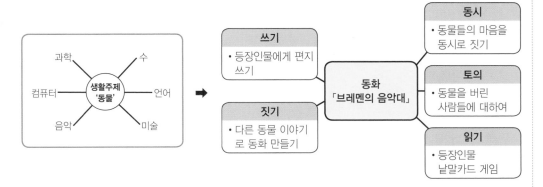

⑤ 언어의 제 영역이 통합되는 예 (1) '브레멘의 음악대' 동화 듣기 : 교사가 '브레멘의 음악대'라
  는 동화를 들려준다. 유아들은 그 이야기를 듣고 동극을 해 보자고 제의할 것이며, 그
  에 따라 유아와 교사는 인물을 선정하고 실제 동극에 필요한 소품을 만들거나 수집하
  는 시간을 갖는다. 또 다른 유아들은 동극 무대를 꾸민다. 준비가 다 되면 앉아서 동극
  을 감상하고 평가 시간을 갖는다.

언어 기능 영역	활동 내용
유아의 듣기	• 동화를 집중하여 듣는다(동화 내용에 나오는 인물들의 대사를 귀담아 듣는다). • 무대를 꾸미기 위하여 토론할 때 집중하여 듣는다. • 무대에서 연기하는 친구가 말하는 대사를 귀담아 듣는다. • 동극을 보고 난 후의 평가 시간에 다른 친구의 의견을 듣는다.
유아의 말하기	• 무대를 꾸미기 위해 필요한 자료에 대해서 토의 시간에 말한다. • 동극에 참여한 유아는 대사를 말한다. • 동극 감상 후 평가 시간에 느낀 점을 말한다.
유아의 읽기	• 동극에 참여한 유아가 말한 대사를 확인하기 위해 동화책을 읽는다. • 동극을 보고 느낀 것을 그림으로 그린 후 설명을 쓰고 책으로 묶어 도서 영역에 둔 것을 읽는다.
유아의 쓰기	• 동극에 필요한 자료를 만들면서 쓰기를 한다. 예 동극 제목을 쓴다. "브레멘의 음악대", 이정표를 쓴다. ⇒ 브레멘 • 동극 후 자유놀이 시간에 배우로 참여한 친구에게 편지를 보낸다. 예 ○○아, 너 참 잘했어. 우리집에 놀러 와서도 동극하자.

⑥ 언어의 제 영역이 통합되는 예 (2) 우체국 놀이 : 교사는 학급에서 이사 가는 유아가 있을 경우 편지를 보내도록 부탁하여 편지를 받거나, 여름방학이나 겨울방학 동안 교사가 유아에게 편지를 보내고 나서 개학 후 받은 편지에 대해서 이야기 나눈다. 편지를 받았을 때의 느낌, 편지를 받기까지의 경로, 편지를 전달해 주는 분께 대한 고마움 등을 이야기 나누고 교실 내에서도 편지를 서로 주고받을 수 있는 방법에 대하여 의논한 후 우체국 놀이를 하기로 결정한다.

언어 기능 영역	활동 내용
유아의 듣기	• 받은 편지 내용을 돌려 가며 읽을 때 귀 기울여 듣는다. • 우체국에서 하는 일, 우체국 놀이에 필요한 것들에 대해 이야기 나눌 때 열심히 듣는다. 예 우체국, 집배원, 스탬프, 우표, 배달 등의 어휘를 익힌다. • 우체국 놀이 진행 과정에 대해 이야기 나눌 때 다른 사람의 말을 주의 깊게 듣는다.
유아의 말하기	• 편지를 받았을 때의 자신의 느낌에 대해 말한다. • 편지가 배달되는 경로 및 우체국의 하는 일에 대해서 아는 대로 말한다. • 우체국 놀이를 하기 위해서 필요한 것들에 대해서 말한다. 예 "우체국을 꾸며야 돼요", "책상이 있어야 돼요", "우표 파는 곳도 정해야 돼요", "스탬프도 준비해야 하고 우체통도 있어야 돼요", "우체국에서는 엽서도 팔아요. 엽서도 만들어야 돼요."
유아의 읽기	• 배달된 편지를 읽는다. • 우체국의 기능을 알려주는 역할 부서 표지를 읽는다. 예 우표 파는 곳 등기·소포 국내 편지 국제 편지 • 우체국에 관한 그림책을 읽는다.
유아의 쓰기	• 친구에게 편지를 쓴다(교사가 받아 써 줄 수도 있다). 옆반의 친구에게 보낼 때는 받을 사람의 반과 보내는 사람의 반 이름도 자신의 이름과 함께 적는다. • 부모에게 유치원 행사 초대장을 보낸다. • 선생님에게 하고 싶은 말을 편지로 쓴다. • 우체국을 꾸미는 데 필요한 역할 부서 표지를 만들고 글을 쓴다.

(3) 다른 교과 간(영역 간) 통합

① 언어는 다른 교과를 학습할 수 있는 매개 : 굿맨(Goodman, 1986)은 교사는 항상 유아로 하여금 다른 교과의 개념, 즉 과학의 개념, 수학의 개념, 음악의 개념 등을 학습하게 하면서 동시에 언어 사용을 극대화시킬 수 있는 기회를 마련해야 한다고 하였다.

② 언어와 다른 교과의 통합은 언어를 매개로 하여 다른 교과를 학습하는 것을 말하며 그 과정에서 다른 교과에 대한 개념 형성뿐 아니라 언어 자체가 발달된다.

③ 주제를 중심으로 다양한 활동(각 교과 내용을 담고 있는)을 하는 가운데 관련 개념 형성 및 논리 수학적 지식 발달, 탐구적인 관찰 태도 및 친사회적 태도 형성, 대소근육 발달 및 신체 조절력 향상, 창의적인 표현력 신장이라는 교육적 효과를 얻음과 동시에 각 활동 과정에 필요 불가결한 언어가 발달된다.

④ 꿀벌을 주제로 한 교과 간 통합의 예

㉠ 바깥놀이 시간에 꿀벌이 날아다니는 것을 흥미롭게 쳐다보는 유아들에게 "벌들은 무엇을 먹고 살까?"라는 질문을 던짐으로써 유아들이 유치원에 있는 백과사전이나 가정에 보유하고 있는 책을 통해 꿀벌의 생김새, 생애, 먹이, 적 등에 대해 학습할 수 있게 된다.

㉡ "꿀벌은 무엇을 먹을까?", "왜 꽃에 앉을까?", "꿀벌을 잡아먹는 것에는 어떤 것이 있을까?" 등의 주제로 이야기 나누고 꿀벌의 나는 모습을 생각하며 신체 움직여 보기, 여러 가지 꿀벌 모양으로 패턴 만들기 등의 과학, 신체 표현, 수에 관계된 활동으로 확장시켜 나갈 수 있다.

㉢ 이러한 활동을 하는 가운데 교사와 유아는 언어로 질문하고 답하는 상호작용을 하게 되고 따라서 유아의 언어는 향상된다.

신체운동·건강	이야기 나누기	• 일벌의 집 청소 및 여름에 날개를 흔들어 집안의 온도를 낮추는 것에 대해 이야기한다.
	요리	• 미숫가루를 물에 타서 꿀을 넣고 젓는다.
의사소통	동화	• 벌에 관한 과학 동화, 창작 동화를 듣고 혼자 읽기도 한다.
	동시	• 벌을 관찰하고 나서 느낌을 동시로 표현한다.
	이야기 나누기	• 벌에 대해 알기 위해 어떻게 해야 하는지 이야기 나눈다.
사회관계	이야기 나누기	• 벌들이 자신의 책임을 다한다는 것에 대해 이야기를 나눈다.
	게임	• '벌집 완성하기' 게임을 통해 규칙 지키기와 일벌의 하는 일에 대해 더욱 명확히 안다.
예술경험	음률 및 신체	• 음악을 듣고 벌이 되어 몸을 움직여 본다. 예 음악–땅벌의 비행
	노래	• '꿀벌' 노래를 배운다.
	미술	• 벌모양의 모빌을 만든다.
자연탐구	과학	• 꿀벌의 생애 및 꿀벌과 다른 적들과의 관계를 설명하는 내용의 시청각 자료를 본다. • 벌에 침이 없다면 생활이 어떻게 바뀔 것인가에 대해 생각해 본다.
	수	• 일대일 대응관계에 대해 안다. 예 꿀과 꿀벌, 벌집과 꿀벌 • 서열화해 본다. 예 모양은 같으나 크기가 다른 벌 모양 10개

⑤ 문학 중심 통합적 접근의 예

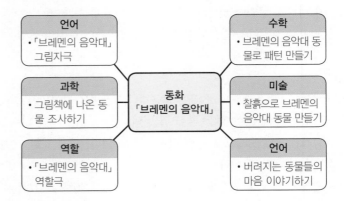

(4) 맥이 이어지는 통합적 접근

① 한 활동 내용이 점차 심화·확장되어 가는 경우로, 이어지는 모형 또는 실로 엮는 통합으로 소개되고 있다. 즉 활동의 시작이 다른 활동을 만들고 그 활동은 또 다른 활동을 만들어 내어 심화·확장되는 것이다.

② 맥이 이어지는 통합적 접근의 예

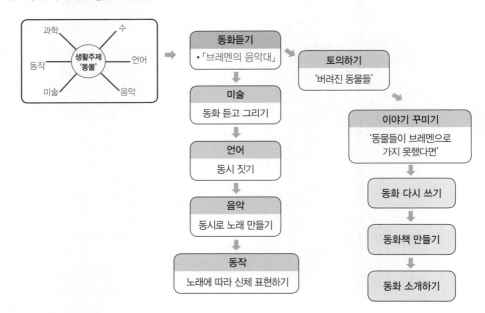

(5) 프로젝트 수행과정에서의 통합적 접근

① 소집단, 혹은 학급 전체가 흥미 있는 주제에 참여하여 또래와 교사 혹은 부모와 지역사회 인사 등 주변 사람들과 함께 계속 탐구하면서 문제를 해결해 나가는 과정이다.

② 주제 중심 통합적 접근은 언어 교육을 위해 교사가 여러 교육내용을 고르게 통합되도록 계획하는 것과 달리, 프로젝트 접근은 유아들이 수행해야 할 과제를 프로젝트로 진행하는 과정에서 다양한 언어 활동이 자연스럽게 통합되어 나타나는 것이다. 예 신문 만들기

③ 주제 중심의 통합적 접근과 프로젝트 수행 과정에서의 통합적 접근법 비교

㉠ 주제 중심의 통합적 접근

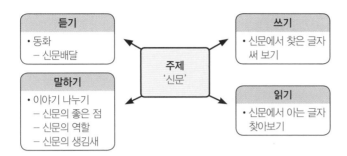

㉡ 프로젝트 수행 과정에서의 통합적 접근

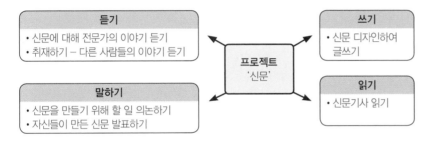

6 교사의 역할

(1) 중재자

① 비고츠키는 '근접발달영역'에서의 성인의 비계설정은 유아로 하여금 더 높은 인지적 활동으로 나아가게 한다고 하였다.

② 중재적 역할이란 유아의 환경을 조직하고, 사태를 해석하고 의미화하며, 경험의 적절한 차원에 주의를 기울이도록 지시하고, 문제해결의 과정을 적절히 통제하는 방법을 보여 줌으로써 유아의 정신적 기능의 습득을 도와주는 것이다.

③ 중재자로서의 교사는 학습을 지지하되 통제하지 않는다.

(2) 모델링

① 말하기 : 교사는 확장 모방, 의미 부연, 지시어를 구체적으로 표현하기, 수정하여 재진술하기 등의 방법으로 말하기 모델로서의 역할을 할 수 있다.

② 듣기 : 교사는 몸을 유아에게 향한 채 듣기 태도에서 가장 기본이 되는 눈 맞추기를 하면서 유아의 이야기를 주의 깊게 듣는 바른 듣기 태도를 보여 주어야 한다.

③ 읽기 : 교사는 책을 효과적으로 사용하는 모델을 보여 주어야 한다. 그리고 글을 읽어 줄 때 글자와 발음의 관계, 단어의 의미, 글 읽기 방향 등과 같은 읽기 관련 기술에 관심을 가질 수 있도록 읽기의 모델이 되어 주어야 한다.

④ 쓰기 : 교사는 유아의 말이나 생각이 글로 표현되는 과정을 보여 줌으로써 글쓰기의 적절한 모델이 되어야 한다.

(3) 참여자

① 참여자의 역할이란 유아의 언어 활동에 유아와 동등하게 능동적으로 참여하는 것을 말한다.

② 교사의 참여로 유아의 활동은 보다 풍부해지고 확장될 수 있으며, 교사는 참여자의 역할을 하면서 중재자의 역할과 모델의 역할도 할 수 있다.

(4) 관찰자

① 중재자의 역할, 모델로서의 역할, 참여자로서의 역할을 제대로 수행하기 위해서 교사는 항상 유아들을 관찰해야 한다.

② 유아의 언어적·비언어적 의사소통 신호를 관찰하면서 요구, 정서, 행동을 이해하고 필요한 것을 지원해 주어야 한다.

(5) 평가자

① 교사는 유아의 개인차를 고려하여 개개 유아의 언어 능력과 태도를 평가하여 각 유아에게 적절한 도움을 주어야 한다.

② 반응적 평가 : 사전에 계획된 것만 평가하는 것이 아니라 역동적인 상호작용을 통해 어떤 정보를 어떤 방법으로 수집할지를 결정하고 관찰한 것을 진술하는 평가이다.

③ 반응적 평가의 절차(캠번과 터빌 Cambourn & Turbill)

단계	내용
정보 수집 시기	교실에서 일어나는 매일의 모든 언어 활동으로부터 정보를 모은다. 즉 수, 과학, 사회, 미술, 음악 등 모든 교과 영역에서 언어 사용 및 성장에 관련된 자료를 수집한다.
정보 수집 방법	유아들이 활동할 때 교사가 유아와 대화를 하거나, 유아의 작품을 수집하여 관찰 기록지의 해당 페이지에 붙이는 것과 같은 방법을 사용한다.
정보 수집 내용	학습자의 언어 사용 전략, 언어를 사용할 때 학습자가 갖고 있는 이해 수준, 언어에 대한 학습자의 태도, 학습자의 흥미와 배경, 언어의 각 형태에 대해 학습자가 나타내 주는 조절의 정도 등을 수집한다.
수집된 정보의 종합	수집된 자료를 면밀히 검토하여 분류를 시도한다. 이때 교사 자신의 관찰과 신념 체계에 근거하여 만든 체크리스트로 바꾸어 본다. 반응적 관점에서 평가를 시도하는 교사는 다른 사람이 만들어 낸 체크리스트를 사용할 수 없음을 깨닫게 된다.

8장 유아 언어 교육을 위한 환경 구성

① 언어 활동을 위한 환경 구성 원리

(1) 환경 구성의 기본 원리

① 언어적 상호작용을 촉진하기 위해 다양한 듣기, 말하기, 읽기, 쓰기를 할 수 있는 풍부한 언어 환경을 지원한다.

② 유아의 관심, 흥미와 연계되는 놀이 주제와 관련된 다양한 자료를 제공함으로써 유아의 활발한 의사소통을 지원할 수 있다. **예** 바깥놀이에서 개미에 대해 관심을 갖게 된 유아들에게 개미 관련 도서를 지원하여 듣기, 말하기를 활성화하고 책이나 글자에 관심을 갖도록 할 수 있다.

③ 듣기, 말하기, 읽기, 쓰기가 통합적이고 균형적으로 일어나도록 지원한다. **예** 병원놀이, 음식점 놀이, 텃밭 만들기 등을 하는 경우에 놀이에 활용될 수 있는 언어자료를 함께 제시해 주거나 놀이과정에 직접 참여하여 만들어 갈 수 있도록 지원할 수 있다.

④ 언어 영역은 듣기나 말하기에 주의를 집중할 수 있도록 조용한 곳에 배치하고 책 읽기나 쓰기 활동을 할 수 있도록 자연채광이 가능한 곳에 배치한다.

⑤ 책 읽기나 이야기 나누기 등을 편안한 분위기에서 할 수 있도록 커다란 쿠션, 매트리스 등을 비치하도록 한다.

(2) 상호작용적인 환경 구성

① 유치원의 언어 환경은 유아가 언어와 그 기능에 대한 지식을 발견하고 새로 획득한 기술을 사용하도록 충분한 기회가 주어지는 기능적이고 상호작용적인 환경이어야 한다.

② 유아 언어 교육이 통합적으로 이루어지도록 하기 위해서는 각 교과 영역과 언어 영역이 통합되고 듣기, 말하기, 읽기, 쓰기가 통합되는 환경을 구성해 주어야 한다.

2 유치원 생활을 돕는 환경 구성

(1) 이름 표기(label)

① 개인 사물함에 이름표를 붙여 놓는 경우, 처음에는 유아마다 이름표의 색깔, 모양을 달리하여 이름표의 색깔과 모양을 단서로 찾도록 하다가 점차 이름표에 쓰여 있는 이름을 단서로 찾도록 한다.

② 교구장의 각 교구가 보관되어야 할 위치에 그림과 함께 교구의 이름표를 붙여 준다. 3세의 경우에는 그림만 제시하고, 4, 5세의 경우에는 교구의 이름표를 붙여 줄 수 있다.

③ 각 교구의 이름표를 유아가 직접 붙이게 함으로써 이름표의 기능을 인식하고 그 목적을 이해하도록 도울 수 있다.

(2) 표시(sign)

① 표시는 질서 유지에 유용하다. 읽기 영역에 '조용히 하세요'라는 표시를 할 수 있다. 이때 입에서 '쉬-쉬-'라는 글자가 나오는 얼굴 그림을 함께 붙여 놓아 쉽게 기억하게 한다.

② 한 영역에 들어가는 유아의 수를 제한하려 할 때나 화장실에는 '손을 깨끗이 씻어요', 복도에는 '걸어가세요', 층계에는 '계단에 주의하세요'라는 표시를 해 둘 수 있다.

③ 표시를 만들 때에도 유아가 참여하도록 하면 표시 내용에 대한 인식을 높여 줄 수 있다.

(3) 표(chart)

① 표란 정보를 나열하거나 요약한 것이다. 유치원 교실에서 자주 사용되는 표에는 당번표, 출석표, 일과표, 달력 등이 있다.

② 달력 사용의 교육적 가치

  ㉠ 생일이나 견학일까지 며칠 남았는지 보기 위해 달력이 사용될 때 유아들은 달력의 유용성을 알기 시작하고 달력의 구조를 이해하게 된다.

  ㉡ 달력 사용의 주된 목적은 달력에 대한 학습이 아니라 유아에게 사건의 발생 시기를 이해하는 도구를 제공한다는 점이다.

(4) 목록(list)

① 목록을 만들면 문제를 해결할 수 있을 뿐만 아니라 문자언어의 주된 기능을 보여 줄 수 있게 된다. 즉 유아는 문자언어가 일의 진행 과정을 알려주고 기억을 돕는다는 것을 알게 된다.

② 목록의 예 : 교구 사용 순번 목록, 간식 준비 재료 쇼핑 목록, 병원놀이에 필요한 물건 목록 등

3 각 활동 영역의 환경 구성

(1) 언어 영역

① 듣기, 말하기 영역

    ㉠ 융판과 융판 자료 : 동물, 사람, 탈것, 집, 나무 등

    ㉡ 자석판과 자석 자료

    ㉢ 아크릴판과 이야기 꾸미기 자료

    ㉣ 수수께끼 카드와 상자

    ㉤ 인형류 : 손가락 인형, 손인형, 테이블 인형, 막대 인형

    ㉥ 녹음하고 들을 수 있는 자료 : 녹음기, 빈 테이프, 마이크 등

② 읽기 영역

    ㉠ 그림동화, 단어 카드, 학급 친구들의 사진과 이름이 적힌 카드

    ㉡ 그림 자료 : 동물 그림, 채소 그림, 과일 그림, 꽃 그림, 여러 가지 물건과 장소의 그림

    ㉢ 글자 자료 : 나무, 모래 종이, 플라스틱, 하드보드지로 된 글자

    ㉣ 녹음 자료 : 녹음기, 이야기책의 내용을 녹음한 테이프

③ 쓰기 영역

    ㉠ 필기도구

    ㉡ 종이류

    ㉢ 기타 : 단어 카드, 한글 자모음 글자판과 스탬프, 융판과 융판용 자모음, 자석판과 자석 자모음, 유아들과 교사의 이름 카드와 상자, 모래와 쟁반, 소형 칠판과 다양한 색의 분필 등

(2) 극화놀이 영역

① 문자언어 발달 : 식당 놀이에서는 메뉴판을 읽어 보기도 하며 가게 놀이에서는 '세일합니다'라는 광고 문구를 써서 붙이기도 한다. 병원놀이에서는 '치과'라는 푯말을 만들어 놓기도 하고 도서관 놀이에서는 대출 카드를 만들어 빌려 가는 유아에게 '사인을 하라'고 요구하기도 한다.

② 4세 유아의 경우에는 한두 가지 정도의 문자가 포함된 소품을 제시해 줄 수 있으며, 5세 유아의 경우에는 좀 더 다양한 문자가 포함된 소품을 제시해 줄 수 있다.

(3) 미술 활동 영역

① 미술 활동 영역에서 사용하는 도구들의 사진(또는 그림)과 함께 글자를 적어 놓을 수 있다.

② 자료나 도구 중 특별한 사용 방법이나 주의사항이 있다면 그 내용을 표에 기록하여 자료와 함께 놓아둘 수 있다.

③ 작품 제작에 관한 특별한 방법이나 유의점도 기록하여 게시판에 게시할 수 있다.

(4) 수학, 과학 활동 영역

① 여러 가지 게임이나 교구 사용법을 표에 기록하여 읽기를 유도할 수 있다.

② 유아가 관심을 가지고 있는 주제와 관련되는 책이나 백과사전을 준비해 둠으로써 과학적 사실에 대한 의문 사항을 책에서 알아내도록 유도할 수 있다.

③ 관찰 코너에는 유아가 물체를 관찰할 때 필요한 사항을 적어 놓아 읽기를 자극할 수 있다. 예 '확대경으로 금붕어를 보자.'

④ 이러한 활동은 4~5세 유아에게 가능하며 특히 4세의 경우에는 그림으로 표현할 수 있게 격려하는 것이 바람직하다.

(5) 쌓기놀이 영역

① 읽기 활동 : 구성물을 만들 때 이용할 수 있는 소품에 글자를 적어 둠으로써 읽기와 연결시킬 수 있다. 4~5세 유아에게 여러 가지 교통 표지판(가시오, 서시오, 건너가는 길)을 준비해 주면 유아들이 블록으로 자동차 길을 만든 후 이러한 소품을 이용하면서 자발적으로 읽기를 할 수 있다.

② 쓰기 활동 : 5세 유아에게 종이와 필기도구를 준비해 준다면 유아들은 자신이 만든 구성물에 이름을 적기도 하고, 사인 표시를 적어 붙이기도 할 것이다.

(6) 요리 영역(요리 순서표)

① 3세의 경우에는 그림으로만 제시해 주고, 4~5세의 경우에는 문자를 포함하여 제시해 줄 수 있다.

② 교사는 유아들과 함께 요리 순서표를 만들 수도 있으며, 유아가 직접 만들어 보도록 격려할 수도 있다.

9장 아동문학

1 우리나라 아동문학의 역사

(1) 태동 · 초창기(1908~1923)

① 『소년』(1908)
  - ㉠ 최남선이 펴낸 우리나라 최초의 근대적 종합 교육지이자 아동문학잡지의 효시이다.
  - ㉡ 수록된 대부분의 소설류는 아동물인 『거인국 표류기』, 『이솝 이야기』, 『로빈슨 무인 절도 표류기』와 같은 번안물이었다.

② 『붉은 져고리』(1912) : 최남선의 아동잡지이다. 제목이 한글로 되었으며, 동화 · 동요 · 우화 장르로 구분한 아동잡지이다.

③ 『아이들 보이』(1913) : 최남선의 아동잡지이다. 목차부터 순한글로 표현한 순수 어린이 잡지이다.

④ 『새별』(1913) : 최남선의 아동잡지이다.

(2) 발흥 · 성장기(1923~1940)

① 『어린이』(1923)
  - ㉠ 방정환은 동요 황금시대와 아동잡지의 전성기를 이루고 작고할 때까지 전기 아동문화 운동을 주도하였다.
  - ㉡ 1923년 색동회를 중심으로 방정환 외 8명이 어린이날을 공포하고 기념행사를 치렀다.

② 『사랑의 선물』 : 방정환이 번안한 최초의 세계 명작 동화집이다.

③ 『신소년』(1923), 『아이생활』(기독교 전도의 성격을 띤 잡지), 『별나라』(사회주의적 계급의식) 등의 아동잡지 작가들은 아동문학가라기보다 사회문화운동가, 종교인, 언론인, 독립투사였다는 점에서 이 시대의 아동문학운동은 독립운동적 · 민족적 문화운동이었다고 볼 수 있다.

④ 『고무신』(1932) : 현덕의 첫 동화이며, 카프문학의 지나친 사회주의적 편향 속에서 순수 문학적 체계를 보여 준 작품이다.

⑤ 『잃어버린 댕기』(1931) : 윤석중의 우리나라 최초의 개인 동시집이다.

⑥ 『바위나리와 아기별』(1923) : 마해송은 최초 순수 창작동화를 『새별』지에 발표한 후, 두 번째 창작 동화집인 『해송동화집』(1934)을 냈다.

(3) 암흑 · 수난기(1940~1945)

　① 1940년 「소년 조선일보」가 폐간되었다.

　② 「아이생활」은 공공연히 친일 경향을 띠다가 1944년 폐간되었다.

2　유아 문학과 그림책의 구성

(1) 유아 문학 교육의 필요성

　① 유아 문학은 그림책을 비롯한 문학작품의 문화적 산물로, 작품을 구성하는 내용과 형식은 '사회적 지식'으로 이루어져 있기 때문에 문학을 교육한다는 말을 사회적 지식으로서의 문학을 교육한다는 의미이다.

　② 유아 문학은 유아에게 정서적 순화, 언어적 향상, 감동의 경험으로 인한 즐거움을 준다.

　③ 유아 문학은 그 감상 과정에서 유아가 떠올린 심상을 표현할 수 있게 해 주고, 유아 간에 자유롭게 상호작용할 수 있는 분위기를 조성해 준다.

　④ 욕구와 그림책 : 유아 문학은 매슬로우(Maslow)의 욕구의 위계(생리적 욕구, 안전의 욕구, 사랑의 욕구, 소속의 욕구, 존중의 욕구, 자아실현의 욕구)에 따른 다양한 욕구를 충촉시킬 수 있다.

(2) 그림책의 문학적 요소

　① 주제 : 주제는 그림책 전체에서 작가가 보여 주고자 하는 의도와 관련된 것이다.

　　예 일상생활이나 놀이의 즐거움, 문제해결을 통한 긍정적 자아개념, 가족 관계(사랑, 우애), 자연 보호 및 생명 존중, 다문화, 반편견, 위기의 극복, 상상 및 유머

　② 등장인물

　　㉠ 그림책에 등장하는 인물이다. 그림책 인물의 내면과 외면은 대화나 이름, 사건, 배경, 화자의 서술, 그림을 통해 표현된다.

　　㉡ 등장인물의 유형

정적 인물 / 동적 인물	이야기 진행에 따라 변하느냐, 변하지 않느냐를 기준으로 한 구분이다.
평면적 인물 / 입체적 인물	선하냐 악하냐의 전형적 특성을 갖는가, 현실의 인물처럼 긍정적이면서 부정적 특성을 함께 지녔는가를 기준으로 한 구분이다.

　③ 배경

　　㉠ 이야기가 진행되는 시간적 · 공간적 요소를 말한다. 시간으로는 현재 또는 과거나 미래가 배경일 수 있고, 공간으로는 현실 세계나 환상 세계가 배경으로 펼쳐질 수 있다.

ⓒ 민담을 다룬 그림책에서는 배경이 단순하게 처리되며, 환상적 이야기나 사실적 이야기를 다룬 그림책에서는 시간과 공간이 좀 더 구체적으로 제시되며 시·공간의 초월이 나타난다.

④ 플롯

㉠ 어떤 사건들이 일어났는가를 시간 순으로 나열한 것이 스토리라면, 플롯은 인과를 비롯하여 그 이야기에 담긴 외적인 것과 내적인 것 간의 관계나 질서가 개입된 구조를 말한다.

㉡ 플롯의 유형

단선적 형식	시간의 흐름에 따라 발달, 전개, 위기, 절정, 결말의 과정이 점진적으로 전개되는 형식이다. 예『피터 토끼 이야기』
누적적 형식	비슷한 사건이 반복되면서 점점 새로운 요소가 첨가되는 형식이다. 예『커다란 순무』, 『야 우리 기차에서 내려』 등
연쇄적 형식	하나의 사건이나 행위가 원인이 되어 그 결과 다음 사건이나 행위가 생기면서 이야기가 진행되는 형식이다. 예『좁쌀 한 톨로 장가 든 총각 등』
회귀적 형식	비슷한 사건이 반복되다가 다시 제자리로 돌아가는 형식이다. 예『사윗감 찾아 나선 두더지』
삽화적 형식	각각의 분리된 사건이나 에피소드지만 전체적으로는 인물, 배경, 주제가 연관되는 유형이다. 예『개구리와 두꺼비는 친구』
액자식 형식	외화 안에 내화가 들어 있는 형식이다. 예『위니를 찾아서』

⑤ 문체

㉠ 작가가 사용하는 어휘와 이야기를 만드는 구문을 말하는 것으로, 문장의 길이, 리듬, 속도, 표현법, 낱말의 선택 등을 통해 작가의 개성을 드러내는 것이다. 예 간결체와 만연체, 우유체와 강건체, 건조체와 화려체(꾸미는 말이 많음)

㉡ 그림책에 표현된 언어는 리듬감이 있고 반복이 많아서 즐거워야 한다.

㉢ 시점 : 시점도 문체의 일부이다. 시점은 작품에서 이야기를 들려주는 서술자가 작품 속 인물이냐 아니냐, 서술자가 인물의 속마음을 아느냐 모르느냐에 따라 나뉠 수 있다.

1인칭 주인공 시점	작품 속 인물이 자신의 이야기를 하는 것이다.
1인칭 관찰자 시점	작품 속 인물이 다른 인물의 이야기를 객관적으로 들려주는 것이다.
전지적 작가 시점	작품 밖 인물이 인물들의 마음을 모두 아는 가운데 서술하는 것이다.
3인칭 관찰자 시점	인물들의 마음을 제한적으로 아는 가운데 객관적으로 서술하는 것이다.

35) 본텍스트(main text)는 대체로 속표지 다음 장에서 시작하는 글텍스트와 그림텍스트를 일컫는 반면, 주변 텍스트(paratext)는 그 외 공간에 있는 글과 그림텍스트를 말한다. 주변 텍스트에는 본텍스트와 하나가 되어 그것의 의미를 더 확장하고, 더 실감 나게 표현하는 텍스트라는 의미가 담겨 있다.

(3) 주변 텍스트[35]

① 표지

    ㉠ 그림책을 감싸는 역할을 하는 것으로 크게는 앞표지, 뒤표지로 나눌 수 있고 두 영역 사이에 책등(그림책을 책꽂이에 꽂았을 때 보이는 부분)이 있으며 대개 제목은 앞표지에 위치한다. 어떤 그림책에는 표지를 감싸는 겉싸개와 띠지가 있다.

    ㉡ 표지는 유아들에게 그림책의 내용이나 주제, 등장인물 등을 예측할 수 있게 한다.

② 면지 : 앞표지를 열었을 때 나타나는 양쪽 펼침면과 뒤표지 전의 양쪽 펼침면을 말하며, 전자를 앞면지, 후자를 뒷면지라고 말한다. 면지에도 주제, 인물, 때나 장소 등 내용과 관련되는 요소들이 담기는 경우가 많고 이야기 시작이나 끝 내용이 면지에 실리는 경우도 있다.

③ 속표지 : 앞면지의 책장을 넘겼을 때 나오는 제목과 작가명, 출판사명이 있는 지면을 말한다. 그림책 중에는 속표지부터 이야기가 시작되는 경우도 있다.

④ 판형 : 그림책의 크기와 모양을 말하는데, 그림책 판형은 매우 다양하다.

⑤ 타이포그래피(typography) : 글자체, 글자 크기, 글자 배열 등을 일컫는데, 이것은 미학적 요소뿐만 아니라 서사 요소로도 작용한다. 예 두 인물이 말하는 글자체를 다르게 구분하거나, 점점 큰 소리를 내는 내용을 나타내기 위해 글자를 점점 크게 쓰는 등의 경우이다.

⑥ 재질 : 그림책 종이의 광택감 등 질감과 관련된 것이다.

⑦ 제본선 : 양쪽 펼침면 한가운데 책이 접히는 부분을 제본선이라고 한다. 제본선으로 그림이 사라지거나 제본선을 기준 선으로 위아래나 양쪽으로 대칭과 균형의 그림을 넣기도 한다.

(4) 글텍스트와 그림텍스트

① 동행관계 : 글텍스트와 그림텍스트가 서로 같은 방향의 이야기일 경우이다.

    ㉠ 결합적 동행(결합 관계) : 글이 주요 서사를 이끌고 그림은 분위기를 돋우는 것이다.

        ⓐ 서술 : 글텍스트가 하는 이야기를 그림이 하나하나 묘사하는 것이다.

        ⓑ 집약 : 글텍스트 중 대표적 이미지만을 택하여 그림이 보여 주는 것이다.

    ㉡ 보완적 동행(보완적 관계) : 글 또는 그림만으로는 이야기가 완성되지 않고, 글과 그림이 모종의 역할을 하여 서로 도와주어야 이야기가 완성되는 경우이다.

        ⓐ 구체화 : 그림이 글텍스트의 내용에 대한 이유나 글텍스트의 상황을 구체적으로 보여 주는 것이다. 예 왼쪽 페이지에는 "은수야, 엄마 없는 동안 아빠랑 잘 지내고 있어."라는 글이 적혀 있고 오른쪽 페이지에는 엄마가 아기용품 등을 가지고 동생을 낳으러 가는 상황임을 알게 해 주는 그림이 있다.

        ⓑ 부연 : 등장인물이 어떤 행동을 했을 때, 그 행동을 어떤 방식으로 했는지 구체적으로 보여 주는 그림이 있는 경우이다. 예 글텍스트는 "공주님은 하루에도 몇 번씩 머리 모양을 바꾸었어."라는 글 옆에 다양한 머리 모양의 그림이 있는 경우

ⓒ 확장 : 글텍스트의 내용으로부터 그다음에 나올 내용을 그림이 보여 주는 것이다.
　　　예 컬러 그림 부분 가운데 흑백 부분을 그려 놓고 다음 장면에 흑백 부분에서 일
　　　어난 일을 다시 컬러로 보여 주는 경우

ⓓ **교대 진행** : 이야기의 내용을 이끄는 주체가 글텍스트에서 그림텍스트(글 없이 그림
　　　만으로 내용 전달)로 전환되는 것을 말한다.

② **비동행관계** : 글텍스트와 그림텍스트가 서로 같은 방향이 아닌 경우이다.

ⓝ **영감** : 인물의 마음, 정서를 작가의 영감으로 표현한 것으로 글텍스트와 그림텍스트
　　　간 간격이 매우 큰 것을 말한다. **예** 글텍스트에는 "방에는 아무도 없고…."라고 써
　　　있고, 여러 색이 번져서 그려 있는 집의 그림이 있는 경우

ⓛ **아이러니**(irony) : 글텍스트와 그림텍스트가 불일치를 보임으로써 독자에게 유머를 주
　　　거나 풍자를 느끼게 한다. **예** "엄마랑 외식하러 와서 신나."라는 글텍스트 옆에 시무
　　　룩한 얼굴로 놀고 있는 다른 친구들을 보는 아이의 그림이 있는 경우

ⓒ **대위법** : 글텍스트와 그림텍스트가 별개의 이야기를 하지만 전체적으로는 서로 관련
　　　또는 의존하는 구조이다. **예** 토끼가 혼자 집 이곳저곳을 다니며 혼자 노는 글텍스트
　　　의 그림 마다 토끼가 작은 똥을 누고 다니는 그림이 있고, 맨 마지막에 "왜 이렇게
　　　집안 여기저기에 토끼 똥이 많은지."라고 써 있는 경우

(5) 그림책의 교육적 의의

① 유아의 문해 기술과 사고 기술이 생기도록 실습할 기회를 준다. 유아가 글자를 읽지 못
　하더라도 그림을 보고 이야기할 수 있도록 도와주어야 한다.

② 이야기 문법(story grammar), 이야기 스키마(story schema), 이야기 감각(sense of story)을 발
　달시킬 수 있도록 도와준다.

③ 주인공 등의 등장인물을 동일시하게 되고, 다양한 정서적 경험을 할 수 있다.

④ **글 없는 그림책** : 본텍스트에 글이 전혀 없거나 거의 없는 책이다. 글을 모르는 유아도
　읽고 감상할 수 있는 장점이 있고 다양한 상상력을 허용하므로 유아가 능동적 독자 역
　할을 하기에 용이하다.

Ⓐ Plus⁺　　**그림책의 구성요소**

본텍스트와 주변 텍스트	본텍스트	속표지 다음 장에서 시작하는 글텍스트와 그림텍스트를 말한다.
	주변 텍스트	글텍스트 이외의 공간에 있는 글과 그림 텍스트를 말한다. **예** 표지, 면지, 속표지, 판형, 타이포그래피, 재질, 제본선 등
문학적 요소	주제, 소재, 등장인물, 배경, 플롯, 문체	
미술적 요소	색, 선, 질감(그림의 재료), 배치(구도와 원근법), 모양, 공간, 그림틀 등	

3 아동문학의 장르

(1) 전래동화

① 정의 : 민담·신화·전설·우화 등의 전승 문학[36] 중에서 동심을 그 바탕에 깔고 있는 이야기이다.

② 민담 : 특정한 작가가 없이 널리 알려진 이야기이다.

ㄱ 민담의 구성요소

ⓐ 주제 : 권선징악과 인과응보의 주제가 뚜렷하게 담겨 있다.

ⓑ 플롯

- 발단, 전개, 위기, 절정, 결말로 구성되어 있다.
- 서두와 결말이 전형적 형식을 띤다. 서두는 "옛날 옛적에 어느 마을에 ○○가 살았는데"로 시작하여 "그래서 오래오래 행복하게 살았대요."로 끝난다.
- 선과 악의 대립과 비슷한 내용의 반복이 자주 나온다. 예 "그 떡 하나 주면 안 잡아먹지."

ⓒ 등장인물 : 평범하고 전형적이며 변하지 않는 정적인 성격이 대부분이며 선과 악 등 대립적인 인물이 함께 나온다.

ⓓ 배경 : 시간적·공간적 배경은 구체적으로 표현되지 않고 대충 알아볼 수 있을 정도의 보편성이 있는 배경이 주로 사용된다.

ⓔ 문체 : 오랜 세월동안 전승되었기 때문에 기억하기 쉽고 간결하고 명료하다.

ㄴ 민담의 종류

ⓐ 누적적 이야기 : 가장 단순한 형태의 이야기로, 반복적인 사건과 행위가 많이 나타난다. 예 『해님달님』

ⓑ 동물 이야기 : 의인화된 동물 이야기로, 우화처럼 뚜렷하지는 않지만 교훈적인 내용을 내포하고 있다. 예 『브레멘의 음악대』

ⓒ 익살이나 유머 이야기 : 해학과 익살이 많은 것으로서 바보, 멍청한 사람, 못난이, 또는 현명한 사람이 등장하여 우스꽝스럽고 엉뚱한 사건들로 엮어진다. 예 『임금님 귀는 당나귀 귀』

ⓓ 마술 이야기 : 요정, 거인, 도깨비, 요술을 부리는 동물, 난쟁이, 마술사, 초인 등이 등장한다. 예 『신데렐라』

ㄷ 민담의 교육적 의의

ⓐ 민담은 바람직한 인성을 형성하는 데 도움이 된다.

ⓑ 민담은 전통문화를 계승·발전시킨다. 민담에는 우리 민족 고유의 풍속, 생활양식, 사상, 신앙 등의 가치관이 내포되어 있어 이야기를 듣는 동안 자연스럽게 전통의 문화와 사고를 내면화하게 된다.

ⓒ 유아의 욕구를 만족시켜 준다. 정서적인 안정에 대한 욕구, 사랑하고 사랑받고 싶은 욕구, 고난을 극복하고자 하는 욕구, 원하는 것을 소유하고 싶은 욕구, 자아를 실현하고 싶은 욕구 등이 흥미 있는 이야기를 통해 대리만족된다.

36) 입에서 입으로 전하여 오는 문학

③ 우화 : 간략한 동물의 이야기로, 주로 인간의 우매함이나 경솔함을 풍자하거나 교화하려는 의도로 구성된 짧은 이야기이다. **예**『이솝우화』

④ 신화 : 주로 영웅이나 신적인 존재를 중심으로 전개되는 이야기이며, 이들의 특별한 능력과 신성성이 나타나는 이야기이다. 우주의 현상(땅과 하늘의 분리), 인류문명의 기원(프로메테우스 같은 영웅의 행위), 사회 · 종교적 관습의 기원이나 예배, 제사에 관한 특성과 역사의 기원을 다룬다. **예**『노아의 방주』

⑤ 전설 : 전설은 신화에 비해 신성성이 없으며 초자연적인 것에 덜 의존하고 역사적 진실성을 가지며 특정 자연물, 장소 등 증거물이 제시되는 경우가 많다. **예**『견우직녀』, 『찔레꽃』[37]

⑥ 재화된 전래동화 : 아동문학에서 '재화'란 전승된 이야기의 줄거리와 더불어 원형의 품위 및 풍미를 보존하면서 어린이가 이해할 수 있는 말로 아름답게 재창조하는 것을 말한다. **예**『빨간 모자』라는 전승 민담을 프랑스의 페로는 '빨간 모자가 늑대에게 잡아 먹히는' 이야기로 재화하였고, 독일의 그림형제는 '빨간 모자가 사냥꾼에게 구조되어 다음 심부름 때 늑대를 물리치는' 이야기로 재화했다.

⑦ 패러디 그림책
  ㉠ 패러디(parody) : 단순히 다른 작품을 모방한 것이 아니라 모방의 대상이 되는 작품의 특성을 정밀하게 분석하여 익살스럽게 드러내면서 새로운 의미를 구성하고 확장하는 것을 말한다.
  ㉡ 패러디 동화 : 유아들에게 친숙한 전래동화를 포함하여 널리 알려진 주제, 인물, 플롯 등을 새로운 시각에서 변형시켜 풍자한 이야기기이다. **예**『잭과 못된 나무』는 『잭과 콩나무』를 패러디한 그림책으로 유전자 변형 콩을 만들어 결국 지구에 재앙을 불러온다는 이야기이다.
  ㉢ 패러디 동화의 교육적 가치 : 유머와 즐거움, 창의성, 비판적 사고, 개방적 사고를 자극한다.

(2) 환상동화

① 정의 : 현실 세계에서 일어날 수 없는 일이나 사건, 존재하지 않는 사람이나 초자연적인 소재 및 대상에 관한 내용으로 꾸며진 이야기이다. 환상동화는 한 작가의 이야기라는 점에서 전래동화와 구별되는 특징을 지닌다.

② 『이상한 나라의 앨리스』 : 아동문학의 기본적인 성격과 창작 방향[38]에서 후세에 결정적인 영향을 미친 환상동화의 효시라고 할 수 있다.

③ 환상동화의 특징
  ㉠ 주제 : 환상동화는 선과 악의 대결, 삶과 죽음의 의미 등 사실동화에서 다루는 대부분의 내용을 다룬다.
  ㉡ 등장인물 : 초현실적 존재, 즉 말하는 동물이나 무생물과 같이 특별한 유형의 개성이 뚜렷한 인물이 등장한다.

37) **『찔레꽃』** : 고려시대에 몽고의 침략으로 찔레라는 소녀가 몽고로 끌려가게 되었는데, 가족을 그리워하다가 죽은 후 그 자리에 꽃이 피었다는 이야기이다.

38) 『이상한 나라의 앨리스』의 작가인 루이스 캐럴(Lewis Carroll)은 아동이 단순히 즐거움을 가지고 이야기를 즐길 수 있도록 난센스와 유머로 가득 찬 이야기를 만들어 냈다.

ⓒ 배경 : 복합적인 시·공간을 활용하고 현실과 비현실의 세계를 연결하는 장치나 통로를 사용하여 환상의 질서를 이끌어 낸다. 환상동화에는 환상 세계로 통하는 '통로'가 있는 경우가 많고 이 통로가 현실 세계의 시·공간과 연결되며, 등장인물은 이 통로를 통해 환상 세계와 현실 세계를 오가기도 한다.

ⓓ 플롯 : 이야기의 골격 안에는 논리와 일관성이 있고 질서가 유지되어서 환상이 실제와 융합되어 자연스럽게 보이며 독자로 하여금 잘 몰입하도록 돕는다. 이야기 결말은 전래동화의 경우 행복한 결말로 끝나는 '닫힌 결말'이지만 환상동화는 미완의 상태로 끝나는 '열린 결말'인 경우도 있다.

④ 과학 환상동화 : 마술이나 초현실적인 것과 과학적 이론 및 원리가 결합된 이야기이다.
예 『고래목장』(조병철), 『땅속 여행』(쥘 베른)

⑤ 메타픽션(Metafiction) : 픽션(허구)과 현실 사이를 넘나들며 허구의 장치를 의도적으로 그리는 것을 말한다. 작가, 서술자, 주인공, 내포 독자와 진짜 독자 등에 의해 이야기가 전개된다.[39]

⑥ 환상동화의 교육적 의의
  ㉠ 아동에게 기쁨을 준다.
  ㉡ 아동의 상상력을 발달시키며 경이에 빠지도록 한다.
  ㉢ 인간의 행동과 문제에 대한 통찰력을 기른다.
  ㉣ 주인공과의 동일시를 통해 심리적 안정감을 얻는다.
  ㉤ 환상 세계와 현실 세계의 구분을 명확하게 해 준다.

(3) 사실동화

① 정의 : 아동의 일상생활에서 발생할 수 있는 사건·상황·주인공을 통해 아동의 경험 세계를 다룬 동화이다. 현실에서 일어날 수 있는 일을 다룬다고 하여 '현실동화' 또는 '생활동화'라고도 한다.

② 사실동화의 특징
  ㉠ 주제 : 아동의 내부 세계뿐 아니라 다양한 사회 문제를 소재로 어린이의 관심과 희망, 어려움, 가족이나 친구, 또는 선생님, 반려동물, 자연 등과의 관계를 다룬다.
  ㉡ 등장인물 : 전래동화와 같이 평면적이거나 전형적이지 않고 환상동화와 같이 비현실적이지 않다. 사실동화의 등장인물은 현실 속에서도 있을 법한 인물이며, 어린 독자의 생활과 경험이 반영된 공감 가는 인물이다.
  ㉢ 배경 : 시간적 배경은 현재나 과거가 되며, 공간적 배경은 주로 일상의 현실 공간이 된다.
  ㉣ 플롯 : 단선적 플롯, 누적적 플롯, 연쇄 플롯, 액자식 플롯 등이 있다.

③ 사실동화의 교육적 의의
  ㉠ 인간의 삶을 이해하도록 도와주며, 주인공과 동일시가 잘 이루어진다.

39) 『콜랭의 멋진 신세계』(스테파니 히드릭젠) : 눈이 나쁜 달팽이(콜랭)가 도마뱀(아나톨)과 함께 안경을 찾으러 그림책 작가의 방에 갔다 오는 이야기이다. 작가의 손이 그림에 등장하기도 하는 등 다양한 메타픽션 기법이 적용되었다.

ⓒ 동화 속의 내용이 아동이 가지고 있는 문제와 비슷할 때, 아동에게 심리적 안정감을 주고, 현실을 극복할 수 있는 용기와 문제해결 능력과 자신감을 준다.

ⓒ 개성과 독창성을 키워 주며, 현실에서 경험할 수 없는 다양한 사건을 간접적으로 체험함으로써 풍부한 경험을 가지게 한다.

ⓔ 동화를 통해 삶이 반드시 따뜻하고 안전하지만은 않다는 사실을 알게 되고 다른 아동들이 경험하고 있는 문제에 대해 보다 민감해질 수 있다.

(4) 정보 그림책

① 정의 : 특정 분야의 지식을 정확하고 효과적으로 전달하고자 만들어진 그림책으로, 우리 삶 속의 사물, 상황과 사실을 허구적인 이야기처럼 꾸며 유아에게 적합한 수준에서 지식과 정보를 전달하므로 사실을 왜곡시키지 않는 범위에서 환상적 요소를 가미하여 흥미를 돋우는 것이 필요하다.

② 내용

ⓐ 글자, 숫자, 수 세기, 개념(크기, 색, 모양, 공간, 관계 등)을 다룬 내용, 단순하게 사물의 인식을 돕는 내용, 동·식물이나 환경, 교통 기관 등 특정 주제를 깊이 다루는 내용 등이 있다.

ⓑ 과학 실험, 요리, 식물 재배, 동물 기르기, 스포츠 참여, 장난감 및 수공예품 만들기 등 활동방법을 제시하는 내용도 있다.

③ 정보 그림책 평가 준거

ⓐ 정확한 사실에 입각한 지식과 정보라도 객관적인 검증을 거쳐야 한다.

ⓑ 지식을 주는 정보의 시효성이 강조된다.

ⓒ 인종·성·종교·연령에 대한 편견이나 고정관념이 없어야 한다.

ⓔ 정보가 유아에게 적합한 방식으로 제시되어야 한다.

(5) 전래동요[40]

① 정의 : 전승문학 중 시가문학의 한 장으로, 아동의 감정과 심리를 문학적이며 음악적으로 표현한 아동가요이다.

② 전래동요의 교육적 의의

ⓐ 노랫말의 내용 속에서 인간의 보편적 가치와 문화를 공유할 수 있다.

ⓑ 반복적 리듬과 운율로, 재미있으며 정서를 순화하고 고취시킨다.

ⓒ 문학적 측면뿐만 아니라 언어적·음악적 측면에서의 감각도 키워 준다.

ⓔ 동요를 통해 자연스럽게 사물이나 자연현상의 특성을 학습할 수 있다.

ⓕ 우리말의 반복적 운율 등 아름다운 우리말을 경험하게 한다.

ⓖ 자신의 생각과 감정을 다양하게 표현하는 능력을 키워 준다.

ⓗ 부모나 할머니 등 세대 간의 연결 등을 경험할 수 있다.

40) 전래 동요의 예
새야새야 파랑새야
녹두밭에 앉지마라
녹두꽃이 떨어지면
청포장수 울고간다

③ 전래동요의 유형

　　㉠ 기능요 : 놀이동요(**예** 꼬마야, 꼬마야, 뒤를 돌아라), 말놀이동요(**예** 원숭이 엉덩이는 빨개, 빨가면 사과), 놀림동요(**예** 꼬부랑 할머니가 꼬부랑 지팡이를 짚고), 일놀이동요(**예** 쾌지나 칭칭 나네) 등이 있다.

　　㉡ 비기능동요 : 자연현상, 사물, 인간 생활, 동물을 소재로 한다. **예** 해야 해야 김치국에 밥 말아 먹고 장구치고 나오니라, 나비야 나비야 호랑나비 꽃나비 꽃밭에 앉거라

(6) 동시

① 정의 : 시적 요소를 지닌 문학 장르로서, 성인이 아동의 생각과 정서를 생각하면서 아동의 수준에서 이해하고 받아들일 수 있는 상상력과 언어로 표현한 문학이다.

② 동시의 요소

　　㉠ 주제와 소재 : 지은이가 동시에서 말하고자 하는 것, 그리고 그것을 나타내가 위해 선택하는 재료이다.

　　㉡ 운율(리듬) : 동시의 음악적 요소를 운율이라고 한다. 운율은 대개 동음 반복, 음수 반복(3 · 4조, 7 · 5조의 반복), 의성어나 의태어 반복, 통사적 구조 반복 등이 있다.

　　㉢ 비유 : 효과적인 시 표현을 위해서 사물을 다른 사물에 빗대어 표현하는 것이다.

　　㉣ 이미지 : 시각, 청각, 촉각, 후각, 미각, 공감각적 표현 등의 감각적 표현으로 독자에게 어떤 심상을 떠오르게 하는 것을 말한다.

　　㉤ 어조 : 시에 사용된 말투를 말한다.

③ 동시의 유형

　　㉠ 서정시 : 시인의 개인적인 감정과 생각을 표현하는 짧은 시다. 3 · 4조, 4 · 4조, 7 · 5조와 같이 일정한 음수율을 지켜 만든 정형동시와 글자 수나 행 수가 자유로운 자유동시가 있다.

　　㉡ 산문동시 : 자유동시와 쉽게 구분되지 않으나 산문 형식으로 쓰여진 동시로, 시의 본질인 음악성 · 상징성 · 함축성 등을 갖추고 있다.

　　㉢ 동화시 : 형식 면에서 양적으로 길고, 내용 면에서는 동화처럼 사건의 전개나 이야기가 있는 줄거리를 가지고 있다.

④ 동시의 교육적 의의

　　㉠ 고도의 정선된 언어로 표현되어 있어, 사물이나 현상에 대한 탁월한 통찰력과 언어적 표현 능력, 창의적 사고력을 키워 준다.

　　㉡ 동시가 주는 발견의 기쁨과 감동은 정서를 순화시키고 삶에 대한 바른 태도와 가치관을 가지도록 도와준다.

4 동화 구연

(1) 동화 구연의 정의와 교육적 가치

① 동화 구연 : 문자언어로 써 있는 것을 음성언어로 들려주는 것이다. 구연자는 이야기 속의 인물의 특성을 적절한 목소리와 몸짓, 표정으로 표현하고 듣는 사람은 이야기를 들으면서 그림을 그리듯이 상상하면서 듣는다.

② 구연 듣기의 교육적 가치
  - ㉠ 문장의 맥락을 이해하면서 듣는 능력과 의미를 잘 전달하면서 말하는 능력을 길러 준다.
  - ㉡ 표준어 습득에 도움이 되며 정확한 발음을 하게 된다.
  - ㉢ 문장 표현력과 어휘력이 풍부해지고 문학을 사랑하게 된다.
  - ㉣ 기억력과 상상력, 정서와 사회성 발달을 길러 준다.

(2) 동화 구연의 과정

① 동화 선정
  - ㉠ 동화의 길이는 유아의 집중력을 고려하여 너무 길지 않은 것이 좋고 구연자와 청자에게 흥미로운 내용이어야 한다.
  - ㉡ 동화가 줄거리 중심으로 풍부한 행동과 사건, 장면의 변화가 빠르고 활동적이며 극적 효과를 낼 수 있는 내용이어야 한다.
  - ㉢ 동화의 구성이 간단하면서 시작, 전개, 결말이 분명하고 유아들이 만족할 수 있는 결말이어야 한다.
  - ㉣ 등장인물의 수는 3~6명 정도가 나오는 내용으로 목소리로 인물의 특성을 잘 표현할 수 있는 이야기가 좋다.
  - ㉤ 동화의 문체는 대화체가 많이 나오고 의성어와 의태어가 있으며 반복과 리듬감이 있는 내용이어야 한다.

② 개작 : 동화가 선정되면 구연에 알맞게 다시 고쳐야 하는데 이것을 개작이라고 한다.
  - ㉠ 보존 : 작가가 말하고자 하는 생각인 중심적인 주제와 줄거리는 보존한다. 개작이 지나쳐서 원작의 중심 내용을 훼손해서는 안 된다.
  - ㉡ 삭제 : 원작에 충실하면서도 구연에 불필요한 내용은 과감하게 삭제한다. 지나친 수식 문장, 너무 자세한 해설 부분 등은 이야기의 맥이 끊어지지 않도록 적당히 삭제하고 현시대에 맞지 않는 내용과 비교육적인 부분 등은 유아의 발달을 고려하여 삭제한다.
  - ㉢ 첨가 : 구연의 효과를 증가시키기 위해서는 바람직한 내용을 문학적으로 첨가한다.

③ 형식 면에서의 개작
  - ㉠ 문어체를 구어체로 어미 처리를 하고 간접화법을 직접화법으로 고친다. 예 [고양이는 싫다며 고개를 저었습니다] → [고양이는 "난 싫어!" 하고 말했어요.]

ⓛ 해설 부분을 대화체로 바꾼다. 구연의 2/3 정도를 대화체로 구성하는 것이 좋다.

예 [여우는 나무 구멍 속에 들어가 배가 터지도록 음식을 먹었다.] → [여우는 나무 구멍 속으로 들어갔어요. "와, 맛있는 음식이 있는 걸, 배가 너무너무 고픈데 빨리 먹어야겠구나. 쩝쩝. 배가 부르니까 기분이 좋아지는 걸."]

ⓒ 불필요한 접속사(그러나, 그래서, 그런데)는 되도록 줄이고, 긴 문장은 짧고 리듬감이 있으면서 말하기 쉽게 고친다.

ⓔ 평면적인 언어를 활동적인 언어로 바꾸어 흥미를 살린다. 예 [맛있는 찐빵이 있었어요.] → [김이 모락모락 나는 맛있는 찐빵이 있었어요.

ⓜ 표준말, 고상한 말을 사용하고, 어려운 낱말은 유아의 연령과 개인 발달 정도에 따라 쉽게 풀이하여 사용한다.

ⓗ 어휘의 반복, 사건의 반복, 노래 등을 사용하여 음악적인 리듬이 있도록 한다.

④ **동화 개작의 예**(이상, 1999)

원본	어느 산골에 돌쇠라는 나무장수가 있었습니다. 돌쇠는 부모도 친척도 없이 혼자 살았습니다. 보통 땐 빈둥빈둥 놀고 지내다가 먹을 것이 떨어지면 그때서야 나무를 해서 팔러 갔습니다. 돌쇠에게는 무척 아끼는 황소가 한 마리 있었습니다. 재산을 몽땅 털어서 산 황소였습니다. 황소는 아직 어렸으나 키가 크고 튼튼했습니다. 황소가 긴 꼬리를 양옆으로 흔들며 나뭇짐을 지고 걸어가는 모습은 정말 훌륭해 보였습니다. 어느 겨울 날, 장에 갔다가 집으로 돌아오는 길이었습니다. 별안간 하늘이 흐려지더니 히뜩히뜩 진눈깨비까지 뿌리기 시작했습니다. 돌쇠는 황소가 눈을 맞을까 봐 잠시 주막에 들어가 쉬었습니다.
개작	어느 산골에 돌쇠라는 나무장수가 살고 있었어요. 그런데 돌쇠는 부모도 친척도 없어서 혼자 살았대요. "나는 매일 노는 게 제일 좋아. 하지만 먹을 것이 떨어지면 어쩔 수 없이 산에서 나무를 해다가 팔러 가야 해." 돌쇠에게는 재산을 몽땅 털어서 산 무척 아끼는 황소가 한 마리 있었어요. "내 황소가 아직 나이는 어리지만 키도 크고 튼튼할 뿐만 아니라 긴 꼬리를 흔들며 나뭇짐을 지고 걸어가는 모습은 정말 훌륭해!" 어느 겨울 날 돌쇠가 장에 갔다가 오는 길에 갑자기 진눈깨비가 내렸어요. "황소가 비에 젖으면 안 되니. 잠시 주막에서 쉬었다 가야겠다."

5 아동을 위한 극

(1) 극화활동의 종류

① 역할놀이(role play) : 주변 생활의 경험이나 이야기에서의 역할을 선택하여 자발적으로 참여하는 놀이이다. 예 엄마놀이, 가게놀이, 경찰놀이, 병원놀이, 우체국놀이 등

② 이야기극(story theater) : 해설자가 이야기를 읽거나 말하고, 배우가 행동을 무언으로 표현하는 극화활동이다.

③ 창의적 극놀이(creative dramatics)

　㉠ 이야기를 들은 후 유아들이 등장인물과 줄거리를 해석한 것을 창의적으로 언어와 동작을 사용하여 극으로 표현하는 극화활동이다.

　㉡ 창의적 극놀이 교수–학습 유형(박선희, 2002) : 이야기 선정 → 이야기 들려주기 → 이야기에 대한 토의 → 소집단 구성 → 장면에 대한 토의 및 극놀이 장면 선정 → 배역 선정 → 다양한 극화 표현활동 → 소집단 발표 및 평가 → 대집단 발표 및 평가

④ 사회극놀이(socio-dramatic play) : 두 명 이상의 유아가 언어나 행동으로 상호작용이 이루어져 여러 역할이 놀이 주제와 함께 전개되는 극화활동이다.[41]

(2) 동화 듣기의 매체

① 낱장식 동화 : 동화의 장면을 몇 장의 낱장 그림으로 그려서 유아들에게 보여 줄 때 한 장씩 뒤로 넘기면서 이야기하는 그림동화의 한 종류이다.

② 움직이는 동화 : 동화 내용의 움직이는 부분을 가시화하여 입체적으로 표현하는 동화이다. 유아들의 흥미와 주의집중을 높일 수 있는 매체로서 동화 내용의 어떤 부분에 움직임을 줄 것인지, 움직임을 주기 위해 어떻게 동화 내용을 개작하고 몇 개의 낱장으로 그림동화를 만들 것인가에 대해 계획할 필요가 있다.

③ 융판 동화 : 동화의 내용에 따라 준비된 그림 자료를 융판 위에 붙이거나 떼면서 이야기를 진행하는 그림 동화의 한 종류이다. 융판 동화에는 비교적 등장인물이 적고 단순한 내용이 반복되는 것이 적합하다.

④ OHP 동화 : OHP를 활용하여 동화를 들려주는 그림 동화의 한 종류이다. 그림을 크게 확대해서 볼 수 있으므로 대집단 유아들에게 적합한데, OHP 동화는 낱장을 겹쳐 가면서 어떤 모양이 형성될 수 있도록 사용할 때 더욱 효과적이다.

⑤ TV 동화 : TV처럼 꾸민 상자를 준비한 다음 두루마리로 된 그림을 한쪽에서 옆쪽으로 감아 가면서 이야기해 나가는 그림 동화의 한 종류이다. TV 동화는 조작이 간단하고 유아들이 흥미로워하는 매체이다.

41) 스밀란스키의 사회극놀이의 성립 요소를 갖추고 있는 극놀이를 말한다.

(3) 인형의 종류

① **막대 인형** : 여러 가지 그림이나 실물을 막대기에 끼워 사용할 수 있는 인형으로서 만들기가 가장 쉽다. 예를 들면 그림을 그대로 막대기에 붙이거나 서류봉투에 막대기를 끼워 붙이고 양면에 그림을 그려서 만들 수도 있고, 과일을 그대로 막대기에 끼우거나 막대기의 한쪽 끝을 중심으로 찰흙으로 인형을 만들 수도 있다.

② **테이블 인형** : 테이블 위에 무대를 꾸며 놓고 인형을 움직이면서 이야기를 진행하는 형식이다. 재료는 세울 수 있는 모든 폐품(구두 상자, 요구르트 병, 깡통, 음료수 병 등), 스티로폼 공, 탁구공, 헝겊 등을 이용해서 만들 수 있다.

③ **손 인형** : 사람의 손 하나가 들어갈 수 있도록 만들어서 장갑 모양의 기본 형태를 가지고 다양하게 표현하면서 이야기를 진행해 나가는 인형의 한 형태이다(양말인형, 봉지인형, 장갑인형).

④ **손가락 인형** : 손가락에 끼울 수 있는 크기로 인형을 만들어 손가락에 끼운 후 움직여 주는 것이다.

⑤ **그림자 인형** : 평면적인 인형으로 막 뒤에서 빛을 비추고 인형을 움직이면서 진행한다. 감정적인 호소력을 지녀 유아들의 상상력을 자극할 수 있는 것이 특징이다.

⑥ **줄 인형** : 마리오네트(marionette)라고도 부르는데, 인형 몸의 각 부분을 줄(헝겊 끈, 철사 등)로 연결하여 조종하는 형태이다.

PART 4

유아 사회 교육

1 (가)는 유치원 교사들의 대화이고 (나)는 4세반 활동계획안의 일부이며 (다)는 장 교사가 쓴 저널의 일부이다. 물음에 답하시오. [2014기출 일부]

(가)

윤 교사 : 유아기에는 무엇보다도 정직, 존중, 예의, 공공규칙 지키기와 같은 태도와 기술을 가르칠 수 있도록 사회 교육이 이루어져야 한다고 생각해요. 이러한 태도와 기술은 남들과 어울려 사는 데 정말 필요한 것이기 때문이죠.

장 교사 : 생활과 연계한 태도나 기술도 중요하지만 사회적 지식도 필요할 것 같아요. 그래서 ㉠ 역사나 지리, 경제, 환경과 같은 분야의 기본 개념을 가르치는 것도 필요하다고 생각해요. 사회 각 분야의 핵심 개념을 가르치는 거죠. 어릴 때부터 사회 현상에 관심을 갖고 이해하는 것이 필요한 것 같아요.

(나)

활동명	우리 동네 119 구조대원이 하는 일 알아보기
활동목표	(생략)

○ 사회적 탐구 모형을 활용하여 우리 동네 119 구조대원이 하는 일을 알아본다.

활동단계	활동내용
문제구성	우리 동네 119 구조대원이 하는 일을 알아본다.
(㉢) 설정	'우리 동네 119 구조대원이 없으면 사람들이 편하고 안전하게 살 수 없다.'는 (㉢)을(를) 세운다.

	주제의 명료화	㉢ 우리 동네 119 구조대원이 하는 일을 표, 그림, 동시 짓기 등 다양한 방법으로 나타낸다.
활동방법	자료수집	㉣ 우리 동네에 119 구조대원이 없으면 어떻게 될지, 우리 동네 구조대원은 어떤 일을 하는지에 대해서 알아보기로 한다.
	자료평가 및 분석	㉤ 소방서에 가서 우리 동네 119 구조대원이 하는 일을 조사하고, 책이나 동영상에서 관련 정보를 찾아본다.
	(㉡) 검증 및 일반화	우리 동네에 119 구조대원이 없으면 사람들이 편하고 안전하게 살 수 없다는 것을 알고, 119 구조대원이 하는 일을 안다.

(다)

지영이가 119 구조대원 역할을 하려고 하니 태수가 "구조대원은 위험해서 여자는 못해."라고 말했다. 윤재도 "그래, 구조대원은 남자만 하는 거야."라고 하자, 지영이가 "정말 나도 하고 싶은데……."라고 했다. 유아들의 대화를 통해 성역할에 대한 유아들의 생각을 알 수 있었다. 그래서 나는 '3-5세 누리과정'의 '편성' 내용을 근거로, 유아가 성별, 종교, 신체적 특성, 가족 및 민족 배경 등에 관계없이 모든 사람을 존중하고 수용하도록 (㉥) 교육을 범교육과정적 주제로 다뤄야겠다.

1) ㉠에 해당되는 유아 사회 교육의 접근방식 1가지를 쓰시오. [1점]

   • 접근방식 : _____

2) ㉡에 들어갈 용어 1가지를 쓰고, ㉢~㉤을 활동단계에 맞게 순서대로 기호를 쓰시오. [2점]

   • ㉡ : _____

   • 순서 : _____ → _____ → _____

3) ㉥에 들어갈 용어 1가지를 쓰시오. [1점]

   • ㉥ : _____

정답
1) • 접근방식 : 사회과학 개념의 구조화 접근방식
2) • ㉡ : 가설
   • 순서 : ㉣ ㉤ ㉢
3) • ㉥ : 반편견
해설
• **범교육과정적 주제**(2007 개정 유치원 교육과정)

민주시민교육, 인성교육, 환경교육, 경제교육, 에너지교육, 근로정신함양교육, 보건교육, 안전교육, 성교육, 소비자교육, 진로교육, 통일교육, 한국 정체성교육, 국제이해교육, 해양교육, 정보화 및 정보윤리교육, 청렴·반부패교육, 물보호교육, 지속 가능 발전 교육, 양성평등교육, 장애인이해교육, 인권교육, 안전·재해 대비교육, 저출산·고령사회 대비교육, 여가 활용교육, 호국·보훈교육, 효도·경로·전통윤리교육, 아동·청소년 보호교육, 다문화교육, 문화예술교육, 농업·농촌이해교육, 지적재산권교육, 미디어교육, 의사소통·토론중심교육, 녹색교육, 독도교육 등

2 (가)는 ○○유치원의 가게 놀이 계획과 관련된 4세반 교사들의 대화이며, (나)는 4세반의 가게 놀이 상황이다. 물음에 답하시오. [2016기출 일부]

(가) 4세반 교사들의 대화

김 교사 : 가게 놀이를 할 때 역할 영역에 각 나라의 기념품을 비치해서 사고파는 물건으로 사용하면 어떨까요? 지난주 시장 견학을 갔을 때, 아이들이 다른 나라의 기념품에 관심을 많이 가지더라고요. 가게 놀이도 하고 다문화에 대한 이해도 높일 수 있는 기회가 될 것 같아요.

임 교사 : ㉠ 기념품을 제시하는 것만으로는 문화의 차이나 가치를 이해하기 어려울 것 같아요. '세계 여러 나라' 생활주제를 다룰 때 교육과정 목표나 내용은 그대로 두고, 우리 반 다문화 가정 아이의 나라별 전통음식과 일상용품을 추가해서 다루기로 해요.

최 교사 : 좋은 생각이에요. 그런데 이번 가게 놀이에서는 아이들이 좋아하는 물건을 직접 고르고 사 보게 하는 것이 좋겠어요. 아이들이 현재 자신이 있는 곳부터 출발하여 주변 세계를 자꾸 경험하다 보면 그 과정 속에서 스스로 중요한 개념과 가치를 발견할 수 있거든요.

(나) 4세반 가게 놀이

(유아들이 색종이로 만든 돈을 가지고 가게 놀이를 시작한다.)

민호 : (연수와 가희를 향해) 어서 오세요, 손님.

연수 : (가희에게) 나 오늘 공책이랑 연필 살 거야.

가희 : (연수에게) 나는 더 구경하고 살래.

연수 : (공책과 연필을 보여 주며) 이거 귀엽지?

가희 : 응. 공책이랑 연필 사고 싶다. 그리고 저 인형도 사고 싶어. 하지만 돈이 2장뿐이야.

연수 : (혼잣말로) 가게 놀이는 사고 싶은 거 다 살 수 있는 건데.

　　　　　　　　　　…(중략)…

가희 : 공책 못 사서 아쉽지만, 이번엔 연필이랑 인형 사야지.

(가희와 연수는 자신이 고른 물건을 민호에게 건넨다.)

민호 : (물건을 돌려주며) 손님, 여기 있어요.

연수 : 고맙습니다. ⓒ (다른 영역으로 이동하며) 재미있다. 또 사러 오자.

민호 : 어, 그냥 가면 안 되는데.

　　　　　　　　　　…(하략)…

1) ① 시펠트(C. Seefeldt)의 유아 사회 교육 접근 방식 중 (가)에 나타난 최 교사의 접근방식 유형을 쓰고, ② 뱅크스(J. Banks)의 다문화 교육 이론에 근거하여 ㉠에 해당하는 단계를 쓰시오. [2점]

• ① : _____

• ② : _____

2) 다음의 ⓐ, ⓑ에 들어갈 용어와 각 용어에 해당되는 유아의 말을 (나)에서 찾아 쓰시오. [2점]

> ① (ⓐ)은/는 경제 개념으로 사람들의 무한한 욕망에 비해 그 욕망을 충족시켜 주는 재화나 서비스가 충분하지 않은 것을 의미한다.
> ② 레니(J. Laney)와 셔그(M. Schug)는 교사들이 유아에게 (ⓑ)(이)라는 경제 개념을 가르칠 것을 제안하였는데, 이는 어떤 것을 얻기 위해 포기한 대가를 의미한다.

• ① ⓐ 용어 : _____

유아의 말 : _____

• ② ⓑ 용어 : _____

유아의 말 : _____

정답

1) • ① : 현재생활 중심 접근
 • ② : 부가적 단계

2) • ① : ⓐ 용어 : 희소성
 유아의 말 : 공책이랑 연필 사고 싶다. 그리고 저 인형도 사고 싶어. 하지만 돈이 2장뿐이야.
 • ② : ⓑ 용어 : 기회비용
 유아의 말 : 공책 못 사서 아쉽지만, 이번엔 연필이랑 인형 사야지.

3 (가)는 5세 활동 계획안이고, (나)는 교사 저널의 일부이다. 물음에 답하시오. [5점] 2015기출

(가)

활동명	도서관에 가요
활동 목표	○ 우리 동네 도서관에 관심을 가진다. ○ ㉠ <u>도서관에서 하는 일을 안다.</u>
활동 자료	도서관 대출증(미리 제작함)
활동 방법	[도입] ○ 도서관에 가 본 경험에 대해 이야기를 나눈다. ○ 도서관에서 볼 수 있는 것을 이야기해 본다. [전개] ○ 도서관으로 차례를 지켜 이동한다. ○ 도서관에서 일하시는 분에 대해 알아본다. ○ 책을 빌리는 방법을 알아보고, 책을 빌리는 과정을 살펴본다. ○ 자신이 읽고 싶은 책을 골라 빌려 본다. [마무리] ○ 도서관에 다녀온 느낌을 이야기해 본다. ○ 도서관 건물에 있던 다양한 공간에 대해 이야기를 나눈다.
확장 활동	○ 도서관에 계신 분들께 감사의 편지를 쓴다. ○ 도서관 놀이를 해 본다.

(나)

오늘은 쌓기놀이 영역에서 승기가 실수로 지호가 만든 자동차 길을 부수어 둘이 싸우게 되었다. 싸운 후 승기와 지호가 서로 자신의 감정과 상황을 이야기하다 저절로 화가 풀려 다행히 화해를 하였다. ㉡ <u>유아들의 갈등은 자연스러운 발달 과정이므로 갈등해결 과정을 통해 문제해결력을 기르고 친구를 이해하는 계기가 될 수 있도록 지도해야겠다.</u>

지희는 요즘 관심을 끌려는지 부쩍 문제행동을 보이고 있다. 오늘 아침 이야기 나누기 시간에도 계속 의자를 달그락거리며 괴성을 질렀다. 아무래도 ㉢ <u>지희가 문제행동을 보일 때마다 관심을 보이고 반응하여 자신이 사랑받고 있음을 확인시켜 주어야겠다.</u>

준영이가 친구들과 어울려 놀지 못하고, 고립되는 것 같아 며칠 동안 관찰하였다. 그 결과, 준영이는 또래에 비해 사회적 기술이 부족한 것으로 보였다. ㉣ <u>준영이에게 친구들과 놀 때 필요한 사과, 요청, 부탁 등의 사회적 기술을 지속적으로 지도해야겠다.</u>

역할놀이 영역에서 연희와 수지가 서로 인형을 가지고 놀겠다고 싸움을 하다 연희가 수지를 할퀴어서 결국 수지가 울고 말았다. 그래서 ㉤ <u>유아들과 약속한 대로 연희를 교실 뒤쪽에 마련된 의자에 3분간 앉아 있도록 하였다. 약속한 시간이 지난 후, 연희와 의자에 앉아 있게 된 이유에 대해 이야기를 나누었다.</u> 이러한 행동수정 방법은 흥분된 감정을 진정시키고 부적절한 행동을 줄이기에는 적절한 방법인 것 같다.

(2014년 ○월 ○일)

1) (가)에서 이루어지는 활동과 같이 ① 유아교육기관 내에서 경험할 수 없는 정보들을 얻는 데 효과적인 사회 교육 활동 유형 1가지를 쓰고, ② ㉠과 관련된 '3~5세 누리과정' 사회관계 영역의 내용 1가지를 쓰시오. [2점]
   • ① 활동 유형 : _____
   • ② 내용 : _____

2) (나)의 밑줄 친 ㉡~㉣ 중에서 생활 지도에 대한 교사의 부적절한 인식 1가지를 찾아 기호를 쓰고, 그 이유를 설명하시오. [1점]
   • 기호 : _____
   • 이유 : _____

3) ㉤에 해당하는 행동수정 방법 1가지를 쓰시오. [1점]
   • _____

정답
1) • ① 활동 유형 : 견학(현장체험, 현장학습)
   • ② 내용 : 지역사회에 관심 갖고 이해하기
2) • 기호 : ㉢
   • 이유 : 문제 행동을 보일 때마다 관심을 보이면 그것이 강화의 역할을 해서 문제 행동의 빈도를 증가시킬 수 있기 때문이다.
3) • 타임아웃

4 (가)는 5세반 놀이 상황이고, (나)는 교사가 유아를 평정한 자료의 일부이다. 물음에 답하시오.

2022기출 B.2 일부

(가)

> 민호 : 맞아. 나가도 돼.
> 동우 : 안 돼. 윷이 나가면 말을 옮기지 못해.
> 서연 : (큰 소리로) 그런 게 어딨어? 나 안 해!
>   (서연이가 울먹거리며 윷을 던지고 자리를 떠난다. 지현이가 서연이에게 다가가 안으며 토닥거린다.). ⟧ [A]

(나)

〈사회적 기술 평정 척도〉

유아명	번호	내용	전혀 그렇지 않다	그렇지 않다	그렇다	매우 그렇다
서연	1	친구들과 함께 놀이한다.			✓	
	2	정리정돈을 잘한다.	✓			
	3	친구들과 장난감을 같이 가지고 논다.			✓	
	4	자신의 의견이 거절되면 화를 낸다.				✓
	10	친구의 놀이를 방해한다.			✓	

1) [A] 상황과 (나)의 자료에 나타난 ① 서연이의 부족한 사회적 기술을 쓰고, ② 그 사회적 기술을 증진시키기 위한 교사 발문 1가지를 2019 개정 유치원 교육과정 '나를 알고 존중하기'의 내용을 반영하여 쓰시오. [2점]
   • ① : _____
   • ② : _____

정답
1) • ① : 자기 통제
   • ② : 친구와 갈등이 있을 때 우리의 속상한 마음을 어떻게 표현하면 좋을까? / 친구와 의견이 맞지 않을 때 화내는 것 말고 다른 방법은 없을까?

5 다음은 다문화 교육에 관하여 교사들이 나눈 대화의 일부이다. 물음에 답하시오. `2023기출`

김 교사 : 오늘 지성이가 ㉠ "나 한국 사람이에요? 아니에요?"라고 물었어요. 지성이는 다문화가정 유아거든요. 며칠 전에는 피부색이 달라 이상하다고 놀림을 받았다며 속상해하더라고요. 그래서 유아들과 다양성 존중에 대해 이야기를 나누려고요. 그리고 ㉡ 차별적 선입견에 대해 알아보고, 유아들이 이러한 문제에 대처할 수 있도록 토의를 하려고요.

박 교사 : 우리 반에도 다문화가정 유아가 있어요. 그래서 ㉢ 특별 행사를 준비하여 유아들에게 여러 나라의 전통 의상, 민속춤과 노래, 인사법, 음식을 소개해 주었어요.

김 교사 : 유아들에게 그렇게 지도하는 것도 좋지만 다른 접근방식도 있지 않을까요?
…(중략)…

최 교사 : 저는 우리 반 유아에게 초콜릿을 만드는 재료는 가나에서 온 것이고, 자동차 휘발유의 원유는 사우디아라비아에서 온 것이라고 이야기했어요. ㉣ 우리는 혼자 살 수 없고, 여러 나라가 서로 도움을 주고받으며 협력해야 살 수 있다는 것을 알려 주고 싶었거든요.

김 교사 : 그럴 필요가 있다고 생각해요.

최 교사 : 지난번 교사 연수에서 ㉤ 동화주의, 다문화주의, 상호문화주의와 같은 다문화 관점을 배웠는데, 그 관점들을 자세히 공부해 보고 싶어요.

---

1) 김 교사가 지도해야 할 다문화 교육의 내용 요소로 ㉠과 ㉡에 해당하는 것을 각각 순서대로 쓰시오. [2점]
   • ㉠ : _____
   • ㉡ : _____

2) ㉢의 박 교사가 사용한 다문화 교육 접근방식의 한계점을 1가지 쓰시오. [1점]
   • _____

3) ① ㉣에 나타난 다문화 교육의 개념을 쓰고, ② ㉤의 문제점을 1가지 쓰시오. [2점]
   • ① : _____
   • ② : _____

정답
1) • ㉠ : 정체성
   • ㉡ : 반편견
2) • : 여러 나라의 전통 의상, 민속춤과 노래, 인사법 음식 등을 알아보는 관광식 접근법은 유아의 다른 문화에 대한 흥미를 유발할 수는 있으나 다양성에 대한 존중, 반편견 및 협력 등 다문화 교육의 주요 목적을 달성할 수 없다는 한계를 가진다.
3) • ① : 상호의존성
   • ② : 문화적 다양성을 인정하지 않고 비주류 문화가 억압되고 사라지는 문제점이 있다.

1장

유아 사회 교육의 기초

1 사회 교육의 정의

(1) 사회 교육의 정의

① **사회 교육이란** : 유능한 민주시민이 되기 위해 사회과학적 지식, 사회적 기술 및 사회적 태도와 가치를 형성하는 것이며, 사회적 유능성(social competence)을 지향하는 것이다.

② **사회 교육의 영역들**(미국 사회 교육협회 NCSS)

인문학(Liberal arts)	사회과학(Social science)
미술	지리학
문학	정치학
음악	역사학
연극	경제학
춤	사회학
철학	인류학

③ **사회화**(socialization) : 사회문화적 조건 속에서 사회 구성원이 되는 과정이다. 감정이나 정서 등의 개인적 발달과 사회생활에 필요한 상호작용, 역할수행을 위한 규범, 질서, 가치관 등의 내면화를 포함한다.

(2) 사회 교육

① 사회 교육이란 사회화를 포함하며 한 사회의 구성원으로서의 역할을 담당하는 구성원 교육이자 시민 교육으로, 인간과 인간 사이의 상호작용 및 이를 통해 나타나는 사회현상을 바르게 이해함으로써 개인과 사회의 발전, 그리고 사회적 적응 능력을 발전시키기 위한 과정이다.

② **협의의 사회 교육과 광의의 사회 교육**

㉠ **협의의 사회 교육** : 한 개인의 인지, 정서, 지식, 이해, 태도 등의 발달을 통해 개인이 사회에 적응하는 것에 주안점을 둔다.

㉡ **광의의 사회 교육** : 개인이 모여 이루는 사회 전체의 상호작용, 질서, 규범, 관계, 사회현상 등에 초점을 둔다.

배지윤 전공유아

2 유아 사회 교육의 접근방식[1]

(1) 사회생활 중심 교육과정(social-living curriculum)

① 개발자 힐(Hill)
- ㉠ 사회를 살아가는 데 유아에게 필요한 것은 사회적 습관을 길러 주는 것이라고 생각하고 민주주의 원리를 학교에 적용하려는 시도를 했다.
- ㉡ 기본적인 습관 형성과 사회적 기술의 발달이 사회 교육의 목표라고 생각하고 유아가 민주사회에서 기능을 잘하기 위한 사회적 기술과 습관을 교육과정의 내용으로 구성했다.
- ㉢ 공유하기, 책임감 등은 유아가 사회를 살아가기 위해 배워야 할 중요한 사회적 기술이다.

② 이론적 배경 : 1930년대에 영향을 미친 정신분석 이론과 민주시민 양성에 대한 시대적 관심을 반영하여 유아의 사회 · 정서적 발달에 초점을 두고 있다.

③ 구체적 목표(『유치원과 초등학교 1학년을 위한 활동중심 교육과정(힐 Hill)』)
- ㉠ 자료와 아이디어를 서로 공유하는 것을 배운다.
- ㉡ 타인과 행복하고 좋은 관계를 형성하고 발달시킨다.
- ㉢ 사회생활에 대한 자신감을 갖는다.
- ㉣ 자기의 행동에 대해 책임감을 가진다.
- ㉤ 타인과 우호적으로 그리고 친근하게 협동하도록 한다.
- ㉥ 타인의 가치와 기여도를 안다.
- ㉦ 자아개념과 자아존중감을 발달시킨다.

④ 구체적 활동
- ㉠ 블록놀이, 또래와의 상호작용, 감정 토론, 공유하기, 협동하기, 규칙 지키기 등의 활동으로 이루어져 있다.
- ㉡ 유아들에게 놀잇감과 교구를 풍부하게 주고 유아 스스로 또래와의 생활을 학습하게 했다.

⑤ 비판점 : 사회적 기술이나 사회적 생활에 필요한 활동에 관심을 두지만 유아의 지적 발달에는 별로 관심을 두지 않아 유아가 세상을 볼 수 있는 능력을 키워 주지 못했다는 비판을 받고 있다.

1) 시펠트(C. Seefeldt)는 무엇을 가르치는가를 기준으로 유아 사회 교육 접근법을 분류했다.

4 유아 사회 교육

(2) 현재생활 중심 교육과정(here and now curriculum)

① 개발자 미첼(Michell, 1934)

⊙ 현재의 일상생활에서 나오는 주변 환경의 현상을 직접 경험하게 하여 이를 통해 세계에 대한 이해를 확장시켜야 한다는 것이다.[2]

ⓒ 유아는 집 주변 거리를 돌아보면서 다양한 사람들, 집과 가게, 간판, 도로, 도로에 다니는 여러 가지 차들, 가로등 등을 경험하게 된다. 유아는 이들을 각각 별개의 것으로 보다가 사실은 서로 연결되어 동네를 이룬다는 것을 인식하게 된다.

② 이론적 배경 : 듀이의 진보주의 교육운동과 피아제와 비고츠키의 유아발달 이론을 기초로 하고 있다.

③ 유아 사회 교육은 유아의 경험을 바탕으로 유아의 주변, 그리고 점차 넓은 사회로 나아가는 형태로 이루어져야 한다고 본다.

④ 한국의 유치원 교육과정 : 오늘날의 전형적인 사회 교육과정을 보면 기본적인 출발은 가정과 이웃을 중심으로 계획되어 점차 시간과 공간을 넓히면서 지역사회, 국가, 다른 나라로 확대되는데, 이는 유아의 현재 삶에서부터 출발하는 현재생활 중심 접근방식을 반영하고 있는 것이다.

⑤ 비판점 : 매년 주제가 단순하게 반복되어 제시되는 경우가 많고 유아가 실제 경험할 수 있는 것만으로 주제를 한정하고 단순화시켜 전달하는 수준에만 그칠 수 있다. 따라서 교사는 필요에 따라 다양한 매체를 활용하여 유아가 세상을 자신과 관련지어 생각해 볼 수 있도록 도와야 한다.

(3) 공휴일 중심 교육과정(holiday curriculum)

① 유아의 사회생활에 중요한 의미를 줄 수 있는 전통적인 국경일이나 명절, 유아와 가족에게 중요한 기념일 등을 유아 사회 교육의 접근방식으로 활용하는 것이다.

② 공휴일이나 기념일을 축하하면서 이에 대한 행사나 전시, 공연 등을 하는 것은 유아가 민주시민으로 성장하는 데 필요한 여러 가지 지식이나 정보, 기술, 태도 등을 제공해 준다.

③ 장점

⊙ 전시, 공연, 기념활동 등의 다양한 활동의 주제를 제공해 준다.

ⓒ 사회문화적 유산과 위인에 대한 다양한 정보와 지식을 길러 줄 수 있고 유아가 역사를 이해하고 역사적 중요성이나 역사에 대한 지식을 토대로 사회의 삶에 적용할 수 있게 된다.

④ 단점

⊙ 매년 같은 공휴일이 반복적으로 다루어져 같은 유형의 활동이나 작업, 교육이 이루어질 수 있다.

[2] 미첼은 역사적인 사실과 일상에서 알아야 할 지식을 암기하는 것은 유아에게 적합하지 않고 유아의 경험과도 관련이 없다고 주장했다.

ⓛ 공휴일의 의미를 이해하기보다는 관광식 위주의 형태로 단편적인 사실들을 열거하는 데 그칠 우려가 있으며 공휴일이나 기념일에 대한 부정확하고 왜곡된 이미지를 형성시킬 수 있다.

A Plus⁺ 공휴일 중심 교육과정의 예

설날에 관한 활동을 떡국 먹기, 세배하기, 연날리기, 제기차기 등에만 초점을 맞추어 진행한다면 설날이 주는 의미를 피상적으로 접근하는 결과를 낳는다. 대신에 설날이 주는 사회적 의미, 문화적 가치, 다른 나라와의 비교 등을 토대로 설날을 생각하고 이를 토대로 하는 활동 등을 바탕으로 설날의 의미를 되새겨 본다면 공휴일 중심 교육과정이 주는 의미를 잘 반영하게 된다.

(4) 사회과학 개념의 구조화 접근방식

① 사회현상의 이해를 위해 역사, 지리, 경제, 환경과 같은 사회과학 분야의 기본 개념을 가르치는 것이다.

② 브루너(Bruner)

    ㉠ 개념을 중심으로 하는 지식의 구조가 교육의 중심이 되는 학문 중심 교육과정을 사회 교육의 접근방식으로 할 것을 제안했다.

    ㉡ 브루너의 주장에 근거하여 사회 교육은 역사학, 지리학, 경제학, 정치학, 인류학, 사회학 등의 사회 과학 분야의 핵심 개념을 구조화하는 방향으로 변화하게 되었다.

③ 장점 : 가장 기초적인 내용을 기본적인 중핵의 개념으로 두고 그 위에 관련 개념이나 다소 복잡한 개념을 추가해 가는 식으로 체계적이고 명료하게 사회 교육의 내용을 구성하게 된다.

④ 단점 : 지식과 그 구조만을 지나치게 강조하게 되면 자칫 지식 중심으로 흐를 수 있다.

(5) 사회문화적 환경 접근방식(통합적 접근방식)

① 유아 사회 교육은 유아의 발달수준과 흥미에 기초하여 유아가 속한 사회문화적 맥락에서 통합적으로 이루어져야 한다는 것이다.

② 바람직한 민주시민의 자질을 기르기 위해 요구되는 사회적 기술, 태도 및 가치, 지식을 유아의 개인적 경험과 사회문화적 배경에 근거하여 내용을 구성하는 것이다.

③ 유아가 학습해야 할 사회적 지식이나 정보는 암기의 대상이 아니라 경험의 대상이며 이는 사회와 동떨어진 것이 아니라 사회에서 필요로 하는 것이어야 하므로 이러한 것을 반영하여 전체적으로 사회 교육을 구성하자는 입장이다.

④ 이론적 배경
　　㉠ 피아제의 인지발달 이론과 비고츠키의 사회문화적 발달 이론, 브론펜브레너의 생태
　　　체계 이론에 근거하여 사회적 환경 및 상호작용을 중시했다.
　　㉡ 유아 사회 교육은 가족, 유아교육기관, 지역사회라는 맥락 속에서 통합되어야 하고
　　　아울러 유아교육과정의 다른 영역과도 통합되어 유아의 사회적 기술, 태도 및 가치,
　　　지식의 발달을 도모해야 한다.

⑤ 헤드스타트 프로그램(head start program)
　　㉠ 1960년대 미국 존슨 대통령의 '가난에 대한 전쟁' 선언을 계기로 사회경제적으로 교
　　　육의 기회가 결여된 유아에게 교육의 기회를 제공하자는 교육 운동이다.
　　㉡ 유아 사회 교육의 영역은 현장 견학, 주변 환경 탐색, 부모 일터 관찰, 교실 방문자
　　　들과의 대화 등을 통한 자아개념의 발달, 대인관계 기술, 다문화에 대한 이해 등
　　　이었다.
　　㉢ 피아제, 비고츠키, 브론펜브레너의 이론이 도입되어 유아들은 자기 자신을 더 잘 이
　　　해하고 여러 관계 속에서 자신을 인식할 수 있게 되었다.

(6) 다문화 교육 접근법

① 다양한 문화가 공존하는 사회변화에 맞추어 편견 없는 태도로 다양한 사람들과 의사소
　통할 수 있는 지식, 기술, 태도를 가질 수 있도록 준비시키고자 하는 사회 교육 접근법
　이다.
② 문화적 다양성에 대해 극복의 대상이 아니라 가치있는 자원으로 인식하고 서로를 존중
　하면서 이를 확장할 수 있도록 하는 것을 목표로 한다.
③ 이론적 배경 : 뱅크스(Banks)는 다문화 교육의 유형을 제시했고, 더만 스파크스(Derman-
　Sparks)는 반편견 교육과정에서 정체성 형성과 다문화 간 협력, 그리고 편견에 대한 비
　판적 사고와 실천능력을 강조했다.
④ 장점 : 다양한 문화를 이해하고 존중하는 태도를 길러 효과적인 상호작용 능력을 발달
　시킬 수 있고, 사고를 확장시켜 새로운 문화를 창출하는 힘을 기를 수 있다.
⑤ 단점 : 관광식으로 다른 나라에 대한 단편적인 지식만 전달할 뿐, 그것에 깃든 다양한
　삶의 가치, 방식, 신념 등을 경험하기 어려울 수 있다.

유아 사회 교육의 접근방법 정리

접근방식	개념	장점	단점
사회생활 중심 (1920–30년대)	사회적 기술이 민주 시민생활에 필요하다.	사회적 기술은 민주사회에서 살아가는 데 중요하다. 협동하기, 나누기, 협상하기, 타인 입장 고려하기 등의 능력을 기를 수 있다.	사회적 학습의 복잡성은 간과되고 단순한 습관훈련과 기술 형성에 초점을 두기 쉽다.
현재생활 중심 (1934년)	유아의 학습은 주변 환경을 직접적으로 경험하는 데서 이루어진다.	직접적인 여기–지금 세계의 복잡성이 고려되고 관계적 사고 활동을 지원하는 데 사용될 때, 이 접근은 현대 이론 및 연구에서 지지될 수 있다.	가족, 지역사회 등 주제를 단순화하여 사실적 지식을 전달하는 데 그칠 수 있고, 폭넓은 주제를 다룰 수 없다.
공휴일 중심 (1930년대 이후)	공휴일은 사회 교육의 중요한 자원이다.	다른 나라나 지역의 문화를 다각도로 심층적으로 이해할 수 있다.	피상적인 관광식 위주의 내용들을 열거하는 데 그칠 수도 있다.
사회과학 개념의 구조화 (1960년대 이후)	학습은 개념의 구조화 과정이다.	개념 형성을 위한 사회적 탐구과정이 강조됨으로써 유아의 비판적 사고력이 길러질 수 있다.	자칫 지식 중심으로 흐를 수 있다.
사회 문화적 환경 (1960년대 이후)	사회문화적 환경은 사회 교육의 중요한 자원이다.	사회적 지식, 기술, 태도가 통합적으로 유의미하게 이루어질 수 있다.	다양한 사회문화적 현상이나 환경에 관련된 사실들을 단순하게 전달하는 데 그칠 수도 있다.
다문화 (1990년대 이후)	다양한 문화는 사회의 중요한 자원이다.	상호작용 능력과 사고 능력이 향상된다.	관광식 위주가 될 수 있다.

유아 사회 교육과정

1 유아 사회 교육의 목표

(1) 미국 사회 교육협회(NCSS Task Force, 1989)

① 사회과학적 지식의 획득 : 역사나 지리, 문화, 경제 등 사회과학적 지식의 획득이다.

② 기술의 획득 : 지도 보기, 협동하기, 정보 및 자료 수집하기 등 사회적 기술의 획득이다.

③ 가치와 신념의 획득 : 시민적 원칙, 민주주의의 중심 가치에 대한 이해, 개인의 긍정적 태도 등 사회적 가치와 신념의 획득이다.

(2) 유아 사회 교육 목표의 비교

구분	유아 사회 교육 목표
NCSS	• 사회과학적 지식의 획득 • 기술의 획득 • 가치와 신념의 획득
멜렌데즈 등	• 개인적 발달 • 사회적 · 시민적 능력의 발달 • 사회적 지식 습득 • 다양성에 대한 인정과 존중 • 세계시민의식
스킬	• 긍정적 자아개념 • 개인의 다양성과 가치에 대한 인정 • 소속한 집단 · 사회문화에 대한 이해 • 의사결정을 위한 문제해결 • 가치 및 기술 • 집단 구성원으로서의 지식 및 참여 태도
시펠트와 바버	• 자아존중감과 가치를 기름. • 타인과 의사소통 및 협동능력을 기름. • 다른 문화 · 민족 · 종교에 대한 이해와 지식의 증진 • 사람들의 유사성 인식 • 사람들의 다양한 특성, 문화 이해와 존중 • 사회과학 영역의 개념과 본질 및 특성 이해

2 유아 사회 교육의 내용 선정 및 조직

(1) 유아 사회 교육 내용 선정 시 고려할 점

① 목표를 효과적으로 달성할 수 있는 내용
  ㉠ 유아 사회 교육의 목적은 민주사회에 적합한 시민을 양성하는 것이므로 이를 달성할 수 있는 내용이 선정되어야 한다.
  ㉡ 시민적 역할과 태도, 민주사회를 구성하는 데 적합한 사회적 개념 등을 이해하고 실천할 수 있는 내용이어야 한다.

② 발달수준에 적합한 내용
  ㉠ 유아의 발달 특성이나 흥미, 연령 등을 고려하여 내용을 구성해야 한다.
  ㉡ 개별 유아의 경험의 정도나 연령에 따라 내용을 선정해야 한다.

③ 흥미와 호기심을 반영한 내용
  ㉠ 유아를 사회 교육과정의 자원으로 활용하는 것을 의미한다.
  ㉡ 학습을 보다 효과적으로 이끌 뿐만 아니라 유아중심 교육을 실천하는 것이기도 하다.

④ 사회문화적 배경을 고려한 내용
  ㉠ 도시와 농촌, 어촌의 사회문화적 풍토나 환경이 다르기 때문에 유아 사회 교육의 내용은 지역적으로 다른 배경을 가지고 이루어져야 한다.
  ㉡ 사회문화적 특성을 반영하지 못한다면 유아의 경험의 폭은 좁아진다.

⑤ 다른 영역의 학습과 연계성을 가지고 있는 내용 : 여러 사회 교육의 목표들이 서로 연계되어야 하고 다른 교과 내용과도 연계되어야 한다.

(2) 유아 사회 교육의 내용과 범위

① 전미사회교육협회(NCSS, 2010)의 사회 교육 주제

주제	내용
문화	• 다양한 문화권의 예술, 언어, 역사, 지리학 • 인간 문화의 보편성
시간, 연속성 및 변화	• 시간의 흐름과 관련한 내용 • 자신의 이해와 역사 이해
사람, 장소, 환경	• 공간적으로 자신의 위치를 이해 • 환경 내 지형을 익히고 인류–환경 간 상호작용 이해
개인적 발달과 정체성	• 개인 정체성에 영향을 미치는 문화, 집단 및 제도 이해 • 자아개념의 발달

개인, 집단 및 조직	• 개인의 삶에 영향을 미치는 조직에 대한 기본 개념의 발달 예 학교, 가족, 정부기관, 법원 등 • 민주주의 내에서 개인의 권리와 집단 권리의 관계 및 균형
권력, 권위, 통치	• 다수결 규칙 내의 개인 권리 보호 • 권력과 권위에 대한 개념
생산, 분배, 소비	• 자원, 생산과 소비 등에 대한 이해
과학, 기술, 사회	• 자연과 물리과학, 사회과학 및 인류학 등과 관련한 기술 • 자연환경 및 기후 변화 등에 대한 대처 방법
국제적 관계	• 세계의 상호 의존성 • 국제적 관계 문제 탐색
시민의식과 실천	• 시민성 • 시민의 권리와 의무

② 유아 사회 교육의 내용

영역 구분	내용	주요 개념	주요 사례
사회성발달	애착	주 양육자와 영아, 유아 사이에 발달되는 강력하고 지속적인 정서적 경험	교사와 양육자가 개별 영아와 유아에게 진심으로 관심을 보이고 안아 주기
	자아개념	유아 자신에 대한 주관적 이해와 평가, 가치감과 능력감	생일놀이를 통해 영아와 유아가 스스로의 소중함을 생각해 보기
	정서	정서인식, 정서표현, 감정이입, 정서조절	교실의 갈등 상황에서 친구의 마음이 어떨지 생각해 보기
	성역할	성정체감, 성안정성, 성항상성의 발달, 성역할 고정관념과 성편견 극복하기	그림책을 읽으며 양성적인 역할에 대한 긍정적인 태도 형성하기
	친사회적행동	외적인 보상에 대한 기대 없이 타인의 이익을 위해서 자발적으로 하는 행동	자발적으로 배려하기, 양보하기, 차례 지키기
	도덕성	사회가 기대하는 바람직한 행동 규범에 부합되는 사고와 행동체계	버려진 반려동물의 상황 생각하기 (인지), 안타까움 느끼기(정서), 보살피기(실천)
사회과학 지식	지리	지역사회와 이웃, 공동체, 지구의 물리적 환경, 공간 개념	우리 동네를 돌아보고 지도 만들기
	역사	시간의 흐름에 따른 과거와 현재의 생활, 나와 가족의 역사, 역사 속 인물의 삶	태어난 순간부터 지금까지의 변화 돌아보기, 지역사회 유적지 견학하기
	경제	희소성과 선택, 기회비용, 의사결정, 화폐가치, 생산, 소비, 분배, 절제, 재활용	아나바다 활동을 통해 합리적인 소비생활 이해하고 실천하기

다문화	다양한 문화에 대한 이해와 존중	다문화적 배경을 가진 그림책을 통해 다양한 문화의 차이점, 유사점 이해하기
환경	지구의 환경과 자원보존, 재활용과 재사용, 자연의 아름다움 감상하기	멸종위기 동물에 대하여 알아보고 보호하기 위한 방법 실천하기
민주시민	민주주의 사회의 의미 이해하기, 민주 시민의 역할 이해하고 실천하기	공동체와 이웃의 중요성을 이해하고 함께 잘 살기 위한 방법 실천하기

③ **범교육과정적 주제**(2007 개정 유치원 교육과정)

　ⓐ 교육과정의 특정 영역이 아니라 유치원의 교육 활동 전반에 걸쳐 통합적으로 다루어져야 하며, 지역사회 및 가정과의 연계 지도에도 고려되어야 하는 주제들이다.

　ⓑ 유치원 실정에 따라 생활주제별 교육 활동에 포함할 수도 있고, 시기에 따라 집중적으로 운영될 수도 있으나, 전반적인 유치원 교육과정에 포함되어 통합적이고도 체계적으로 이루어지는 것이 바람직하다.

　ⓒ 범교육과정적 주제의 내용

> 민주시민 교육, 인성 교육, 환경 교육, 경제 교육, 에너지 교육, 근로정신 함양 교육, 보건 교육, 안전 교육, 성 교육, 소비자 교육, 진로 교육, 통일 교육, 한국 문화 정체성 교육, 국제 이해 교육, 해양 교육, 정보화 및 정보 윤리 교육, 청렴 교육, 물 보호 교육, 양성 평등 교육, 장애인 이해 교육, 인권 교육, 안전·재해대비 교육, 저출산·고령 사회 대비 교육, 여가 활용 교육, 호국·보훈 교육, 효도·경로·전통 윤리 교육, 아동·청소년 보호 교육, 다문화 교육, 문화예술 교육, 농업·농촌이해 교육, 지적재산권 교육, 미디어 교육, 의사소통·토론 중심 교육 등

(3) 유아 사회 교육 내용의 조직

① **동심원적 내용 조직**(환경 확대법 원리)

　ⓐ 유아를 중심으로 하는 내용을 우선으로 하고 점차 유아 주변에 있는 내용으로 나아가도록 유아 사회 교육의 내용을 구성하는 것이다. 예 나와 가족 → 우리 동네 → 우리나라 → 세계 여러 나라

　ⓑ 유의점 : 유아가 경험하는 주변 세계로 유아의 학습을 한정한다는 문제점이 있다. 따라서 유아의 경험의 폭을 넓혀 줄 수 있는 내용을 선정하는 것이 좋다.

② **나선형적 내용 조직**

　ⓐ 브루너(Bruner)가 주장한 것으로[3], 교육내용을 나선형으로 계열화시켜 반복해서 제시하는 방법이다.

3) 브루너는 어떤 교과든지 그 내용의 지적 성격에 충실한 형태로 분석하여 제시하면 어떤 발달 단계에 있는 어떤 유아에게도 효과적으로 가르칠 수 있다고 주장했다.

ⓛ 유의점 : 나선형적으로 내용을 구성하기 위해서는 지식의 구조에 대한 유아교사의 이해가 선행되어야 하며 개념들 간의 계열성과 관련성, 추상성 등을 파악해서 조직해야 한다. 또한 유아의 흥미나 관심을 끌어내지 못할 가능성도 있으므로 주의한다.

③ 아동발달 내용 조직

　　ㄱ 유아의 발달 수준과 흥미, 관심 등과 같은 유아의 요구에 근거하여 유아 사회 교육의 내용을 조직하는 방법이다.

　　ㄴ 게젤(Gesell)의 성숙이론과 듀이(Dewey)의 문제해결 학습에 근거하고 있으므로 사회 교육의 내용 조직은 사회 교육 개념보다는 실생활에서 접근하는 여러 가지 문제해결을 강조한다.

④ 과정 중심 조직 : 피아제와 비고츠키 이론을 배경으로 하는 것으로, 사회적 사태에 대해 유아들이 사고하는 방법을 스스로 배울 수 있도록 도우며, 사태에 직면할 때마다 적절한 갈등의 해결 방법을 유아 스스로 발견할 수 있도록 상호작용한다.

⑤ 통합적 조직 원리 : 사회 교육에서 학습되는 일상생활의 문제나 사회 현상은 총체적이고 복합적인 다양한 요소들을 포함한다. 통합적 조직은 크게 학문적 형태 통합(다학문적 통합), 교육적 형태 통합(개념 중심, 혹은 이슈 중심 통합), 종합적 형태 통합(학문적 형태와 교육적 형태의 통합)으로 구분된다.

3 유아 사회 교육의 교수-학습 방법

(1) 유아 교수-학습 방법

① 직접 교수법 : 무엇을 언제 어떻게 가르칠 것인지 사전에 계획하여 주로 대집단으로 정보와 학습내용을 직접 설명을 통해 전달하는 방법이다.

② 발문 교수법 : 교사와 유아가 서로 질문과 답을 주고받으며 학습하는 방법이다. 좋은 발문은 가르치려고 하는 목적과 직접 연관되어 있고, 사고와 생각을 유발할 수 있어야 하며, 명료하고 간단해야 한다.

③ 협동 학습법 : 대·소집단 구성원이 함께 과제를 수행하며 학습하도록 유도하는 교수-학습 방법이다. 유아들이 공동의 목적을 위해 책임감을 갖고 협력하면서 배우고 격려하는 경험을 할 수 있도록 한다.

④ 탐구 학습법 : 유아 스스로 흥미 있는 활동을 선택해 실험, 질문, 발견의 탐구과정을 통해 학습하는 교수-학습 방법이다. 탐구학습법은 유아의 반성적 사고과정을 통한 능동적 지식 구성을 목적으로 한다.

⑤ 문제해결 학습법 : 일상생활에서 발생한 문제상황을 주도적으로 해결하는 과정을 통해 학습이 이루어지도록 하는 교수-학습 방법이다.

(2) 교수 전략

① **자기표현** : 유아가 자신의 느낌과 생각을 다양한 활동의 형태로 표현하는 것이다. 교사는 유아가 주도적으로 자신의 느낌과 생각을 자유롭게 표현하고 다른 사람들과 함께 협동하여 표현할 수 있도록 다양한 기회를 마련해 주어야 한다.

행동적 표현	행동으로 표현하는 것이다. 예 역할놀이, 구성놀이, 게임, 신체적 표현
조형적 표현	조형활동으로 표현하도록 하는 것이다. 예 그리기, 만들기, 꾸미기
언어적 표현	말이나 글로 표현하는 것이다. 예 감정을 말이나 글로 표현하기, 문제해결방법을 말이나 글로 표현하기

② **문제해결**
    ㉠ 유아들이 일상생활에서 발생하는 문제상황을 이해하고 이를 해결함으로써 사회적 능력을 향상시키도록 하는 것이다.
    ㉡ 문제해결 전략은 유아 스스로 사고하면서 문제를 해결하는 과정으로 합리적 사고와 책임감 있는 행동을 발달시키는 기초가 된다.

③ **사회적 추론** : 논리적인 설명, 칭찬, 유아의 행동의 결과에 대한 예측 등을 통하여 유아가 자신이 한 행동의 원인과 결과의 관계를 판단하고 사회에서 일반적으로 수용되는 행동을 하도록 하는 교수 전략이다.
    ㉠ **도덕적 추론** : 인지적 측면의 사회적 추론이다. 유아에게 가설적인 문제상황과 관련된 딜레마 상황을 제시하고 이 상황에서 주인공이 어떻게 해야 할지, 왜 그렇게 해야 하는지를 이야기하도록 하는 방법이다. 그러나 유아의 도덕적 추론이 실제 유아의 행동과 연결되지 못한다는 한계가 있다.
    ㉡ **귀납적 추론** : 정의적 측면의 사회적 추론이다. 유아들이 왜 착한 행동을 해야 하고 잘못된 행동을 하지 말아야 하는지를 이해하도록 돕는 방법이다. 귀납적 추론은 부적절한 행동에 대한 결과를 유아들이 추론할 수 있게 하므로 새로운 상황에까지 적용이 가능하다.

④ **협동** : 학급의 구성원과 협동하는 경험을 자주 가지면 가질수록 유아들은 자신이 속한 학급과 그 구성원인 친구들을 공동체로 인식하게 되고 다른 사람과 함께 살아가는 사회에서 필요한 사회적 기술을 배워 나갈 수 있다.

⑤ **모델링** : 사회적으로 가치 있는 행동을 유아들에게 제시하고 학습하도록 돕는 방법이다.

⑥ **설명** : 개념 획득을 위하여 사용하는 방법이다. 유아가 일반적 원리를 이해하도록 한 후에 이 원리를 구체적 사례에 적용하여 개념의 구조를 형성해 나가도록 하는 방법이다.

(3) 교수-학습 활동 유형

① 교사의 모델링과 민주적인 교실 운영

    ㉠ 교사의 모델링과 자율적인 활동의 기회, 규칙의 설정 및 준수 방법 등과 같은 교실 운영방법을 통해 일상생활 속에서 사회 교육이 이루어질 수 있다.

    ㉡ 간식 준비, 꽃에 물 주기 등 유아 스스로 할 수 있는 일을 순서를 정해 돌아가면서 담당하도록 하면 책임감과 학급 구성원으로서의 소속감을 발달시킬 수 있다.

② 토의 : 유아들이 어떤 주제 또는 사회적 갈등 상황에 대해 서로의 의견을 표현하면서 의견들 사이의 유사점과 차이점을 비교하고 문제해결의 방법을 논의하는 과정이다.

    ㉠ 토의 주제 : 유아의 주변에서 경험할 수 있는 문제상황이나 유아들이 흥미나 관심이 있을 법한 내용을 선택한다.

    ㉡ 교사의 역할

        ⓐ 토의 전 지켜야 할 약속에 대해 이야기해 주고, 토의가 시작되면 중립적 입장에서 유아들의 생각을 정리해 주는 역할을 해야 한다.

        ⓑ 유아들의 대화가 토의주제에서 벗어날 때는 주제로 관심을 모으도록 해 준다.

        ⓒ 토의에서의 마지막 결론은 유아들 스스로 내릴 수 있도록 하고 토의가 끝난 후에는 토의 결과를 다른 유아들에게 발표할 수 있도록 한다.

    ㉢ 유아는 자기중심적인 사고에서 벗어나 타인에 대한 배려를 가지게 되고 조망수용 능력도 획득할 수 있다.

③ 시청각 자료의 활용

    ㉠ 도서 : 책은 사회에 대한 풍부한 정보를 제공하며, 일상생활에서 직접적으로 표현되지 않는 사람들의 내적 감정과 느낌도 경험할 수 있게 해 준다.

    ㉡ 실물 : 맷돌, 엽전 등의 실물이나 축소 모형 등을 사용하여 활동을 진행할 수 있다.

    ㉢ 사진, 신문 : 시사 또는 학습 주제와 관련된 사진이나 신문자료를 제공하여 이것에 대해 이야기 나누거나 집단 토의 자료로 활용한다.

    ㉣ 영상자료 : 영상자료는 시 · 공간을 초월하여 직접 경험하기 어려운 장소나 물건, 다른 나라의 문화를 경험할 수 있게 해 준다. 시청 전에 유아들에게 어떤 내용인지 알려주고 집중해서 볼 곳을 말해 준다. 질문을 통해 내용을 예측해 보도록 하여 유아들의 호기심을 자극할 수도 있다.

④ 지역사회 인사 활용 : 지역사회의 인사를 초청해 다양한 직업 세계의 이야기나 지역사회의 역사나 풍습에 관한 이야기를 들어볼 수 있고, 외국에 살았거나 다녀온 경험이 있는 부모를 초청해 그곳의 문화와 사회에 대해 이야기를 나누어 볼 수도 있다.

⑤ 현장학습

    ㉠ 지역사회의 유적지나 산업시설, 공공건물, 자연 등의 현장을 방문하여 유아교육기관 내에서 직접 경험할 수 없는 정보들을 직접 관찰하고 탐색할 수 있는 활동이다.

ⓛ 현장학습 시 유의할 점

현장학습 사전활동	• **장소 선정** : 견학의 목적, 견학을 통해 유아들이 성취하기를 바라는 태도나 느낌 등을 구체적으로 설정하고, 이에 근거하여 견학 장소를 선정한다. • **시기 결정** : 교육활동 전에 할 것인지 혹은 교육활동의 중간 또는 교육활동의 마지막에 할 것인지 등을 결정한다. • **사전답사** : 교육활동과의 연관성, 안전 문제, 진행 시간 등을 점검해야 한다. • 견학 안내서 및 견학 동의서를 가정통신문으로 가정에 보낸다. • 유아에게 필요한 사항에 대한 주의 및 환기의 내용을 알린다. • 안전에 대해 사전 점검하고 필요한 구급상비약을 준비한다. • 이동에 대한 유아들의 통제 방법을 결정한다. • **견학을 위한 유아들과의 토론** : 견학할 장소, 견학의 목적, 견학을 통해 얻어야 할 것들, 견학에서 지켜야 할 규칙 등에 대해 토론한다. • 견학을 위한 필요 준비물을 점검한다. • 기록을 위한 카메라 및 화장지 그리고 물 등을 준비한다. • 예기치 않은 상황에 대비하여 대체활동을 준비한다.
현장학습 사후활동	• 견학으로 얻은 유아의 경험을 교실 교육활동과 관련지어 유아들이 경험을 재구성할 수 있는 기회(역할놀이, 쌓기놀이, 동시, 율동, 감사편지 등)를 제공하도록 한다. • 토의, 관련 경험활동, 놀이 등은 유아들이 경험을 재구성할 수 있는 좋은 활동들이다.

⑥ **사회극놀이**(sociodramatic play)

ㄱ 상징이 들어 있는 놀이로 가상적 상황에서 실제 역할을 표현하는 놀이이다.

ㄴ 유아가 현실생활이나 가상 속의 인물이 되어 그 인물의 역할을 표현해 보는 놀이이다.

ㄷ **유아교사의 역할** : 사회극놀이를 위한 분위기 조성, 계획, 환경 구성, 사회극놀이, 관찰, 확장 등의 역할을 한다.

ㄹ **효과적인 사회극놀이 진행의 8단계 과정**(샤프텔과 샤프텔 F. Shaftel & G. Shaftel, 1967)

ⓐ **문제 제시** : 이야기를 들려주고 유아에게 질문을 하여 상황에 대한 이해를 하게 한다.

ⓑ **배역 선정** : 유아의 의견을 충분히 반영하여 배역 설정을 한다.

ⓒ **관객의 태도 설명** : 사회극놀이에 참여하지 않는 유아들은 어떤 태도나 자세로 바라볼지 의논한다. 가능하면 전체 유아가 참여할 수 있는 방안을 모색하도록 한다.

ⓓ **무대 만들기** : 무대 만들기에 대해 유아들과 이야기 나누고 가능하면 유아들이 무대를 구성하도록 한다. 관객으로 참여하는 유아가 무대를 구성하는 방안도 고려될 수 있다.

ⓔ **상연** : 실제 사회극놀이를 한다.

ⓕ **토의** : 사회극놀이에 대한 각자의 의견을 나누고 역할과 극의 방향에 대해 다시 토의한다. 사회극놀이 후의 토의는 유아의 경험을 재구성하는 데 영향을 미친다.

ⓖ **재상연** : 토의에서 나온 의견을 반영하여 다시 사회극놀이를 실시한다.

ⓗ **일반화** : 사회극놀이를 통해 나타난 여러 가지 내용들을 유아들의 발달 수준에 맞추어 이야기하면서 사회적 지식이나 태도, 역할 및 가치 등을 인식하도록 한다.

⑦ 게임

㉠ 유아는 게임의 규칙을 만들고 지키는 과정에서 긍정적인 자아개념을 기를 수 있다.

㉡ 전략을 세우고 협동하며 경쟁하는 가운데 만족감과 성취감, 협동심, 자기조절력 등을 기를 수 있다.

㉢ 졌을 경우 결과를 인정하고 이긴 팀을 축하해 주며 팀 구성원과 협력하는 등의 과정을 겪으면서 정서를 조절하는 경험을 할 수 있다.

㉣ 타인의 관점을 고려하는 기회를 가짐으로써 조망수용 능력을 기르고 자기중심적 사고에서 벗어날 수 있다.

(4) 학습 자원

① **또래** : 유아는 또래와의 관계를 통해 모방과 갈등, 화합을 반복하면서 사회적 성장을 하게 된다. 동조성은 또래 집단의 가치나 태도에 적응하려는 경향으로 유아는 또래 집단에서 수용되기 위해 자신의 행동을 조절한다.

② **가족** : 가족은 유아가 태어나 최초로 접하는 사회적 집단으로 사회 교육에서 다루는 가치와 태도, 기술, 사회과학적 지식을 가르칠 수 있는 중요한 학습 자원이 된다.

③ **지역사회** : 지역사회는 인적, 물적, 문화적, 역사적 자원들을 가지고 있으며 그 지역사회의 고유한 특성을 가지고 있다. 한편, 유아교육기관은 지역사회와 지속적인 협력관계를 맺어야 하며, 지역사회의 교육과 복지를 위해 열린 공간으로 기여해야 한다.

④ **유아교육기관** : 유아교육기관의 환경, 교사, 직원은 유아들에게 사회학습 자원이 될 수 있다.

⑤ **미디어** : 미디어는 정보를 시·공간적으로 이동시켜 주는 매개물 또는 매체로 텔레비전, 컴퓨터, 라디오, 비디오, 신문, 잡지, 동화책 등의 전자미디어와 활자미디어를 포함한다.

(5) 유아 사회 교육의 교수–학습 모형

① 개념 학습 모형

㉠ 사회 교육의 내용과 지식을 알 수 있도록 정확한 개념을 학습시키고자 하는 것이다.

㉡ **속성 모형**(attribute model)

ⓐ 속성이란 '다양한 사물이나 사상이 공통으로 가지는 기본적 특징'을 의미한다. 속성 모형에서는 개념의 결정적 속성을 먼저 제시한 후 개념에 대해 가르쳐야 한다. 예 고래는 '물속에 산다, 새끼를 낳는다, 지느러미가 있다'라는 속성을 지닌다. 고래와 어류를 구별하는 결정적 속성은 '새끼를 낳는다'는 속성이며, 다른 공통된 특징들은 비결정적 속성이 된다.

ⓑ 속성 모형의 절차 : 문제 제기 → 개념의 정의 → 개념의 결정적 속성 검토 → 개념의 예와 비예 제시 → 개념의 이해도 확인 → 관련 사회현상 검토

ⓒ 원형 모형(prototype model)

ⓐ '민주주의'와 같이 결정적 속성이 불분명한 추상적 개념일 경우 다양한 예를 기초로 구성된 원형으로 인식하도록 해야 한다.

ⓑ 속성 모형의 절차 : 문제 제기 → 개념의 원형 제시 → 개념의 비예 제시 → 개념의 속성 검토 및 개념의 정의 → 개념의 이해도 확인 → 관련 사회현상 검토

② 사회적 탐구 모형(탐구학습 모형)

㉠ 탐구의 과정에 초점을 맞춘 모형으로, 유아들이 사회적 현상과 자신의 생활에 대해 스스로 탐구할 수 있는 능력을 길러 주는 것을 목표로 한다.

㉡ 경험중심 사회 교육에 대한 비판과 브루너(Bruner)의 학문의 구조에 대한 교수 이론 및 발견학습에 관한 요구 등에 의해 등장했다.

㉢ 탐구학습 모형의 절차 : 문제 제기 및 용어 정의 → 가설설정 → 자료수집 → 자료분석 → 가설 검증 및 일반화[4]

③ 문제해결 학습 모형

㉠ 탐구학습 모형은 법칙성이나 원리성이 강한 사회문제로부터 객관적 · 과학적 자료를 근거로 일반화된 사회과학적 지식을 끌어내는 과정인 반면 문제해결 학습 모형은 학습자의 일상적 문제에 대해 관련 정보나 자료를 최대한 활용하여 해결하는 과정에 중점을 두는 것이다.

㉡ 학습자는 자신의 문제에 대한 해결책을 다양한 관점에서 고안하고 현실에 적용하며 실천해 보면서 문제해결의 성취감을 느낄 수 있다.

㉢ 문제해결 학습 모형의 절차

ⓐ 코스텔닉((Kostelink, 1999) : 문제 인식하기 → 가설 세우기 → 실험하기 → 결론 도출하기 → 결과에 대해 의사소통하기

ⓑ 박상준(2018) : 문제의 확인 → 문제의 잠정적 해결책 설정 → 자료수집 → 문제의 해결책 결정 → 문제해결의 실천

ⓒ 박찬옥 외(2000) : 문제의 인지 → 문제에 대해 정확한 규명과 정의 내리기 → 가능한 해결 방안의 제시 → 여러 대안에 대한 검토 → 최선의 대안 선택

④ 가치명료화 모형

㉠ 특정한 가치에 대해 가르치기보다 다양하고 때로는 상충된 가치 중에서 특정한 가치를 선택하는 과정에 집중하는 모형이다.

㉡ 가치명료화는 개인이 가치를 선택하고, 그 선택한 가치를 소중히 여기며, 선택한 가치에 따라 행동하는 과정이다.

㉢ 가치명료화 모형의 절차 : 선택(자유롭게, 여러 대안으로부터, 신중히 고려한 후에) → 긍지 갖기 (선택한 것을 존중, 선택한 것을 확언) → 실행(실천, 반복)

4) 교육대상에 따라 변형해서 사용이 가능하다. 2014기출 B.4에서는 '문제의 구성 → 가설 설정 → 주제의 명료화 → 자료평가 및 분석 → 가설검증 및 일반화'로 제시되었다.

⑤ 가치분석 모형

  ㉠ 가치분석 모형은 개인이 선택한 가치가 지닌 논리성과 정당성을 분석하는 과정을 통해 바람직한 가치관의 형성을 돕는다.

  ㉡ 가치명료화 모형이 개인이 선택한 가치가 무엇인지 밝히는 과정이라면 가치분석 모형은 왜 특정한 가치를 선택했는지 설명하는 것이다.

  ㉢ 가치분석 모형의 절차 : 가치의 확인(문제상황 인식) → 가치의 비교와 대조(유사점과 차이점 비교) → 감정탐색(상황에 대한 느낌 이야기하기) → 가치판단의 분석(선택한 결과 예측) → 가치 갈등의 분석(대안에 대한 생각 나누고 공유)

⑥ 토의학습 모형

  ㉠ 학습 현장에서 토의를 사용하여 학습효과를 높이고자 하는 학습 형태이다. 교사와 유아, 유아와 유아 간의 토의를 통해 달성하고자 하는 학습 성과를 유아 스스로가 발견하여 알게 하는 공동학습 방법이다.

  ㉡ 토의학습 모형의 절차 : 주제 선정 및 사전조사 단계(주제 설정 및 목적 확인) → 안내 단계(토의 준비) → 토의 전개 단계(토의 및 정리, 반성, 평가)

⑦ 협동학습 모형

  ㉠ 학습능력이 서로 다른 학습자들이 서로 협력하여 공동의 과제를 함께 하는 것이다.

  ㉡ 소집단 학습과는 달리 이질적 능력을 갖춘 개인으로 구성되고, 구성원은 성공적인 과제 수행을 위해 개인적 책무를 지며, 긍정적으로 상호의존하면서 소통을 통해 공동의 목표를 해결해 나간다.

3 장

유아 사회 교육의 사회과학적 지식[5]

5) 장학자료『교사와 유아를 위한 유아 사회 교육 활동자료』(2007)를 참고했다. 이 장학자료의 순서는 1. 효과적인 사회 교육과정의 특징 2. 유아교사를 위한 지리 교육 3. 유아교사를 위한 역사 교육 4. 유아교사를 위한 민주시민 교육 5. 유아교사를 위한 다문화 교육 6. 유아교사를 위한 경제 교육 7. 유아교사를 위한 환경 교육 8. 유아교사를 위한 사회적 시사 교육이다. 본 교재에서는 다문화 교육, 경제 교육, 환경 교육의 경우, 새롭게 발간된 장학자료의 내용을 포함하여 수록했다.

A Plus⁺ 사회학

1. 사회학에서는 주로 사람들이 자신이 속한 집단에 어떤 영향을 주는지, 반대로 집단은 구성원들에게 어떤 영향을 미치는지, 집단들 간의 관계는 어떠한지, 어떻게 집단이 형성되는지를 다룬다.

2. 유아는 태어나자마자 가정이라는 집단에 속해 관계를 맺게 되고 유아교육기관에 다니면서 집단 구성원들의 역할, 관계, 규칙 등을 이해하게 된다.

3. 사회학의 개념 이해를 위한 교육내용
   - 가족의 소중함 알기
   - 가족 구성원 알아보기
   - 나와 이웃의 관계에 관심 갖기
   - 지역사회의 여러 기관에 관심 갖기
   - 법과 규칙의 중요성 알기
   - 법과 규칙 존중하기

1 유아교사를 위한 역사 교육

(1) 역사 교육의 필요성

① 과거에 대한 지식은 현재를 이해하고 해석하는 데 도움을 주며, 성공에 대한 자긍심과 실수에 대한 비판력을 길러 준다.

② 내가 누구이고, 무엇이 나를 둘러싸고 있으며, 다른 사람은 어떠한가를 아는 것은 긍정적 사회관계를 만드는 데 필수적이다.

③ 유아들은 자신의 생활과 밀접한 연관이 있는 과거에 대해 많은 호기심과 흥미를 보이고 끊임없이 의문을 제기하므로 유아들이 공감할 수 있는 친근한 주제를 중심으로 역사 교육을 진행할 필요가 있다.

④ 역사의식이나 자아정체감은 타고나거나 한순간에 갑자기 길러지는 것이 아니라 유아기부터 체계적인 장시간의 교육을 통해 이루어지는 것이다.

(2) 역사 교육의 내용

주요 개념	내용	하위 내용
시간	과거, 현재, 미래를 구분하고 시간과 관련된 어휘를 사용하여 시간의 흐름을 이해하는 것이다. 유아들에게 시간은 어려운 개념이지만 일상생활 속에서 현재와 과거를 구별할 수 있고 하루의 사건을 순서대로 설명할 수 있다.	• 과거 · 현재 · 미래 구분하기 • 시간의 흐름에 대해 이해하기 • 일상생활을 통한 시간 교육(주관적 시간) • 시간 측정 경험을 통한 시간 교육
변화	변화는 역사 교육의 가장 기본이 되는 개념으로 시간의 흐름에 따라 이전과 이후의 변화에 대해 인식하고 변화가 우리 삶에 미치는 영향에 대해 알며 이에 적응하는 것이다.	• 주변의 변화 탐색하기(날씨, 식물, 자신의 성장, 가족, 우리 동네의 변화) • 변화의 계속성 이해하기 • 변화의 결과와 영향 알기
생활의 연속성	역사 교육을 통해 과거의 사건이 현재의 생활에 미치는 영향을 깨닫게 하고 시간이 지나도 변화하지 않는 것에 대해 알게 하는 것이다.	• 과거의 생활과 현재의 생활 비교하기 • 각 세대의 삶을 통하여 생활의 연속성 이해하기
과거	유아가 자신의 어렸을 때 사진, 영상 등의 기록에 관심을 가지고 자신의 과거를 탐색하는 경험을 통해 과거에 대한 개념을 가질 수 있도록 하며 현재의 사건과 관련된 과거를 이해할 수 있도록 하는 것이다.	• 옛날 물건과 오늘날의 물건 비교해 보기 • 과거의 사건이 현재에 미치는 영향 이해하기 • 역사적 사건, 위인 등에 대해 알아보기
인과관계	인과관계는 과거의 사실이 발생하게 된 원인과 현재에 이르기까지의 과정 및 영향에 대한 유아의 이해를 돕는 역사 개념이다. 과거의 모든 사실이나 사건에는 원인이 있고, 이러한 원인의 영향을 받아 현재의 상황에 이르게 되는 것이다.	• 사건(사실)의 원인과 결과 탐색하기 • 과거의 사건이 현재에 미치는 영향 이해하기 • 현재의 사건이 미래에 미칠 영향 예측하기
리더십	과거 위인들의 업적을 통해 개인의 노력이 다른 사람들의 삶에 어떠한 영향을 미쳤으며, 현재에 어떠한 영향을 미치는지를 생각해 보게 하는 것이다. 또한 유아가 위인을 동일시함으로써 바람직한 가치관을 형성할 수 있도록 돕는다.	• 역사적 인물들의 배경과 존재 이해하기 • 개인의 지도력이 역사에 미치는 영향 이해하기

(3) 유아 역사 교육의 접근 방법

① **역사 이야기를 통한 접근** : 역사적인 사건이나 인물을 소재로 하여 유아들이 이해하기에 적합하도록 구성된 이야기를 통한 역사 교육은 유아들이 역사에 자연스럽게 다가갈 수 있도록 돕는다.

② **역사가의 탐구적 접근**(역사탐구기술)

　㉠ 역사를 이해하기 위해 역사적 사실이나 위인 등의 이름을 암기하는 방식이 아니라 역사 문제에 관심을 가지고 궁금한 내용을 직접 탐구해 보는 역사가의 역할이 되어 보는 것이다.

ⓒ 역사탐구기술 관련 역사 교육 활동의 예

질문 및 확인하기	• 우리나라 한옥의 특징은 무엇일까? 어떤 한옥 형태의 집을 짓고 살았을까?
정보 수집하기	• 한옥과 관련된 사진, 그림 등 정보 수집하기, 현장견학, 한옥에 사는 사람들과 면담해 보기
자료 관찰하기	• 수집된 한옥 사진, 그림 등을 보며 한옥의 특성과 생활방식 알아보기
정보 분석하기	• 사진 및 그림 자료를 보며 한옥의 구조와 기능 등 주거 형태 분석하기
결론 도출하기	• 한옥은 과거 농업 중심 생활방식과 자연친화적 가치관이 반영된 구조임을 알아보기 • 아파트 중심의 현대적 주거 형태와 비교해 보기

ⓒ 역사가의 탐구적 접근의 의의 : 단순히 과거의 사실을 아는 데 그치는 것이 아니라 역사적 사물을 관찰하는 능력을 키우며 과거의 사건에 대해 호기심을 가질 수 있게 되고, 현존하는 증거로부터 과거의 사건을 유추할 수 있는 능력이 촉진된다.

③ 멀티미디어를 통한 접근 : 신문, 잡지, CD-ROM, 인터넷 등을 활용하는 것은 매우 효율적인 방법이다.

④ 역사 관련 확장 활동을 통한 통합적 접근 : 통합적 접근이란 유아의 전인적 발달을 위해 분리된 교과나 단위로서의 학습이 아니라 여러 학문 간 혹은 발달 영역 간을 통합하여 교육적 경험을 갖게 하는 것이다.

(4) 역사 교육의 교수-학습 방법

① 문학을 통한 역사 교육 : 문학작품 안에 포함되어 있는 시간, 변화, 과거, 다양한 삶의 모습들을 자연스럽게 경험할 수 있으며 역사적 인물의 전기, 설화, 전설 등을 활용하여 시대적 배경과 문화에 대한 사고와 학습을 촉진시킬 수 있다. 예 동화 읽기 → 동화에 대해 토의하기 → 미술, 신체표현 등 관련 활동으로 확장하기

② 박물관을 활용한 역사 교육 : 유아들이 직접 다양한 역사 관련 실물자료를 체험하고 느끼며 궁금한 점들을 생각해 볼 수 있는 탐구학습 기회가 된다.

③ 생활사 중심의 역사 교육 : 역사기록 및 풍속화, 민화, 사진, 실물, 동영상 자료 등을 통해 과거의 생활 모습에 대해 흥미를 유발하고 실제 사물을 다루어 봄으로써 옛날의 의식주 생활, 전통의식에 대해 관심을 가지며 관련된 활동을 하는 것이다.

④ 인터뷰와 구술사의 활용 : 특별한 장소나 시대와 관련된 개인적 경험에 대한 이야기를 들려 줄 사람을 교실로 초대하여 이야기를 듣는 것이다.

⑤ 원사료(문자 사료, 유물)와 연대기(사건 고리, 연표)의 활용

ⓐ 과거의 사람들과 사건에 대한 실마리를 주는 문자 사료의 종류 : 공문서, 일기, 편지, 노래 등

ⓑ 비문자 사료로서의 유물 : 그림, 동전, 가구, 도구 등

ⓒ 사건고리와 연표 : 역사적 사건들을 의미 있는 순서대로 배열하도록 도움을 주는 특별한 도구들

ⓐ 사건고리의 예 : 하루일과표
ⓑ 연표의 예 : 1년 동안 유치원에서 있었던 일, 시간에 따른 쌓기 구성물의 변화

2 지리 교육[6]

6) 『교사와 유아를 위한 유아 사회
교육 활동자료』(2007)

(1) 지리 교육의 필요성

① 유아들은 어린 연령의 영아기부터 자신을 둘러싸고 있는 주변에 대해 인지하고, 적극적으로 자신의 주변 환경에 대해 탐색하게 되면서 지리에 관하여 학습하게 된다.

② 유아들은 일상생활 속에서 많든 적든 간에 여러 사람 및 장소와 직접적으로 접하게 되고, 이와 같은 경험은 지리 개념을 형성하는 중요한 요소로 작용한다.

③ 지리 교육은 유아들이 생활에 필요한 정보를 얻고 환경에 대한 개인적 조절 감각을 획득하며, 사물과 장소에 대한 인식과 감각을 발달시키고 환경에 대한 책임감을 증진시킬 수 있다. 또한 세상의 아름다움에 경이감을 갖고 지역 수준을 넘어서 세계 수준에서 다양한 문제를 해결하기 위한 소양을 갖추기 위해서 유아기 지리 교육은 필요하다.

(2) 지리 교육의 내용

① 방향과 위치 : 위, 아래, 앞, 뒤, 옆, 오른쪽, 왼쪽 등 방향과 위치를 나타내는 용어에 대해 아는 것이다.

② 지도 : 위치나 장소를 나타내기 위해 지도를 사용하는 것이다. 사물이 보는 위치에 따라 크기와 형태가 달라 보일 수 있음을 아는 조망에 대한 개념, 특정한 곳을 특정한 그림으로 표현한다는 상징에 대한 이해, 지도 안에 표시되는 상징물들이 실제보다 훨씬 작게 표시된다는 것을 아는 축척에 대한 이해가 필요하다.

③ 장소 및 지역 : 지형, 기후, 계절의 변화 등과 같은 자연의 물리적 특성과 언어, 문화 등 장소와 관련된 인간 삶의 특징을 이해하는 것이다. 예 땅(딱딱한 땅, 모래, 진흙 등), 물로 덮인 부분(강, 호수, 바다 등), 평평한 곳, 도시·농촌·어촌을 구분하고 차이점 탐색하기

④ 지리적 환경과 사람들의 대처 양식 : 기후와 환경에 따라 사람들의 생활방식이 다름에 대해 아는 것이다. 예 편리한 생활을 위해 산을 깎아 도로를 만들거나 댐이나 저수지를 만들어 지형을 변화시킨다는 것을 알기

⑤ 공간적 상호작용 : 사람들이 교통수단(자동차, 기차, 비행기, 배 등)을 사용하여 왕래하거나 통신 수단(편지, 전화, 컴퓨터 등)을 사용하여 연락한다는 것을 아는 것이다.

(3) 지리 교육의 교수-학습 방법

① **산책 및 현장학습** : 동네 놀이터, 공원, 친구 집 등을 직접 다니면서 위치와 방향에 대해 알 수 있다. 직접 체험할 장소는 도서관, 소방서, 경찰서 등 우리 동네에서 방송국, 동물원 등 좀 더 멀고 넓은 지역사회로 확장할 수 있다.

② **지리 관련 자료를 활용한 지리 교육** : 지리 관련 책, 사진, 지도, 자연물, 모형, 지구본 등 다양한 유형의 지리 관련 자료를 제시해 주는 것이다.

③ **지도 사용 및 제작** : 지도의 5가지 요소(원근법, 축척, 위치와 방향, 기호, 내용과 목적)에 기초하여 지도를 소개하고, 다양한 도구와 재료를 이용하여 지도를 만들어 본다.

④ **탐구활동을 통한 지리 교육** : 유아 스스로 주변 환경에서 궁금한 점들을 찾아 질문을 던져 보고, 다양한 자료를 수집, 분석, 조직해 보는 과정을 통해 질문에 대한 해답을 스스로 탐구하고 찾아낼 수 있다.

3 유아교사를 위한 민주시민 교육[7]

7) 『교사와 유아를 위한 유아 사회 교육 활동자료』(2007)

(1) 민주시민 교육의 필요성

① 자신의 권리와 책임을 실행할 수 있도록 하기 위해 필요하다.

② 훌륭한 시민을 길러 냄으로써 정치 공동체의 존속과 성장·번영을 꾀하고 바람직한 시민 문화를 정착시키기 위해 필요하다.

③ 민주주의 사회를 유지 발전시키기 위해서는 복잡하고 다양한 문제들을 해결할 수 있는 능력을 갖추어야 하며, 이는 민주시민 교육을 통해 길러 줄 수 있다.

④ 민주사회는 민주적 제도뿐 아니라 사회구성원의 민주적 의식과 행동도 중요하다. 유아기 때부터 민주시민 의식을 함양하는 것은 한 사회의 민주주의 성숙에 큰 역할을 하게 된다.

(2) 민주시민 교육의 내용

① **규칙 수립과 준수** : 모두 함께 안정되게 살기 위해서 규칙이 필요함을 알고 지키는 것이다. **예** 교실 내 규칙 수립 및 준수, 상징에 기초한 규칙(교통신호, 병원차 사이렌 소리 등)

② **기본 권리와 책임**

  ㉠ 모든 사람은 권리(존중받을 권리, 의견 표현할 권리, 의사결정 권리, 일할 권리 등)를 가지고 있고, 기본 권리는 존중되어야 함을 인식하는 것이다.

  ㉡ 모든 사람이 함께 살아가려면 자신의 행동에 대한 책임을 져야 함을 알아야 한다.

③ **의무와 역할** : 모든 사람들은 각자 집단 속에서 해야 할 일이 있음을 알고 자신이 해야 할 일을 실천해야 한다.

④ **민주적인 의사결정** : 대화와 타협의 민주적인 절차를 통해서 모든 구성원들이 수긍할 수 있는 공동의 합의를 도출해야 함을 아는 것이다.

(3) 민주시민 교육의 교수–학습 방법

① 민주적인 학급 분위기, 의사결정 과정 참여가 환영받는 교실 분위기를 제공해야 한다.

② 민주시민 교육의 비형식적인 방법과 형식적인 방법

　㉠ 비형식적인 방법 : 민주적인 학급을 세우기 위해 교사가 사용하는 모든 전략이다.

　　ⓐ 규칙 수립 : 게임 규칙, 놀이기구의 질서, 실내에서의 규칙 등

　　ⓑ 학급 토의 : 견학, 소풍, 역할극과 같이 주제나 안건이 생겼을 때 활동방법, 규칙, 주의사항 등에 대해 토의하기

　　ⓒ 학급 상징 정하기 : 우리 반의 노래, 응원, 깃발, 자랑거리, 색깔 등

　　ⓓ 학급 기념일 : 모자의 날, 학급을 상징하는 색깔의 옷을 입는 날 등

　㉡ 형식적인 방법

　　ⓐ 국가의 상징 알기 : 태극기 모양, 태극기 관리하는 법, 국경일에 태극기 달기, 애국가 부르기 등이다.

　　ⓑ 선거와 투표 : 다시 해 보고 싶은 활동 정하기, 간식 도우미, 놀이 진행 도우미 등의 선출 과정 경험하기 등이다.

　　ⓒ 역할 담당 : 간식 컵 정리, 옷걸이 정리, 놀이장 정리 등 적합한 일을 부여하여 책임감과 소속감을 경험하도록 하기 등이다.

　　ⓓ 자원봉사 활동 : 바깥놀이터 및 유치원 주변 깨끗이 하기 등이다.

③ 시민적 소양 및 덕목을 학습시키기 위한 문학 활용 : 〈구름다리가 된 수현〉, 〈동박꽃과 동박새〉, 〈거짓말을 먹고 사는 아이〉, 〈까막나라에서 온 삽사리〉, 〈숲속마을 작은 기차〉, 〈고양이 놀이 할래?〉, 〈장갑〉, 〈새둥지를 이고 다니는 사자 임금님〉 등

④ 비판적 사고 함양을 위한 활동 계획

　㉠ 인쇄물에 반응하기 : 유아 작품, 신문기사, 백과사전과 같은 인쇄물에 담긴 글에 대해 내 관점에서 다시 생각해 보는 것이다.

　㉡ 의사결정 과정 : 몇 가지 대안을 주고, 팀을 나누어 협동학습을 하게 함 → 각 대안에 대한 긍정적 결과와 부정적 결과를 생각해 보게 함 → 다시 전체가 모여 각 방법에 대한 결과를 들어 본 후 최종 결론 내리기

⑤ 가정과의 연계

　㉠ 가족 회의하기(유아가 참석해도 될 주제라면 합석해서 회의에 참여하기)

　㉡ 가정에서도 유아에게 적합한 일을 부여하여 수행하도록 하기

4 다문화 교육[8]

8) 『교사와 유아를 위한 유아 사회 교육 활동자료』(2007), 『유아 다문화 이해 교육 프로그램』(2013)

(1) 다문화 교육의 개념

① 다문화(multiculture) : 한 사회에 여러 문화가 복합적으로 존재함을 의미한다.

② 다문화 교육

㉠ 각기 다른 인종과 성, 언어, 계층 등을 이해하고 존중하도록 유도하여 유아와 그 가족의 삶을 긍정적으로 변화시킴으로써 다양한 문화의 세계에서 유아들이 공동의 목표를 향해 생활하고, 의사소통할 수 있는 지식, 기술, 태도를 가질 수 있도록 준비시키는 교육이다.

㉡ 문화적 다양성의 요소

내용 영역	정의
능력	신체적 · 정신적 · 정서적 능력과 그 능력의 범위 유아들에게 가장 공통적으로 인식되는 능력은 신체적 능력
연령	늙거나 젊어 보이는 것, 실제로 나이가 많고 적은 것
외모	키(크다 / 작다), 몸매(살찌다 / 마르다), 손상된 상태
종교	어떤 것에 대한 믿거나 믿지 않는 것을 망라함. 다양한 종교, 무신론, 무속신앙과 같은 자연의 힘에 대한 믿음
사회계층	개인의 생활양식을 반영하는 사회경제적 지위 계층 결정 요인 : 직업, 주거, 복장, 교통수단, 교육 배경 등
문화	같은 집단 구성원들과 공유하는 생활방식, 사고, 신념, 언어, 공휴일, 기념일, 관습 등
가족 구성	다양한 가족 형태, 가족 구성원 및 그들의 역할
성별	성에 의한 구별을 남녀 차별이라고 부름.
인종, 민족	피부색, 머리카락, 얼굴 및 신체 모습 등과 같은 유전적으로 결정된 일련의 특징 및 공통의 뿌리에 의해 연결된 사람들의 집단
예외성	장애, 성애, 천부적 재능 등에 대한 사회적 범주

㉢ 일반적으로는 다문화 가정의 자녀를 위한 배려적 교육을 비롯하여 다문화 사회를 살아가는 데 필요한 보편적이고 포괄적인 교육을 의미한다(교육과학기술부, 2010).

㉣ 한 사회가 다민족으로 구성된 미국과 유럽에서 출현하였는데, 궁극적으로는 주류 사회와 비주류 사회가 가지고 있던 여러 가지 갈등을 해소하기 위한 차원에서 이루어진 교육적 해결방법이다.

㉤ 한국의 경우 외국 노동자의 유입과 국제결혼으로 사회가 다원화되면서 이들에 대한 공감대 형성의 차원과 우리 사회 구성원들이 가지고 있는 편견과 무지를 해소하고자 하는 것이다.

ⓗ **다문화 교육의 방향**(다문화주의의 역사적 방향)

배척주의	미국의 초기에 미리 정착한 구이민자가 홍수처럼 몰려오는 새로운 이민자들을 막기 위한 것이다.
동화주의	주류 문화에 비주류 혹은 소수의 문화가 편입되는 것을 의미한다. 즉 소수집단이 자신들의 정체성을 포기하고 주류의 문화에 흡수·영입되는 것이다.
용광로주의	여러 나라의 문화를 합하여 특정 문화를 배제한 새로운 형태의 종합 문화를 만드는 것이다. 용광로주의는 다양한 문화의 물리적 결합보다 화학적 결합을 강조한다. 그러나 용광로주의는 이상과 달리, 동화주의와 비슷한 잘못을 범했다. 모든 문화를 상대적 입장에서 보지 않고, 백인 문화를 소수집단 문화보다 서열적으로 우위에 두었기 때문이다.
문화다원주의	전통적 동화주의나 용광로주의를 거부하며 이민자들이 각자 고유의 언어와 문화, 정체성을 유지하면서 사회생활을 해 나가고자 한 것이다. 공존을 위해 문화의 다양성은 인정하지만, 그 사회의 주류 문화의 존재는 분명히 했다는 한계를 갖는다.
다문화주의 (북미)	1970년대 호주와 캐나다에서 시작하여 세계적으로 확산된 다문화주의는 문화적 상대성과 다원성, 그리고 다양성을 기초로 하고 있다. 문화의 다양성을 인정하면서 주류 문화의 존재 없이 다양한 문화가 평등하게 공존하는 것을 지향하면서 정치, 경제, 사회의 모든 차별을 해소하자는 것이다. 다문화 교육은 일련의 교육과정을 통해 문화에 대한 편견 해소와 상호 간 문화의 존중을 통해 문화적 차이에서 오는 사회적 차별을 예방해야 한다고 보았다.
상호문화주의 (유럽)	문화 다양성의 가치와 이것이 가져오는 문화혼종에 대한 가능성을 매우 긍정적으로 해석하는 것이다. 다문화주의에 비해 집단보다는 개인의 정체성에 더욱 중요한 의미를 부여한 것으로, 문화 간 그리고 개인 간 소통을 중요한 교육 목표로 삼는다.

(2) 유아 다문화 교육의 필요성

① 사회의 요구

㉠ 21세기 세계화 시대는 한국인에게 좀 더 다양한 사고와 문화를 필요로 한다.

㉡ 다른 문화에 대한 이해 부족은 낯선 것에 대한 무비판적인 호응이나 비난과 혐오감 같은 극단적인 반응을 유발하는 경향이 있다. 따라서 문화적 갈등을 해소하고 다양한 문화에 적응하도록 하기 위해서는 다문화 사회에 대한 준비가 요구된다.

② 유아기 발달 특성

㉠ 유아기에는 고정관념이나 편견이 형성되기 시작하고, 한번 형성된 편견은 변화되기 어렵다. 따라서 고정된 편견이나 선입견이 형성되기 전에 유아가 열린 시각을 가질 수 있도록 다문화 교육을 실시하는 것이 바람직하다.

㉡ 취학 전 유치원 교육 수준에서의 다문화 교육은 아동발달 단계상 더욱 효과적이다.

(3) 다문화 교육의 내용 요소

① **문화이해** : 문화 간의 유사점과 차이점을 알고, 각 문화에 대한 이해와 존중심을 기르며, 문화 간 긍정적인 태도를 발달시키는 것이다. **예** 의·식·주, 직업, 언어, 문학, 음악, 춤, 기념일(축제), 종교, 예식, 문화유산, 일상생활, 가족 구조 등

② **정체성[9]** : 긍정적인 자아개념과 자아정체감 및 집단 정체성을 형성하도록 하는 것이다.

③ **다양성** : 유사점과 차이점을 가지고 있는 다양한 개인과 집단이 존재한다는 것을 알고, 이러한 다양성을 존중하는 마음을 갖도록 하는 것이다. **예** 다양한 인종이나 민족의 존재 및 인종이나 민족 간의 유사점과 차이점 등

④ **평등성** : 국가, 민족, 인종, 성, 신체적 능력, 사회계층은 다르지만, 인간은 모두 평등하다는 긍정적인 태도와 가치를 형성하도록 하는 것이다.

⑤ **반편견** : 선입견, 편견, 고정관념 및 차별대우에 대한 비판적인 사고를 형성하고, 이러한 문제에 직면했을 때 대처할 수 있는 능력을 길러 주는 것이다. **예** 장애아에 대한 반편견

⑥ **협력** : 다양한 사람들과의 상호작용 능력과 협동 능력을 길러 주는 것이다. 공동체를 유지하기 위한 사람들의 노력과 일 등이 이에 속한다.

> 9) **정체성**(identity) : 환경이나 상황이 변해도 자신이 일관되게 유지되는 존재임을 깨닫는 것

(4) 유아 다문화 교육의 개념

① **다문화 인식** : 사람마다 생김새, 가족 구조, 일상생활 등의 문화적 다양성을 인식하고 선입견이나 편견 없이 있는 그대로 이해하고 받아들일 수 있도록 하는 것이다.

② **평등성 이해** : 다양한 문화와 그에 속한 사람들의 유사점에 초점을 맞추고 모든 사람과 문화를 존중하고 소중하게 대해야 한다는 가치를 이해하도록 하는 것이다.

③ **정체성 존중** : 자신의 인종, 국적 등에 대해 알고 문화에 대한 자랑거리를 찾아보며 긍정적인 자아개념을 형성하는 것이다.

④ **반편견 교육** : 각기 다름에 대한 선입견, 편견, 고정관념 및 차별에 대해 부당함을 인식하고 비판적인 사고를 형성하도록 돕는 것이다.

⑤ **상호 의존성과 협력** : 사람은 모두 혼자 살 수 없으며 서로 함께 도움을 주고받으면서 살고 있다는 점을 인식시키는 것이다.

(5) 유아 다문화 교육의 방향

① 단순한 사실과 지식을 획득하는 결과중심적인 교육이 아니라 다양한 삶의 가치, 방식, 신념 등을 경험하고 그것을 표현해 보는 과정중심적인 접근이 필요하다.

② 다양한 민족적, 문화적 관점에서 지식을 이해하는 인지적 측면뿐만 아니라, 관심과 공감대를 형성하고 유아가 직접 활동에 참여하여 정체성을 확립하고 다른 문화를 편견없이 수용하고 사회통합에 필요한 기본적인 자질을 기르는 등 유아의 태도 변화에 초점을 두어야 한다.

③ 다문화 교육은 유아교육과정 전 영역에 걸쳐 확장되고 통합되어야 한다. 즉, 신체활동에서 근육활동뿐만 아니라 자신과 타인을 인식하는 가운데 정체성과 협력활동을 촉진하거나, 과학 영역에서도 조사와 탐색에 그치지 않고 그 안에서 느낄 수 있는 생명체의 소중함을 인간에 대한 존중으로 확장시킴으로써 문화와 평등을 경험하도록 해야 한다.

④ **문화반응적인 교수-학습 방법** : 학습의 모든 측면에서 유아의 문화적 양상을 인정하는 교수방식으로 인종적·민족적·문화적으로 다양한 학생들이 지닌 독특한 문화적 지식, 경험, 학습 유형 등을 적극적으로 활용하여 그들의 학습 경험을 보다 효과적으로 만드는 교수법이다.

(6) 다문화 교육을 위한 교사의 역할

① 인종, 성, 장애, 언어, 직업, 연령, 능력, 사상을 포함한 다양한 교육활동을 제공해야 한다.

② 교육과정에 적용되고 있는 자기표현, 토의하기, 문제해결, 추론하기, 모델링 등의 다양한 교수-학습 방법을 활용한다. 단지 다른 문화를 소개하는 정도의 단편적인 '보여 주기'나 '설명하기'보다는 음악, 문학, 미술과 같은 '자기표현' 또는 조형적 '협동활동'으로 연계하도록 한다.

③ 사진, 그림책, 놀잇감, 생활소품, 예술품, 예술가 초청 등의 다양한 자료 및 지역사회의 인적자원을 활용한다.

④ 다양성 속에 있는 동질성을 찾기 위해 각기 다른 문화권에서 같은 주제를 찾거나 또는 같은 주제를 각기 다른 문화권과 연계하여 활동한다.

⑤ 다문화 교육을 제한적으로 인식하는 경우가 많으나 여러 생활주제와 연계하여 다양한 영역의 활동으로 전개할 수 있다.

(7) 다문화 교육의 이론적 배경

① 깁슨(Gibson)의 다문화 접근법

㉠ 소수집단 학생 교육 : 소수집단의 학생들에게 동등한 학습 기회 제공을 목적으로 한다.

㉡ 문화적 이해를 위한 교육 : 모든 학생들에게 문화적 차이와 다양성의 가치를 가르치는 것이다. 문화적 다양성은 사회발전의 긍정적인 힘이며, 가치있는 자산임을 강조한다.

㉢ 문화다원주의를 위한 교육 : 단기적으로 소수집단 학생과 그 문화를 지킬 수 있도록 그들의 권한을 강화하여 문화의 다양성을 유지할 수 있도록 하며, 궁극적으로는 다수집단 및 주류문화 집단의 권한을 약화시켜 다원주의를 보존하고 힘의 균형을 유지하는 것을 목표로 한다.

㉣ 두 문화 교육 : 소수종족 집단의 학생들이 자신들의 고유문화를 보존하면서 제2의 문화로서 주류문화에도 적응해 나가는 것이다.

⑩ 일상적인 인간 경험으로서의 다문화 교육 : 모든 사회 구성원들에게 한 사회의 다양한
문화를 충분히 누릴 수 있는 역량을 키워 주는 것을 목적으로 한다. 모든 학생이 종
족 정체성에 국한되지 않고 다른 종족 집단 학생들 사이의 차이점, 유사점도 탐색하
도록 돕는다.

② 뱅크스(Banks)의 다문화 교육의 유형

ㄱ 기여 모형 : 소수민족 집단의 영웅, 문화 및 기타 관련 요소들을 특별히 정한 기념일
등에 집중적으로 다루는 방식이다. 소수민족 집단의 영웅을 주류집단의 영웅과 동
일하게 교육과정에 소개할 수 있다는 장점을 지닌다.

ㄴ 부가 모형 : 소수민족 집단과 관련된 문화, 주제, 관점 등을 기존의 교육과정에 대한
구조적 변화 없이 추가로 부가하여 가르치는 것을 강조하는 모형이다.

ㄷ 변환 모형 : 교육과정의 기본 목표, 구조, 본질이 다양한 문화, 민족, 인종집단의 관
점 등과 조화될 수 있도록 변화시킬 것을 강조하는 모형이다. 교육과정의 변화와 교
재 및 수업자료의 개발, 교사 교육 등 다문화 교육을 가능하게 하는 조건을 구비해
야 한다는 점에서 한계를 지닌다.

ㄹ 사회 행동 모형 : 학습자들로 하여금 소수민족 문화와 관련된 문제를 해결하기 위한
노력과 행동을 수행할 것을 강조하는 모형이다.

③ 더만 스파크스(Derman-Sparks)의 반편견 교육과정[10]

ㄱ 주요 목적

ⓐ 정체성 형성 : 긍정적인 자기정체성과 자아존중감을 기르도록 한다. 이는 우월감
과는 다른 것이다.

ⓑ 상호작용(협력) : 외모, 성, 계층, 인종, 능력이 다른 사람들과의 차이에 대해 편안
함을 느끼고 이들과 감정이입적인 상호작용을 할 수 있도록 한다.

ⓒ 편견에 대한 비판적인 사고 : 편견과 차별에 대해 비판적으로 사고하도록 한다.

ⓓ 반편견적인 행동을 취할 수 있도록 고무 : 불공정함과 편견에 직면할 때 자신과 다른
사람을 위해 긍정적인 방법으로 대응할 수 있는 능력을 기르는 것이다.

ㄴ 관광식 교육과정에 대한 비판 : 음식, 전통의상 등의 내용을 통해 다른 문화에 대
해 가르치고 문화 간의 차이점을 강조하는 다문화 교육을 관광식 교육과정(tourist
curriculum)이라고 부르며 비판했다. 이는 첫째, 문화 배경에 대한 이해 없이 정보 획
득에 초점을 둠으로써 반편견 교육이 추구하는 목적을 달성하지 못할 가능성이 있
으며, 둘째, 다양성에 대한 활동들이 매일의 생활에 통합되는 것이 아니라 일시적으
로 교육과정에 추가되는 경향이 크기 때문이다.

10) **다문화 역량**(Intercultural Competence) : 개인이 자신의 문화 정체성을 분명히 인식할 뿐 아니라, 상대방의 문화에 대해 배타적인 태도와 편견을 지양하고 상대 문화를 기꺼이 수용할 수 있는 능력이다. 의사소통의 언어적 또는 비언어적 요소들과 문화적 관습들을 해석할 수 있는 능력도 포함된다.

배지윤 전공유아

5 유아 세계시민 교육[11]

11) 장학자료의 정식 명칭은 『종일 반 특성화 교육과정 운영을 위한 유아 세계시민 교육 활동자료』(2009)이다.

(1) 세계시민 교육의 개념

① 세계시민 교육은 한국 국민이면서 동시에 세계시민으로서 지구촌 의식을 갖는 것이다.
② 유아들이 국경을 넘어서 지구촌 사회에서 인류 공동체적인 책임을 가지고, 문화적 다양성을 존중하며, 평화적인 갈등 해결과 환경 보호, 인권 존중 등의 지식과 태도를 형성하며, 실질적으로 실천할 수 있도록 하는 것이다.

(2) 세계시민 교육의 목표

① 인간은 누구나 소중하다는 것을 알고 이에 대해 존중하는 태도를 갖는다.
② 나는 세계의 한 구성원임을 알고 세계의 번영을 위해 노력한다.
③ 문화적 차이를 이해하고 존중하는 태도를 갖는다.
④ 갈등을 평화적으로 해결하고 평화를 실현하기 위해서 노력한다.
⑤ 세계시민으로서 지구환경을 가꾸기 위해 노력한다.

(3) 유아 세계시민 교육내용

① **소중한 인권** : 인간을 존중하는 태도를 기르고, 자유와 평등의 소중함을 이해하며, 다른 사람과 더불어 살아가기 위해 내가 할 수 있는 일을 알고 실천한다.
② **세계는 하나** : 다양한 교통과 통신 등으로 세계는 더 이상 멀리 떨어져 있지 않으며, 다양한 교류와 협력으로 서로 돕고 살아가고 있음을 경험하고, 세계시민으로서의 자신을 이해하고 세계의 이웃을 위해 할 수 있는 일들에 관심을 갖는다.
③ **다양한 문화** : 문화와 관련된 활동을 경험하면서, 세계시민으로서 다양한 문화를 접하고, 자신의 문화를 사랑하며 다른 문화에 대한 수용적인 태도를 갖는다.
④ **평화로운 세계** : 평화에 대한 지식을 알고, 다른 사람을 이해하고 존중하며, 평화적으로 문제를 해결하는 기술과 태도를 갖도록 한다. 더 나아가서 국가 간의 갈등 · 전쟁 · 폭력 등의 위험과 어려움이 있음을 알고 평화를 지키고자 노력하는 태도를 갖도록 한다.
⑤ **함께 가꾸는 지구환경** : 우리의 생활과 환경이 서로 밀접하게 연결되어 있음을 이해하고, 자연을 아끼고 사랑하는 마음을 가지며, 환경을 위해 실천할 수 있는 일에 직접 참여함으로써 지구 전체 환경에 대해 책임감을 갖도록 한다.

A Plus⁺ **다문화 교육과 국제이해 교육**

1. 다문화 교육

'한 국가 내'에서 존재하는 다양한 문화적 차이나 갈등에서 오는 어려움을 줄이기 위하여 다양한 문화권을 존중하는 교육을 통해 국가 내에서 더불어 잘 사는 것을 목적으로 한다(김선미, 2000 / 장인실, 2006). 세계시민으로 자라나는 세대가 타문화에 대한 더 적극적인 인식과 세계이해 태도를 가져야 한다는 점을 고려한다면, 다문화 교육만으로는 지구촌의 세계 여러 곳에서 일어나는 다양성에 대한 인정과 지구촌 문제해결에 대한 관심을 증가시키기에 한계가 있다.

2. 국제이해 교육

타 지역 사람들이나 그들의 문화에 대한 이해의 증진을 목표로 하는 교육이다. '국가 간'의 경계를 인정한 상태에서 인류평화를 위해 서로 간의 오해와 갈등을 줄이기 위한 방법으로 '이해'를 중요시한다.

6 유아교사를 위한 사회적 시사 교육[12]

12) 『교사와 유아를 위한 유아 사회 교육 활동자료』(2007)

(1) 사회적 시사 교육의 개념

① '시사 문제'란 유아들이 관심을 갖는 '새소식'에 관련된 내용들로 구성된 것이며, 사회적 시사 교육이란 유아가 주변에서 일어나는 사건들에 관심을 갖도록 하는 것이다.

② 유아를 위한 사회적 시사 교육은 뉴스를 만들어 보거나 이해하는 활동과 같이 유아들의 직접적 경험에서 이끌어 내는 것에서 시작하여 자신의 주변에서 일어나는 일들의 의미를 파악하고 그로 인해 유능감을 느끼며 나아가 자신의 생활도 조절할 수 있도록 가르치는 교육이다.

(2) 사회적 시사 교육의 필요성

① 현대사회의 발달한 미디어를 통해 유아들도 매일같이 다양한 사회적 시사 문제들에 여과 없이 노출되어 있어 이러한 문제들에 대해 바르게 인식할 수 있도록 한다.

② 유아들은 주변에서 일어나는 여러 가지 사회적 문제를 인식하면서 현실 감각을 얻을 수 있을 뿐만 아니라 사회 내에서 자신의 정체성을 강화시킬 수 있다.

③ 새소식에 관심을 갖는 것은 유아가 궁금한 것을 알아가는 과정으로, 이를 통하여 성취감과 문제해결력을 획득할 수 있도록 한다.

④ 유아는 현재 사건을 기초로 하여 점차 과거나 미래를 포함한 전 세계적인 사건을 인식할 뿐만 아니라 사회의 전체적 맥락에 참여하는 시민으로서의 과정을 시작한다.

제3장 유아 사회 교육의 사회과학적 지식 ··· **279**

(3) 시사 문제를 교육과정에 포함시킬 때 고려해야 하는 사항

① 내용이 사회 교육의 기초적인 목표를 성취하는 데 도움을 주는 것인가?

② 내용이 유아의 삶에 중요한 것인가? 즉 유아에게 의미가 있고 만족감을 주는가?

③ 내용이 유치원 교육과정의 다른 부분과 통합될 수 있는 것인가?

④ 내용이 유아의 발달 수준과 능력에 적합한 것인가?

⑤ 내용이 서로 다른 주제와 함께 적용할 수 있는 것인가?

(4) 사회적 시사 교육의 내용

① 사회적 시사 문제는 사회 교육의 기초적인 목표를 성취하도록 돕고, 유아의 인생에 의미 있으며, 유치원 교육과정의 다른 부분과 통합될 수 있을 뿐만 아니라 유아의 발달 수준과 능력에 적합한 것으로서 서로 다른 주제를 함께 통합적으로 적용할 수 있는 것들로 이루어진다.

② 유아에게 흥미 있는 시사 문제와 주제 : 위인 일대기, 자연에서 일어나는 사건(지역 날씨, 동식물에 관한 뉴스, 자연재해 등), 과학적 발견과 사건(우주 로켓 발사, 화석 발견), 스포츠(경기, 스포츠 팀, 운동선수 등), 예술과 관련된 뉴스(어린이 뮤지컬, 전시회 등), 우리 유치원 및 이웃과 지역사회에 관한 사건 등

③ 최근의 사회적 시사 문제와 주제

　㉠ 안전 관련 문제 : 교통사고, 유괴, 학대 및 방임, 성폭력, 환경오염, 화재 등을 통하여 안전에 관한 지식, 기술, 태도 및 가치를 익힘으로써 유아 스스로 사고로부터 자신을 지킬 수 있도록 할 수 있다.

　㉡ 통일 관련 문제 : 북한에 대해 관심을 가지고 남한과 북한의 유사점과 차이점에 대해 이해하며 동질성 회복을 위한 통일 지향적 인간으로 성장할 수 있도록 할 수 있다.

(5) 시사 교육의 교수-학습 방법

① 다양한 매체 활용하기 : 신문, 사진, 잡지, 전단지, 방송 등 다양한 미디어를 활용하여 뉴스를 정기적으로 공유하고 만들어 보며 뉴스 내용을 이해한다.

② 게시판 활용하기 : 사건 관련 사진, 잡지, 신문기사 등을 기존 게시판에 부착하거나 교실의 한 영역에 뉴스 게시판을 별도로 운영할 수도 있다. 이에 대해 유아들이 토론할 수 있는 기회를 제공한다.

(6) 교사의 역할

① 유아 시사 교육을 위해서는 교사가 현재의 사건에 대한 지식이 있어야 한다.

② 사회적 시사 지식을 갖추기 위한 방법 : 신문과 정기적 정보 잡지 읽기, 뉴스 보기, 사람들과의 대화

③ 지역사회와 세계에서 일어나는 일들을 알기 위해 교사는 자주 미디어를 이용해야 한다.

7 인성 교육 프로그램[13]

13) 장학자료의 정식 명칭은 『유치원 기본과정 내실화를 위한 인성 교육 프로그램』(2011)이다.

(1) 인성 교육의 정의

① 인성 교육이란 도덕성, 사회성, 정서를 포함한 바람직한 인간으로서의 성품을 기르는 교육이며(교육부, 1996), 덕성을 바탕으로 교양과 능력을 겸비한 인간으로 기르는 교육이다(한국교육개발원, 1994).

② 인성 교육이란 21세기 글로벌 인재 양성에 필요한 인성을 길러 주기 위하여 기존의 가치교육이나 가치전수가 아닌 창의성과 인성을 유기적으로 연결 또는 통합하는 교육으로서 주로 인간관계와 관련된 덕목과 도덕적인 판단에 필요한 능력을 교육하는 것이라고 볼 수 있다(교육과학기술부, 2009).

③ 인성 교육은 인간다운 면모와 자질을 갖추기 위한 교육이고, 자기중심성에서 벗어나 타인 및 공동체와 바람직한 관계를 형성할 수 있도록 하는 일련의 가치교육 · 도덕교육 · 인격교육 · 시민성교육의 공통분모에 해당하는 교육이라 할 수 있다(정창우, 2010).

(2) 유아 인성 교육의 목적

① 인성 교육을 통해 유아는 긍정적인 자아감을 형성하고 남을 배려하면서 서로가 다름을 인정할 수 있는 소양을 함양함으로써 더불어 즐겁게 삶을 영위할 수 있는 품성의 기초를 형성하게 된다(교육과학기술부, 2010).

② 인성 교육을 통해 자신에 대해 이해함은 물론 타인에 대해 배려하고 존중하면서 더불어 살기 위한 능력을 배양하도록 해야 한다.

(3) 유아 인성 교육의 내용

① 배려

㉠ 기본적으로 타인과의 관계를 전제로 하면서 타인에 대한 보살핌, 관심, 이해를 기반으로 다른 사람과의 관계를 회복시키며, 나아가 자신을 되돌아보게 하고 스스로를 성장시킬 수 있는 윤리적 기본 원리이다.

㉡ '타인의 필요와 요구에 민감하게 반응 · 공감하는 마음과 태도'라고 정의할 수 있다.

㉢ 하위 내용 : 친구에 대한 공감과 배려, 가족에 대한 공감과 배려, 이웃에 대한 공감과 배려, 동식물에 대한 배려가 포함된다.

② 존중

㉠ 존중은 우리 인간의 삶과 밀접한 관련을 맺고 있으며, 인간이 스스로를 존중하는 것에서부터 시작해서 나아가 모든 사람과 생명체, 사물은 그들만의 가치가 있으며 그 가치를 인정하고 소중히 하고자 하는 기본 윤리이다.

㉡ '사람이나 사물은 기본적으로 그들의 존재만으로 존중할 가치가 있음을 인식하고, 그 가치에 대하여 소중히 여기는 것'이라고 정의할 수 있다.

ⓒ 하위 내용 : 인간이 스스로에게 갖추어야 할 자기에 대한 존중에서부터 타인과 모든 사람들의 권리나 그 존엄성에 대한 존중, 여기서 그치지 않고 사람과 밀접한 관계 속에 존재하는 환경에 대한 존중, 이를 포함하는 생명에 대한 존중이 포함된다.

③ 협력

㉠ 공동의 목표를 달성하기 위해 함께 활동하는 것으로서 함께 협력하는 과정에서 자신은 물론 타인에게도 이익이 되는 결과를 추구하는 것이다.

㉡ '단순히 시간·공간적으로 함께 모여 있는 것, 혹은 함께 활동하는 것만을 뜻하는 것이 아니라, 두 명 이상의 구성원이 공동의 목표를 설정하고, 이를 달성하기 위하여 개인적 책임을 다하고 서로 조언 및 조력을 주고받는 것'이라고 정의된다.

ⓒ 하위 내용 : 긍정적인 상호의존성(도움 주고받기, 의견·정보·자료 공유하기, 친밀감 형성하기), 개인적 책임감(내 역할 인식하기, 역할 완수하기, 책임감 갖기), 갈등해결 기술, 집단 협력과정(공동의 노력 평가하기) 등이 포함된다.

④ 나눔

㉠ 나눔은 자기 스스로 우러난 마음에서 남을 돕기 위해서 하는 일로, 대가를 바라지 않고 지속적으로 도와주는 것이다.

㉡ '자기 스스로 우러난 마음에서 남을 돕기 위해서 하는 일로, 대가를 바라지 않고 지속적으로 도와주는 것'이라고 정의된다.

ⓒ 하위 내용 : 나눔의 의미와 필요성, 나눔의 대상, 나눔의 실천, 나눔에 참여 등의 내용이 포함된다.

⑤ 질서

㉠ 질서는 정돈된 상태, 규칙적인 상태를 나타내는 의미로, 명령이나 지시, 체제 등 사회를 안정시키고 정돈시키는 것을 통틀어서 의미한다.

㉡ '민주주의 사회에서 책임감 있는 민주시민으로서 살아가기 위해 필요한 사회규범을 지키는 것'으로 정의된다.

ⓒ 하위 내용 : 기초질서(자기의 순서나 차례를 지켜야 하는 질서), 법질서(교통질서와 같이 국가의 법률이나 규칙), 사회질서(사회의 여러 요소와 집단이 조화롭게 균형을 이루는 질서) 등의 내용이 포함된다.

⑥ 효

㉠ 효도는 '효심' 또는 '효성'과 '효행'으로 나누어 볼 수 있다. '효심'은 '효도하는 마음'을 가리키며, '효행'이란 부모를 잘 섬기는 자식의 행위, 즉 '효도하는 행위'를 말한다(충청남도교육청, 2001).

㉡ 효는 '인간된 도리를 충실히 하는 것'으로 정의된다.

ⓒ 하위 내용 : 자식으로서 부모님의 은혜에 감사드리고 보답하고자 하는 마음과 태도를 형성하고 다양한 방법으로 효를 실천하는 것과, 조부모님, 지역사회 어른들을 공경하는 것 등의 내용이 포함된다.

A Plus⁺   유아 인성 교육의 내용 정리

1. 선행연구에서 나타난 유아 인성 교육의 내용

Lickona(1991)	존중, 책임감, 양심, 자존감, 겸손, 감정이입, 선에 대한 사랑, 자기통제
Berkowitz & Grych(2000)	자기통제, 감정이입, 사회적응, 자존감, 사회적 기술, 순종, 양심, 도덕적 추론, 정직, 이타심
이원영 외 (1992)	청결, 물질만능 배제, 근면, 질서, 예절, 인내, 타인존중, 협동, 양보, 긍정적 사고, 타인신뢰, 주체의식, 공중도덕 준수, 정직, 생명존중, 책임감, 전통윤리 존중
허경철, 조난심 (1994)	기본생활습관, 자아확립, 효도와 경애, 공동체 의식
김영옥, 장명림, 유희정(2010)	문제해결력, 의사소통, 자아개념, 사회적 관계, 타인배려, 도덕적 기초, 사회적 지식, 정서 인식, 정서 표현, 정서 조절, 감정 이입
교육과학기술부 (2010)	배려, 존중, 협력

2. 인성 덕목별 유아 인성 교육의 내용

내용 영역	정의	하위 내용
배려	타인의 필요와 요구에 민감하게 반응·공감하는 것	친구, 가족, 이웃, 동식물에 대한 배려
존중	사람이나 사물은 기본적으로 그들의 존재만으로 존중할 가치가 있음을 인식하고, 그 가치에 대하여 소중히 여기는 것	자신과 전통 문화에 대한 존중, 사람들과 다른 문화에 대한 존중, 생명과 환경에 대한 존중
협력	두 명 이상의 구성원이 공동의 목표를 설정하고, 이를 달성하기 위하여 개인적 책임을 다하고 서로 조언 및 조력을 주고받는 것	긍정적인 상호의존성, 개인적 책임감, 집단 협력
나눔	자기 스스로 우러난 마음에서 남을 돕기 위해서 하는 일로, 대가를 바라지 않고 지속적으로 도와주는 것	나눔의 의미 알기, 나눔을 실천하기, 나눔에 참여하기
질서	민주주의 사회에서 책임감 있는 민주시민으로서 살아가기 위해 필요한 사회규범을 지키는 것	기초질서, 법질서, 사회질서
효	자식으로서 인간된 도리를 충실히 하는 것	부모, 조부모, 지역사회 어른에 대한 효

(4) 유아 인성 교육의 교수-학습 방법

① 인성 교육은 하루아침에 이루어지는 것이 아니고, 어떤 특정 시간을 정해 놓고 집중적으로 실시한다고 교육이 이루어지는 것도 아니기 때문에 유아기부터 시작하여 지속적으로 진행되어야 하며, 생활하는 모든 시간과 공간 속에서 전체적인 과정으로 이루어져야 한다. 따라서 교사는 유치원에서의 생활 자체를 인성 교육의 장으로 생각하는 것이 필요하다.

② 인성 교육의 방법

    ㉠ 토의 : 토의는 도덕적 문제에 대해 유아들이 서로 의견을 나누고 의견들 사이에 유사점과 차이점을 찾아보며, 궁극적으로 자율적으로 문제를 해결하는 것이다. 가정이나 유치원에서 유아들이 경험하는 다양한 갈등 상황이 토론의 주제가 될 수 있다.[14]

    ㉡ 협동학습 : 집단구성원들과 공동의 목표를 달성하기 위하여 자기가 맡은 바 역할을 끝까지 책임감 있게 완성하려고 노력하는 것이다. 집단구성원들과 다양한 의견들을 절충하는 가운데 타인의 권리와 요구를 존중하면서 자기의 의견, 요구, 느낌 등을 적절히 표현하는 자기주장의 능력도 증진된다.

    ㉢ 현장학습 : 유아들이 현장을 직접 방문하여 체험하는 것으로 사회적 규범과 질서를 습득하여 실천에 옮길 수 있다(예 어린이 교통공원 방문). 또한 유아들은 자신들의 발달단계에 맞는 사회 참여적 봉사활동을 함으로써 인성을 더욱 발전시켜 나갈 수 있다(예 양로원, 아름다운 가게 방문).

    ㉣ 역할놀이 : 유아에게 어떤 상황 또는 장면에 처해 보게 하거나 특정 역할을 구체적으로 경험해 보게 함으로써 공감 능력을 비롯하여 도덕적 사고력과 판단능력을 향상시키고 도덕적 행동의 성향을 증진시키는 방법이다.

    ㉤ 도서 활용 : 교훈적이고 감명 깊은 이야기를 통해 인성 덕목에 관한 유아들의 이해나 사고력을 심화시키고, 감동을 통해 유아들의 실천 의욕을 증진시키는 것이다(예 위인전).

    ㉥ 스토리텔링(story-telling) : 교훈적이고 감명 깊은 이야기를 통해 인성 덕목에 관한 이해나 사고력을 심화시키고 유아들의 실천 의욕을 증진시키는 방법이다. 교사는 유아들이 흥미로워할 수 있는 좋은 이야기 자료를 준비하여 모범적 인물이나 훌륭한 도덕적 삶의 본보기를 제시해 줌으로써 유아들이 인성 덕목에 대해 배울 수 있도록 해야 한다.

    ㉦ 세대 간 지혜 나눔 전문가 활용 : 세대 간 지혜 나눔 전문가들을 교실에 초청하여 이야기를 듣거나 함께 활동을 해 보는 것이다.

(5) 유아 인성 교육을 위한 교사의 역할[15]

① 민주적이고 도덕적인 분위기의 교실 운영 : 민주적이며 서로 배려하는 도덕적인 교실을 운영하는 것이 중요하다. 예를 들어 교실에서 필요한 규칙을 교사가 일방적으로 정하고

14) 유아들끼리의 토론이 잘 진행되지 않는 경우 교사가 중간에 개입하여 토론의 진행을 도울 수 있다.

15) 인성 교육은 교사가 의도적으로 계획한 활동을 중심으로 실시될 뿐만 아니라 비공식적인 잠재적 교육과정으로도 이루어진다는 점을 유념해야 한다.

유아에게 지키도록 요구하는 것보다는 유아와 함께 필요한 규칙을 정해 보는 것이다. 이때 '○○하지 않기'보다는 '○○하기'라는 긍정적인 표현을 사용하여 규칙을 정하는 것이 긍정적인 사고를 형성하는 데 도움이 된다.

② 역할 모델 : 교사의 역할 중에서 모델로서의 역할은 항상 강조되어 왔으나 인성 교육에서는 특히 중요하다. 교사는 존중의 덕목을 가르치려고 하지 말고 교사 스스로가 유아를 존중하는 모습을 보여 줌으로써 자연스럽게 유아가 보고 배울 수 있도록 해야 한다.

③ 가정과의 연계 교육 실시 : 유아 인성 교육이 삶을 통해 지속적으로 이루어지기 위해서는 유치원에서 하는 것만으로는 어려우므로 가정과의 연계가 반드시 필요하다. 최초의 교사는 유아의 부모이며 인성 교육을 실천하는 일차적인 장소 역시 가정임을 인식하고 유치원의 인성 교육에 가정을 적극적으로 참여시킬 방안을 찾아야 한다. 가정 내에서 인성 교육을 실천할 수 있도록 안내하고, 부모교육을 통해 인성 교육의 중요성과 구체적인 방법을 공유해야 한다.

A Plus⁺ 인성교육진흥법

1. 「인성교육진흥법」[시행 2020.9.12.]

제1조(목적) 이 법은 「대한민국헌법」에 따른 인간으로서의 존엄과 가치를 보장하고 「교육기본법」에 따른 교육이념을 바탕으로 건전하고 올바른 인성(人性)을 갖춘 국민을 육성하여 국가사회의 발전에 이바지함을 목적으로 한다.

제2조(정의) 이 법에서 사용하는 용어의 뜻은 다음과 같다. 〈개정 2017.12.19.〉

1. '인성교육'이란 자신의 내면을 바르고 건전하게 가꾸고 타인·공동체·자연과 더불어 살아가는 데 필요한 인간다운 성품과 역량을 기르는 것을 목적으로 하는 교육을 말한다.

2. '핵심 가치·덕목'이란 인성교육의 목표가 되는 것으로 예(禮), 효(孝), 정직, 책임, 존중, 배려, 소통, 협동 등의 마음가짐이나 사람됨과 관련되는 핵심적인 가치 또는 덕목을 말한다.

3. '핵심 역량'이란 핵심 가치·덕목을 적극적이고 능동적으로 실천 또는 실행하는 데 필요한 지식과 공감·소통하는 의사소통능력이나 갈등해결능력 등이 통합된 능력을 말한다.

…〈중략〉…

제17조(교원의 연수 등) ① 교육부장관과 교육감은 학교의 교원(이하 '교원'이라 한다)이 대통령령으로 정하는 바에 따라 일정 시간 이상 인성교육 관련 연수를 이수하도록 하여야 한다. 〈개정 2017.12.19.〉

② 「고등교육법」 제41조에 따른 교육대학·사범대학(교육과 및 교직과정을 포함한다) 등 이에 준하는 기관으로서 교육부령으로 정하는 교원 양성기관은 예비교원의 인성교육 지도 역량을 강화하기 위하여 관련 과목을 필수로 개설하여 운영하여야 한다.

제18조(학교의 인성교육 참여 장려) 학교의 장은 학생의 제11조제1항에 따른 지역사회 등의 인성교육 참여를 권장하고 지도·관리하기 위하여 노력하여야 한다.

4 | 유아 사회 교육

2. 「인성교육진흥법 시행령」 [시행 2020.3.17]

> **제14조(교원의 연수 등)** ① 법 제17조제1항에 따른 교원의 인성교육 관련 연수(이하 '교원연수'라
> 한다) 과정은 다음 각 호의 사람이 제2항에 따른 교원연수 계획을 반영하여 개설·운영한다.
> 〈개정 2020.3.17.〉
>> 1. 중앙교육연수원의 장
>> 2. 「교원 등의 연수에 관한 규정」제2조제2항에 따른 연수기관의 장
>> 3. 연수 대상 교원이 재직하는 학교의 장
> ② 교육부장관 및 교육감은 관할 학교 교원의 교원연수를 위하여 각각 교원연수 계획을 수립하
> 여야 한다. 이 경우 교원연수 계획에는 다음 각 호의 내용이 포함되어야 한다. 〈개정 2018. 6. 5.〉
>> 1. 인성 및 인성교육의 개념
>> 2. 인성교육의 목표와 내용
>> 3. 교과 영역 및 교과 외 영역에서의 인성교육 지도방법
>> 4. 국내외 인성교육 우수 사례
>> 5. 인성교육 프로그램 개발 및 활용
>> 6. 인성교육 관련 평가 방법 및 결과 활용
>> 7. 인성교육 관련 학교 교육과정 편성·운영 방법 및 절차
>> 8. 그 밖에 인성교육 실천에 필요한 사항
> ③ 교원연수 이수기준은 연간 1시간 이상으로 한다. 다만, 교육부장관 및 교육감은 관할 학교 교
> 원의 인성교육 지도 역량을 강화하기 위하여 필요한 경우에는 연간 1시간 이상보다 강화된
> 교원연수 이수기준을 각각 정하여 운영할 수 있다. 〈개정 2020.3.17.〉

16) 장학자료의 정식 명칭은 『유
치원 기본과정 내실화를 위한
경제·소비자 교육 프로그램』
(2011)이다.

8 경제 · 소비자 교육 프로그램[16]

(1) 경제 · 소비자 교육의 개념

① **경제 문제** : 경제 활동에서 누구나 자신이 원하는 만큼 갖고 싶은 것을 가질 수 있다면
아무런 문제가 없겠지만, 인간의 무한한 욕구에 비해 자원은 한정되어 있으므로 경제
문제가 발생하게 된다.

② **경제 교육** : 경제 지식을 바탕으로 일상생활에서 일어나는 이러한 경제 문제들을 올바
르게 이해하고 분석하며, 합리적인 의사결정을 통해 경제 활동을 할 수 있는 능력을 길
러 주는 것이다.

③ **유아 경제 · 소비자 교육** : 유아들이 일상생활 속에서 경험하는 경제 현상이나 유아들의 경
제적 역할의 대부분은 소비자로서의 생활과 밀접하게 연결되어 있다. 따라서 유아기 경
제 교육은 생산자 지향적 교육보다는 소비자 지향적 교육의 성격을 갖는 것이 적합하다.

(2) 유아 경제 · 소비자 교육의 필요성 및 목적

① 발달적 측면 : 유아기는 경제 · 소비자 교육을 하기에 발달적으로 적합하다. 일상생활 경험을 통해서 형성되는 돈, 교환, 상품과 서비스, 소비와 같은 초보적인 경제 개념들은 이후에 보다 정확하고 성숙한 경제 개념을 형성하는 토대가 된다.

② 사회적 측면 : 유아기부터 정보의 가치를 올바르게 변별하여 합리적인 경제 · 소비 활동을 할 수 있도록 돕는 일은 매우 중요하다. 또한 올바른 소비 습관의 형성은 환경문제에도 기여하게 되고, 우리나라의 경제 선진화에도 도움이 될 수 있다.

(3) 경제 교육의 내용

① 경제 · 소비자 교육 개념 요소의 교육적 의미

개념 요소	교육적 의미
희소성과 선택	• **희소성** : 사람들의 무한한 욕망에 비해 그 욕망을 충족시켜 주는 재화나 서비스가 부족한 현상이다. 사람마다 욕구가 다르고 필요로 하는 것이 다르기 때문에 희소성도 사람마다 다르다. • **선택** : 재화나 서비스의 희소성에 의해 사람들은 선택의 문제에 직면하게 된다.
기회비용	기회비용이란 어떤 것을 얻기 위해 포기한 대가이다. 실제로 지출하지는 않았다고 해도 비용의 성격을 가지고 있으면 모두 기회비용에 포함된다. 선택을 해야 하는 상황에서 되도록 포기한 것에 대한 기회비용이 작은 것을 선택하는, 즉 합리적 선택을 할 수 있어야 한다.
의사결정	무엇을 선택하고 무엇을 포기하거나 절약해야 하는지 결정하는 것이다. 희소한 것일수록 가격이 비싸기 때문에 자신에게 가장 필요한 것이 무엇인지를 심사숙고하여 구매하는 합리적인 의사결정을 통해 효용 극대화를 경험할 수 있어야 한다.
화폐가치	화폐로 살 수 있는 재화와 용역의 양을 말한다. 유아들이 신용카드를 포함한 화폐의 종류와 기능에 대해 파악할 수 있는 내용을 중심으로 구성한다.
생산	다양한 상품이 나(소비자)에게 오기까지의 과정을 이해하고, 물건(재화)뿐 아니라 수익을 위해 다른 사람에게 해 주는 일(용역)도 생산이 될 수 있음을 이해하는 것이다. 우리는 누구나 생산자인 동시에 소비자임을 이해해야 한다.
소비	소비는 원하는 것을 구하기 위해 돈을 쓰는 행위를 의미한다. 물건(재화) 혹은 서비스(용역)는 돈을 주고 사야 하는 것임을 알고, 계획적이고 합리적인 소비 행위를 경험하면서 소비자의 권리와 책임도 이해하며 실천해야 한다.
분배	분배란 생산된 재화와 용역이 그 사회구성원 개개인 또는 집단에 나누어지는 과정이다. 분배의 의미와 가치를 경험하고 이해해야 한다.
절제	필요한 것은 소비하되, 정도에 맞게 알맞게 조절하는 것을 말한다. 계획적인 소비 생활을 위해 기초가 되는 절제의 필요성을 인식하고, 절약과 저축하는 습관을 형성해야 한다.
재활용	제품을 다시 자원으로 만들어, 새로운 제품의 원료로 이용하는 것이다. 자원은 한정되어 있기 때문에 재활용(recycling)은 필수적이다. 리듀스(reduce, 쓰레기 줄이기), 리유즈(reuse, 재사용하기)와 함께 3R을 실천할 수 있어야 한다.

배지윤 전공유아

17) 『교사와 유아를 위한 유아 사회 교육 활동자료』(2008)

② 기타 경제 교육의 내용[17]

    ㉠ 제한된 자원

        ⓐ 부족한 자원을 어떻게 사용하며, 제한된 자원으로 어떻게 요구되는 수요에 따라 잘 공급할 수 있는가를 인식하기 등이 포함된다.

        ⓑ 원하는 것과 필요한 것을 구분하기, 자원 아껴 쓰기, 재활용을 통한 절약 등이다.

    ㉡ 윤리적 소비 : 소비자가 상품이나 서비스를 구매할 때, 원료 재배 · 생산 · 유통 · 처리 등의 모든 과정이 소비와 연결되어 있다는 것을 인식하고 윤리적으로 판단하여 이루어지는 소비를 말한다. 윤리적 소비의 평가 기준이 되는 요소에는 사람, 동물, 환경, 지속 가능성 등이 있다. 즉, 인간이나 동물 및 환경에 해를 끼치는 상품은 피하고 환경과 지역사회에 도움이 되는 소비를 하는 것이 중요하다는 것이다.

    ㉢ 생산

        ⓐ 다양한 직업을 가진 사람들이 생산에 관여하며, 직업의 소중함을 알고 존중할 수 있도록 한다.

        ⓑ 현장견학(예 구두 가게, 은행, 소방서 등), 요리활동 등을 통해 생산된 재화와 용역에는 많은 사람들의 노력이 깃들어 있다는 점을 느낄 수 있다.

    ㉣ 돈의 사용과 가치

        ⓐ 물건을 구매하거나 서비스를 얻기 위해 돈을 사용하게 되며 돈은 교환의 매개체임을 이해하는 것이다.

        ⓑ 돈과 직업의 관계, 사물과 돈의 구별, 동전의 이름 및 모양 변별, 사용할 수 있는 돈의 양이 제한되어 있다는 것, 저축과 은행의 역할 등을 알아본다.

(4) '자원', '시장', '공유'의 의미

자원	자원은 인간에게 유용하게 쓰이는 각종 재화와 용역을 말한다. 기초 자원, 천연 자원, 에너지 자원 등 유형자원뿐만 아니라, 아이디어나 지식, 시간, 신용 등 무형자원을 포함한 광범위한 차원에서의 자원을 의미한다. 경제 사회에서 자원의 배분은 소비자의 선택에 의해 결정되므로, 유아들은 소비자의 입장에서 자원의 종류와 자원의 거래에 사용되는 화폐의 개념을 이해하고, 효율적으로 자원을 소비하고 관리하는 방법을 경험해야 한다.
	key word : 재화와 용역, 화폐, 시간, 신용, 지식
시장	시장은 '어떠한 물건이 거래되는 장소'의 개념을 넘어 '경제 활동 순환 과정'이 이루어지는 시스템을 폭넓게 가리킨다. 시장은 거래의 대상이 존재하고 수요자와 공급자가 있어 거래가 이루어지는 곳으로 특정한 장소가 필요하지 않은 경우도 있다. 그러나 어떤 경우라도 수요자와 공급자가 서로의 의사를 확인할 수 있는 접촉점이 필요하며 규칙과 질서가 존재하는 곳이어야 한다. 유아들은 경제 활동 순환 과정에서 나타나는 생산, 소비, 유통, 구매, 직업의 기초적인 의미를 이해하고, 간단한 경제 활동에 참여해 보면서 생산자와 소비자의 관계를 이해하고, 그 과정 속에서 소비자의 역할과 책임을 경험해야 한다.
	key word : 생산, 소비, 의사소통, 소비자의 역할과 책임

공유 (현명한 소비)	자본주의 시장경제 체제에서는 모든 사람이 경쟁을 통해 능력에 따라 부를 축적하지만 시간이 흐를수록 부익부, 빈익빈 현상이 심화되고 있다. 따라서 이익의 재분배에 관심을 가지고, 공유를 통해 정의로운 분배를 실현할 수 있는 현명한 소비 마인드를 갖는 것이 중요하다. 유아들은 개인의 만족을 추구하는 소비자의 입장에서 한걸음 나아가, 소비자의 역할과 책임을 알고 실천하며, 현명한 소비와 투자, 기부를 경험해 볼 수 있어야 한다.
	key word : 소비자 시민성, 소비자 역할, 책임, 가치

(5) 유아 경제 · 소비자 프로그램의 교수-학습 방법

① **통합적 활동 접근** : 분리된 교과나 단위활동으로서의 학습이 아닌, 활동과 활동 간에 경제 · 소비자 개념이 유기적으로 연결되는 통합적 활동으로 구성해야 한다.

② **문제해결 중심의 탐구적 접근** : 기초적인 경제 · 소비자 관련 문제를 인식하고 정보를 모으고, 자료를 분석하여 문제를 해결해 나가는 능동적 접근 방법으로 구성해야 한다.

③ **일상생활을 통한 접근** : 일상생활과 밀접한 경제적 문제 상황을 통해 경제 개념과 유아의 경험을 관계 지을 수 있도록 접근해야 한다.

④ **체험 중심의 접근** : 유아가 경제 활동의 참여자이자 소비자로서 실질적으로 체험할 수 있는 활동으로 구성한다. 직접 경험이 어려운 내용들은 신문, 잡지, 인터넷 등을 활용하여 시청각적으로 생동감 있게 접근해야 한다.

(6) 유아 활동의 예시

활동 유형	활동 내용
이야기 나누기	원하는 것과 필요한 것 구분하기, 아침 동안 하고 싶은 일 계획하기, 실물과 광고 내용 비교하기, 물건을 사 본 경험, 아나바다 운동 이야기 나누기, 에너지를 아끼는 법에 대해 이야기 나누기 등
동화 · 동극	〈달구지를 끌고〉, 〈장바구니〉, 〈치과의사 드소토 선생님〉, 〈철이가 강아지를 한 마리만 갖게 된 이야기〉, 〈내가 맥스와 루비라면〉 등
조형 활동	콜라주, 광고문 만들기, 잡지에서 원하는 물건과 필요한 물건 오려 붙이기 등
요리	특정 요리 재료 시장 보기 → 요리하기(예 감자샐러드, 수박화채)
사회극놀이	빵가게, 식료품가게, 은행, 우체국, 주유소 놀이 등
견학	시장, 백화점, 가게, 자전거 수리점, 화원, 빵집 주방 등

18) 장학자료의 정식 명칭은 『유치원 교육과정 운영 지원을 위한 유아 근로정신 함양교육 프로그램』(2012)이다.

9 유아 근로정신 함양 프로그램[18]

(1) 근로정신 함양교육 프로그램 개발 배경

① 근로정신 함양교육의 개념

    ㉠ 진로교육 : 진로에 초점을 두고 개인이 자기 자신에 알맞은 직업과 진로를 선택하여 행복한 삶을 영위하여 보람과 긍지를 갖게 하는 교육이다.

    ㉡ 직업교육 : 주로 고등학교 수준에서 특정한 직업에 취업할 수 있도록 기능 훈련을 제공한다는 뜻으로 사용된다.

    ㉢ 유아 근로정신 함양교육 : 유아가 행복한 개인인 동시에 생산적인 사회인으로 성장할 수 있는 기초를 형성하도록 돕는 교육이다.

② 유아기 근로정신 함양교육의 필요성

    ㉠ 어린 시기에 형성된 왜곡된 근로의식은 성인이 된 후 사행성 도박에 빠지게 하거나, 근로의욕이 저하되어 나타나는 프리터(free arbeiter) 증가, 청년 실업 증가 등의 사회적 문제를 야기하게 된다. 또한 사회구성원으로서의 중요성을 자각하지 못한 채, 정신적 모라토리엄(moratorium)에 빠져 자신의 길을 스스로 개척하지 못하고 사회적 책임과 의무를 지지 않으려는 나약한 사람을 양산하는 결과를 초래할 우려가 있다.

    ㉡ 발달적 적합성 : 유아기는 근로정신을 교육하기에 발달적으로 적합하다.

    ㉢ 사회문화적 적합성 : 물질만능주의, 도덕성 실종, 미래에 대한 불안, 체면을 중시하는 한국 문화 속에서 어릴 때부터 올바른 진로 탐색을 위한 근로정신 교육이 필요하다.

(2) 프로그램의 교육내용 구성

① 자아 인식 : 일과 직업에 대한 자신의 흥미 인식하기, 근로와 직업 생활에 필요한 능력의 인식 및 유능감 갖기

② 일과 직업의 세계 이해 : 다양한 일과 직업에 대해 경험하기, 근로와 직업의 역할 인식하기

③ 일의 개인적 가치 인식 : 근로와 직업 생활의 개인적 의미와 긍정적 정서 인식하기

④ 일의 사회적 가치 인식 : 근로와 직업 생활의 사회적 의미와 협력의 가치 인식

(3) 유아 근로정신 함양교육의 교수-학습 방법

① 체험 : 주변의 직업인을 직접 만나 그들의 삶의 모습을 생생하게 경험하고, 실제 유아가 직업의 역할 및 관련 근로정신을 실천해 봄으로써 근로정신 함양의 효과를 얻을 수 있다.

② 스마트러닝 : 다양한 스마트 기기의 인프라와 스마트한 교육방식으로 해당 직업인과 현실감을 느끼며 만나고 또래와 토의하면서 자기 주도적으로 학습할 수 있도록 돕는 상호 소통적이며 유아중심적 교수법이다.

③ 토의 : 의사소통 능력과 의사결정 능력을 증진시키고 건전한 근로의식과 가치관을 정립하도록 하기 위해 발생 가능한 문제 상황을 활동자료로 제시하고, 유아 간 서로 의견을 나누며 문제를 해결해 볼 수 있도록 해야 한다.

④ 탐구 : 일상생활에서 근로와 관련하여 유아 스스로 흥밋거리나 궁금한 것을 발견하는 접근으로 이 과정에서 다양한 직업과 근로정신에 대한 개념 및 가치를 발견하고 탐구하는 태도를 형성한다.

(4) 유아 근로정신 개념 요소 및 관련 교육내용

개념요소	정의	교육내용
자기이해	자신의 장점과 단점을 인식하고 남과 다른 나의 특성을 이해함.	• 자신이 관심있는 일에 대해 인식함. • 자신이 좋아하는 일과 싫어하는 일에 대해 인식함. • 남과 다른 자신만의 특성을 이해.
유능감	일을 감당하거나 해결할 만한 능력이 있음.	• 자신이 잘할 수 있는 일에 대해 발견하고 인식함. • 자신이 한 일의 결과에 만족함. • 나는 할 수 있다는 자신감 갖기. • 일을 잘하기 위해 노력함.
존중	타인을 높여 귀중하게 대함.	• 모든 일이 소중함을 인식함. • 나와 다른 사람의 생각, 재능, 관심이 다를 수 있음을 인식함. • 서로 잘할 수 있는 일이 다름을 인식함. • 사람마다 직업 선택에 대한 이유가 있음을 인식함.
자기조절	자신의 생각, 감정, 욕구를 상황에 맞게 맞추어 나가며 균형을 이룸.	• 먼저 해야 할 일에 대한 우선순위를 앎. • 자신의 욕구를 지연시킬 수 있는 능력을 기름. • 다른 사람과의 갈등상황에 욕구를 조절함. • 다른 사람들과 일을 분담함. • 감정을 상황에 맞게끔 적절하게 표현함.
몰입	깊이 파고들거나 빠지는 것	• 자신이 좋아하는 일을 인식함. • 일을 수행하는 과정에 집중함. • 일을 수행하는 데에 즐거움을 느낌.
근면	부지런히 일하며 힘써 역할을 수행함.	• 자신이 해야 할 일을 꾸준히 수행함. • 꾸준히 하면 성과가 있음을 이해함. • 자신이 원하는 바를 위해 노력함. • 일을 수행하고자 하는 목표의식을 가짐.
책임감	맡아서 해야 할 임무나 의무를 중히 여기는 마음가짐	• 자신이 해야 할 일의 가치를 인식함. • 일을 수행하는 과정에서 합리적으로 선택함. • 자신이 해야 할 일을 끝까지 완수함.

도전의식	새로운 일에 두려움 없이 정면으로 맞서는 마음가짐	• 새로운 일에 호기심을 가짐. • 새롭고 어려운 일에 용기를 가짐. • 어려운 상황에서도 포기하지 않음. • 일에 실패해도 좌절하지 않음. • 새로운 생각을 통해 일을 창출함.
협력	힘을 합하여 서로 도와 목표를 완수하는 것	• 협력해야 하는 일이 많음을 인식함. • 여럿이 함께 하는 일을 즐김. • 공동의 목표를 수행하기 위해 각자 맡은 일을 충실히 수행함. • 다른 사람의 역할과 일을 존중함. • 일의 적임자를 알고 양보함. • 힘을 합쳐 더 나은 성과를 이루어냄.

19) 장학자료의 정식 명칭은 『유치원 교육과정 운영 지원을 위한 유아 통일 교육 프로그램』(2012)이다.

10 유아 통일 교육 프로그램[19]

(1) 우리나라 통일 교육의 기본 방향

① **통일의 정의** : 통일은 분단 이전 상태로의 회귀도 아니고 북한 체제 중심도 아닌 자유, 민주, 인권 존중, 복지가 보장되는 발전된 민주국가 건설을 의미하는 것으로 전쟁이 아닌 평화적인 방법으로 이루어져야 할 것이다(교육인적자원부, 2001).

② **통일 교육의 개념** : 통일 교육은 통일시대를 주도할 학생들에게 민족공동체 의식과 민주시민 의식을 바탕으로 북한 사회에 대한 올바른 이해와 통일에 대한 합리적인 인식을 함양하고, 평화적인 방법으로 통일을 실현할 수 있는 의식과 태도를 기르는 것이다(교육인적자원부, 2001).

(2) 통일 교육의 목표

① **미래지향적 통일관 형성** : 통일은 분단 이전 상태로 회귀하려는 것이 아니라 훼손된 민족 정체성을 새롭게 정립하여 자유 민주주의 가치에 바탕을 둔 하나의 새로운 민족공동체로 발전해 가는 창조적인 과정이다.

② **건전한 안보관 형성** : 통일 교육에서는 건전한 안보관을 바탕으로 안보역량을 튼튼히 키울 때 우리의 통일 노력이 생산적인 결과를 가져올 수 있음을 인식하도록 해야 한다.

③ **균형 있는 북한관 형성** : 북한의 실상을 있는 그대로 이해하면서 북한을 장차 민족공동체로 통합하기 위한 상대이자 우리의 안보를 위협하는 경계의 대상이라는 두 가지 관점으로 인식하는 것이다.

(3) 프로그램 기대효과

① 국가 정책적 측면 : 유아는 미래의 통일한국에서 남북한의 서로 다른 제도나 정책의 차이에서 발생할 수 있는 교육, 문화, 사회, 경제 등의 이질감을 상호 이해하려는 노력을 할 것이며 남북의 차이를 극복하는 시간을 절약하게 될 것이다.

② 사회 경제적 측면 : 통일에 대한 관심과 노력으로 통일을 앞당기는 데 기여함으로써 필요한 통일비용을 절감할 수 있을 것이다.

③ 교육적 측면

　㉠ 교사 : 통일에 대한 유아의 사고와 행동을 지지하고 확대하는 데 도움이 될 것이다.

　㉡ 유아

　　ⓐ 대한민국 국민으로서의 확고한 정체성 확립과 북한의 사회, 문화, 경제에 대해 올바르게 이해하고 서로 다른 문화의 상대가치를 존중하며 포용하는 마음과 화해 · 협동 · 협상하는 능력을 키울 것이다.

　　ⓑ 북한 주민과 같은 민족임을 인식하고 공동유산에 대한 이해 및 통일 국가에 대한 기대감과 긍정적 이미지를 가질 것이다.

　㉢ 부모 : 부모 자신이 유아의 통일에 대한 사고와 행동을 지지하고 확대하는 데 도움을 주는 역할을 수행함으로써 유치원과 가정이 연계된 효율적인 통일 교육이 이루어질 것이다.

(4) 유아 통일 교육 프로그램의 내용[20]

① 대한민국 국민으로서의 정체성 갖기

역사적 정체성	• 유아가 한민족의 자랑스러운 역사를 이어가야 할 주체임을 인식하고 우리나라의 역사 및 영토에 관심을 갖도록 한다. • 역사적으로 우리나라를 빛낸 위대한 인물들에 대해 알고 그들의 후예임을 자랑스럽게 생각한다. • 우리나라를 상징하는 태극기, 애국가, 무궁화를 소중히 여긴다.
문화적 정체성	• 우리나라 문화의 우수성을 인식하고 우리나라의 전통놀이 및 고유 음식을 체험한다.
세계 속의 한국인으로서의 정체성	• 세계화 시대에 우리나라를 빛낸 자랑스러운 스포츠인, 예술인, 정치인, 과학자 등에 대해 관심을 가지고 알아봄으로써 국민으로서의 자긍심을 갖는다. • 성장하면서 우리나라를 빛낼 수 있는 어린이가 되어야 한다는 것을 인식한다.

② 북한에 대한 이해

북한 문화 이해	• 북한에서 즐겨 부르는 노래와 춤을 따라하며 북한의 문화를 이해하도록 한다. • 남북한의 다양한 문화재를 알아봄으로써 북한의 문화재에 대해 관심을 갖는다.
북한 언어 이해	• 남북한에는 다르게 사용하지만 같은 뜻을 가진 낱말이 있음을 알고 다양한 낱말을 말해 보는 기회를 갖는다. • 남한과 북한은 같은 말을 사용하는 한민족임을 인식하고 민족공동체 의식을 가지도록 한다.

20) 유아 통일 교육의 내용으로 '통일 이해하기', '북한 이해하기', '민족 공동체의식 함양하기', '평화적인 세계관 인식하기'를 제시하는 책도 있다.

북한 음식 이해	• 북한의 음식을 만들어 보는 활동을 경험함으로써 북한 음식에 관심을 가지도록 한다.
북한 생활 이해	• 북한사람들과 북한 이탈주민, 이산가족 상봉, 남북정상회담, 금강산 관광, 개성공단 등에 관심을 갖는다. • 북한의 생활 모습에 유아들이 이질감을 느끼지 않도록 한다.
북한 자연 이해	• 북한의 아름다운 자연환경을 알고 보호할 수 있는 자세와 마음을 가지도록 한다.

③ 남북한 간의 화해

개인 간의 화해	• 남북한 간의 의견에 차이가 있음을 알고 남북한 간의 평화적인 화해와 협력에 대해 관심을 갖도록 한다.
집단 간의 화해	• 유아가 또래집단에서 발생하는 크고 작은 문제들을 화해를 통해 평화롭게 해결해 나가는 과정을 습득하도록 지도한다. • 남과 북이 서로 협력해야 함을 이해하고 남북한이 서로의 풍족한 자원을 나눌 수 있음을 인식한다.
국가 간의 화해	• 남북한의 적대적 공존이 아닌 상호협력적 공존에 기반을 두고 대화와 화합을 통한 화해로 통일을 이루어내는 것의 중요성을 인지해야 한다. • 핵의 위험성에 대해 이야기 나누는 등의 활동을 진행해 봄으로써, 이를 기반으로 사고의 영역을 넓혀 국가적 차원의 문제해결에 직면했을 때 적대시하지 않고, 대화와 협력을 기반으로 사이좋게 화해해 나가는 방법을 모색할 수 있게 된다.

④ 평화통일

평화	• 남한과 북한은 원래 한 나라였음에 관심을 가지고 긍정적인 방법으로 갈등을 해결하는 평화통일의 의미를 이해하도록 한다. • 통일이 된 후 북한 친구들에 대해서 적대감을 갖지 않고 함께 해야 한다는 인식을 길러 주는 것이 중요하다. 이를 위해 남북한 친구들이 서로의 가치관 및 생활풍습을 이해하고 함께 할 수 있는 공통된 새로운 노래, 놀이 등은 어떤 것이 있을까에 대해 생각해 볼 수 있는 기회를 가지도록 해야 한다.
통일	• 통일의 필요성을 바르게 익혀 통일을 기대하는 마음을 갖도록 한다. • 유아교육기관에서는 분단된 나라보다는 통일된 나라의 가치에 대해 생각할 수 있는 기회를 가짐으로써 세계 속에서 위상이 높아질 수 있다는 통일 교육의 필요성을 강조해야 할 것이다. 그리고 통일 이후의 모습과 역사에 관심을 가지도록 한다.

11 유아 환경 교육

(1) 유아 환경 교육의 필요성

① 유아에게 환경에 대한 다양한 경험들을 제공함으로써 환경에 대한 이해를 돕고 환경에 대한 올바른 가치관을 형성하게 해야 한다.

② 환경 교육을 통하여 환경 친화적 태도, 지식, 기술, 가치를 형성하고, 환경에 대한 바람직한 의사결정과 행동을 이끌어 내어 환경문제를 해결할 수 있는 실천 능력을 높여야 한다.

③ 자연과 인간 및 문화 환경의 상호관련성과 상호의존성을 이해하고 존중하는 데 필요한 지식, 기술, 태도 및 가치를 형성하도록 돕고, 공동체적 정서 및 의식을 길러 주어야 한다.

④ 환경에 대한 아름다움을 인식하고 감상할 수 있는 감각을 키움으로써 자연 및 인간에 대한 풍부한 감성 및 상상력, 창의적 사고를 발달시키도록 해야 한다.

(2) 유아 환경 교육의 내용[21]

① 환경 감수성과 배려(심미감) : 자연의 아름다움을 경험하면서 소중한 자연을 보존하는 것이 중요하다는 것을 깨닫는 것이다. 예 주변 동식물 및 계절에 따른 환경의 아름다운 변화 경험해 보기

② 상호의존성 : 인간과 자연, 동식물은 서로 의존하며 살아간다는 것을 알고 자연 파괴는 사람들의 일상 곳곳에 부정적인 영향을 미친다는 것을 인식하는 것이다.
예 동식물과 상호 의존 관계 알아보기, 멸종위기 동식물 보호하기

③ 환경문제 인식 및 대처(재활용과 재사용) : 오늘날 지구상의 환경문제의 심각성을 알고 환경문제의 발생 원인과 대처 방안을 알아보는 것이다. 예 기후 변화 및 지구 온난화 현상에 관심 가지기, 재활용과 재사용 방법 알기

④ 환경 보존(지구의 자원 보호) : 지구에 있는 자연 자원은 제한되어 있으므로 이를 아끼고 보존해야 한다는 것을 인식하는 것이다. 예 물, 공기, 종이, 에너지 절약의 필요성과 방법 알기

(3) 환경 교육의 개념

개념	하위개념	내용
환경구성	자연환경	• 생물과 무생물 • 생태계 관계 • 자연환경과 인간생활과의 관계
	생활환경	• 우리 집, 우리 유치원, 우리 동네의 생활환경 • 친환경적 생활환경
환경문제 인식	환경오염	• 환경오염에 관심
	기후 변화 및 지구 온난화	• 지구 온난화에 의한 기후 변화
	자원고갈 및 생태계 파괴	• 사라지는 동식물 • 자원 낭비 알아보기
지속가능한 발전을 위한 생활 실천	바른 식생활	• 음식물 쓰레기 줄이기
	자원 절약 및 재사용	• 에너지 절약 및 재활용
	신재생 에너지	• 신재생 에너지에 관심 갖기

21) 『교사와 유아를 위한 유아 사회 교육 활동자료』(2007)를 기초로 최근 각론서의 정리 내용으로 요약했다.

배지윤 **전공유아**

22) 『유아 기후 변화 교육 프로그
램』(2022)

(4) 기후 변화 대응 교육[22]

① 기후 변화의 심각성

> IPCC(기후 변화에 관한 정부 간 협의체 Intergovernmental Panel on Climate Change)의 '지구 온난화 1.5℃' 특별 보고서에 따르면, 2015~2019년 전 지구 평균기온은 산업화 이전보다 0.8~1.2℃ 상승한 것으로 추정되며, 현재 속도로 지구 온난화가 지속된다면, 2030~2052년 사이 1.5℃ 상승을 초과할 것으로 보고 있다(IPCC, 2018).
>
> 지구 평균기온이 1.5℃ 상승을 초과할 경우, 세계 곳곳에서 폭염과 같은 고온 현상뿐만 아니라 폭풍우, 가뭄 및 홍수 등의 발생 빈도와 강도가 커지게 된다. 또한 북극의 빙하, 눈, 영구 동토층의 해동 속도를 앞당겨 2050년 이전 적어도 한 번은 9월 중 북극 해빙이 거의 다 녹을 가능성이 있으며, 영구 동토층에 저장되어 있던 탄소가 배출되는데 이는 100년에 걸쳐도 복구가 불가할 수준일 것으로 예측된다. 지구 평균기온이 2℃ 상승 시 지구상의 동식물 중 15~40%가 멸종할 수 있으며, 만약 3~4℃ 상승한다면 전 세계 인구 중 약 2억 명에 해당하는 인구의 이주가 필요하다는 예측도 존재한다(박영종, 2015).

② 기후 변화 대응 관련 용어

- ㉠ 지구온난화 : 석탄, 석유 등 화석연료의 연소, 삼림 훼손, 농업 활동 증가 등으로 대기 중 온실가스(탄소) 농도가 높아지면서 온실효과가 증가하여 지구의 온도가 높아지는 현상을 의미한다.
- ㉡ 탄소중립 : 배출되는 탄소와 흡수되는 탄소량을 같게 해 실질적인 탄소 배출량이 '0'이 되게 하는 것을 의미하는 것이다. 배출한 탄소의 양을 계산하고 탄소의 양만큼 나무를 심거나 청정에너지 분야에 투자해 오염을 상쇄하고자 노력해야 한다.
- ㉢ 탄소발자국 : 환경성적표지 환경영향 범주 중 하나로 제품 및 서비스의 원료 채취, 생산, 수송 · 유통, 사용, 폐기 등 전 과정에서 발생하는 탄소(온실가스)가 기후 변화에 미치는 영향을 계량적으로 나타낸 지표이며 라벨 형태로 제품에 표시된다.
- ㉣ 물 발자국 : 어떤 제품을 생산할 때부터 이용하고 폐기하는 모든 과정에서 사용되는 물의 총량을 의미한다.

③ 기후 변화 교육내용

기후 변화의 원인	• 쓰레기, 플라스틱, 화석연료, 매연 등으로 탄소 배출량 증가 • 산림 훼손, 갯벌 감소 등으로 탄소 흡수원 감소 • 대기 중 탄소 증가로 지구온난화 진행
기후 변화가 미치는 영향	• 다양한 기상이변 현상 • 생태계의 변화 • 기온 상승이 인간생활에 미치는 영향
기후 변화에의 적응	• 다양한 자연재해에 대한 대비 • 농작물 생산 감소에 대비한 스마트 팜 시스템 개발
기후 변화 감축	• 절약과 재활용을 통해 탄소 발생량 줄이기 • 신재생에너지 사용을 통한 화석연료 사용 감축 • 기후 변화를 늦추기 위한 세계의 협력적 노력

④ 「기후위기 대응을 위한 탄소중립 · 녹색성장 기본법」 [시행 2022.9.25.]

제1조(목적) 이 법은 기후위기의 심각한 영향을 예방하기 위하여 온실가스 감축 및 기후위기 적응대책을 강화하고 탄소중립 사회로의 이행 과정에서 발생할 수 있는 경제적 · 환경적 · 사회적 불평등을 해소하며 녹색기술과 녹색산업의 육성 · 촉진 · 활성화를 통하여 경제와 환경의 조화로운 발전을 도모함으로써, 현재 세대와 미래 세대의 삶의 질을 높이고 생태계와 기후체계를 보호하며 국제사회의 지속가능발전에 이바지하는 것을 목적으로 한다.

제2조(정의) 이 법에서 사용하는 용어의 뜻은 다음과 같다. 〈개정 2022.12.31.〉

1. "기후변화"란 사람의 활동으로 인하여 온실가스의 농도가 변함으로써 상당 기간 관찰되어 온 자연적인 기후변동에 추가적으로 일어나는 기후체계의 변화를 말한다.

2. "기후위기"란 기후변화가 극단적인 날씨뿐만 아니라 물 부족, 식량 부족, 해양산성화, 해수면 상승, 생태계 붕괴 등 인류 문명에 회복할 수 없는 위험을 초래하여 획기적인 온실가스 감축이 필요한 상태를 말한다.

3. "탄소중립"이란 대기 중에 배출 · 방출 또는 누출되는 온실가스의 양에서 온실가스 흡수의 양을 상쇄한 순배출량이 영(零)이 되는 상태를 말한다.

4. "탄소중립 사회"란 화석연료에 대한 의존도를 낮추거나 없애고 기후위기 적응 및 정의로운 전환을 위한 재정 · 기술 · 제도 등의 기반을 구축함으로써 탄소중립을 원활히 달성하고 그 과정에서 발생하는 피해와 부작용을 예방 및 최소화할 수 있도록 하는 사회를 말한다. …〈생략〉…

7. "온실가스 감축"이란 기후변화를 완화 또는 지연시키기 위하여 온실가스 배출량을 줄이거나 흡수하는 모든 활동을 말한다.

9. "신 · 재생에너지"란 「신에너지 및 재생에너지 개발 · 이용 · 보급 촉진법」 제2조제1호 및 제2호에 따른 신에너지 및 재생에너지를 말한다.

10. "에너지 전환"이란 에너지의 생산, 전달, 소비에 이르는 시스템 전반을 기후위기 대응(온실가스 감축, 기후위기 적응 및 관련 기반의 구축 등 기후위기에 대응하기 위한 일련의 활동을 말한다. 이하 같다)과 환경성 · 안전성 · 에너지안보 · 지속가능성을 추구하도록 전환하는 것을 말한다. …〈생략〉…

14. "녹색성장"이란 에너지와 자원을 절약하고 효율적으로 사용하여 기후변화와 환경훼손을 줄이고 청정에너지와 녹색기술의 연구개발을 통하여 새로운 성장동력을 확보하며 새로운 일자리를 창출해 나가는 등 경제와 환경이 조화를 이루는 성장을 말한다.

15. "녹색경제"란 화석에너지의 사용을 단계적으로 축소하고 녹색기술과 녹색산업을 육성함으로써 국가경쟁력을 강화하고 지속가능발전을 추구하는 경제를 말한다. [시행일 2024.1.1.]

MEMO

MEMO

최신판

배지윤의
아테나 유아교육과정 유아교육 각론편 I

편저자 배지윤
펴낸이 김장일
펴낸곳 우리교과서

초판 1쇄 발행 2023년 3월 10일

편 집 이효정, 김누리
디자인 스노우페퍼

우리교과서 서울시 금천구 가산디지털2로 165, 1405호
문의 02-866-7535
팩스 02-6305-7036
신고번호 제396-2014-000186호

정가 30,000원
ISBN 979-11-87642-40-4

이 책에 실린 모든 내용의 무단 전재와 복제를 금합니다.
잘못된 책은 구입하신 곳에서 교환해 드립니다.